# Der Brief

## Eine Kulturgeschichte der schriftlichen Kommunikation

Kataloge
der Museumsstiftung
Post und
Telekommunikation
Band 1

# Der Brief

**Eine Kulturgeschichte der schriftlichen Kommunikation**

Herausgegeben von Klaus Beyrer
und Hans-Christian Täubrich

Mit Beiträgen von Norbert Abels,
Hermann Bausinger, Wolfgang Behringer,
Klaus Beyrer, Beatrix Borchard, Dorothea Friedrich,
Franz Josef Görtz, Hermann Glaser, Ansgar Häfner,
Klaus Herrmann, Inka K. Kording, Gerd Kuhn,
Jochen Missfeldt, Cornelius Neutsch,
Gottfried North, Heike Pauschardt,
Hannelore Schlaffer, Bernhard Siegert,
Ruprecht Skasa-Weiß, Hans-Christian Täubrich,
Jutta Tschoeke, Frank Wende, Rosemarie Wesp
und Benjamin Ziemann

Eine Publikation der Museumsstiftung
Post und Telekommunikation

**Edition Braus**

Diese Publikation erscheint anläßlich der Ausstellung „Der Brief. Eine Kulturgeschichte der schriftlichen Kommunikation" im Museum für Post und Kommunikation Frankfurt am Main (27.9.1996–19.1.1997), Museum für Post und Kommunikation Nürnberg (25.4.1997–27.7.1997)

Titelbild:
Mademoiselle Lavergne. Handzeichnung von Jean Etienne Liotard, 1746, Pastell auf Papier

Redaktion
Klaus Beyrer (verantw.),
Heike Pauschardt,
Hans-Christian Täubrich,
Rosemarie Wesp

Gestalterischer Rahmenentwurf
Studio Laeis, Köln

Buchgestaltung
Christa Winkler, Stuttgart

Photoarbeiten
Markus Heinisch



Satz
Text & Grafik, Heidelberg

Druck
Hörning, Heidelberg

Repro
Reproservice, Heidelberg

Bindung
Fikentscher, Darmstadt

Gesamtherstellung
Edition Braus, Heidelberg

ISBN 3-89466-169-0

Postbote vor dem Fürer- oder
Schickenhof in Nürnberg
Gemälde von Ernst Loesch
Nürnberg, 1893
Öl auf Leinwand

# Vorwort

Ein Brief ist Inbegriff schriftlicher Kommunikation. Ob im Altertum bei den Schriftstellern der griechischen und römischen Zeit oder in der Bibel; ob aus der Feder großer Dichter und Denker des 18. Jahrhunderts oder vice versa an dieselben adressiert; ob in höchst individueller und privater Hinwendung ein von Hand geschriebener Liebesbrief oder der zu öffentlicher Diskussion herausfordernde „offene Brief"; schließlich auch in der Welt des direct-mailing generierte Schriftsätze, auf viele Arten austauschbar. Zugleich ist der Transport und das Überbringen von Briefen Inbegriff der Post. Was liegt näher, als daß ein „Museum für Post und Kommunikation" dieses Thema aufgreift, in seinen kulturhistorischen Kontext einzuordnen versucht und daraus eine spannende Ausstellung entwickelt. Das Frankfurter Museum blickt damit auf eine Reihe ähnlich konzipierter und erfolgreicher Ausstellungen zurück, die sich mit der Geschichte der Post und mit der Geschichte der Kommunikationstechnik beschäftigten. Gleichwohl beginnt mit dieser Ausstellung und mit diesem Katalog ein neuer Abschnitt. Seit 1995 gehört das Museum für Post und Kommunikation Frankfurt am Main gemeinsam mit entsprechenden Häusern in Berlin, Nürnberg und Hamburg zur neu gegründeten „Museumsstiftung Post und Telekommunikation", die von ihrem Hauptsitz in Bonn aus künftig die Arbeit in den verschiedenen, ehemaligen Postmuseen weiterentwickeln wird. Im Zuge der Privatisierung der Postunternehmen war 1995 diese Museumsstiftung gegründet worden, welche einerseits als öffentlich-rechtliche Stiftung organisiert ist, andererseits von den privaten Unternehmen Deutsche Telekom AG und Deutsche Post AG finanziell getragen wird.

Gemäß Stiftungsgesetz wird es die Aufgabe sein, die musealen Sammlungen zu vermehren und zu bewahren, die Realien zu erforschen sowie in einen breiteren historischen Zusammenhang zu stellen und im Rahmen von Ausstellungen einem breiten Publikum zu präsentieren. Der Begriff „Kommunikation" wird nicht nur inhaltlich, sondern auch in der Art und Weise der musealen Vermittlung die Arbeit prägen.

Die Ausrichtung von Sonderausstellungen wird in der künftigen Arbeit ihren angemessenen Platz einnehmen. Dabei ist geplant, von Fall zu Fall diese Ausstellungen innerhalb der Museumsgruppe wandern zu lassen. Eine neu geschaffene Katalogreihe wird diese Ausstellungen begleiten, mit dem hier vorliegenden Band 1 wird gleich ein besonders reizvolles Thema präsentiert. Neben die Ausstellungskataloge werden in dieser Reihe auch Bestandskataloge treten, die über die umfangreichen Sammlungen der Museumsstiftung informieren. Diese, für die verschiedenen Museen gemeinsam herausgegebene Publikationsreihe bringt zugleich die Verzahnung der einzelnen Institute innerhalb der Museumsstiftung Post und Telekommunikation zum Ausdruck.

Der Edition Braus und namentlich Herrn Braus persönlich ist für die verabredete Kooperation bei der Herausgabe dieser Schriftenreihe ebenso zu danken wie für die sorgfältige Betreuung dieses ersten Bandes. Der Entwurf eines Rahmenlayouts für diese Kataloge wurde von Studio Laeis, Köln erarbeitet, die Gestaltung des vorliegenden Bandes unternahm Christa Winkler, Stuttgart; beiden sei für die engagierte Arbeit an dieser Stelle gedankt. Viele Kolleginnen und Kollegen, die aus ganz unterschiedlichen Perspektiven das Thema „Brief" beleuchten, waren spontan bereit, als Autoren an diesem Katalog mitzuarbeiten. Vielleicht deutet sich darin bereits das positive Echo an, das diese Beschäftigung mit der Kulturgeschichte des Briefes hervorrufen kann.

Für die Konzeption der Ausstellung ist Hans-Christian Täubrich zu danken, der mit viel Einfallsreichtum das Drehbuch dieser Präsentation geschrieben hat, deren gestalterische Konzeption durch das Architekturbüro Schaal entwickelt wurde. Ein besonderer Dank gilt dem Team des Frankfurter Museums unter der Leitung von Klaus Beyrer für die geleistete Arbeit in einer für das Museum schwierigen Phase, deren Probleme sich gerade aus der Neugründung der Museumsstiftung in den ersten zwei Jahren ergaben.

Den Besucherinnen und Besuchern der Ausstellung, aber auch den Leserinnen und Lesern dieses Kataloges wünsche ich ein anregungsreiches und vergnügliches Studium, unserer neuen Katalogreihe wünsche ich die erhoffte Resonanz.

Hartwig Lüdtke
Kurator der Museumsstiftung
Post und Telekommunikation

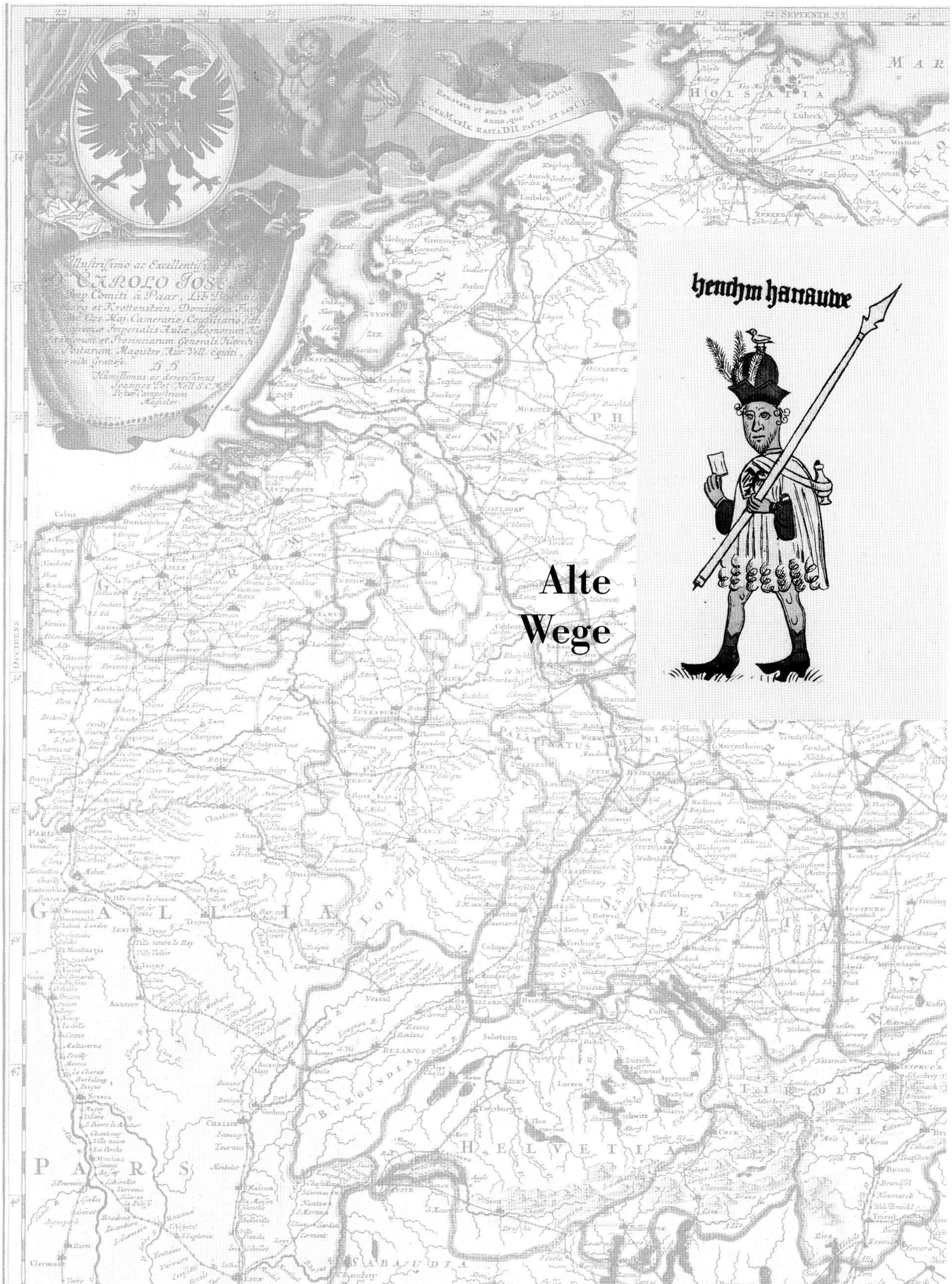


# Alte Wege

# Der alte Weg eines Briefes

## Von der Botenpost zum Postboten

Klaus Beyrer

Das Bedürfnis, sich mitzuteilen, zählt zu den Grundkonstanten menschlicher Anthropologie. Besser eine schlechte Nachricht als gar keine, lautet die zynische Devise, der sich die kommunikative Welt seit alters verschrieben hat. Entfernungen spielten folglich nie eine wesentliche Rolle, sieht man von dem einen oder anderen natürlichen Hindernis einmal ab, das sich hie und da in den Weg stellte, stets aber die Zeit. Nicht von ungefähr gehörten Rauch, Licht und Feuer zu den bevorzugten Instrumenten, deren sich das Altertum bediente, um Nachrichten rasch abzusetzen. In anderen Fällen ist von Läufern und Stafetten die Rede. Je nach Distanz wurden sie zu Tausenden beschäftigt, je nach Aufgabe aus den vornehmsten Kreisen rekrutiert. Von den Kurieren des altpersischen Herrschers Kyros heißt es, ihr Ritt habe „dem Fluge der Kraniche" geglichen.

Was die Reiter beflügelt, die Läufer zu unerhörten Leistungen angespornt haben wird, war nun keineswegs irgendeine Korrespondenz, sondern nackter Befehl: Nachrichten zum „Danachrichten". Die Post, wenn überhaupt der Begriff hier bereits angemessen ist, war „instrumentum regni" – Sache des Herrschers (bestenfalls noch seiner engsten Berater). Privatleuten standen die Boten nicht zur Verfügung. „‚Menschen' verkehrten nicht durch die Post, vielmehr verkehrte die Post durch die Menschen."[1] Gewiß, der personalintensive Nachrichtendienst hätte wirtschaftliche Überlegungen ohnehin Lügen gestraft. Doch bedingte die Regie über das Medium zuvörderst ein für heutige Begriffe nur schwer vorstellbares Wissensmonopol, das praktisch als unteilbar galt. Wer die Quellen bemüht, stößt auf reiche Ausbeute. Von den altpersischen Einrichtungen führt sie über den römischen „Cursus publicus" des Augustus noch bis zu der französischen Reitpost Ludwigs XI. (15. Jh.). Wie die Vorbilder aus der Antike, vereinte Ludwig XI. in seinem ausgefeilten Kuriersystem, das keinerlei Konkurrenz duldete, Herrschaftswissen mit inneren Kontroll- und Befehlsinstanzen. Der französische König ließ es sich nicht einmal nehmen, die täglich eintreffenden Gesandtschaftsberichte und Korrespondenzen persönlich auszuwerten. Andere Regenten seiner Zeit zogen es vor, ihre Besitztümer regelmäßig zu bereisen oder aber, wo Macht und Geld sich in Grenzen hielten, Dekrete auf dem gewöhnlichen Botenweg überbringen zu lassen. Noch der Nachrichtendienst Ludwigs XI. ist an die Person des absoluten Herrschers aufs engste geknüpft; mit seinem Ableben (1483) hatte die Post fürs erste ausgedient.

### Ritter, Pilger, Klosterboten

Ohnedies hatte das Mittelalter sich über das staatliche Nachrichtenmonopol schon früh hinweggesetzt. Der leise Bruch erfolgte in einzelnen Etappen. Zu den feudalen traten kirchliche Kreise als Auftraggeber der Boten und Botschafter, neben Kaiser und Papst, Ritter und Fürsten verfügten bald auch

1 Bernhard Siegert: Relais. Berlin 1993, S.12 f.

Austausch von Botschaften zwischen Tancred und seiner Gattin
Aus: Liber ad honorem Augusti von Petrus de Ebulo
Ende des 12. Jahrhunderts

Städte, Universitäten und religiöse Orden über jeweils eigene Botendienste, zu der anfangs noch mündlich überbrachten Nachricht trat die Schriftform. Zwar kam als Überbringer einer Botschaft in Frage, wer immer unterwegs war, Soldat und Emigrant, Pilger und Vagant, Fahrender und Bettelmönch. Doch verlangte der Brief als „Schreibmedium"[2] in dem Maße, wie er unter den Schreib- und Lesekundigen seinen Platz fand, nach geordneten räumlichen Verhältnissen. Im Mittelalter will ein Brief nicht nur geschrieben, er will auch auf den Weg gebracht und seiner Bestimmung überantwortet sein. Wem das Spektrum der eigenen Möglichkeiten hier zu Zweifel Anlaß gab, der pflegte wichtige Schreiben gleich in mehrfacher Ausfertigung über verschiedene Kanäle zu expedieren. Schon die Versiegelung des Briefes hatte dem unerschütterlichen Glauben in die Integrität des Boten ein frühes Ende gesetzt.

Indes sagt die Einrichtung der mönchischen, kirchlichen, universitären Botenorganisationen noch nichts über die Qualität der jeweiligen Dienste aus. So erschöpfte die Aufgabe der Klosterboten sich ursprünglich darin, den Tod eines Ordensbruders innerhalb der Ordensgemeinschaft anzuzeigen. Die Chronik St. Gallens nennt einen gewissen Wolfram in dieser Eigenschaft schon für das Jahr 766. Wie bei anderen Reisenden auch, mag daraus ein Gefälligkeitsdienst entstanden sein, der gelegentlich zur Routine wurde: „Nicht leicht sah man einen wandernden Mönch ohne Briefsack", vermerkt Heinrich Stephans Einleitung zu seinem preußischen Postgeschichtswerk[3] und lenkt den Blick vermutlich weit über die Jahrtausendwende hinaus. Wodurch sich die Einrichtung jedoch von Anbeginn auszeichnete: Klosterboten, die Mönche oder Laienbrüder waren, galten als besonders verschwiegen, und sie konnten sich – was für damalige Verkehrsverhältnisse nicht mit Gold aufzuwiegen war – unterwegs der ausgedehnten Besitzungen der Orden bedienen.

2 So nach Faulstichs Unterscheidung zum Brief als „Menschmedium": Werner Faulstich: Medien und Öffentlichkeiten im Mittelalter 800–1400. Göttingen 1996, S. 251 ff.
3 Heinrich Stephan: Geschichte der Preußischen Post von ihrem Ursprunge bis auf die Gegenwart. Berlin 1859, S. 3; Marc Moser: Zur Geschichte des Botenwesens der Abtei Muri. Bd. 1. Muri o.J. (1977), S. 28.

Im Unterschied zu diesem Nachrichtenverbund der Klöster, dem die neuen Orden der Franziskaner und Dominikaner zu einer zusätzlichen Aufwertung verhalfen, gehorchte das Botenwesen der Kirche einem zentralistischen Modell. Ihm dienten die Klöster und Orden als ‚Subsysteme', doch war es in erster Linie – getreu dem antiken, Macht zentralisierenden Vorbild – auf das Papsttum hin ausgerichtet. Rom galt im Spätmittelalter als die bestinformierte Stadt der Christenheit.[4] Hier wurden die (kirchlichen) Nachrichten gesammelt, verarbeitet und „gezielt wieder in Umlauf gebracht".

Anders wiederum die universitären Boteneinrichtungen: Sie mögen nicht zuletzt dem Austausch von gelehrtem Wissen gedient haben, den die einzelnen Disziplinen untereinander pflegten, hielten aber in der Hauptsache den für die Studenten schon aus finanziellen Gründen wichtigen Kontakt zu Heim und Familie. Die Vielfalt der Aufgaben läßt auf ein ausgeprägtes organisatorisches Geschick schließen, wie es etwa der Pariser Universitätsbotenanstalt zugeschrieben wird, und – das legen die Geldüberweisungen nahe – auf eine regelmäßige Botenleistung. Im Laufe der Zeit sollte sich diese Einrichtung zu einer Institution entwickeln, die, wie das Pariser Beispiel lehrt, im Jahre 1464 nicht von ungefähr der Arkanpraxis Ludwigs XI. zum Opfer fallen mußte. Die Ironie der Geschichte will es, daß universitäre Neugründungen das Botenrecht fast zur gleichen Zeit regelrecht in ihren Stiftungsurkunden verankerten, so etwa für Freiburg i. Brg. (1457) und für Heidelberg (1386).

Wie man sieht, führt die allmähliche Ausbildung des Botenwesens im Mittelalter zu Diensten unterschiedlicher Qualität. Das Spektrum der Leistungen reicht von der bloßen Gefälligkeit bis zur festen Einrichtung, von der Bereitstellung auf Abruf bis hin zu einer quasi saisonal bedingten Regelmäßigkeit. Kennzeichen der einzelnen Dienste ist ihre strikte Abgrenzung untereinander. Wie für eine Briefkommunikation etwa zwischen den feudalen, mönchischen und universitären Kreisen kein Anlaß bestand, so wenig bestand er für eine Kooperation ihrer Boten. Indes begünstigte eine ausgeprägte räumliche Infrastruktur einzelne Dienste in ihrer Entwicklung. Mit seinem weitverzweigten Netz an Klöstern und Einsiedeleien wurde so das mönchische beziehungsweise geistliche Botenwesen immer wichtiger. Ihm wird man für das Mittelalter auch die Beförderung einer „privaten" – aber noch lange nicht „persönlichen" – Gelegenheitskorrespondenz[5] zunächst überwiegend zuschreiben müssen. Erst nach der Jahrtausendwende, als das Städtewesen zu prosperieren begann, wurden sie in dieser Entwicklung gebremst: Städte und Kaufleute gewannen jetzt derart an Einfluß, daß sie in der Lage waren, eigene Botenkurse zu organisieren.

## Märkte und Messen

Aufschwung und Festigung ihrer Macht verdankte die Stadt dem

4 Norbert Ohler: Reisen im Mittelalter. München 1986, S. 94.
5 Zu solchen „Privatbriefen des Ritters, des Ratmannes, des Bürgers": Faulstich (wie Anm. 2), S. 257.

Der Neue Allamodische Postbot
Kupferstich von Paulus Fürst
Um 1550

Zusammenspiel politischer und wirtschaftlicher Kräfte, darunter einem erstarkenden „Mittelstand", der sich zu Zünften, Gilden und Innungen zusammenschloß. Die handwerklichen Bünde führten zu einer gesteigerten Kommunikation und belebten so auch das Botengeschäft. In gleichem Maße setzten sich ordnungspolitische Regelungen durch, anhand derer sich die Institution profilierte. Hierzu gehörten die Einrichtung fester Anlaufstellen und Maßnahmen zur Koordinierung der Botengänge. So beriefen die Städte eigens vereidigte Botenmeister und führten „Botenbücher" ein, in denen die Löhne registriert wurden. Für die Stadt Frankfurt am Main liegen Botenbücher seit 1385 vor, Straßburgs „geschworene" Laufboten werden erstmals 1322 erwähnt, für Regensburg führen die urkundlichen Belege bis 1325, für Göttingen bis ins Jahr 1330 zurück. Hamburg, dessen Boten dem Rat der Stadt direkt unterstellt waren, verbucht in seinen Kämmereirechnungen seit 1350 regelmäßige Aufwendungen. Dazu wartete es mit einer breiten Palette an Vergünstigungen auf: Dienstwohnung, Krankengeld, Altersversorgung, Spesen- und Kleidergeld.[6] An solchen Sozialleistungen läßt sich ablesen, wie sehr die Botengänge bereits zur festen Institution geworden waren. Dazu lassen sie, indirekt, auf die Persönlichkeit des Beauftragten schließen. Demnach zählte der Typus eines grobschlächtigen Gesellen und Trunkenbolds eher zu den Ausnahmen. „Mitglieder angesehener Familien" waren es vielmehr, unter denen etwa die Bischofsstadt Straßburg ihre Auswahl traf. Gefragt waren Festigkeit und Menschenkenntnis – unterwegs und nach der Ankunft.

Im Verein mit dem Aufblühen der Städte setzte im 11./12. Jahrhundert eine wirtschaftliche Aufschwungphase enormen Ausmaßes ein. Jacques Le Goff führt diese „kommerzielle Revolution" auf einen, das Ende der Völkerwanderung besiegelnden, „relativ stabilen Frieden" zurück, der die Wiederaufnahme alter Handelsverbindungen ebenso begünstigt habe wie die Erschließung neuer Absatzmärkte: „Da das Mittelmeer und der Norden die

6 Gerhard Ahrens: Das Botenwesen der Hamburger Kaufmannschaft. In: AfdP 1/1962, S. 28 ff.; Michael North: Nachrichtenübermittlung und Kommunikation in norddeutschen Hansestädten im Spätmittelalter und der Frühen Neuzeit. In: AfdP 2/1991, S. 8 ff.; Klaus Gerteis: Reisen, Boten, Posten. Korrespondenz in Mittelalter und früher Neuzeit. In: Hans Pohl (Hrsg.): Die Bedeutung der Kommunikation für Wirtschaft und Gesellschaft. Wiesbaden, Stuttgart 1989, S. 19–36.

Briefabgang von Frankfurt nach Nürnberg
Handschrift auf Pergament mit zeitgenössischen Überklebungen
1584

beiden Pole des internationalen Handels darstellten [...], bildeten sich beim Vorstoß des Christentums in diese beiden Gravitationszentren zwei Randzonen mit mächtigen Handelsstädten heraus: in Italien und, in geringerem Maß, in der Provence und in Spanien; sowie in Norddeutschland. Das erklärt die Vorrangstellung von zwei Kaufmannstypen im mittelalterlichen Europa: den Italienern und den Mitgliedern der Hanse, die ihre eigenen geographischen Räume, ihre eigenen Methoden und Persönlichkeiten hatten. Beide Bereiche verband eine Berührungszone, die sich dadurch auszeichnete, daß sie der Austauschfunktion zwischen den beiden Handelsgebieten sehr bald eine industrielle, produzierende Funktion hinzufügte: es handelte sich um das nordwestliche Europa – d.h., Südost-England, die Normandie, Flandern, die Champagne und die Gegenden um Maas und Niederrhein."[7]

Indem die Städte als Zentren der Märkte und Messen in den Blickpunkt des (kaufmännischen) Interesses rückten, erfuhren auch die Verkehrs- und Nachrichtenwege eine stärkere Beanspruchung. Zwar wickelten die Pioniere unter den mittelalterlichen Kaufleuten ihre Geschäfte noch überwiegend auf Wanderschaft ab, unter den sich verschärfenden Wettbewerbsbedingungen waren sie jedoch bald zu mehr räumlicher Flexibilität gehalten. „Kaufleute konnten ein Vermögen gewinnen oder verlieren, je nachdem, ob sie vom Untergang oder der glücklichen Ankunft eines Schiffes früher oder später als die Konkurrenz erfuhren" (Ohler). Bei alledem war die Unterhaltung eigener Boten ein höchst kostspieliges Unterfangen, dem der Einzelne kaum gewachsen war. Von berittenen Kurieren ganz zu schweigen, von denen in den Berichten der Zeit (vermutlich schon deshalb) sehr selten ausdrücklich die Rede ist. Nur auf dem Wege einer Interessenkoalition war dies Finanzierungsproblem zu lösen. Ein Beispiel aus dem Florenz des 14. Jahrhunderts illustriert den Zusammenhang: Immerhin reichte der Einfluß der Florentiner Kaufleute, die sich ihre Boten gemeinsam teilten, von London und Brügge bis

7 Jacques Le Goff: Kaufleute und Bankiers im Mittelalter. Frankfurt am Main 1989, S. 12 f.

Kaufmann Firsen im Kontor
Kupferstich von
Christian Fritzsch
1762

nach Nordafrika und zum Schwarzen Meer. Mehr noch, die Organisation machte sich bei der Nachrichtenübermittlung ein differenziertes Leistungsprofil zu eigen: „Es gab den Corriere, den Fante del procaccio, die Scarsella, den besonders schnellen Expressboten oder auch den Gelegenheitsdienst von Leuten, die zufällig auf einer bestimmten Strecke eine Reise machten.“[8] Der Scarsella (Botentasche) gehörten seit 1357 nicht weniger als 17 Handelsgesellschaften an.

Natürlich boten sich auch die Städte als Partner der Kaufleute an. Solche Interessengemeinschaften entstanden vielerorts schon im Laufe des 13. Jahrhunderts. Dies gilt für Italien wie für den deutschsprachigen Raum. Hamburg, Köln und Nürnberg (bald auch Frankfurt am Main und Leipzig) führen die Riege zentraler Handelsorte an, die damals über einen vergleichsweise intensiven Nachrichtenaustausch verfügten und Botenkurse bis nach Amsterdam und Antwerpen unterhielten. Regensburg verdankte seinen Einfluß auf den Fernhandel einer 305 Meter langen Donaubrücke, die im 12. Jahrhundert entstanden war. Augsburg galt als zentrale Anlaufstelle vor dem (beschwerlichen) Übergang über die Alpen: Mit einer ausgeprägten Gastronomie, die seine städtische Entwicklung früh belegt, fügte sich Augsburg nahtlos in die Logistik der Alpenüberquerung ein. Es sind die Wirtshäuser, in denen das städtische Leben jetzt pulsiert und die der traditionellen Nachrichtenbörse der Klöster zunehmend den Rang ablaufen.

An der Technik der Nachrichtenübermittlung änderte der allmähliche infrastrukturelle Wandel vorerst wenig. Wie ehedem, zeichnete die Boten aus, daß sie als Kuriere, Botschafter, Bevollmächtigte in singulärem Auftrag unterwegs waren. Sei es, daß sie einen kaiserlichen Erlaß, einen fürstlichen Beschluß zu überbringen hatten, politische Protokolle, Denk- und Anklageschriften, eine päpstliche Bulle oder die fiebernde Notiz eines Kaufmanns. Allen Diensten gemeinsam war, daß der Brief direkt an den Empfänger über-

8 Hermann Kellenbenz: Landverkehr, Fluß- und Seeschiffahrt im europäischen Handel. In: H.K.: Kleine Schriften. Stuttgart 1991, S. 338f.; Ohler (wie Anm. 4), S. 95 f.

bracht, ihm geradezu persönlich ausgehändigt wurde. Nicht selten knüpfte sich an den Inhalt eines Schreibens das Schicksal seines Überbringers. War die Nachricht gut, konnte er mit Gaben überhäuft werden, war sie schlecht, hatte er mit dem Unmut des Empfängers zu rechnen und riskierte, wenn nicht Leib und Leben, so doch, über Wochen festgehalten zu werden. Gewöhnlich aber erhielt er Kost und Logis, um sich von den Strapazen seiner Reise zu erholen. Was nicht nur zum guten Stil gehörte. Die Zwangspause seines Boten nutzte der Empfänger des Schreibens, um die Rückantwort vorzubereiten. Was die Logistik des (Transport-)Unternehmens von Anbeginn verbot, war der Botengang mit leeren Händen.

## Von der Botenordnung zum Botenkurs

Im Spätmittelalter nahm die Beförderung privater Briefe zu. Für die Boten wurde aus der Gefälligkeit ein Zubrot. Mancher Dienstherr, der die Nebenbeschäftigung seiner Boten anfangs nur zögerlich toleriert hatte, übernahm jetzt selbst die Regie. Für die bischöfliche Botenverbindung zwischen Konstanz und Freiburg i. Brg. wurde bereits 1345 eine Gebührenordnung erlassen, in der der private Briefverkehr geregelt war. Auch der Rat der Stadt Frankfurt gestattete seinen Boten die Beförderung privater Korrespondenz gegen ein gewisses Entgelt. In einem Beschluß aus dem Jahr 1476 heißt es: „vnd wann ein Bürgermeister eim Bürger ein Botten leihet, vnd heisset der Bürger gehen, umb sein Lohn, das soll er thun".[9] Etwa zur gleichen Zeit begann sich bei den Botenläufern eine Art Uniformierung durchzusetzen. Auf der Brust trug der Bote ein Schild mit landesherrlichem Wappen; zu seiner Ausrüstung zählten wetterfeste Kleidung, Botentasche und ein Spieß, mit dem er sich gegen räuberische Angriffe und wilde Tiere zur Wehr gesetzt sowie über Gräben geschwungen haben soll.

Die Intensivierung der Botenbewegungen sowie die immer häufiger nachgefragten Leistungen fanden im Laufe des 16. Jahrhunderts ihre Entsprechung in verbindlichen Regelwerken. Hamburg unterwarf seine Verbindung mit Antwerpen, der nach Westen am häufigsten frequentierten Route, 1578 einer ersten Botenordnung. (In Antwerpen, so hat man errechnet, trafen um die Mitte des 16. Jahrhunderts jährlich 200 000 Briefe ein.) Nürnberg folgte diesem Beispiel im Jahre 1610. Diese Nürnberger Botenordnung addiert die einzelnen Gänge zu der stattlichen Zahl von 16 wöchentlichen Verbindungen, die beispielsweise mit Frankfurt, Regensburg und Leipzig unterhalten wurden. Immerhin, so schätzt man, soll die Stadt damals rund 200 Boten beschäftigt haben. Insofern liegt es in der Natur der Sache, daß der Botenplan Wege und Ziele nennt. Dazu verzeichnet er aber auch bereits den genauen Ankunfts- und Abgangstag sowie, gegebenenfalls, das Gasthaus, in dem die auswärtigen Boten logierten. Solche regelmäßig verkehrenden „Ordinari"-

9 Paul Blühm: Vorboten des Postwesens in Südwestdeutschland. In: AfdP 2/1963, S. 32; Stephan Oettermann: Läufer und Vorläufer. Zu einer Kulturgeschichte des Laufsports. Frankfurt am Main 1984, S. 13.

Aller Botten Ordnung vō welchem ort dieselbigen alle Wochen gen Nürnberg kommen/ und wo die zur Herberg ligen / auch an welchem Tag die alle Wochen wider weg Raysen / allen Kauffleuten Handelßleuten Nützlich zu gebrauchen.

1610.

| Wañ die Boten gen Nürnberg kommen. | An welchem Tag. | Wo die Potten zur Herberch ligen. | Wañ die Potten wider auß Nürnberg gehn |
|---|---|---|---|
| Von Andorff. | Alle Sambstag. | Wonen hie. | Alle Mittwochen. |
| Auß Cölln. | Alle Sambstag. | Wonen/ hie. | Alle Mittwochen. |
| Franckfort. | Alle Sambstag. | Wonen hie. | Alle Mittwochen. |
| Hamburg. | Alle Montag. | Wonen hie. | Alle Sontag. |
| Von Breßlaw. | Alle Freytag. | Zwen frembt bey der Gulden Ganß/ vñ zwen hie. | Alle Mittwochen. |
| Von Prag. | Alle Donerstag. | Bey dem Bitterholt. | Alle Sontag. |
| Von Wien. | Im Soñer am Donerstag Im winder/ am Ertatag. | Wonen hie. | Alle Sontag. |
| Auß Venedig | Alle Freytag. | Bey der gulden Ganß | Alle Mittwochen. |
| Vō Augspurg. | Alle Ertatag. Freitag. und Sambstag. | Bey der gulden Ganß | Alle Mittwochen/ Donerstag und Sontag. |
| Von S. Galln. | Alle Freytag. | Bey der gulden Ganß. | Alle Ertatag. |
| Auß Leyon. | Alle vierzehen Tag/ am Donerstag. | Bey der gulden Ganß. | Alle 14. Tag / am Sontag. |
| Von Ulm. | Alle Donerstag/ und Freytag. | Bey der gulden Ganß. | Alle Sambstag. |
| Auß Leibzig. | Alle Ertatag | Wonen hie. | Alle Freytag |
| Saltzburg. | Alle 14. Tag / am Donerstag. | Wonen hie. | Alle 14. Tag / am Sontag. |
| München. | Hat kein ordnung/ ist Nötig so schickt mā post Augspurg | Wonen hie. | Hat kein ordnung ist Nötig so schickt mā Post Augspurg |
| Regenspurg. | Hat kein Ordnung. | Bey dem Bitterholt. | Hat kein Ordnung. |

Gedruckt zu Nürnberg/ bey Wolff Drechssel.

Botenabgangsplan
der Stadt Nürnberg
Kolorierter Holzschnitt
Gedruckt bei Wolff Drechsel
in Nürnberg
Nürnberg, 1610

Boten wurden nach ihrem jeweiligen Reiseziel benannt; sie hießen der „Hamburger", „Nürnberger", „Frankfurter" Bote.[10]

## Neue Wege: Pferderelais und Botenwechsel

Daß das Gros dieser Kurse nach wie vor zu Fuß bestritten wurde, sei hier aber noch einmal ausdrücklich erwähnt. Nur in seltenen Fällen – etwa bei Expreßsendungen (der späteren Extrapost) – setzten die öffentlichen Anstalten berittene Kuriere ein. Ohnedies trugen Reiter, wie Michael North anhand der hamburgischen Botengeschichte ermittelt hat, „nur unwesentlich zur Beschleunigung der Nachrichtenbeförderung bei, da die Pferde auf den langen Strecken ermüdeten […] und kaum schneller als Läufer vorankamen".[11] In diesem Punkt waren die staatlichen Postanstalten von Anfang an fortschrittlicher. Denn sie ersetzten nicht nur die menschliche durch tierische Muskelkraft, vielmehr maximierten sie das hierbei entstehende Moment der Beschleunigung mit Hilfe unterwegs zwischengeschalteter Postlager zum Austausch der Pferde und Reiter. Zwangsunterbrechungen, wie sie aus den natürlichen Bedürfnissen von Mensch und Tier notgedrungen entstehen mußten, wurden so beförderungstechnisch umgangen. Das Prinzip dieser Beförderung mit „unterlegten", das heißt stationsweise gewechselten Pferden, sorgte am Ausgang des Spätmittelalters für eine Wiederbelebung der klassisch-antiken Relais-Idee im großen Stil. Auch für den neuzeitlichen Begriff der Post stand das Relais Pate: „posita statio", was soviel heißt wie festgesetzter Aufenthaltsort (Postlager).

Was die Post zu leisten imstande war, stellte ab 1490 wie kaum ein anderer der spätere Reichskaiser Maximilian I. unter Beweis. Verantwortlich für die Organisation seines zunächst zwischen Innsbruck und Mecheln bei Brüssel eingerichteten Postkurses war ein gewisser Janetto de Tassis, der

10 Oettermann (wie Anm. 9), S. 13; North und Gerteis (wie Anm. 6); Herbert Leclerc: Von der Botenordnung zum Reichskursbuch. In: AfdP 1/1985, S. 9.
11 North (wie Anm. 6), S. 13.

sich als päpstlicher Kurier einen Namen gemacht hatte. Eine Memminger Chronik aus dem Jahr 1490 gibt Aufschluß über die Verfahrensweise der taxisschen Stafettenorganisation: „Es lag allweg 5 Meil Wegs ein Post von der andern, einer war zu Kempten, einer zu Bless, einer an der Bruck zu Elchingen und also fortan immerdar 5 Meil Wegs von einander und must alweg ein Pot des andern warten, vnd so bald der ander zu ihm ritt, so bliess er ein hörnlin, das hört der bott der in der Herberg lag und must gleich auf sein. Einer musste all Stund ein Meil, das ist 2 Stund weit reiten, oder es ist ihm am Lohn abzogen, vnd musten sie reiten Tag und Nacht. Also kam offt in 5 Tagen ein Brieff von hier biss nacher Rom."[12]

Solche Postkurse standen zunächst ganz im Zeichen administrativer und militärischer Interessen. Doch erfüllten die Kurse bald auch kommerzielle Funktionen. Der große Fortschritt, der sich jetzt auf dem Sektor der Briefbeförderung ankündigte, bestand in der Öffnung der postalischen Organisation für eine breite Öffentlichkeit. Denn Maximilian erkaufte sich seine Staatspost um einen hohen Preis. Außerstande, die Betriebskosten für den Unterhalt der Reiter und Pferde aufzubringen, hatte der habsburgische Monarch die Kurse gezwungenermaßen für den privaten Briefverkehr zu öffnen, um damit den Taxis jenen Zuerwerb zu sichern, der die Existenzgrundlage für den Erhalt der Kurse schuf. So nahm, im eigentlichen Sinne, die Post ihren Anfang. Der räumliche Maßstab dieser fortschrittlichen Entwicklung war das Netz, ihr Motor aber die gesteigerte Nachfrage von Privat. Schon zu Beginn des 16. Jahrhunderts sollen die Taxis Briefe der Augsburger Bankiersfamilie Welser gegen ein gewisses Entgelt befördert haben sowie Briefe der Stadt Köln.[13] Bei der Ernennung Johann Baptistas von Taxis zum Generalpostmeister durch Kaiser Karl V. (1530) umfaßte das taxissche Postimperium mittlerweile Spanien, die Niederlande und weite Teile des Reichsgebietes, neben nach Rom und Neapel unterhaltenen Linien.

Seit dem frühen 16. Jahrhundert also sorgt die Einrichtung der (öffentlichen) Post für eine neue Qualität der Briefbeförderung. Das Relais, als Botenstation und Pferdelager einst der Staatsmacht vorbehalten, wurde jetzt zum Schrittmacher einer fortschrittlichen Nachrichtenübermittlung – zum Maß eines neuen Tempos des Reisens und der Expedition von Briefen, Geldern, Waren. Galten zu Fuß 30 und zu Pferde 50 Kilometer als guter Tagesdurchschnitt, so erhöhte sich die tägliche Wegleistung mit der Taxis-Post auf einen Schlag auf 120 bis 150 Kilometer. Für die Route Augsburg – Venedig benötigten noch die städtischen Ordinari-Boten rund acht Tage; die Reichspost dagegen bewältigte eine solche Strecke jetzt in sechs, per Expreß sogar in vier Tagen. Seit den 1530er Jahren verkehrte die Taxis-Post als „Ordinari"-Post wöchentlich. Allen rühmlichen Anfängen zum Trotz, stellte das 16. Jahrhundert die Taxis bei ihrem Monopolanspruch, den sie in das öffentliche Unternehmen der Post von vorn herein getragen hatten, vor erhebliche Probleme.

12 Vgl. Vf.: Die Postkutschenreise. Tübingen 1985, S. 41 ff.

13 Wolfgang Behringer: Thurn und Taxis. Die Geschichte ihrer Post und ihrer Unternehmen. München, Zürich 1990, S. 32 und passim.

## Post-Konkurrenz

Noch waren es die organisierten Kaufmannschaften, die in Mitteleuropa den Ton angaben. Im Unterschied zu den taxisschen Postmeistern blickten sie auf eine jahrhundertelange Tradition bei der Festigung räumlicher Macht zurück. Zwar erlitt die Hanse und mit ihr die Nord-Süd-Route unter dem wachsenden Einfluß der (westlichen) Kolonial- und Seemächte erhebliche Einbußen, den Augsburger Kaufmannsfamilien der Fugger und Welser gelang es jedoch, mit den Entwicklungen Schritt zu halten. Die Fugger und Welser, das waren im Begriffe der damaligen Zeit „Mammutunternehmen, die den anderen Kaufleuten und der Öffentlichkeit schon aufgrund ihrer Größe Angst einjagen"[14] mußten. Jedenfalls verfügten sie über die nötigen finanziellen Reserven, um eigene Kurierpostlinien einzurichten, und sie waren wendig genug, um auf politische Krisen, in deren Fahrwasser die Taxis immer wieder gerieten, unmittelbar zu reagieren. Als Mitte des 16. Jahrhunderts zwischen den Niederlanden und Spanien ein Konflikt entbrannte, bei dem oranientreue Calvinisten sogar die Residenz des spanientreuen Generalpostmeisters Leonhard von Taxis verwüsteten, dessen Postverkehr praktisch zum Erliegen kam, organisierte die Augsburger Kaufmannschaft binnen kürzester Zeit einen Postkurs nach Köln und Antwerpen.

Die Städte schlugen sich bei solchen Interessenkonflikten gewöhnlich auf die Seite der Großkaufleute. Eine im Jahre 1641 in Hamburg erlassene „Postmeister"-Ordnung (hier wird der Begriff der „Post" nunmehr auf eine Amtsfunktion übertragen!) weiß sich einzig und allein den Wünschen und Interessen des „Kaufmanns" zu versichern, dem mit Abstand wichtigsten Kunden der städtischen Botenzunft. Schon allein deshalb reagierte der Ältestenrat der Stadt auf Vorstöße der Taxis, sich in Hamburg mit einem kaiserlichen Postamt niederzulassen, über viele Jahre mit heftigem Widerstand. Das hatte finanzielle Gründe. Denn das Botenwerk war ein einträgliches Geschäft. Es galt aber auch, die Tradition einer über viele Jahrhunderte gewachsenen zünftigen Anstalt zu wahren.

Württemberg stellte sich jetzt demonstrativ hinter seine Metzger und nahm damit ein Gewerbe vor den Taxis in Schutz, dessen Eigenart seit alters darin bestanden hatte, zum Zwecke des Vieheinkaufs umherzureisen. Ursprünglich nur aus Gefälligkeit, nahmen die Metzger, wo sie die Märkte aufsuchten, Briefe mit, entwickelten dann aber – spätestens gegen Ende des 16. Jahrhunderts – eine regelrechte, unter landesherrlicher Aufsicht stehende Postanstalt. Urkundlich nachgewiesen ist der Schritt vom unverbindlichen Botendienst der reisenden Metzger zur Institution der Metzgerpost durch eine 1622 erlassene herzogliche Verordnung, die Rechte, Pflichten, wie auch Privilegien der Metzger nennt.

14 Fernand Braudel: Sozialgeschichte des 15.–18. Jahrhunderts: Der Handel. München 1986, S. 198.

Ähnlich verhielt sich Brandenburg-Preußen, das unter der Regie des Großen Kurfürsten nach dem Ende des Dreißigjährigen Krieges mit dem Aufbau eines eigenen Postwesens begann. In weniger als vier Jahren realisierte Friedrich Wilhelm seinen Plan einer Ost-West-Verbindung zwischen Memel und Kleve, den neuen Eckpfeilern der kurbrandenburgischen Staaten. Noch vor dem Ende seiner Regierungszeit (1688) erstreckten sich die Postanstalten Brandenburgs „über alle Theile des kurfürstlichen Staatsgebietes" (Stephan). Im absolutistischen Staat, für den die Struktur seines postalischen Netzwerks in eins ging mit einer funktionstüchtigen beamtenstaatlichen Verwaltung, erwuchs den Taxis ihr größter Kontrahent. Bis weit ins 18. Jahrhundert hatten sie in preußischen Landen schlicht ‚Hausverbot'.

Auf Dauer vermochten sich viele Reichsstädte und Kleinststaaten, wie die zu eigenen Organisationsleistungen unfähigen Fürsten- und Bistümer des Westens, den Werbungen der Taxis allerdings nicht zu entziehen. Die Post entwickelte sich rasch zu einem Großbetrieb. Und darum kam als „Veranstalter" letzten Endes nur der Staat in Frage, wie im Beispiel Preußens, oder aber eine „kapitalistische Unternehmung größten Stils",[15] wie eben das Haus Thurn und Taxis, das, nachdem es die Reichspost als Erbmannlehen erhalten hatte, die städtischen Boten schlicht zu „Nebenboten" erklären ließ (ein Verfahren, das in der Person des Großen Kurfürsten bald auf einen eifrigen Nachahmer stieß!).

## ‚Porto' und ‚Franco'

Schon früh war die Postregie um eine Vereinheitlichung ihrer Beförderungsgebühren bemüht. Ansätze zu einer Regelung der Tarife lassen sich für die Taxis bis zur Mitte des 16. Jahrhunderts zurückverfolgen. In den 1580er Jahren enthielten Briefe dann „ganz selbstverständlich" Frankierungsvermerke. Augsburg, Frankfurt am Main und Köln brachten seit dem frühen 17. Jahrhundert verbindliche Taxverzeichnisse zum Aushang.[16] Anders als bei den kleineren Botendiensten, die das Porto häufig noch individuell aushandelten, setzte sich auf den Reitpostkursen damit ein einheitliches Taxwesen durch. Unterschieden wurde zwischen ‚Franco', der bei der Absendung bezahlten, und ‚Porto', der beim Empfang beglichenen Gebühr. Daneben gab es Mischvarianten. Sie kamen ins Spiel, beispielsweise wenn Briefe Ländergrenzen zu passieren hatten.

Unter den gegebenen Möglichkeiten zu entscheiden, stand dem Absender frei. „Es ist der Post gewöhnlich gleichgültig", so ein Lexikonartikel aus der Zeit, „ob die Briefe [...] von den Absendern franko, oder porto abgeschickt werden".[17] In der Praxis wurde aber das Porto-Verfahren bevorzugt. Denn es verpflichte die Anstalten, die im Falle eines Verlustes natürlich leer ausgingen, stets zu besonderer Sorgfalt bei der Expedition der Briefpost.

15 Werner Sombart: Der moderne Kapitalismus. Bd. 2.1. München, Leipzig 1917, S. 263.
16 Behringer (wie Anm. 13), S. 53; Martin Dallmeier: 500 Jahre Post. Regensburg 1990, S. 207.
17 Ökonomisch-technologische Encyklopädie. T.116. Berlin 1810, S. 75.

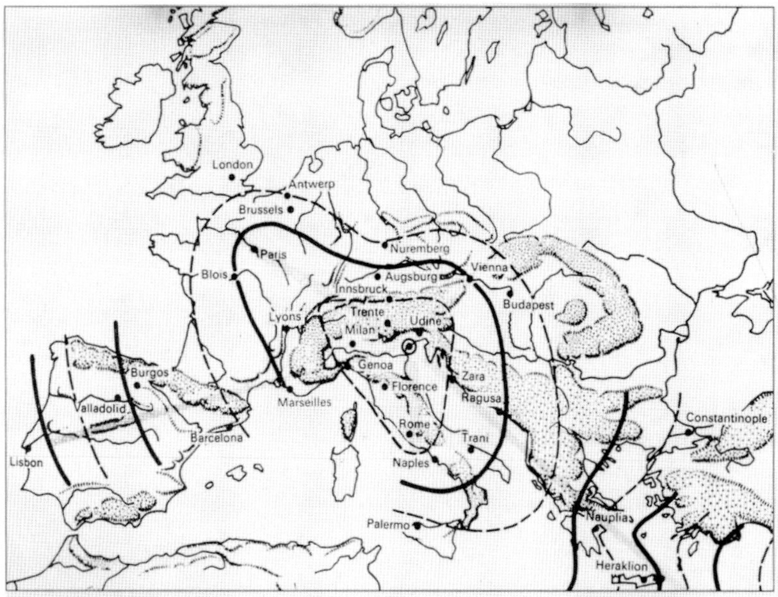


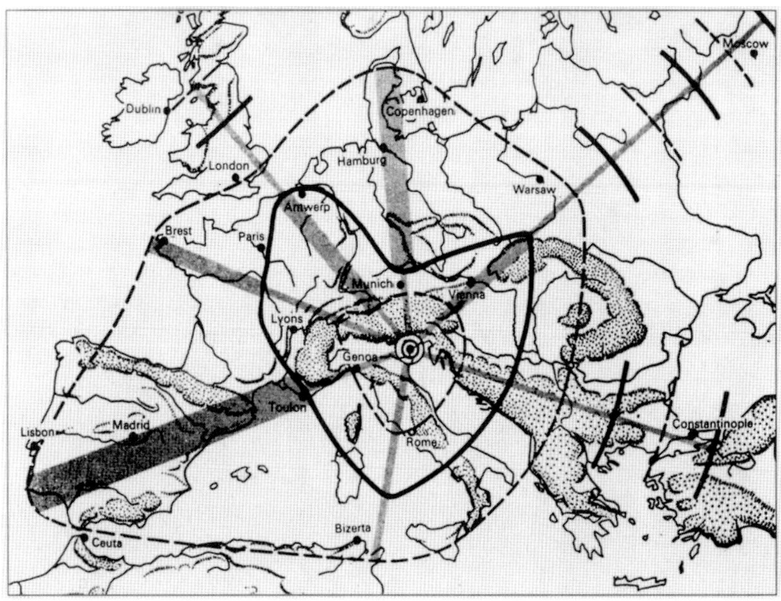


Was anfangs die Beförderung garantieren sollte, entpuppte sich im Laufe der Zeit freilich als eine eher lästige Gewohnheit, die kräftig zu Buche schlagen konnte. Leute mit Rang und Namen, die – wie etwa Goethe – häufig unaufgefordert Post erhielten, muß das Portoverfahren bis an den Rand der Verzweiflung getrieben haben. Goethe soll an seine Verehrer wie Bittschreiber immer wieder appelliert haben, die an ihn gerichtete Post wenigstens von Fall zu Fall zu frankieren.[18] Was dem Weimarer Dichterfürst als schwacher Trost blieb, war die Tatsache, daß die Portogebühren wohl über lange Zeit anhaltend konstant blieben. Das Briefporto, entnimmt man einem damaligen Bericht, beruhe „größtentheils auf Taxen, welche vor langer Zeit eingeführt und die im ganzen ziemlich billig sind, zumahl wenn man bedenkt, daß seit jenen Zeiten die Preise und Kosten fast aller andern Dinge gestiegen und zum Theil verdoppelt sind".[19] Allgemein wurden die Gebühren anhand des Gewichts und der Strecke errechnet.

18 Deutsches Wörterbuch von Jacob und Wilhelm Grimm. Bd.7. Leipzig 1889, Sp. 2026.
19 Ökonomisch-technologische Encyklopädie (wie Anm. 17), S. 78.

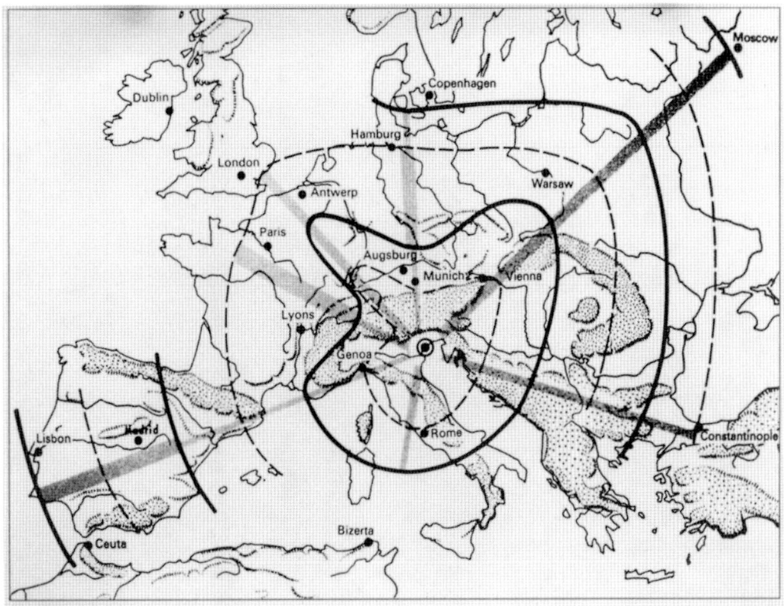


Die drei Abbildungen vergleichen Geschwindigkeiten des Nachrichtentransports in Europa in den Zeiträumen um 1500, 1686 bis 1700 und 1733 bis 1765. Als Anlaufort für eine schriftliche Nachricht ist Venedig gewählt. Die Linienfelder um Venedig bezeichnen (als Durchschnittswerte) jeweils Transportzeiten von einer Woche pro Brief auf einer bestimmten Strecke. Direktverbindungen mit schnellen Kurierdiensten verdeutlichen die grauen Keile. Es zeigt sich, daß – bei geringen Verschiebungen – die Transportzeiten für Briefe über den gesamten Zeitraum annähernd gleichblieben.

Zu Verwicklungen kam es, waren mehrere Unternehmen in den Brieflauf involviert. Denn es lag im ureigensten Interesse der Anstalten, einen Brief möglichst lange unter eigener Regie laufen zu lassen, um so ein möglichst hohes Portogeld zu erwirtschaften. Auf seiten des Briefadressaten waren gewisse postgeographische Grundkenntnisse insofern durchaus von Vorteil. Es galt abzuwägen, ob ein Brief auf vermeintlich direktem Weg durch die Hände vieler Beförderungsunternehmen ging, oder ob er seine Bestimmung auf Umwegen vergleichsweise kostengünstig erlangte. Wem es an Einblick in die komplizierte Struktur des Briefbeförderungswesens mangelte, der führte seine Korrespondenz über Zwischenadressen, mit denen ferne Bekannte zur Unterstützung herangezogen wurden, nicht selten sogar der Postmeister eines an einem Knotenpunkt gelegenen Amtes.

## Die Post als Sammelinstitut

Von derlei Belastungen unberührt, traf die Institutionalisierung der Briefbeförderung als Organisationsleistung der Postanstalten beim Publikum aber auf breite Zustimmung. „Es ist doch eine zumahl nöthige und nützliche Erfindung und Ordnung mit den Posten / bey welchen man in kurtzer Zeit von abwesenden Freunden kan Nachricht haben", urteilt eine Lehrschrift aus dem 17. Jahrhundert. Zedlers „Universal-Lexicon" von 1741, das bedeutendste Nachschlagewerk seiner Zeit, rühmt ebenfalls „die Geschwindigkeit, mit welcher sie [die Postkuriere] lauffen".[20] Gemeinsam ist diesen Stimmen, daß sie die neue Qualität der postalischen Briefbeförderung an ihrem innovativen Tempo bemessen, das Raum und Zeit in ein neues Verhältnis setzt. Noch von untergeordneter Bedeutung scheint hier ein anderes Merkmal zu sein, das die Post von ihren Vorläufern trennt: War nämlich der mittelalterliche Bote stets als einzelner und im Einzelauftrag unterwegs, so wurde auf dem Weg

20 Christian Scriver: Gottholds Zufällige Andachten [...]. Leipzig 1686, S. 702 (zuerst: 1663–69); Grosses vollständiges Universal-Lexicon Aller Wissenschaften und Künste. Leipzig, Halle 1741, Sp. 1785.

Die Augsburger Boten
Peter Derffus und
Gottfriedt Thauner
Kopie von Otto Antoine
nach einem Gemälde aus
dem Jahr 1627
Um 1898
Öl auf Holz

zur (öffentlichen) Institution der Post das Einsammeln der Briefe und deren Verteilung an ihrem Bestimmungsort immer wichtiger. Was sicher auch im wachsenden Briefaufkommen begründet lag. Doch ist es ein Unterschied, ob die Boten von Haus zu Haus gehen, um Briefe in Empfang zu nehmen, mit denen sie sich auf den Weg machen, oder ob die Briefe an einem zentralen Ort, dem Postamt, eingesammelt beziehungsweise verteilt werden. Nebensächlich ist dabei, ob man die Post selber zum Postamt trägt oder – wiederum durch einen Boten – bringen läßt (und umgekehrt). Auf ihre Eigenschaft als Sammelinstitut konzentriert, entzog sich die Post solchen Bringdiensten anfangs sogar.

Bis ins 18. Jahrhundert wurde die eingetroffene Post im Postamt öffentlich zum Aushang gebracht. Erst nach und nach wurde den Abholern eine Frist gesetzt. Wurde sie überschritten, schickte der Postmeister seinen „Privatdiener" los, der die Briefe dann gegen ein zusätzliches Entgelt zustellte. Es ist sicher kein Zufall, daß dies Aufkommen des Briefträgers im 18. Jahrhundert zusammenfällt mit Überlegungen zur Einführung des Briefkastens. Auch der alte Brauch der Postmeister und Postschreiber, Briefe in Empfang zu nehmen, solange „das Felleisen noch nicht geschlossen ist",[21] mit anderen Worten bis zur letzten Minute, sollte angesichts einer um sich greifenden „Schreibwut", die den Blick ins 18., das „Jahrhundert des Briefes"[22] lenkt, gründlich überdacht werden müssen. Aber noch verkehrte die Post nicht täglich, sondern ein- bis zweimal in der Woche. Wer Geschäfte abzuwickeln pflegte, wird den Beförderungstakt eher widerwillig hingenommen (oder sich einer Eilzustellung bedient) haben, die Dichter und Denker hingegen arrangierten sich damit in stillem Einvernehmen. Wie vielen anderen seiner Zeit wird Goethe ein hohes Maß an Geselligkeit nachgesagt. An „Posttagen" aber war der Minister für niemanden zu sprechen.

21 Johann Heinrich Ludwig Bergius (Hrsg.): Policey- und Cameral-Magazin [...]. Bd. 7. Frankfurt am Main 1773, S. 155.
22 „Die Post will fort, ich muß schließen." Briefe aus dem 18. Jahrhundert, ausgewählt und mit einführenden Texten versehen von Reinhard Wittmann. München 1985, S. 7.

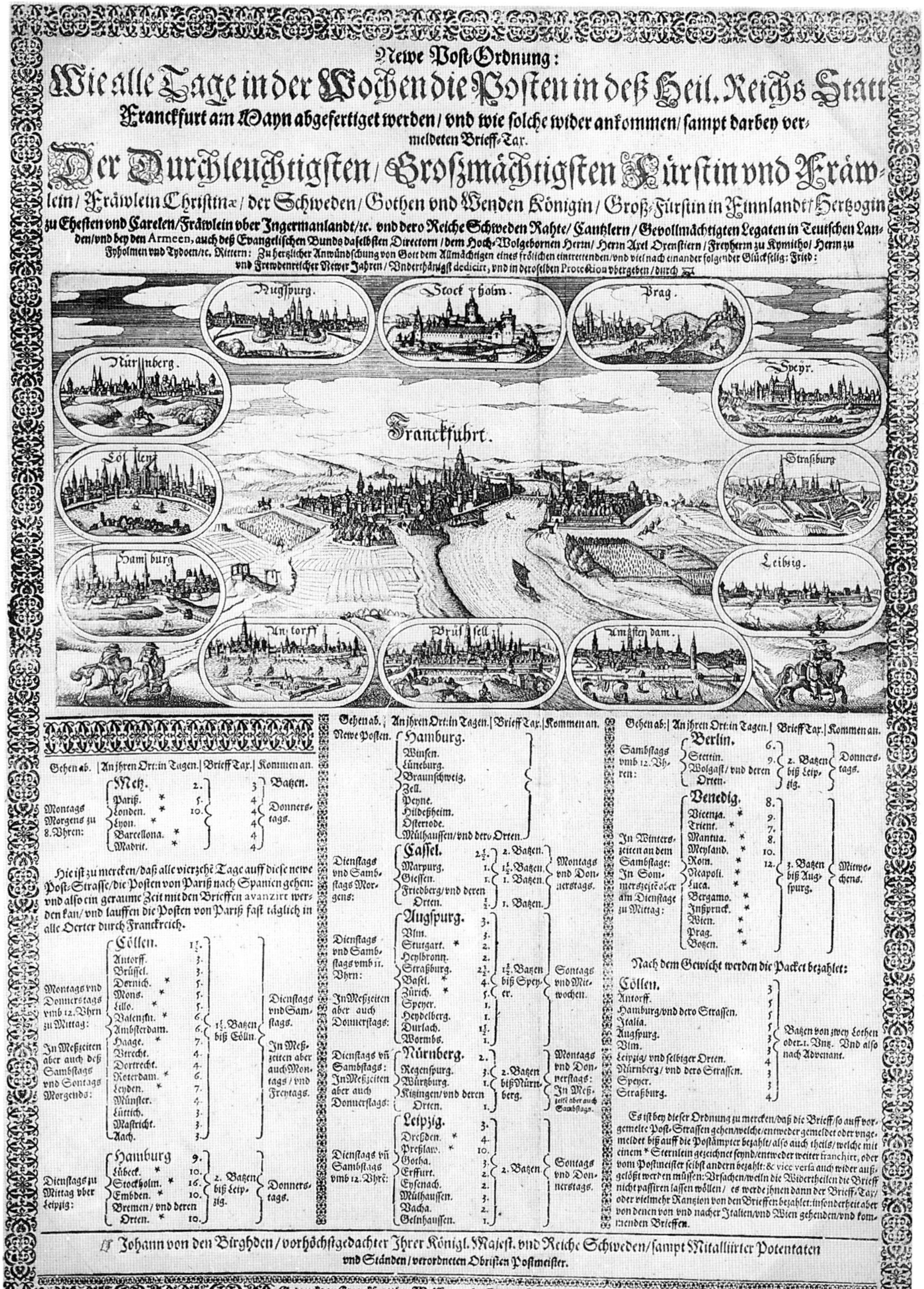


Newe Post-Ordnung:

# Wie alle Tage in der Wochen die Posten in deß Heil. Reichs Statt Franckfurt am Mayn abgefertiget werden / vnd wie solche wider ankommen / sampt darbey vermeldeten Brieff-Tax.

Der Durchleuchtigsten / Großmächtigsten Fürstin vnd Fräwlein / Fräwlein Christinæ / der Schweden / Gothen vnd Wenden Königin / Groß-Fürstin in Finnlandt / Hertzogin zu Ehesten vnd Carelen / Fräwlein vber Ingermanlandt / etc. vnd dero Reiche Schweden Rahte / Cantzlern / Gevollmächtigten Legaten in Teutschen Landen / vnd bey den Armeen, auch deß Evangelischen Bunds daselbsten Directorn / dem Hoch-Wolgebornen Herrn / Herrn Axel Oxenstiern / Freyherrn zu Kymitho / Herrn zu Fyholmen vnd Tydoen / etc. Rittern: Zu hertzlicher Anwündschung von Gott dem Allmächtigen eines frölichen eintrettenden / vnd viel nach einander folgender Glückselig: Fried: vnd Frewdenreicher Newer Jahren / Vnderthänigst dedicirt, vnd in deroselben Protection vbergeben / durch

| Gehen ab. | An ihren Ort: in Tagen. | | Brieff Tax. | Kommen an. |
|---|---|---|---|---|
| Montags Morgens zu 8. Vhren: | Metz. | 2. | 3 Batzen. | Donnerstags. |
| | Pariß. * | 5. | 4 | |
| | Londen. * | 10. | 4 | |
| | Lyon. * | | 4 | |
| | Barcellona. * | | 4 | |
| | Madrit. * | | 4 | |

Hie ist zu mercken / daß alle viertzehē Tage auff diese newe Post-Strasse / die Posten von Pariß nach Spanien gehen: vnd also ein geraume Zeit mit den Brieffen avanzirt werden kan / vnd lauffen die Posten von Pariß fast täglich in alle Oerter durch Franckreich.

| Gehen ab. | An ihren Ort: in Tagen. | | Brieff Tax. | Kommen an. |
|---|---|---|---|---|
| Montags vnd Donnerstags vmb 12. Vhrn zu Mittag: In Meßzeiten aber auch deß Sambstags vnd Sontags Morgends: | Cöllen. | 1½. | 1½. Batzen biß Cölln. | Dienstags vnd Samstags. In Meßzeiten aber auch Montags / vnd Freytags. |
| | Antorff. | 3. | | |
| | Brüssel. | 3. | | |
| | Dornich. * | 5. | | |
| | Mons. * | 5. | | |
| | Lillo. * | 5. | | |
| | Valenzin. * | 6. | | |
| | Ambsterdam. | 6. | | |
| | Haage. * | 7. | | |
| | Vtrecht. | 4. | | |
| | Dortrecht. | 4. | | |
| | Roterdam. * | 6. | | |
| | Leyden. * | 7. | | |
| | Münster. | 4. | | |
| | Lüttich. | 3. | | |
| | Mastricht. | 3. | | |
| | Aach. | 3. | | |
| Dienstags zu Mittag vber Leipzig: | Hamburg | 9. | 2. Batzen biß Leipzig. | Donnerstags. |
| | Lübeck. * | 10. | | |
| | Stockholm. * | 16. | | |
| | Embden. * | 10. | | |
| | Bremen / vnd deren Orten. * | 10. | | |

| Gehen ab. | An ihren Ort: in Tagen. | | Brieff Tax. | Kommen an. |
|---|---|---|---|---|
| Newe Posten. | Hamburg. | | | |
| | Winsen. | | | |
| | Lüneburg. | | | |
| | Braunschweig. | | | |
| | Zell. | | | |
| | Peyne. | | | |
| | Hildeßheim. | | | |
| | Osterode. | | | |
| | Mülhaussen / vnd dero Orten. | | | |
| Dienstags vnd Sambstags Morgens: | Cassel. | 2½. | 2. Batzen. | Montags vnd Donnerstags. |
| | Marpurg. | 1. | 1½. Batzen. | |
| | Giessen. | 1. | 1. Batzen. | |
| | Friedberg / vnd deren Orten. | ½. | 1. Batzen. | |
| Dienstags vnd Sambstags vmb 11. Vhrn: In Meßzeiten aber auch Donnerstags: | Augspurg. | 3. | 1½. Batzen biß Speyer. | Sontags vnd Mitwochen. |
| | Vlm. | 3. | | |
| | Stutgart. * | 2. | | |
| | Heylbronn. | 2. | | |
| | Straßburg. | 2½. | | |
| | Basel. * | 4. | | |
| | Zürich. * | 5. | | |
| | Speyer. | 1. | | |
| | Heydelberg. | 1. | | |
| | Durlach. | 1½. | | |
| | Wormbs. | 1. | | |
| Dienstags vñ Sambstags: In Meßzeiten aber auch Donnerstags: | Nürnberg. | 2. | 2. Batzen biß Nürnberg. | Montags vnd Donnerstags: In Meßzeitē aber auch Sambstags. |
| | Regenspurg. | 3. | | |
| | Würtzburg. | 1. | | |
| | Kitzingen / vnd deren Orten. | 1. | | |
| Dienstags vñ Sambstags vmb 12. Vhrē: | Leipzig. | 3. | 2. Batzen. | Sontags vnd Donnerstags. |
| | Dreßden. * | 4. | | |
| | Preßlaw. * | 10. | | |
| | Gotha. | 3. | | |
| | Erffurt. | 2. | | |
| | Eysenach. | 2. | | |
| | Mülhaussen. | 3. | | |
| | Vacha. | 2. | | |
| | Gelnhaussen. | 1. | | |

| Gehen ab: | An ihren Ort: in Tagen. | | Brieff Tax. | Kommen an. |
|---|---|---|---|---|
| Sambstags vmb 12. Vhren: | Berlin. | 6. | 2. Batzen biß Leipzig. | Donnerstags. |
| | Stettin. | 9. | | |
| | Wolgast / vnd deren Orten. | | | |
| In Winterszeiten an dem Sambstage: In Sommerszeitē aber am Dienstage zu Mittag: | Venedig. | 8. | 3. Batzen biß Augspurg. | Mitwochens. |
| | Vicenza. * | 9. | | |
| | Trient. * | 7. | | |
| | Mantua. * | 8. | | |
| | Meyland. * | 10. | | |
| | Rom. * | 12. | | |
| | Neapoli. * | | | |
| | Luca. * | | | |
| | Bergamo. * | | | |
| | Inßpruck. * | | | |
| | Wien. * | | | |
| | Prag. * | | | |
| | Botzen. * | | | |

Nach dem Gewicht werden die Packet bezahlet:

| | | |
|---|---|---|
| Cöllen. | 3 | Batzen von zwey Lothen oder 1. Vntz. Vnd also nach Advenant. |
| Antorff. | 5 | |
| Hamburg / vnd dero Strassen. | 5 | |
| Italia. | 5 | |
| Augspurg. | 3 | |
| Vlm. | 3 | |
| Leipzig / vnd selbiger Orten. | 4 | |
| Nürnberg / vnd dero Strassen. | 3 | |
| Speyer. | 3 | |
| Straßburg. | 4 | |

Es ist bey dieser Ordnung zu mercken / daß die Brieff / so auff vorgemelte Post-Strassen gehen / welche / entweder gemeldet oder vngemeldet biß auff die Postämpter bezahlt / also auch theils / welche mit einem * Sternlein gezeichnet seynd / entweder weiter franchirt, oder vom Postmeister selbst andern bezahlt: & vice versa auch wider außgelößt werden müssen: Vrsachen / weiln die Widertheilen die Brieff nicht passiren lassen wöllen / es werde jhnen dann der Brieff-Tax / oder vielmehr Rantzion von den Brieffen bezahlet: insonderheit aber von denen von vnd nacher Italien / vnd Wien gehenden / vnd kommenden Brieffen.

Johann von den Birghden / vorhöchstgedachter Ihrer Königl. Majest. vnd Reiche Schweden / sampt Mitalliirter Potentaten vnd Ständen / verordneten Obristen Postmeister.

Gedruckt zu Franckfurt / bey Wolffgang Hoffmann / Im Jahr 1634.

Postordnung aus
Frankfurt am Main
Kolorierter Holzstich nach
einer älteren Bildvorlage
Frankfurt, 1634

# Briefkultur

# „Wovon wir reden können, davon können wir auch schreiben“[1]

## Briefsteller und Briefknigge

Inka K. Kording

Wie jede derart verallgemeinernde Behauptung, so provoziert auch Gellerts Diktum aus seinen „Gedanken von einem guten deutschen Briefe“ aus dem Jahre 1742 die Frage nach dem ‚Wie' und läßt die Antwort gleichzeitig schon erahnen. Denn seine Analogie zwischen Gespräch und Verschriftlichung verweist auf die antike Definition des Briefes als ‚sermo absentis ad absentem',[2] also dem ‚Gespräch' zwischen räumlich Getrennten. Die rhetorische Bildung des antiken griechischen Bürgers zum guten Redner umfaßte schon früh Übungen zum Briefstil in den Schulen der Grammatiker und bezog die aristotelische Forderung, sich klar, schlicht und kurz auszudrücken, auf die Frage, wie ein Brief zu verfassen sei.[3] Das pädagogische Konzept der antiken Lehrer, ihre Schüler zur Nachahmung von Schriften kanonisch gewordener Dichter anzuhalten, wurde lange tradiert und schlug sich nicht zuletzt in einer Fülle von Formelbüchern oder Mustersammlungen nieder, die exemplarische Briefe als Vorbilder zusammenstellten. Eines der wichtigsten Kompendien dieser Art ist die um 538 n. Chr. entstandene Sammlung amtlicher Schreiben des Cassiodor.

Als aber im frühen Mittelalter die Rechtsprechung an Bedeutung zunahm und auch die geistlichen Kanzleien immer mehr auf den Informationsaustausch untereinander angewiesen waren, reichten die Formelbücher bald nicht mehr aus.[4] Der Wunsch wurde wach, nicht nur starre Muster zu kopieren, sondern durch die Variation allgemeiner Regeln den differenzierten Anforderungen gerecht zu werden.[5] So versahen die ‚Herausgeber' ihre Briefsammlungen zunächst mit kurzen Erläuterungen, bis Alberich von Monte Cassino 1087 den wohl ersten ‚echten' Briefsteller, also eine theoretische Erörterung, verfaßte. In seiner ‚ars dictandi' oder ‚ars dictaminis', wie die Kunst des Briefeschreibens auch genannt wird, berücksichtigte er besonders die komplizierten Anredeformeln, so daß die ‚salutatio', der Beginn der ‚Epistel', in seinem fünfgliedrigen Briefschema breiten Raum einnahm. Diese bis ins 15. Jahrhundert hinein in lateinischer Sprache verfaßten Werke verleugnen nun ihre Entstehungsgeschichte keineswegs. Bis auf wenige Ausnahmen, zum Beispiel der Liebesbriefsteller des Rhetors Boncompagno (1165–1240), behandeln die Autoren Stil- und Gliederungsfragen, inhaltliche und argumentative Ebenen der kanzlistischen Briefe, die häufig wie Urkunden behandelt wurden, und nicht Belange privater Korrespondenz. So entstand auch der Begriff ‚Kanzleistil' als Bezeichnung für diese Art der Epistologie.

In Deutschland, zumal mit dem Eindringen der Muttersprache in die noch gelehrt lateinisch korrespondierenden Kanzleien und der Notwendigkeit, dem expandierenden Kanzleiwesen entsprechend ausgebildete Arbeitskräfte zu verschaffen, breiteten sich „Formulare vnd tütsch rhetorica“, zunächst als Übersetzungen lateinischer Briefsteller, im 14. und 15. Jahrhundert schnell aus. Bis weit ins 16. Jahrhundert hinein kanonisch wurde das „formulari dar-

1 Christian Fürchtegott Gellert: Gedanken von einem guten deutschen Briefe, an den Herrn F. H. v. W. In: Chr. F. Gellert: Gesammelte Schriften. Bd. 4. Hrsg. v. Bernd Witte. Berlin, New York 1989, S. 100.
2 Vgl. Wolfgang G. Müller: Der Brief. In: Klaus Weisenberger (Hrsg.): Prosakunst ohne Erzählen. Die Gattungen der nichtfiktionalen Kunstprosa. Tübingen 1985.
3 Vgl. Regina Nörtemann: Brieftheoretische Konzepte im 18. Jh. und ihre Genese. In: Angelika Ebrecht u. a. (Hrsg.): Brieftheorie des 18. Jahrhunderts. Texte, Kommentare, Essays. Stuttgart 1990.
4 Vgl. Ludwig Rockinger: Briefsteller und formelbücher des eilften bis vierzehnten jahrhunderts. 2 Bde. New York 1961 (ND München 1863).
5 Vgl. Gert Ueding, Bernd Steinbrink: Grundriß der Rhetorik. Geschichte, Technik, Methode. Stuttgart 1986.

Cantzleybüchlin/Zaiget an/
Wie man schreiben sol eim yeden...
Gedruckt von Heinrich Steyner
Augsburg, 1528

inne begriffen sind allerhand brieff auch rethorick" von August Sorg aus dem Jahre 1483.[6] Ihm wie vielen seiner Kollegen lag besonders am Herzen, daß jeder sich „kurtz/ klar/ deutlich vnd mit glimpff aussdrücke/ also/ das kein müssig odder vberflüssig/ sonder recht geordnete vnd zur sachen dienstliche wort die vnwillen vertreiben [...] mögen [...]. Die vberflüssigen/ spitzfündigen wort/ so zu zancke dienen odder zum wenigsten widderwillen nicht dempffen/ weit hindan gesatzt."[7] Ein sachlicher, dem geschäftlichen Anlaß des Briefes angemessener Stil ist also immer noch oberstes Gebot, umgangssprachliche Elemente sind ganz unerwünscht. Auch die private Korrespondenz wird in Deutschland kaum berücksichtigt, obwohl in Europa mit den neulateinischen Gelehrtenbriefen der Humanisten und dem französischen Briefverkehr bürgerlich-privaten und intimen Inhalts im 16. und 17. Jahrhundert[8] eine hochentwickelte Kultur der nichtöffentlichen Epistolographie existiert. So gibt es auch in den Beispielsammlungen nur ganz wenige Privatbriefe wie den folgenden, von dem sich die Leser derartiger Briefsteller mit formvollendeten Schreiben absetzen konnten: „Wje nun? Lieber Matthia/ hat dich dann Gott deß Verstandts gar beraubt/ oder bistu vnsinnig worden/ daß du deß ehrlichen und frommen Manns Tochter/ also zu vnehren/ vnnd vnter die Füsse gebracht hast? Achtestu das für ein geringe Sünd? Meynstu man werde dirs jetzt zu gut lassen? Nun aber/ nach dem du vnzüchtiger Wollust an jhr gesettiget/ lesset du sie fahren/ vnd vngeholffen/ jedermann zu spott/ im Dreck sitzen."[9]

Obwohl in diesem Musterbrief nun wahrlich kein überflüssiges Wort enthalten ist, so war doch die Vorstellung eines ‚angemessenen' Stils zum Ende des Mittelalters eine durchaus andere und bezog sich nicht auf inhaltliche Fragen, sondern primär auf die Anredefloskeln, die zum eigenen sozialen Status und zu der gesellschaftlichen Stellung des Adressaten paßten. So gratulierte ein Fürst einer Fürstin zur Geburt eines Sohnes folgendermaßen:

6 Vgl. Reinhard M.G. Nickisch: Die Stilprinzipien in den deutschen Briefstellern des 17. und 18. Jahrhunderts. Göttingen 1969, S. 20ff.
7 Fabian Frangk: Ein Cantzley vnd Titel buchlin/ Darinnen gelernt wirdt/ wie man Sendebriefe förmlich schreiben/ vnd einen jdlichen seinen gebürlichen Titel geben sol. Wittemberg 1531. Zitiert nach Nickisch: Stilprinzipien (wie Anm. 6), S. 29.
8 Reinhard M. G. Nickisch: Brief. Stuttgart 1991, S. 78.
9 Abraham Swar: Penvs notariorvm. Das ist: Ein neuw außerlesen formular vnd vollkommlich Notariat=Buch/ Allerley Instrumenten/ Schrifften/Brieffen vnd Acten (...) Franckfurt am Mayn 1580. Zitiert nach Nickisch: Stilprinzipien (wie Anm. 6), S. 42.

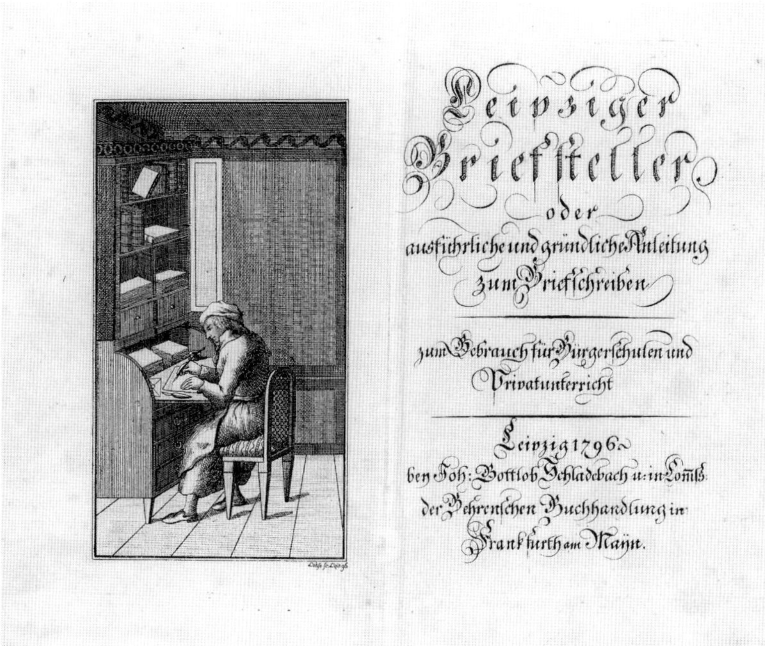


Leipziger Briefsteller oder ausführliche und gründliche Anleitung zum Briefschreiben Verlegt von Johann Gottlob Schladebach Leipzig, 1796

„Vnser freundlich dienst/ vnd was wir mehr liebes und gutes vermögen/ zuuorn/ Hochgeborne Fürstin/ freundliche liebe N. die verkündigung der frölichen entledigunge/ Ewer Liebe leiblichen bürden/ vnd folgender glückseliger genesunge/ haben wir mit sonderlichen frewden vernommen/ vnd seind darümb [...] in vngezweiffelter hoffnung/ der Allmechtige werde jenen zu wolfahrt/ Ehren/ vnd allem guten [...] erhalten/ Welchs wir Ewer Liebe/ der wir jederzeit freundlich zu dienen/ vnd zu willfahren willig/ hin widerümb nicht wolten verhalten."[10] Wohlgemerkt, Absender und Empfänger stehen in der gesellschaftlichen Hierarchie auf gleicher Ebene. So fällt es nicht schwer, sich die langen, devot-untertänigen und schmeichlerischen Redewendungen und Titularien auszumalen, die ein Untergebener benutzen mußte, wollte er sich brieflich an einen Höhergestellten wenden. Besonders große Bedeutung kam dem ‚Aufmacher' des Briefes zu, wenn es sich nicht um höfliche Glückwunschschreiben, sondern um eine Bitte, ein Gesuch oder gar eine Mahnung handelte. Daher nahmen Fragen der Etikette, des standesgemäßen Verhaltens und der richtigen Einschätzung der eigenen gesellschaftlichen Stellung im Kontext der schon erwähnten ‚salutatio', der ‚Begrüßung', breiten Raum in diesen Regelwerken ein, die dadurch indirekt auch erzieherischen Einfluß auf der sozialen Ebene ausübten.

Dieser starre, formale Kanzleistil erfuhr im deutschsprachigen Bereich erst im 17./18. Jahrhundert eine fundamentale stilistische und inhaltliche Wandlung, die mit den gesamtgesellschaftlichen Veränderungsprozessen eng verknüpft ist.[11] Zunächst beeinflußte die französische Art der privaten Korrespondenz, die an höfischen Gepflogenheiten und zierlich-geschliffener Rede der dominanten aristokratischen Zirkel geschult war, die deutsche Brieflehre[12] entscheidend. ‚Beauté d'esprit' und ‚galanterie' empfiehlt zum Beispiel Thomasius in seiner 1687 entstandenen Schrift „Von der Nachahmung der Franzosen" den Deutschen ebenso wie den französischen ‚bon gôut' und

10 Alexander Machholth: Formular Oder Schreibebuch... Eisleben 1560. Zitiert nach Nickisch: Stilprinzipien (wie Anm. 6), S. 37.

11 Vgl. exemplarisch Helmut Hartwig: Zwischen Briefsteller und Bildpostkarte. Briefverkehr und Strukturwandel bürgerlicher Öffentlichkeit. In: Ludwig Fischer u. a. (Hrsg.): Gebrauchsliteratur. Methodische Überlegungen und Beispielanalysen. Stuttgart 1976, S. 114–126.

12 Unter ‚Brieflehre' werden im allgemeinen theoretische Erörterungen zur Praxis des Briefschreibens verstanden, wie sie sich in den Briefstellern und Musterbriefsammlungen niederschlagen, während die ‚Brieftheorie' Fragen nach Wesen, Funktion und/oder Gattung, Grad der Fiktionalisierung oder der Dialogizität des Forschungsgegenstandes ‚Brief' nachgeht.

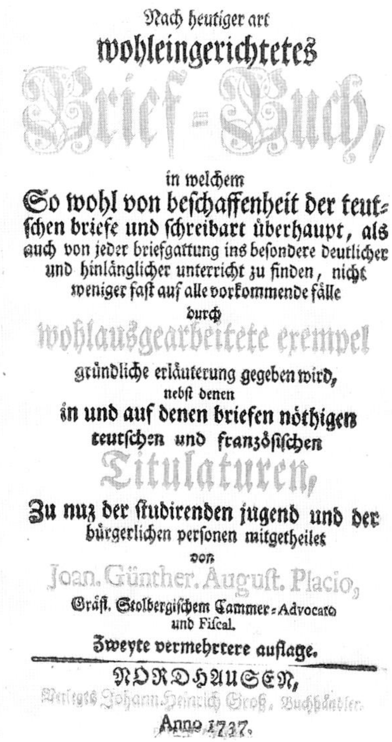
Nach heutiger art
wohleingerichtetes
Brief=Buch,
in welchem
So wohl von beschaffenheit der teut=schen briefe und schreibart überhaupt, als auch von jeder briefgattung ins besondere deutlicher und hinlänglicher unterricht zu finden, nicht weniger fast auf alle vorkommende fälle
durch
wohlausgearbeitete exempel
gründliche erläuterung gegeben wird,
nebst denen
in und auf denen briefen nöthigen
teutschen und französischen
Titulaturen,
Zu nuz der studirenden jugend und der bürgerlichen personen mitgetheilet
von
Joan. Günther. August. Placio,
Gräfl. Stolbergischem Cammer=Advocato
und Fiscal.
Zweyte vermehrtere auflage.
NORDHAUSEN,
Verlegts Johann Heinrich Groß, Buchhändler.
Anno 1737.

Nach heutiger art wohleingerichtetes Brief=Buch... Herausgegeben von Jo(h)an. Günther August Placio Zweite Auflage, Nordhausen, 1737

fundiert damit die das ganze 18. Jahrhundert hindurch geführte Debatte, ob Geschmack emotional und instinktiv oder doch rational, regelgeleitet sei.[13] So verwundert es nicht, wenn sich diese neuen kulturellen und poetologischen Normen auch in den Briefstellern niederschlagen, die sensible Seismographen für Änderungen im Kommunikationsverhalten und natürlich besonders für den sich wandelnden Stil dieses Austausches sind. Zwar wird im gesamten Verlauf des 17. Jahrhunderts schon ein zierlich-höfischer Briefstil empfohlen, dieser dient aber nur zur angenehmeren Gestaltung und Variation des immer noch kanonischen fünfgliedrigen, schematischen und gezwungenen Kanzleistils, wie beispielsweise Harsdörffers „Secretarius" von 1655 zeigt.[14] Allerdings entwickeln (wenige) Musterbriefe von Autoren niederen Standes an gesellschaftlich Gleichgestellte Spielformen des freieren, sich dem mündlichen Gespräch annähernden schriftlichen Austausches, die im Kontext privater Korrespondenz stehen.[15]

Erst in den achtziger Jahren des 17. Jahrhunderts ersetzt Christian Weise das fünfteilige, die Gedankenführung stark reglementierende barocke Schema des Briefaufbaus durch die dreigliedrige ‚Chria', die sich mehr an argumentativen Bedürfnissen als an ständischen Zwängen orientiert. Auch aristotelische Empfehlungen der Klarheit, Deutlichkeit und Kürze gelangen zu neuen Ehren, müssen sich aber dem galant-höfischen, tändelnden und scherzhaften Stil der Jahrhundertwende noch unterordnen, der sowohl geschäftliche und politische Schreibmuster als auch die zunehmenden Liebesbriefsteller dominiert. So beschwert sich in einem galanten Musterbrief aus der Sammlung Neukirchs von 1709 der Kavalier bei seiner Angebeteten, „daß sie von so vielen geliebet wird. Ich beklage derowegen gar sehr/ daß die verwandlungen nicht mehr so leichte sind/ als sie zu der zeit des Ovidius waren: sonst würde ich unfehlbar die Venus bitten/ daß sie mit angehendem jahre alle meine mitbuhler in zeißken verkehrte; so könten sie noch

13 Christian Thomasius: Discours Welcher Gestalt man denen Frantzosen in gemeinem Leben und Wandel nachahmen solle (1687/1688). In: Chr. Thomasius: Deutsche Schriften. Hrsg. v. Peter von Düffel. Stuttgart 1970, S. 131f.
14 Georg Philipp Harsdörffer: Der Teutsche Secretarius: Das ist: Allen Cantzley=Studier= und Schreibstuben nützliches und fast nohtwendiges Formular= und Titularbuch (...). Nürnberg 1655.
15 Vgl. Nickisch: Stilprinzipien (wie Anm. 6), S. 69 und 75.

Die Manier/Wie man in allerhand Angelegenheiten/einen höflichen und wohlgesetzten/ Teutschen Brief schreiben und beantworten:/auch sonsten noch andere Concepte entwerfen soll...
Verfasst von Meletaon
Vierte Auflage, Nürnberg, 1722

zuweilen ein liedchen zwitschern: ich aber bekäme hierdurch gelgenheit/ mit meiner jungfer hinkünfftig allein zu reden."[16]

Ungefähr zu dieser Zeit entwickelt auch der Begriff ‚Briefsteller' seine noch heute gebräuchliche Bedeutung als ‚liber epistolaris', als Werk der Anleitung zum Briefeschreiben. So scheint August Bohse unter dem Pseudonym Talander in seinem ‚allzeitfertigen Briefsteller' von 1690 als erster den Begriff im Titel zu verwenden, um ein Regelwerk der Brieflehre anzukündigen.[17] Vorher wurde unter einem Briefsteller zumeist der Verfasser des Briefes verstanden. Trotz dieser reformatorischen Ansätze stagniert die Entwicklung der Briefstillehre bis fast zur Jahrhundertmitte, da einzelne Briefsteller mit progressiven Ideen keine Breitenwirkung erlangen. Die Tradition der mittelalterlichen Normen des Briefschreibens ist noch so übermächtig, daß nur ‚kosmetische' Veränderungen an den Auswüchsen des starren Regelwerks vorgenommen werden, aber keine grundlegende Änderung der basalen Ordnungs- und Stilkriterien erfolgt. In der Schreibpraxis allerdings gehen die Reformen der Theorie weit voraus. So wendet sich Luise Kulmus, die spätere Frau des Leipziger Literaturkritikers Johann Christoph Gottsched, gegen die dogmatische Regelhaftigkeit der bis dahin erschienenen Briefsteller, wenn sie am 30. Mai 1732 ihrem zukünftigen Mann schreibt: „Neukirchs Briefe sind nicht das Muster, nach welchem ich mich bilden möchte", da diese „nur von Todten und Abwesenden" handeln.[18]

Erst Gellert wendet sich radikal gegen die überkommenen Briefsteller rhetorischer und schematisch-gelehrter Manier.[19] Dabei greift er zwar auf reformatorische Ansätze zurück, faßt aber als erster alle vorigen Veränderungen mit eigenen Neuerungen klar profiliert in einem durchdachten System, in seinen „Gedanken von einem guten deutschen Briefe" aus dem Jahre 1742, zusammen. An den vermutlich fiktiven „Herrn F. H. v. W." richtet Gellert seine selbst in Briefform gehaltenen „Gedanken", die sich nicht durch

16 Benjamin Neukirch: Anweisungen zu Teutschen Briefen. Leipzig 1709. Zitiert nach Nickisch: Stilprinzipien (wie Anm. 6), S. 147f.
17 Vgl. Nickisch: Stilprinzipien (wie Anm. 6), S. 46.
18 Briefe der Frau Luise Adelgunde Victorie Gottsched, gebohrne Kulmus. Hrsg. v. Dorothee Henriette von Runckel. Drey Theile. Dresden 1771/1772, Zitat Theil I, S. 22.
19 Vgl. Diethelm Brüggemann: Gellert, der gute Geschmack und die üblen Briefsteller. Zur Geschichte der Rhetorik in der Moderne. In: DVjS 45 (1971), S. 117–149.

Neuester Universal-Briefsteller.
Ein Ratgeber für Jedermann
H. Brunner
Buchdruck
Reutlingen o.J.

„Gelehrsamkeit", sondern durch „ein kleines Nachsinnen"[20] legitimieren. Nur durch vernünftiges Überlegen soll also eine Brieflehre aufgestellt werden. Dieses rationale Prinzip findet sich in der Forderung, einen Brief nicht nach starren Regeln, sondern nach der natürlichen Ordnung der Gedanken aufzubauen, wobei Gellert auf antike Vorbilder verweist, an Hand derer sich ein Briefschreiber durch Übersetzen und Nachahmen üben soll. So wird an Ciceros Briefen sichtbar, „daß die Freyheit, sich kein Gesetz zu geben, die ganz Kunst gewesen sey, nach der er seine Blätter aufgesetzt hat".[21] Ein ‚Gesetzloser' ist Gellert nun allerdings nicht. Für die „schöne Natürlichkeit" als Stilideal ist die Bildung von Sprache und Vernunft im Sinne der Aufklärung unabdingbar, denn wer „gut schreiben will, der muß gut von einer Sprache denken können".[22] Auch Gellert empfiehlt eine logisch nachvollziehbare Ordnung der Gedanken, aber der Stil darf nicht unnatürlich, frostig oder gezwungen sein. So führen die grundlegenden Prämissen innerhalb seiner Brieflehre, Bildung des Geistes und Leichtigkeit der Sprache, zwangsläufig zur Definition eines guten Briefes als „natürlich, deutlich, lebhaft, und nach der Absicht der Sache überzeugend geschrieben", so daß „die nöthigen Regeln zum Briefschreiben keine große Anzahl ausmachen".[23]

In seinen „Briefe(n), nebst einer praktischen Abhandlung von dem guten Geschmacke in Briefen" aus dem Jahre 1751, deren theoretischer Teil ohne inhaltliche Neuerungen die Stilkriterien seiner „Gedanken" mit Musterbriefen illustriert, versammelt Gellert solche Schreiben, die seinem Stilideal entsprechen: So schreibt ein Verehrer an seine Geliebte: „Die Freyheit, die ich mir genommen habe, an Sie zu schreiben, würde Ihnen bald zur Last, oder doch zu einer Arbeit werden, wenn Sie jeden von meinen Briefen so sorgfältig und schön beantworten wollten, wie den ersten. Ich bitte Sie also, mir nur selten, oder nur in ein paar Zeilen zu antworten, und aus dieser Bitte zu schließen, daß ich lieber das größte Vergnügen entbehren, als Ihnen die geringste Mühe

20 Gellert: Gedanken (wie Anm. 1), S. 99.
21 Gellert: Gedanken (wie Anm. 1), S. 102.
22 Gellert: Gedanken (wie Anm. 1), S. 102.
23 Gellert: Gedanken (wie Anm. 1), S. 101.

machen will."[24] Ein offizielles Schreiben an einen Sekretär lautet wie folgt: „Seyn Sie so gütig, und übergeben Sie dem Herrn Grafen den beygelegten Brief. Ich habe mehr, als zehnmal, die Ehre gesucht, ihm selber bey seiner Anwesenheit hier aufzuwarten; aber ich habe vor den großen Perüken, vor den Sammtröcken, vor den reichen Westen, nie weiter, als bis an die Thüre des Vorsals, kommen können, ob ich gleich auch eine Weste mit Franzen anhatte; aber freylich waren es nur seidne."[25]

Gellerts Einfluß blieb mehr als eine Generation lang nahezu ungebrochen. Im „Zeitalter des Briefes", wie das 18. Jahrhundert auch genannt wird, kamen besonders in der zweiten Hälfte mindestens 150 Briefsteller heraus[26], aber erst Karl Philipp Moritz geht 1783 mit seiner „Anleitung zum Briefeschreiben" über Gellerts kanonische „schöne Natürlichkeit" hinaus. Er propagiert nämlich, daß in jeder Textgattung, also auch im Brief, der Ausdruck, die sprachliche Gestaltung, genau den zu äußernden Gedanken, dem Inhalt, entsprechen und die Originalität und Individualität des Schreibers, des Autors darstellen soll. Da aber jedwedes Regelwerk seinem Benutzer und Leser keinen originalen Schreibstil ‚beibringen' kann, sondern dieser nur in der kritischen Beschäftigung mit Werken der Dichtung und durch die Ausbildung einer individuellen Persönlichkeit mühsam erworben werden muß, nimmt es nicht wunder, wenn Moritz schreibt: „Ein Briefsteller sey noch so gut, so stiftet er allemal mehr Schaden, als Nutzen."[27] So wird zum Ende des Jahrhunderts mit dem Geniegedanken des Sturm und Drang der Briefsteller ob der geforderten Unmittelbarkeit und Regellosigkeit (auch) in Briefen eigentlich obsolet. Daß hiermit trotzdem nicht der Schwanengesang auf das Ende einer Gattung angestimmt wird, ist naheliegend, denn einer kleinen Zahl naturhafter Originalgenies steht die breite Masse der potentiellen Epistolographen gegenüber, die der Leitung und Weisung bedürfen.

Der weiteren Entwicklung der Briefsteller im 19. und 20. Jahrhundert ist allerdings das Schicksal der Trivialisierung beschieden,[28] obwohl (oder weil) die zunehmend umfangreicher werdenden Kompendien teilweise über 50mal wieder aufgelegt wurden. So vermittelt Rammlers „Universalbriefsteller" aus dem Jahre 1834 nicht nur altvertraute Stilregeln wie Ordnung, Deutlichkeit, Kürze und Natürlichkeit, sondern empfiehlt überdies das antike fünfgliedrige Organisationsschema für den Briefaufbau. Außerdem weitet er den Aufgabenbereich seines Briefstellers auf sprachpflegerische Gebiete aus, aber nicht im Sinne der Bildung des Geschmacks und der ‚schönen' Sprache wie im 18. Jahrhundert, sondern durch die Darstellung korrekter Grammatik, Interpunktion und Orthographie. Die Musterbriefe umfassen alle möglichen Schreibanlässe im alltäglichen Leben und stellen die verschiedensten fiktiven Kommunikationspartner dar, so daß auch hier implizit Normen bürgerlichen Wohlverhaltens vermittelt werden. Allerdings wird schon im 19. Jahrhundert besonders im Bereich der Liebesbriefsteller die Problematik dieser Gattung insgesamt deutlich: Sich für den Ausdruck innigsten, privatesten Gefühls Rat bei einem öffentlich zugänglichen Regelwerk zu holen, das Sentenzen und Gemeinplätze wie aus der Konserve liefert, widerstrebt nicht nur dem Bildungsbürgertum.[29] Dies mag mit ein Grund sein, weshalb schon im vorigen Jahrhundert die Beispiele zunehmend aus dem Bereich der Konventionalbriefe, also Glückwunsch-, Beileids- oder Dankschreiben sowie Einladungen, stammen, während Liebesbriefsteller an Attraktivität verloren.

24 Christian Fürchtegott Gellert: Praktische Abhandlung von dem guten Geschmacke in Briefen. In: Chr. F. Gellert: Gesammelte Schriften. Bd. 4. Hrsg. v. Bernd Witte. Berlin, New York 1989, S. 163.

25 Gellert: Praktische Abhandlung (wie Anm. 24), S. 177.

26 Norbert Oellers: Der Brief als Mittel privater und öffentlicher Kommunikation im Deutschland im 18. Jahrhundert. In: A. Dutu u.a. (Hrsg.): Brief und Briefwechsel in Mittel- und Osteuropa im 18. und 19. Jahrhundert. Essen 1989, S. 22.

27 Karl Philipp Moritz: Anleitung zum Briefeschreiben. Berlin 1783. Zitiert nach: Angelika Ebrecht u.a. (Hrsg.): Brieftheorie des 18. Jahrhunderts. Texte, Kommentare, Essays. Stuttgart 1990, S. 144.

28 Nickisch: Brief (wie Anm. 8), S. 83.

29 Vgl. Susanne Ettl: Anleitung zu schriftlicher Kommunikation. Briefsteller von 1880 bis 1980. Tübingen 1984, S. 123ff.

# Glück und Ende des privaten Briefes

Hannelore Schlaffer

„Lieber Getreuer. Wieder bin ich im Waldhäusli am frühen morgen – alle meine Fenster laß ich offen, damit ich dem frischen Regen, der immer kernhafter auf meine Bäume tröpfelt, fein behaglich zuhören kann. Nicht wahr, wir kennen uns sogar bis auf den Punkt von der Witterung – von der guten, wie v. der bößen (!– Nein!) und daß es zuweilen höchst angenehm ist, wenn so der Tag recht früh mit Flößer-Stiefeln naß u. melankolisch angerückt kommt. Dieser, und dadurch gewissermaßen unser eigenes Wesen scheint dann einen bestimmten, geruhigen Charakter zu bekommen, das Leben selber scheint, wie das Grün von Bergen u. Bäumen auf diesem sanften aschgrauen Grund erst recht betrachtenswerth u. innig. Unser Innerliches fühlt sich sonderbar geborgen [...] O lieber Wilhelm [...] wenn Du heut hier bey mir auf d. Sopha meines Gartenhäuschens säßest, und sähest die freundliche Dämmerung drinn."[1]

Der lyrische Prosaton, den der junge Eduard Mörike im Brief an seinen Freund aus dem Tübinger Stift, Wilhelm Waiblinger, wählt, ist ohne die Reform des Briefes, wie sie Christian Fürchtegott Gellert in der Mitte des 18. Jahrhunderts eingeleitet hat, nicht denkbar. Die Bescheidenheit der Situation in einem kleinen Sommerhäuschen, die Aufmerksamkeit auf die kleinen Schwankungen der klimatischen Verhältnisse und die Stimmung, die sie hervorrufen, die Sehnsucht nach dem Freund sind flüchtige Alltäglichkeiten, die bis dahin eigentlich nur im mündlichen Gespräch vorkommen konnten; Gellert gesteht ihnen erst die Würde einer schriftlichen Mitteilung zu. Wer den Ton von Mörikes Briefen in seinen Gedichten wiedererkennt, dem wird auch klar sein, wie sehr die Reform des privaten Briefes auf die Literatur Einfluß nahm.[2]

Die Entstehung des modernen Briefes läßt sich in Deutschland genau datieren. 1751 veröffentlicht Gellert seine Schrift „Briefe, nebst einer praktischen Abhandlung von dem guten Geschmacke in Briefen" und wenig später die „Gedanken von einem guten Brief".[3] Die erste Schrift vor allem enthält eine Sammlung von Beispielen für den guten Brief der neuen Art, wie ihn sich Gellert denkt, samt einem Kommentar, der Fehler und geglückte Formulierungen aufführt, damit der Leser an diesen Fällen seinen eigenen Stil übe.

Solche Unterweisung der Briefschreiber ist nicht neu, neu aber sind Gellerts Grundsätze. Er wendet sich gegen die sogenannten Briefsteller, die ihm vorausgingen, Benjamin Neukirchs „Anweisung zu Briefen" (1727) vor allem und Christian Weises „Curieuse Gedancken von Deutschen Brieffen" (1691) und „Politische Nachrichten von sorgfältigen Briefen" (1693).[4] Die Epistolographie schrieb für Briefe zu bestimmten Anlässen feststehende Formeln vor: für Geburt, Tod, Hochzeit, Brautwerbung, Verehrung höhergestellter Personen, für Geschäfts-, Kurial- und Handelsbriefe, für Freundschaftsbriefe, Dankesbriefe, galante Briefe enthielten sie Muster, die wie die

1 Eduard Mörike an Wilhelm Waiblinger, 13./14.8.1824. In: E.Mörike: Werke und Briefe. Bd. 10: Briefe 1811–1828. Hrsg. von Bernhard Zeller und Anneliese Hofmann. Stuttgart 1982, S. 57.

2 Vgl. dazu und zur Briefkultur überhaupt: Gert Mattenklott, Hannelore Schlaffer und Heinz Schlaffer (Hrsg.): Deutsche Briefe. 1750–1950. Frankfurt 1988.

3 Christian Fürchtegott Gellert: Briefe, nebst einer Praktischen Abhandlung von dem guten Geschmacke in Briefen. Leipzig 1751; ders.: Freundschaftliche Briefe. Frankfurt, Leipzig 1770.

4 Benjamin Neukirch: Anweisung zu Briefen. Leipzig 1727; Christian Weise: Curieuse Gedancken von Deutschen Brieffen. Wie ein junger Mensch, sonderlich ein zukünftiger Politicus, Die galante Welt wol vergnügen soll. In kurtzen ... Regeln, So dann In anständigen ... Exempeln ... vorgestellet. 2 Teile. Dresden 1691; ders.: Politische Nachrichten von sorgfältigen Briefen. Leipzig 1693. – Einen Überblick über die Geschichte des Briefes gibt Reinhard M.G. Nickisch: Brief (Sammlung Metzler, Bd. 260). Stuttgart 1991.

Der Liebesbrief
Gemälde von Jan Vermeer
Um 1669
Öl auf Leinwand

Vokabeln eines Wörterbuchs bei entsprechender Gelegenheit hervorgeholt und gebraucht werden konnten.

Gellert hingegen richtet den Stil des Briefes am mündlichen Gespräch aus, das keine festen Formeln kennt, das aus der Situation heraus neue, manchmal gar ungelenke, ungekonnte Wendungen findet und erfindet: „Wer da glaubt, es gehören zu vertraulichen, verliebten, galanten, lustigen, verdrießlichen, geschäfftlichen, öconomischen, moralischen, politischen, gelehrten, vermischten Briefen, und Compliment-Insinuations-Freundschafts-Antwortschreiben neue Kunstgriffe, der wird mit Recht meinen Satz für falsch halten", schreibt er in den „Gedanken über einen guten deutschen Brief".[5] Der Brief soll eine „Nachahmung des Gesprächs" sein. Damit schleicht sich in die Schrift die Zufälligkeit der Rede ein und in den persönlichen Ausdruck die Einmaligkeit der individuellen Erfahrung. So wenig also wie der Mensch noch eine Rolle und Staffage in einer gesellschaftlich oder geschäftlich vorgegebenen Situation sein sollte, so wenig sollte sein Brief offizielles Schreiben bleiben.

Gerade die Mündlichkeit aber macht das Briefeschreiben zur Kunst. Der Schreiber kommt in die Schwierigkeit, spontan sein zu müssen, jedoch Hohlheit und Formlosigkeit, Klatsch und Geschwätz zu vermeiden. Die geschriebene Rede imitiert zwar nicht mehr die „geschmückte und prächtige Sprache" der Höflichkeit, die sich das Ornat eines rhetorischen Prunks umlegt, ebensowenig aber bildet sie die mündliche Rede des Alltags vollständig ab; Mündlichkeit vielmehr ist Stil. Der Brief wird damit zur literarischen Gattung, die auf den geselligen Umgang zurückwirkt. Im Salon, in dem die Bürger sich gegenseitig ihre Briefe vorlesen, tritt an die Stelle der unkontrollierten Unterhaltung die „Wohlredenheit": „Wer Briefe schön schreiben will, muß nicht so wohl schreiben, wie ein jeder im gemeinen Leben reden, sondern wie eine Person im Umgange ohne Zwang sprechen würde, welche die Wohlredenheit völlig in ihrer Gewalt hätte, welche schön redte, ohne daß die Ausdrücke sich von den Ausdrücken Andrer so weit entfernten, daß der Unterschied dem Ohre gleich merklich würde."[6]

Die Annäherung der Schrift an die mündliche Rede macht die Natürlichkeit des Stils aus. Natur und das Natürliche sind die Leitbegriffe des 18. Jahrhunderts schlechthin, die allerlei Nuancen von Sinn und Bedeutung in sich aufnehmen konnten. Gellert bestimmt die Natürlichkeit eines Briefes aus der Angemessenheit von Gedanke und Ausdruck: „Der Hauptbegriff von dem Natürlichen ist, daß sich die Vorstellungen genau zur Sache, und die Worte genau zu den Vorstellungen schicken müssen. Man muß endlich das Natürliche nicht bloß in den Worten und in den einzelnen Gedanken eines Briefs, sondern in dem Ganzen, in dem Zusammenhange der Gedanken unter einander, suchen."[7] Die Unbestimmtheit des Begriffs Natürlichkeit, zumal wenn er auf eine solch artifizielle Anstrengung bezogen werden sollte wie die

5 Christian Fürchtegott Gellert: Gedanken von einem guten deutschen Briefe. In: Chr. F. Gellerts sämmtliche Schriften. Teil 3. Leipzig 1854, S. 548 f.
6 Christian Fürchtegott Gellert: Briefe nebst einer praktischen Abhandlung von dem guten Geschmacke in Briefen. In: Chr. F. Gellerts sämmtliche Schriften. Teil 3. Leipzig 1854, S. 14.
7 Gellert: Briefe (wie Anm. 6), S. 25.

Herzogin Luise Dorothea von Sachsen-Gotha-Altenburg an ihrem Schreibkabinett
Gemälde von S. Hellmund
1754
Öl auf Leinwand

Literatur, zwingt Gellert dazu, in Metaphern zu sprechen; er vergleicht die Schönheit des guten Briefs mit einem Gesicht, das uns „sanft einnehmen, und lange rühren"[8] kann, obgleich es nicht schön auf den ersten Blick ist. Die Gedanken des Briefes sollen durch „eine gewisse unschuldige, oder schalkhafte, durch eine treuherzige, durch eine verschämte, durch eine muntre und nachläßige Miene gefallen."[9] Unversehens hat da Gellert den Brief mit einem weiblichen Gesicht verglichen – und damit den Frauen die Chance eröffnet, sich am literarischen Leben zu beteiligen. Von nun an halten sie den Brief für die ihnen angemessene Gattung. Nicht zufällig treffen heute Feministinnen, wenn sie sich auf die Suche nach den intellektuellen Vorläuferinnen der Emanzipation begeben, zumindest in Deutschland fast ausschließlich auf bedeutende Briefschreiberinnen, auf Caroline Schlegel, Rahel Varnhagen, Bettina Brentano.

Auf der anderen Seite erobern sich die männlichen Korrespondenten mit den Inhalten der neuen Gattung die Sphäre des Hauses und der Intimität, die bislang den Frauen vorbehalten gewesen war; die Frauen ihrerseits nehmen die Chance wahr, in den ihnen wohlbekannten Bereichen nun selbst mitzureden und mitzuschreiben. Natürlichkeit galt dem 18. Jahrhundert als die höchste Tugend der Frauen, und die gespielte Kunstlosigkeit, die Gellert von einem guten Brief fordert, ist bei ihnen die notwendige Folge einer Erziehung, die nur auf Geselligkeit, nicht auf Gelehrsamkeit zielt. Über eigene Erfahrungen zu sprechen, Empfindungen auszudrücken, war bis dahin nur Frauen erlaubt. Die Intimität der weiblichen Existenz erhebt Gellert nun zu literarischen Ehren. Nicht zufällig wählt er als Metapher für den guten Brief das Zimmer, jenen Ort im Haus, der seit je die Domäne der Weiblichkeit gewesen war: „Ein Brief soll eben nicht einem armseligen Zimmer gleichen, das an allen Wänden leer ist; aber es muß auch kein pralendes Putzzimmer seyn, darinnen man eine Menge von Kostbarkeiten zur Schau ausgesetzt, die

8 Gellert: Briefe (wie Anm. 6), S. 15.
9 Gellert: Briefe (wie Anm. 6), S. 15.

vielleicht an zehn andre Orte gehören, und welche die Aufmerksamkeit ermüden, anstatt, daß sie dieselbe bequem sättigen sollten."[10]

Gellert selbst hat die Frauen als Briefschreiberinnen in die Literatur eingeführt, indem er die Beispielsammlung, die er seiner Theorie mitgab, durch viele Briefe von Frauen, fingierte und wirkliche, ergänzte. Seine Briefe an Caroline Lucius und das Fräulein von Schönfeld wurden für die jungen Mädchen der Zeit zum Katechismus ihrer literarischen Bildung. Gellert stellt sich selbst als den alten Gelehrten vor, der von seinen Briefpartnerinnen die Natürlichkeit des Stils erst zu lernen habe. ‚Der alte Mann und das Mädchen' wäre dies Modell der Korrespondenz zu titulieren, das die gebildete Gesellschaft durch das ganze 19. Jahrhundert hindurch immer wieder versucht hat, in die Wirklichkeit umzusetzen. Die Frauen zu belehren, war ohnehin eine Notwendigkeit des literarischen Marktes, denn seit dem 18. Jahrhundert traten vor allem Frauen als Leserinnen der Literatur auf. Der Brief war die Chance, sie auf die Lektüre der hohen Werke der Poesie vorzubereiten. Mit Eifer kopierten daher die Autoren das pädagogische Modell Gellerts und traten als Lehrer ihrer Schwestern und Bräute auf. Nicht nur Goethe, Kleist und Brentano übernahmen Gellerts pädagogisches Vorbild. Auch der temperamentvolle Briefwechsel aus dem späten 19. Jahrhundert zwischen dem Fürsten Pückler-Muskau, einem der unterhaltsamsten Briefschreiber seiner Zeit, mit der siebzehnjährigen Ada von Treskow kokettiert mit der Pikanterie des Umgangs zwischen Gelehrsamkeit und Grazie.[11] Die Regeln des schönen Briefes, die Goethe bei seinem Studium in Leipzig in Gellerts Kolleg kennenlernte, hat er in seinen eigenen Briefen sogleich der Schwester mitgeteilt und sie zur Übung im Briefeschreiben ermuntert: „Was willst du von mir lernen? Wilst du etwan wissen daß die fallenden Cörper in ungleichen Zahlen geschwinder werden. Oder daß die Quadratwurzel von 16 4 ist. Was machtest du mit denen Sachen? Nein ich will dich was bessers lehren. So wollen wir es machen Schwester. Schreib deine Briefe auf ein gebrochenes Blat und ich will dir die Antwort und die Critick darneben schreiben. Aber lasse dir vom Vater nicht helfen. Das ist nichts. Ich will sehen wie du schreibst. Jetzo werde ich den Anfang machen. Merke diß: schreibe nur wie du reden würdest, und so wirst du einen guten Brief schreiben."[12] Der letzte Satz ist fast wörtlich ein Zitat aus Gellerts Abhandlung. Goethe stellt nun, ähnlich wie Gellert in seinen Kommentaren, eine ausführliche Fehlerliste aus dem vorausgegangenen Brief der Schwester zusammen. Man mag die Altklugheit des sechzehnjährigen Goethe seiner vierzehnjährigen Schwester gegenüber belächeln, sie ist jedoch ein erstes Dokument der literarischen Erziehung einer Frau. In Goethe regt sich der zukünftige Autor, der sich eine verständige Leserin heranziehen will.

Während Goethe ein ernsthaftes Interesse an der Bildung seiner Schwester hatte, brauchte sich Pückler-Muskau um die Entwicklung seiner

10 Gellert: Briefe (wie Anm. 6), S. 15.
11 Liebesbriefe eines alten Kavaliers. Brief-Wechsel des Fürsten Pückler mit Ada von Treskow. Hrsg. von Werner Deetjen. Berlin 1938.
12 Goethe an Cornelia Goethe, 6.12.1765. In: Goethes Werke. Weimarer Ausgabe, IV. Abt.: Briefe. Bd. 1, S. 22.

Unterhaltung über einen Brief
Gemälde von Caspar Netscher
Zweite Hälfte 17. Jahrhundert
Öl auf Kupfer

Briefpartnerin Ada von Treskow nicht weiter zu kümmern; er kann seine Korrespondenz mit der jungen Schriftstellerin unbeschwert nach dem von Gellert angebotenen Modell stilisieren. In einem reizvollen Gedankenaustausch tritt er als der gelehrte Greis auf mit blauadrigen Händen, die sein hohes Alter ebenso wie sein blaues Blut meinen; das Blau der Hand, die an den Tod erinnert, verwandelt sich unversehens in die blaue Tinte des Briefes, das Geäder in die Schriftzüge der jungen Freundin: „Ich war, wie es mir oft geschieht, gestern Nacht erst um 6 Uhr früh zu Bett gegangen, weil ein wirklich praktisch philosophisches Buch [...] mich mehr als gewöhnlich anzog, denn es sprach, hinsichtlich der christlich-kirchlichen Autoritätsreligion oft fast wörtlich meine eignen Ansichten aus, was Einem immer gefällt [...] Endlich schlief ich doch darüber ein, und recht fest, bis ich mit dem Schlag 12 Uhr Mittags erwachte. Nachdem ich gewohntermaßen ganz wollüstig alle mein Glieder nach allen Seiten ausgedehnt und gestreckt, betrachtete ich meine ‚aristokratische Hand', um darauf die Verzweigung der blauen Adern mit der Aufmerksamkeit einer Zigeunerin, die wahrsagen will, zu studieren. [...] Da fielen meine Augen auf den am Bett stehenden Tisch und erblickten Schriftzüge in der blauen Farbe meiner Adern – das Herz schlug mir wahrlich, als ich hastig darnach griff, und meine Traumahnung hatte sich erfüllt! Es war ein zweiter Brief von der verführerischen Biondetta" [so nennt er Ada].[13]

Der Brief also, in dem nun Situationen zu Sprache kommen, die früher der Schrift nicht würdig waren, Haus- und Herzensangelegenheiten, macht die Frauen zu Fachleuten, die sich in den kulturellen Diskurs der Männer einschalten dürfen; dennoch eröffnete er kein inniges Verhältnis der Intimität und des Geheimnisses zwischen den Briefpartnern. Vertraulichkeit war gerade deshalb Stil, weil sie veröffentlicht wurde. Selbst der Brief an den Freund oder die Freundin sollte im geselligen Kreis vorgelesen werden. Intimität und Öffentlichkeit sind bis in die Mitte des 19. Jahrhunderts hinein keine Gegensätze. Der Schreiber eines Briefes nimmt, auch wenn er abwesend ist, auf dem Papier an der Geselligkeit der Zurückgebliebenen teil. Anders als die höfische Gesellschaft, die Raum genug hatte, zu tafeln, zu tanzen, Karten und Theater zu spielen, sich also bewegend zu beschäftigen und zu unterhalten, versammelte sich die bürgerliche Gesellschaft im Salon zum gebildeten Gespräch. Der Brief eines abwesenden Freundes war der willkommene Anlaß, in der Phantasie eine Weiträumigkeit der Existenz zu genießen, die sonst im Haus nicht möglich war. Was der Bürger Bildung nannte, übte die Beweglichkeit des Kopfes, nicht des Körpers. Geradezu stellvertretend gingen einige wenige Abenteurer aus der Gesellschaft auf Reisen, um den Zurückgebliebenen mit ihren Briefen Stoff zum Gespräch zu liefern.

Während die Nachwelt gern den Voyeur spielt und die Liebesverhältnisse der großen Männer der Vergangenheit ausspioniert, lehnt Gellert die vertrauliche Liebe als Thema für den Brief geradezu ab; die freundschaftliche

13 Pückler-Muskau an Ada von Treskow, 20.1.1861. In: Liebesbriefe eines alten Kavaliers (wie Anm. 11), S. 35 f.

Die Vertrauten
Kupferstich von Veit Froer
Um 1850
Nach einem Gemälde von
Ernest Meissonier

Korrespondenz zwischen jungen Männern und Frauen ist ihm nicht weniger ein Erziehungsmittel des guten Geschmacks als jeder andere Brief: „Es wäre zu wünschen, daß solche Briefe zu Beförderungen des guten Geschmacks unter dem Frauenzimmer, an das Licht kämen. Wiewohl so lange man das Vorurtheil voraussetzet, daß eine Freundschaft unter unverehlichten Personen stets mit einer tadelhaften Liebe vergesellschaftet sey: so lange werden die deutschen jungen Leute ihre Briefe lieber im Pulte behalten, als sich einen Vorwurf machen lassen."[14]

Da Briefe vorgelesen wurden, verwundert es nicht, daß, wer es sich leisten konnte, seine vertraulichen Briefe diktierte. Den Fürsten Pückler-Muskau geniert es nicht im mindesten, das Getändel mit seiner jungen Brieffreundin einem Schreiber anzuvertrauen: „Ich habe Ihnen einen so langen, engen, und durch Korrekturen fast unlesbaren Brief geschrieben, daß ich es vor meinem Gewissen nicht verantworten konnte, denselben im Original abzuschicken, was Ihnen ohne Zweifel, wenn Sie ihn doch großmütig zu entziffern versucht, ohne Zweifel 24 Stunden Migraine zugezogen haben würde. – Ich habe ihn daher von einem alten Büreauschreiber kopieren lassen, von jener vortrefflichen Sorte, denen man ihr Todes-Urteil ins Reine zu schreiben auftragen kann, mit der Gewißheit, daß sie nach vollbrachter gedankenloser Arbeit keine Ahnung davon behalten was sie geschrieben. Da er nun überdies keinen Namen kennt, selbst nicht den meinen, so ist alles vollkommen sans conséquence."[15] Nicht einmal die Taubheit des „Bureauschreibers" darf ernstgenommen werden; auch sie ist nur ein Stilmittel, um mit einem verbotenen Verhältnis zu kokettieren, wie es in der Tat zwischen ihm und Ada von Treskow gar nicht bestand. Die Geheimnistuerei eines routinierten Briefschreibers, wie es der Fürst und Dandy Pückler war, selbst ist Spiel und Stil.

Aus der Veröffentlichung der Intimität, die ursprünglich für den Brief charakteristisch war, geht schließlich mit einer gewissen Notwendigkeit die

14 Gellert: Gedanken (wie Anm. 5), S. 551.
15 Pückler-Muskau an Ada von Treskow, 3.2.1861. In: Liebesbriefe eines alten Kavaliers (wie Anm. 11), S. 47.

Publikation der Korrespondenz hervor. Etwa seit 1820 erscheinen die ersten Editionen von Briefen bekannter Persönlichkeiten. Wie so häufig, schreitet auch diesmal Goethe dem Zeitalter voran. Die Briefe, die er an Charlotte von Stein aus Italien schrieb, waren selbstverständlich dazu gedacht, im Kreis der Weimarer Freunde herumgereicht zu werden. 1817 überarbeitet Goethe das Konvolut, um es zur „Italienischen Reise" zusammenzustellen und es als eigenes Werk herauszugeben. Allerdings hat der Dichter diesmal noch den Charakter des Briefes ausgelöscht, um der Publikation die Zufälligkeit der persönlichen und zeitbezogenen Äußerung zu nehmen. Der Briefwechsel zwischen ihm aber und Schiller, den er 1828/29 herausgibt, begründet den Mythos eines für die deutsche Literatur einmaligen Freundschaftsbündnisses. Goethe sieht im Brief die Chance, sich nicht nur als Autor großer Werke, sondern auch als Individuum und sich selbst, die Person, wie ein Werk zu erschaffen und dem Gedächtnis der Nachwelt einzuprägen. Die Briefe seiner späten Jahre schreibt er oft schon unter dem Gesichtspunkt einer Publikation sogleich nach seinem Tod. Mit seinem Freund Zelter bespricht er sogar die Verteilung der Tantiemen aus ihrer beider Korrespondenz unter die Erben: „Wegen unserer Correspondenz ist Vorsorge getroffen. Willst du, wie ich denke, den künftigen nicht unbedeutenden Betrag des Erlöses auch für Doris [Zelters Tochter] bestimmen, so drücke es in einem legalen Document gegen mich aus, damit es sich an die andern Verfügungen gesetzlich anschließe."[16] Der Briefwechsel wird mit jedem abgeschlossenen Jahr kopiert und redigiert, damit er bei Goethes Tod zum Druck bereit liege. Goethe macht sich dabei selbst zum ersten Leser seiner Briefe: „Ottilie [seine Schwiegertochter] liest mir die Abende unsre Correspondenz vor."[17] Er ermuntert Zelter jedes Jahr aufs Neue, nur eifrig zu schreiben, damit der Band nicht zu dürftig ausfalle: „Die Correspondenz von 1828 ist abgeschrieben; deine Originale erhältst du zunächst; sende sodann das Jahr 1829 und sorge daß das laufende 1830 hübsch reich werde, damit unser Briefwechsel dereinst nicht endige wie der Schillerische, dem Rhein gleich, sich im gemeinen Sande des Tags verlierend."[18]

Einer der Mentoren der Frauen, der ihre Bildung mit Eifer vorantrieb, war Carl August Varnhagen von Ense. Für ihn ist der publizierte Brief ein besonders effektives Erziehungsmittel. 1821 regt er seine Frau Rahel und ihre Freundinnen dazu an, Briefe über Goethes „Wilhelm Meister" zu verfassen; Varnhagen veröffentlicht diese unbeholfenen Versuche einer literarischen Hermeneutik im „Gesellschafter".[19] Gleich nach dem Tod Rahel Varnhagens (1833) publizierte er Briefe von ihr,[20] die die Atmosphäre ihres Salons der Nachwelt überliefern. Die mündliche Situation, in die der geschriebene Text durch das Vorlesen zurückkehrte, wird durch diese Edition verewigt.

Immerhin mußte auch Rahel Varnhagen, deren Ruhm als Briefschreiberin schon zu Lebzeiten in aller Munde war, bis ans Ende des Jahrhunderts war-

16 Goethe an Zelter, 6.12.1830. In: Briefe. Weimarer Ausgabe. Bd. 47. S. 31.

17 Goethe an Zelter, 4.1.1831. In: Briefe. Weimarer Ausgabe. Bd. 48. S. 72.

18 Goethe an Zelter, 27.3.1830. In: Briefe. Weimarer Ausgabe. Bd. 46. S. 288.

19 Gesellschafter oder Blätter für Geist und Herz, 133. Blatt (20.8.1821), Nr. 3. Zur Briefkultur im Kreis der Rahel Varnhagen siehe Barbara Hahn: Unter falschem Namen. Von der schwierigen Autorschaft der Frauen. Frankfurt 1991.

20 Karl August Varnhagen von Ense: Rahel. Ein Buch des Andenkens für ihre Freunde (Briefe und Tagebuchblätter). 2 Teile. Berlin 1834.

Mann am Sekretär
Gemälde von Georg
Friedrich Kersting
1811
Öl auf Leinwand

ten, damit ihre Kunst der geschriebenen Plauderei von der Nachwelt erkannt und geschätzt wurde. Deutschland ist nicht zuletzt deshalb das Land der Geschichtswissenschaft geworden, weil es sich eine Tradition erst allmählich erschaffen mußte, die bei anderen Ländern, die weder von großen und langen Kriegen überzogen, noch so heillos zersplittert gewesen waren, selbstverständlich und immer lebendig war. Diese Nationen lebten im sicheren Besitz einer jahrhundertealten Tradition. Das neu begründete Deutsche Reich aber mußte sich erst im Geist seiner Bürger einen Platz erobern. Die für die Phantasie notwendige Verkörperung des Nationalbewußtseins in großen Figuren entfachte ein heftiges biographisches Interesse. Fast immer aber ist die Biographie das Konzentrat aus dem Leben eines Briefschreibers, denn im Unterschied zu den Memoiren schildert die Biographie außer der Faktizität des Werdegangs auch die innere Entwicklung eines Individuums und die Intimität seiner privaten Erlebnisse. Die Publikationen privater Briefe, die am Ende des 19. Jahrhunderts zunahmen, beförderten diesen neuen Stil der Biographik.

Aus den Briefeditionen entstand denn auch eine literarische Mischform, die Briefbiographie. Ludwig Geigers Lebensbild von Therese Huber, einer Göttinger Freundin der Caroline Schlegel und die erste Frau, die ihre Familie durch die selbständige Tätigkeit als Redakteurin bei dem berühmten Verleger Cotta unterhielt, ebenso wie Reinhold Steigs zwei Bücher über den Kreis der Frühromantiker verbanden Zitate aus Briefen mit erzählenden Passagen, die teils Chronik, teils Kommentar, teils Räsonnement waren.[21] Ein exemplarisches Buch dieses Stils wurde am Anfang des Jahrhunderts Wilhelm Hertz' Briefbiographie von Goethes Jugendfreund Bernhard Crespel.[22]

Hatte der private Brief schon in der Epoche seiner Entstehung Bedeutung weniger durch die Information, die er übermittelte, als vielmehr durch seine kultivierende Wirkung auf die Verfasser und Leser, so sollten vor allem auch die Briefeditionen des 19. Jahrhunderts nicht allein aus der Neugier der Nachwelt auf pikante Geheimnisse verstanden werden. Der in der Geselligkeit vorgelesene Brief hatte einen Schreibstil entwickelt; die Briefsammlung, die eine ganze Biographie zusammenfaßte, wurde nun Vorbild für einen Lebensstil. Die Briefsammlungen des 19. Jahrhunderts sind die geschriebene Ahnengalerie eines Bürgertums, das keine leeren Gänge mehr hatte, um Gemälde aufzuhängen, jedoch Bücherregale, um ein imaginäres Leben, zusammengepreßt zwischen zwei Buchdeckel, aufzustellen. Die politischen Leistungen Bismarcks etwa waren eine Garantie dafür, daß auch sein privates Leben zum Vorbild für die Nation tauge und die Briefe an seine Frau ein Brevier des Ehelebens sein würden.[23] Briefe von Politikern sammelte das 19. Jahrhundert mit besonderer Vorliebe, weil sich in ihnen noch einmal der spezifische Charakter des Briefes, wie er von Gellert entworfen worden war, bestätigte: die Verbindung von Öffentlichkeit und Privatheit.

Anders als man gemeinhin annimmt, ist der Brief nicht die Folge einer erleichterten, sondern einer erschwerten Kommunikation; er muß im Strudel der schnellen Kontakte, die im 20. Jahrhundert möglich geworden sind, untergehen. Die Briefkultur folgt dem Aufschwung des Postwesens und dem Ausbau eines Straßensystems. Nicht zufällig war Goethe, der Gellerts Lehren so schnell an seine Schwester weitergab und seine eigenen Briefe schon zu Lebzeiten edierte, Wegebaudirektor im Herzogtum Weimar. Nicht allein ein schneller Transport beförderte seit dem 18. Jahrhundert die Briefkultur. Die

21 Reinhold Steig: Achim von Arnim und die ihm nahestanden. 3 Bde. Stuttgart, Berlin 1894–1913; Ludwig Geiger: Therese Huber 1764–1829. Leben und Briefe einer deutschen Frau. Stuttgart 1901.
22 Wilhelm Hertz: Bernhard Crespel. Goethes Jugendfreund. München, Leipzig 1914. – Ähnlich wirkungsvoll waren Michael Fraenkel: Jakob Bernays. Ein Lebensbild in Briefen. Breslau 1932; Wilhelm Buchner: Freiligrath. Ein Dichterleben in Briefen. 2 Bde. Lahr, Schauburg 1881/82; Karl Linnebach: Carl und Marie von Clausewitz: Ein Lebensbild in Briefen und Tagebüchern. Berlin 1916.
23 Fürst Bismarck an seine Braut und Gattin. Hrsg. von Herbert von Bismarck. Stuttgart, Berlin 1916. – Ähnliche Wirkung taten die Briefe von Blücher (1913) oder die von Friedrich von Holstein: Lebensbekenntnisse in Briefen an seine Frau. Hrsg. v. Helmuth Rogge. Berlin 1932.

Menschen selbst mußten die Gelegenheit haben, sich von zu Hause weg zu bewegen. Solange sie ein Leben lang miteinander lebten, bestand kein Anlaß zur schriftlichen Nachricht. Aber auch wer nur einmal im Leben auf Reisen ging – Höflinge, die ihre Kavalierstour machten, Gesellen, die auf die Walz gingen, Kaufleute, die ihren Warenkonvoi begleiteten –, akzeptierte die Abwesenheit als Trennung. Jedenfalls reichte die Möglichkeit der Kommunikation unter den Menschen bis ins 18. Jahrhundert hinein selten weiter als der Klang der Stimme. Luthers Tischgespräche sind daher berühmter geworden als seine Briefe. Wer überhaupt sich von seiner Heimat entfernen mußte, sah das als einen Lebensabschnitt im wörtlichen Sinne an und begann am anderen Ort eine neue mündliche Gesprächsrunde.

Der Ausbau der Straßen aber machte das Reisen zum Gesellschaftsspiel. Das Spielbrett war Europa, und auf ihm schossen Briefzettelchen, -blättchen und -bogen wie Spielfiguren hin und her. Die Schwierigkeiten des Reisens prägen dem Briefverkehr Regeln auf, die in seinem literarischen Stil in Erscheinung treten. Nicht alles kann auf einer Reise und nicht zu jeder Zeit kann es mitgeteilt werden. Die Ereignisse müssen gewertet und gewogen werden, die Grammatik, die man zur Mitteilung wählt, soll den Charakter des Erlebnisses wiedergeben, da der knappe Raum überflüssige Worte, die der Empfindung im mündlichen Reden Nachdruck verleihen könnten, nicht zuläßt. So lustvoll und mühselig zugleich wie es das Reisen ist, so temperamentvoll und stilisiert wird auch der Brief sein.

Sobald es möglich ist, auch noch auf Reisen jeden Augenblick nach Hause zurückzukehren, erlischt die Bereitschaft zu einer angestrengteren Form der Kommunikation. Der Brief, das Kommunkationsmittel eines zähflüssigen Verkehrs, verträgt keine Eile. Alexander von Villers beklagt schon 1877 den Untergang der Briefkultur: „Briefwechsel wird immer der beste Geisterweg bleiben; bestimmtes Objekt, bestimmte Persönlichkeiten, festbegrenzter Umfang, Zwang der Zeit. [...] Heute geizen alle Schriftsteller mit der Zeit, die sie für das Bücherschreiben verwerten, und es gibt keine Briefe mehr, nur Telegramme für Notwendiges. Dabei geht aller Idealismus zugrunde."[24]

Briefeditionen von Autoren werden dürftiger, je länger das 20. Jahrhundert währt. Das Telegramm verschließt das Herz in der Hoffnung auf ein baldiges Wiedersehen, das es meistens ankündigt, die Postkarte überläßt es dem Foto, die Begeisterung über eine Kulisse von nie gesehener Schönheit auszudrücken. Das Telephon schließlich macht die ganze Welt zu einem großen Dorf, dessen Einwohner sich immer nahe genug sind, um mündlich miteinander zu reden. Geschwätzigkeit galt, vor allem bei gesitteten Mädchen als Untugend, die aber, wenn sie im Brief unter die Kontrolle der Schrift geriet, zur Tugend wurde. Caroline Lucius, die junge Briefpartnerin Gellerts, entschuldigt ihre Redseligkeit: „Ich soll ein sehr geschwätziges Mädchen seyn, werden Sie sagen. Ja, das bin ich auch, aber nur im Schreiben; sonst rede ich nicht leicht zu viel. Und darinnen gleiche ich Ihnen, wie ich glaube."[25] Der Brief hat die Plaudersucht kultiviert, er hat aus dem Allerlei der Unterhaltung den Geist und das Herz herausgehört. Im Unterschied zur mündlichen Kommunikation kann man im Brief weder zuviel reden, noch schweigen. In einem Gartenhäuschen aber, aus dem telephoniert wird, ist kein Regen mehr zu hören, kein Tröpfeln der Blätter, kein Herzschlag, keine Stille wahrzunehmen und keine Stimmung. Mit dem privaten Brief endet eine ganze Epoche bürgerlicher Gefühls-Kultur.

24 Alexander von Villers an Alexander von Warsberg, 30.7.1877. In: Briefe eines Unbekannten. Hrsg. von Karl Graf Lanckoronski und Wilhelm Weigand. Bd. 2. Leipzig 1910. S. 196.

25 Caroline Lucius an Gellert, 21.10.1760. In: Chr. F. Gellerts sämmtliche Schriften. Teil 5. Leipzig 1854, S. 342.

# Wissen ist Macht

## Der heimliche Griff nach Brief und Siegel

Hans-Christian Täubrich

Mitunter kommt es vor, daß mir der Briefträger am Hauseingang die tägliche Post für das ganze Haus in die Hand drückt. Das bedeutet eine kleine Erleichterung für ihn und ist nichts Ungewöhnliches, denn im Haus kennen sich alle seit langem. Und doch: Schon die Durchsicht der Briefe allein nach den jeweiligen Adressaten vermittelt einige Informationen, die deutlich machen, daß der Postbote hinsichtlich der Wahrung seiner diesbezüglichen, tagtäglich zwangsläufig erworbenen Kenntnisse fast in die Nähe des Beichtvaters rückt. Da erhält K. mal wieder Post von der Polizei (wohl falsch geparkt; vielleicht auch zu schnell gewesen?), R. kriegt nach zwanzig Jahren immer noch die Traditions-Postille seines alt-anarchischen Studentenklüngels und S. die wunderschöne Postkarte von den Malediven, unterschrieben von Claudia und Berthold - interessant, daß die zusammen in Urlaub... Ich bin ja nicht neugierig, aber den uneigennützigen Mitmenschen, der eine Postkarte für den Nachbarn über drei Stockwerke in der Hand trägt, ohne einen Blick drauf zu werfen: den möchte ich sehen. Zumal dies zwar eine Indiskretion bedeutet, aber nicht eigentlich einen Verstoß gegen das Gesetz zur Wahrung des Briefgeheimnisses. Dieses, in der Bundesrepublik im Paragraph zehn des Grundgesetzes und im Paragraph 299 des Strafgesetzbuchs verankert, schützt nämlich nur verschlossene Briefe oder andere verschlossene Nachrichten.

Harmlose Neugier, (An-)Teilnahme, Mitwissen-Wollen, Schnüffelei, Intrige, Spionage, Kontrolle, Zensur – leichtfertig flatterhafte Neigungen und massivste Vertrauensbrüche begleiten die Geschichte der schriftlichen Kommunikation von Anbeginn. Und noch im gegenwärtigen Zeitalter des (wieder einmal) totgesagten Briefes ist es letztlich nichts anderes als eine modifizierte Form des Voyeurismus, der die Verkaufszahlen jedes neu veröffentlichten Briefwechsels bekannter historischer Persönlichkeiten in die Höhe schnellen läßt. Der unmittelbare Zugang zum Leben und Empfinden anderer Menschen hat nichts von seinem Reiz verloren. Einige Publikationen spielen darauf ganz unverhohlen an, indem sie faksimilierte Schreiben in eingeklebten Briefumschägen enthalten und die Schnüffelei damit unter dem Deckmäntelchen des Connaisseurtums verkaufen: gefühlvolle Briefe in edler Aufmachung für Leser, die nichts weniger als die eigentlichen Adressaten sind.

Ein kommerzialisiertes Vergnügen wird zum Ausdruck einer Zeit, in der die Gelegenheiten schwinden, bei denen man Briefbündel findet: während einer Haushaltsauflösung, beim Aufräumen des Dachbodens oder nach dem Erwerb eines alten Schrankes. Man denkt an Umschläge mit leicht vergilbten Rändern, von seidenem Band zusammengehalten oder einem aus Samt. Zwiespältigkeit kommt auf; Neugier ringt mit Anstand und siegt meistens nach Punkten. Was dem Spätgeborenen zu interessanter Lektüre verhilft, zu historischer Aufklärung über die große Liebe der Großmutter, hätte sich zu Lebzeiten der Adressaten/Absender in eine Affäre mit tragischem Ausgang

Eine Briefpostscene
Lithographie
Um 1840
Nach einem Gemälde von
Caspar Scheuchzer

verwandeln können: „,Wo haben die Briefe gelegen, Johanna?' ,Ganz zuunterst', sagte diese, ,hier in diesem Fach.' und während so Frage und Antwort ging, betrachtete Instetten etwas aufmerksamer als vorher das kleine, mit einem roten Faden zusammengebundene Paket, das mehr aus einer Anzahl zusammengelegter Zettel als aus Briefen zu bestehen schien. Er fuhr, als wäre es ein Spiel Karten, mit dem Daumen und Zeigefinger an der Seite des Päckchens hin und einige Zeilen, eigentlich nur vereinzelte Worte, flogen dabei an seinem Auge vorüber. Von deutlichem Erkennen konnte keine Rede sein, aber es kam ihm doch so vor, als habe er die Schriftzüge schon irgendwo gesehen. Ob er nachsehen solle?"[1] Er sollte, und also nahm das Verhängnis in der Ehe Effi Briests seinen Lauf. Der geborgene, versteckte, der gefundene, der entdeckte Brief: Das geschriebene Wort, eigentlich als liebevolle Erinnerung bewahrt, konnte in der Hand eines Dritten leicht zum belastenden oder bloßstellenden Indiz, ja zur tödlichen Waffe werden.

Als Pech mochte man es einschätzen, wenn so ein Brieffund ein Kind des Zufalls war und argwöhnische Eltern oder mißtrauische Ehepartner auf den Plan rief. Gemein aber wurde es, wenn Menschen im zielstrebigen Verfolgen übler Absichten und jedweder Vorteile es nicht mehr dem Zufall überließen, an den Inhalt nicht für sie bestimmter Botschaften zu kommen. Für sie lag es nahe, dem Brief schon auf seinem Weg zum Empfänger die Geheimnisse zu entlocken, die von Nutzen sein konnten. Zahlreich waren die Klippen, von denen dem Brief in verletzlicher Hülle auf seiner langen Reise die Gefahr drohte, aufgeschlitzt zu werden, noch bevor er sein Ziel erreichte. Übersichtlich war allerdings auch noch die Kommunikationslandschaft, in der sich all dies abspielte. Eine sich in Grenzen haltende Zahl von entweder politisch einflußreichen, wissenschaftlich/religiös gebildeten oder fernhandeltreibenden Personen pflegte den Briefkontakt; überschaubar war die Zahl der Schreiber und Kontore wie der Wege, welche die Briefe auf ihrem Transport

1 Theodor Fontane: Effie Briest. Ausgabe München, Wien 1985, S. 659.

Sechs öffentliche
Briefschreiber in Italien
Gezeichnet von
Giovanni Battista Gatti,
gestochen von G. Dura
Kupferstich
1850

nehmen mußten. So saß die Neugier oft gleich an der Quelle, beim öffentlichen Schreiber, dem man heimlich oder unter Druck Informationen darüber entlockte, was er im Auftrag anderer schrieb. Auf zahlreichen Darstellungen solcher Szenen finden sich Hinweise darauf: Mal verrät eine sichtbare Hand den hinter einem Vorhang versteckten Lauscher, mal lungern scheinbar unbeteiligte Hans-guck-in-die-Lüfte auffällig nahe am Pult des Schreibers herum. Schreiber, Kammerdiener oder Zofen waren sicher nicht die bestbezahlten Positionen, und es genügte oft die klingende Münze, um sich Briefgeheimnisse zu erschleichen, gar die Abschrift eines wichtigen Schreibens zu ergattern. Und erst die Abkömmlinge des Hermes: Schon Cicero hatte beklagt, daß er keine treuen Boten für seine Briefe fände, und Jahrhunderte später „war der Ruf der Postboten, wie aus vielen zeitgenössischen Schriften und Gelegenheitsgedichten hervorgeht, nicht der allerbeste. Sie werden als Kneipbrüder gescholten, die, wenn es darauf ankommt, selbst ihre Schuhe verzechen, in der Ausübung ihres Dienstes unordentlich seien und selbst mit dem Briefgeheimnis es nicht sehr ernst nehmen. Sebastian Brant sagt (in dessen Narrenschiff): Die Briefe dreimal er umdrehe, ob er erspähe, was er trage, und was er weiß, bald weiter sage.“ [2]

Auf diese Weise entwickelte sich die Briefkommunikation alsbald zu einem lebhaften Wechselspiel zwischen den Korrespondierenden auf der einen Seite und – meist gar nicht so unbekannten – Dritten auf der anderen, mit Zug und Gegenzug. Um den Brief unantastbar zu machen, ersann man daher mannigfache Methoden des Schnürens, des Faltens, des Versiegelns. Letzteres ist wohl die älteste Verschlußart, die zugleich immer auch die Absenderangabe war. Die oft kunstvoll gearbeiteten Petschafte (tschechisch: pecet=Siegel) und Siegelringe trugen ja das eindeutige Wappen oder die Initialen des Schreibers. Sie wurden als nahezu fälschungssicher angesehen, da man die Kenntnisse und Möglichkeiten zur Nachbildung begrenzt ein-

2 Zitiert nach Amand Freiherr von Schweiger-Lerchenfeld: Das neue Buch von der Post. Leipzig o.J., S. 99.

schätzte. Sie mochten begrenzt sein, aber eben nicht unmöglich. Bereits im Altertum beherrschten Gaukler und Taschenspieler die Kunst der Siegelerweichung und der schnellen Herstellung eines Abdrucks, mit dem ein erbrochenes Siegel wiederhergestellt werden konnte. Für Wißbegierige eine zu allen Zeiten nützliche Fähigkeit: „Von Lord Walsingham, Staatssecretär der Königin Elisabeth von England, sagt man, daß er jeden Brief habe lesen können, ohne das Siegel zu verletzen, womit jedenfalls seine Gewandtheit in künstlicher Wiederverschließung von geöffneten Briefen bezeichnet werden soll."[3]

Was blieb also? Wer mit untreuen Boten oder unliebsamen ‚Brieföffnern' rechnete, wählte die Verschlüsselung von Mitteilungen in Zeichenschrift oder die Verkapselung in endlosen kryptischen Zahlenreihen. Man verlegte sich auch auf die bewußte Bedeutungsverschiebung von Ausdrücken – was natürlich umfangreiche Absprachen voraussetzte – oder mixte Tinkturen und Chemikalien, um zwischen den Zeilen offensichtlicher Belanglosigkeiten ungleich Wichtigeres unsichtbar mitzuteilen. Dies alles mußte auf der Gegenseite wiederum zur Heranbildung fähiger Dechiffreure führen.

So oft man auch von solch anrüchigen Methoden in der dunklen Frühzeit des Briefverkehrs Gebrauch gemacht haben mochte, so war es doch Herrschern aufgeklärterer Zeitalter vorbehalten, ihre Anwendung zu einer gründlichen Methodik flächendeckender Kontrolle weiterzuentwickeln. Der Beweggrund blieb der alte – Machterhalt durch umfassende Information über die Absichten anderer –, neu hingegen war, die Praxis der Brieferöffnung zu institutionalisieren. Im Frankreich des Sonnenkönigs Ludwigs XIV. etablierten sich die „Cabinets noirs", die in nahezu allen europäischen Ländern in Gestalt von „secret offices", „Zahlenlogen" oder eben „Schwarzen Kabinetten" Nachahmung erfuhren und – über Metternich bis Mielke – mit verbissenem Perfektionsdrang betrieben wurden. Die angewandten Mittel entsprachen dem jeweiligen Stand der Zeit, was vor zwei Jahrhunderten eine noch wesentlich größere Komplexität innehatte als in unseren Tagen, in denen schlichter Wasserdampf den Weg in jedes Kuvert öffnet: „Eigenthümlich genug sah es in einem solchen Laboratorium, dem ‚Schwarzen Cabinete' aus. Es war ein möglichst verstecktes Lokal [...], versehen mit Kästen und Regalen aller Art, mit niederen Tischen und verstellbaren Pulten, Kassetten, Farbenstiften und Federn, mit Stempelpolstern für schwarzen und rothen Druck, ferner aus Mastix oder auch aus Brotkrumen mit dickem Gummiwasser gekneteten Stempeln, die bei sorgfältiger Behandlung geeignet waren, jede beliebige Form eines Siegels anzunehmen und zu behalten; Schachteln mit Oblaten von allen Größen und Farben, Garnituren von Petschaften aller nur möglichen Formen [...] waren vorhanden; Kästchen mit scharfen Messern, langen Klingen und dünnen Stahlplättchen, Couverts und Briefpapiere aller Art, Farbe und Format für den Fall des Zerreißens; Tinten

3 Zur Geschichte des Briefschreibens und des Briefgeheimnisses. Anonym (!). 1872, S. 212.

und Stempelkissen mit Poststempeln, deren Buchstaben versetzbar waren, bediente man sich."[4] Womit die Aufzählung noch längst nicht beendet ist.

Aufgeschlitzt, seziert und analysiert wurden alle Schreiben, von deren Inhalt man sich einen Informationsvorsprung oder wenigstens die Aufdeckung konspirativer Zirkel versprach. In feudal geprägten Regimen konnte man immer das eine oder das andere erwarten. Es war alles von Wichtigkeit, was man in den Briefmappen fand, egal ob sie einem Militär oder Musenkind gehörten, einem Diplomaten oder Dichterfürsten: Während Goethes Aufenthalten in den böhmischen Badeorten unterlag seine gesamte Korrespondenz der begleitenden Tätigkeit der k.u.k. Schwarzen Kabinette. Später waren es gleich Zielgruppen, denen man nachstellte: Oppositionelle jeder Couleur, seien es Burschenschaftler, 1848er oder Sozialisten im Kaiserreich. Sie konnten beim Briefwechsel der sicheren Mitwisserschaft staatlicher Organe gewiß sein. Da blieb nur die schwache Hoffnung, im Zuge der im 19. Jahrhundert sich abzeichnenden Entwicklung des Briefverkehrs zur Massenkommunikation die mißtrauische Beamtenwelt durch die schiere Menge auszuhebeln: „Weder Rechtslehrer, noch Verfassungs-Paragraphen können den Schwarzen Kabinetten Einhalt thun; doch zieht ihnen Schranken der ins Millionenfache vermehrte Briefverkehr. Zehn Millionen Briefe in einem Jahre lassen sich von keiner geheimen Polizei bemeistern."[5]

Moral und Abhilfe: Natürlich blieben in keinem Land und zu keiner Zeit solche Aktivitäten auf die Dauer wirklich verborgen, wie zahllose Klagen über Brieferbrechungen belegen. Luther hatte sich schon 1528 gegen ein derartiges Vorgehen gewandt und es dem Diebstahl gleichgestellt: „Ja, sind Brieffe nicht Güter? Lieber, wie wenn es sich begebe, daß mir oder dir an eim Brieffe mehr denn an tausend Gulden gelegen wäre? Solt ein solcher Brieff so werd und lieb seyn als tausend Gulden? Dieb ist ein Dieb, er sey Gelt-Dieb oder Brieffe-Dieb."[6] Das war ein deutliches Wort gegen alle, die sich nicht um die Unversehrtheit des Siegels kümmerten, das ja eigentlich – egal ob auf Urkunde oder Brief – als sakrosankt galt. „Zum Wesen der Briefe gehört die Versiegelung. Erst das Siegel vollendet oder erschöpft den Begriff des Briefes. Versiegelte Briefe aber tragen gewissermaßen den Charakter einer Gesandtschaft, sind mithin als heilig und unverletzlich zu betrachten."[7] Aber der Anspruch allein war nicht Schutz genug gegen die Interessen skrupelloser Minister, ihrer Logen und Polizeibüttel, die dank des direkten Postmonopols ihrem Tun ungehindert nachgehen konnten.

So war es ein langer Weg, den der Schutz vor Brieferbrechung vom Postulat eines ethisch-moralischen Grundsatzes bis zum Einzug in ein allgemein gültiges, formelles Recht zurückzulegen hatte. In Deutschland wurde die Gewährleistung des Briefgeheimnisses zuerst in der Josephinischen Wahlkapitulation von 1690 ausgesprochen, in der im Artikel 29 des Paragraphen zwei dessen treue Bewahrung gewissermaßen als Reichsverfassungs-

4 Emil König: Schwarze Kabinette. Berlin, Leipzig 1899, S. 10.
5 König (wie Anm. 4), S. 102.
6 Emil König: Schwarze Kabinette. Braunschweig 1875, S. 6.
7 Zur Geschichte des Briefschreibens (wie Anm. 3), S. 210.

Dame beim Briefsiegeln
Kupferstich von Gustav Eilers
Ende des 19. Jahrhunderts
Nach einem Gemälde von
Jean-Baptiste-Siméon Chardin
(1733)

bestimmung für ganz Deutschland verbürgt wurde. Von da an begann der Siegeszug des neuen Grundrechts durch die Verfassungen, Strafgesetzbücher und die Allgemeinen Postverordnungen der modernen Welt. „Welch ein reicher Entwicklungsgang prägt sich in dieser Ausbildung, diesem Aufbau eines der wichtigsten Grundrechte der Nation, ja der Menschheit aus! Einst, nach der tiefen Nacht des Feudalismus und der Scholastik, hatte ein Luther sein mächtiges Wort für die Unverletzlichkeit des Gedankens und des geschriebenen Wortes, als des sinnlichen Bildes für die Idee, einlegen müssen [...]; aber erst der Neuzeit gelang es, dieses Recht aus der Dämmerung der Doctrin in das feste Gefüge des Verfassungsgesetzes hinüberzuführen, wo es ein wirksamer Schutz gegen die Willkür, ein Bollwerk der Humanität sein wird."[8]

Es war das organisierte Postwesen, das im 19. Jahrhundert zu seiner Wahrung antrat und daraus eine wirklich bewundernswerte Dienstleistung machte: die Selbstverständlichkeit, daß ein Brief, obwohl er über Tausende von Kilometern reist, durch zig Hände wandert, sortiert und gebündelt, versackt und gebeutelt wird, seinen Inhalt nach Öffnen des Umschlags unversehrt und von niemandem gelesen dem Adressaten offenbart, als wäre er ihm vom Absender direkt übergeben worden. „Der einzige Trost, den wir haben, ärmlich zwar, aber doch unschätzbar, ist die Correspondenz. Es ist doch eine wunderbare Einrichtung! Ich spreche mit Dir, wie von Mund zu Ohr, ich stecke das leichte Blatt in ein Couvert, das ich mit angefeuchtetem Gummi schließe, ich werfe den Brief in irgendeine der Briefsäulen, die überall in den Londoner Straßen stehen, und er wird mit überraschender Schnelligkeit aus der tumultvollen Weltstadt Hunderte von Meilen weit befördert zu Dir, und was ich Dir sage ist unter dem schwachen Siegel so sicher, als wäre es mit einem Eisenschloß verwahrt," schrieb der Nürnberger Technologe Johann Caspar Beeg 1862 an seine Frau Mathilde[9] und brachte

8 Zur Geschichte des Briefschreibens (wie Anm. 3), S. 215.
9 Zitiert nach: Johann Caspar Beeg, Lebenslinien eines Technologen. Nachgezeichnet von Franz Sonnenberger und Helmut Schwarz. Nürnberg 1989, S. 166.

Sicherster Schutz des Briefgeheimnisses
Titelblatt zu Emil Katz: Leichtfaßliche Anwendung zu einer unbedingt sichern... Geheimschrift.
Berlin, um 1900
Farblithographie

damit seinerseits das Staunen über das Briefgeheimnis auf den Punkt.

Aber wo es einmal um gesetzliche Regelungen ging, sah man natürlich auch Paragraphen vor für den Ausnahmefall, daß „eine erweislich vorhandene Gefahr die Existenz des Einzelnen oder des Staates bedroht und die Maßregel der Brieferbrechung in concreto als Mittel der Rettung erscheint. Derartige Nothstände sind Kriegsverhältnisse, Bedrohung der Staatssicherheit durch Umsturzpläne u.s.f."[10] Natürlich hoffte man auf ein breites Verständnis für Maßnahmen, mit denen in Kriegszeiten unerwünschte Kontakte mit dem feindlichen Ausland unterbunden und insbesondere Informationen über militärische und innerpolitische Zustände zurückgehalten werden sollten. Tatsächlich erreichte die Zensur im zwanzigsten Jahrhundert während der beiden Weltkriege globale Ausmaße; selbst neutrale Staaten übten sie aus. Immerhin konnte man, wenn man sich an die vorgegebenen Regeln hielt, einigermaßen sicher sein, daß ein Brief seinen Bestimmungsort erreichte, und sei es mit Stempel oder Aufkleber „Von der Zensur geöffnet". Die den Brief in jenen Jahren begleitende Ungewißheit noch mit einer besonderen Perfidie auszureizen, blieb der unmenschlichen Praxis vorbehalten, die in den Konzentrationslagern geübt wurde: „Die Postzensur war der Laune der hierfür bestimmten SS-Leute überlassen, die zum Teil beinahe Analphabeten waren. Jeder Brief und jede Karte, die im geringsten beanstandet wurden, gingen nicht etwa zurück – jedenfalls nur in den seltensten Fällen –, sondern wurden einfach vernichtet, so daß der Häftling, der mühsam einen geeigneten Text mit möglichst gedrängten Mitteilungen abgefaßt hatte, nicht einmal wußte, ob er nun Verbindung mit seiner Familie erhalten hatte oder nicht."[11]

Die Massenhaftigkeit des Briefverkehrs hatte sich nicht, wie im 19. Jahrhundert so naiv erhofft, zu einem wirksamen Hemmnis für staatliche Kontrollen entwickelt. Zu DDR-Zeiten wurde die gesamte Auslandskorrespondenz geröntgt, befingert und so mancher Devisengeldschein herausge-

10 Zur Geschichte des Briefschreibens (wie Anm. 3), S. 211.
11 Eugen Kogon: Der SS-Staat. München 1974, S. 129 f.

fischt und dem Volkseigentum einverleibt. Niemanden bekümmern die Opfer. Keiner fragt nach den Gefühlen der Schreiber, deren einzige Möglichkeit, sich persönlich mitzuteilen, nur unter den Augen einer argwöhnischen Obrigkeit bestand. Nach den Empfindungen derer, die einen Brief mit dem über mehrere Zeilen reichenden Stempel des Kontrolloffiziers in der Hand hielten. Es ist, als stünde dieser beim Lesen direkt neben einem. Aussichtslos erschien der Kampf Davids gegen Goliath, der – noch nach Beendigung einer Ära des Unrechts – kafkaeske Züge annehmen konnte: Mit dem ausdrücklichen Hinweis auf die Privatheit persönlicher Briefe klagte António Barreto nach der portugiesischen „Nelkenrevolution" auf die Rückgabe der Briefe, die er an seine Mutter geschrieben hatte. Sie waren von der Geheimpolizei PIDE zurückgehalten worden und – nach der peniblen Aufbewahrung im Staatsarchiv – ans Nationalmuseum übergegangen. Individuum und Gesellschaft geraten hier in einen eigenartigen Widerstreit. Hier der Schreiber, der zu Lebzeiten auf die Wahrung/Wiederherstellung pocht („Meine Erinnerung gehört mir"), dort das Archiv, das auf dem Behalt der Briefe als wichtige Zeugnisse für die Nachwelt besteht.

Was in dunklen Zeiten als Brieferbrechung bezeichnet und von sinistren Staatsdienern in geheimen Laboratorien zu größter Kunstfertigkeit entwickelt wurde, wäre in nächster Zukunft ein Kinderspiel in höchster Perfektion. Im Zeitalter der ohnehin schon von jedermann lesbaren Faxe entdeckte man Wellen, die mit der Frequenz von einer Billion Hertz schwingen. Sie durchdringen beispielsweise mühelos einen Brief und erzeugen aufgrund der unterschiedlichen Reflektion von Papier und Tinte ein genaues Abbild seines Inhalts. Dies könnte zu neuen und im wahrsten Sinne echten Beschwernissen führen – für die Briefträger: Das einzig wirksame Mittel gegen die schrecklich indiskreten Strahlen wären metallgefütterte Briefumschläge.[12]

12 Uta Bilow: Durchblick mit Wellen. Die Zeit 41 (6.10.1995), S. 41.

# Transport und Verkehr

# Postamt und Briefkasten

Wolfgang Behringer

Liebenswert antiquiert, wie Briefkästen und Postämter als Sammelstellen für schriftlich zu übermittelnde Nachrichten im Zeitalter der elektronischen Datenübermittlung erscheinen mögen, eignet ihnen doch immer noch ein Rest jener Rationalität, die sie von Anfang an auszeichnete: Obwohl Teile des Nachrichtenstroms heute per Telefax oder Online übermittelt werden, läuft auch am Ende des 20. Jahrhunderts ein Großteil der Nachrichtenübermittlung lokal, regional, national und international über die Postämter, die am Anfang des modernen Telekommunikationswesens standen. Das Postamt als lokale Anlaufstelle für Kunden eines internationalen Kommunikationssystems war eine wichtige Keimzelle der Moderne, und es hat sich als so wandlungsfähig erwiesen, daß es deren Entwicklung über mehr als ein halbes Jahrtausend begleitet hat.

Wenn in den vergangenen Jahren viel darüber geschrieben worden ist, wann „die Post" gegründet worden sei, so hat man doch selten Rechenschaft darüber abgelegt, daß sich hinter diesem Begriff sehr unterschiedliche Dinge verborgen haben. Marco Polo sah im ausgehenden 13. Jahrhundert in China ein festes Etappensystem mit Reiterposten, die die kaiserlichen Briefe zu befördern hatten: „Postämter" im modernen Sinn gab es dort jedoch ebensowenig wie im Mailand der Sforza im 14. Jahrhundert, die zumindest in Krisenzeiten Reiterstafetten („poste") unterhielten. Die 1490 gegründete „Post" König Maximilians war keine öffentliche Kommunikationseinrichtung, sondern diente ausschließlich den Zwecken der regierenden Dynastie und ihrer Funktionäre. In Frankreich war die Beförderung von Privatbriefen bei Todesstrafe untersagt. Wie in den außereuropäischen Ländern versuchten die Regierenden überall in Europa, die überlegene Kommunikationstechnik exklusiv für sich zu reservieren. Kaufleute, Klöster oder Adelige verfügten nur über Läuferboten. Die Kommunikation war segmentär, „Privatleute" mußten Anschluß an eines der Botensysteme suchen oder ihre Briefe Reisenden, Kaufleuten, Pilgern, Metzgern, Handwerksgesellen oder Studenten mitgeben – auch damals keine sehr angenehme Vorstellung.

Die Entwicklung eines modernen öffentlichen Kommunikationssystems im Europa des 16. Jahrhunderts stellt im welthistorischen Rahmen eine Besonderheit dar. Ursachen für diese Sonderentwicklung waren die politische Struktur des Kontinents,[1] der nie zu einem Großreich zusammengefaßt werden konnte, aber ein wachsendes Volumen an diplomatischer Korrespondenz erzeugte; dann die relative Finanzschwäche der Potentaten, die anders als der Inka oder der Kaiser von China nur mit Mühe ein weitgespanntes Postensystem dauerhaft unterhalten konnten; vor allem aber die Wirtschaftsstruktur des Frühkapitalismus, in der mächtige Bankiers wie die Fugger in Augsburg zur Teilhabe an dem Kommunikationssystem drängten.[2] Zudem bewegte sich die europäische Weltwirtschaft zwischen zwei Polen, den reichen Stadtstaaten Oberitaliens mit Venedig an der Spitze sowie der nieder-

1 Fernand Braudel (Hrsg.): L'Europe. Paris 1985.– Europa: Bausteine zu seiner Geschichte. Beiträge von Maurice Aymard, Fernand Braudel, Jacques Dupaquier und Pierre Gourou. Aus dem Frz. von Markus Jakob. Frankfurt/M. 1989.

2 Jacob Strieder: Finanznot des Staates und Entstehung des neuzeitlichen kapitalistischen Wirtschaftslebens. In: Neue Jahrbücher für Wissenschaft und Jugendbildung 8 (1932), S. 447–463.

ländischen Städtelandschaft, die ihr Oberhaupt zunächst in Brügge, später in Antwerpen und zuletzt in Amsterdam fand.[3] Deutschland, über dessen Kommunikationsstruktur wir hier sprechen, war zunächst nichts anderes als ein Teil der Wegstrecke der habsburgischen Reiterstafetten zwischen Innsbruck und Brüssel, dann zwischen Neapel/Rom und Brüssel, ab 1520 schließlich der Postlinie zwischen Antwerpen und Venedig.[4]

Die famiglia e societa de Tassis hatte es in Zusammenarbeit mit den spanischen Habsburgern verstanden, die wichigsten Knotenpunkte des internationalen Kommunikationswesens zu besetzen: Madrid und Brüssel, Innsbruck und Trient, Venedig und Mailand, Rom und Neapel. Das für Deutschland, Burgund und die Niederlande relevante Generalat saß in Brüssel. Von hier aus wurden die jeweiligen Postkurse – die ihre Bezeichnung in Anlehnung an den antiken cursus publicus trugen – eingerichtet und wieder aufgehoben. Die Pferdewechselstationen, auf denen das ganze Kommunikationssystem bis zur Einführung der Eisenbahnen beruhte, hießen in deutsch zunächst „Postläger": Postreiter wurden durch den General bei Wirten an der Strecke „eingelegt". Dieses instabile System wurde um 1510 durch eine Art Franchise-System ersetzt, bei dem die Kurse fixiert und bestimmte Wirte auf der Strecke zu „Posthaltern" ernannt wurden. Nicht mehr die Reiter, sondern die Wirte unterstanden jetzt dem General, sie ließen gegen jährliches Entgelt eigene Knechte als Postreiter ihre jeweiligen Etappen abreiten. ‚Offices'/Ämter für die Annahme von Privatbriefen gab es zu diesem Zeitpunkt in Deutschland noch nicht.

Vorbedingung für die Entstehung von Postämtern war die Öffnung des Kommunikationssystems für Privatkunden. Die öffentliche Zugänglichkeit war mit den spanisch-niederländischen Postverträgen von 1505 und 1516 gegeben, die eine Nutzung durch Privatleute zwar nicht garantierten, aber auch nicht ausschlossen. Ein erstes Postamt entstand 1512 in dem bischöflichen Dorf Rheinhausen bei Speyer, dessen Rheinfähre seit 1490 den einzigen Fixpunkt auf der Strecke zwischen Brüssel und Innsbruck gebildet hatte. Mit der Fixierung der Poststrecken wurde in Deutschland das erste Postamt von Bedeutung eingerichtet. Daß dieses Postamt in Augsburg eingerichtet wurde, war kein Zufall: Karl V., dessen Kaiserwahl auf dem Augsburger Reichstag von 1519 Jacob Fugger finanzierte, öffnete das Postsystem für Privatkunden. Augsburg lag genau im Zentrum der Poststrecke Antwerpen-Venedig, beziehungsweise der habsburgischen Postlinien von Wien und Prag über Regensburg nach Freiburg/Breisgau und Ensisheim. Die Augsburger Hochfinanz, die zu den ersten Kunden der Post gehört hatte, erkannte, welchen Vorteil das Zusammenlaufen aller Informationen in ihrer Stadt bedeutete. Während sich andere Reichsstädte gegen die Einrichtung von Postämtern zur Wehr setzten, weil sie ihre Hoheitsrechte (Gerichtshoheit, Steuerhoheit, Kulthoheit) in Frage gestellt sahen, holten die Augsburger Bankiers ein Post-

3 Immanuel Wallerstein: The Modern World-System. Capitalist Agriculture and the Origins of the European World-Economy in the Sixteenth Century. New York u.a. 1974.
4 Die weiteren Ausführungen basieren im wesentlichen auf Forschungen zu meiner Habilitationsschrift von 1996: „‚Die Welt in einen neuen Model gegossen'. Der Strukturwandel des frühneuzeitlichen Kommunikationswesens am Beispiel der Reichspost".

„Die guldene Gans",
Posthaus zu Nürnberg
Kupferstich von Johann
Alexander Boener
Nürnberg, 1701

amt in die Mauern ihrer Stadt. Es war für ein Jahrhundert das Zentrum des deutschen Postwesens, ihm wurden die deutschen Poststationen und auch das Rheinhauser Amt unterstellt.[5]

Mit der Verregelmäßigung der Abgangszeiten in den Jahren 1537/38 gewann das internationale Postsystem für Deutschland an Attraktivität. Um 1540 kann man feststellen, daß wichtige Handelsstädte wie Nürnberg, Köln oder Frankfurt, aber auch Fürsten wie die Herzöge von Bayern, Württemberg oder Hessen ihre Briefboten nur mehr bis zur nächsten Poststation laufen ließen. Heute ganz unbekannte Dörfer wie Wöllstein (bei Alzey) oder Bobenheim (bei Worms) gewannen wegen ihrer Posthaltereien wie Rheinhausen vorübergehend an Bedeutung, Füssen oder Cannstatt wuchs zentralörtliche Funktion hinzu.[6] Seit 1540 gewann der Posttag steigende Bedeutung, der turnusmäßige Abgang der Postreiter an einem bestimmten Ort, an den die Läuferboten der umliegenden Gebiete Anschluß suchten. Mit der Verregelmäßigung einher ging die Tarifisierung der Leistungen durch die Festlegung eines fixierten Portos. Für Deutschland sind diese Entwicklungen verbunden mit den Namen der Augsburger Postmeister Anton von Taxis, Seraphin (I.) und Seraphin (II.) von Taxis, die dem jeweiligen spanisch-niederländischen Generalpostmeister in Brüssel unterstanden.

Der Aufstand der Niederlande gegen die spanische Fremdherrschaft sowie die spanischen Staatsbankrotte brachten dieses System in den 1570er Jahren zum Einsturz. Die Reformation des Postwesens in Deutschland stand damit auf der Tagesordnung und fand ihr erstes Ergebnis in der Einrichtung eines „kaiserlichen" Postamts in Köln. Seraphin (II.) von Taxis wollte es durch seinen Sekretär Diepold Menzinger führen lassen, doch da Köln dies strikt ablehnte, engagierten die Taxis den Kölner Bürger Jacob Henot als Postverwalter, der sich jedoch bald von dieser Bevormundung freimachen konnte und als „kaiserlicher Postmeister" agierte. Henot konnte seine

5 Wolfgang Behringer: Fugger und Taxis. Der Anteil Augsburger Kaufleute an der Entstehung des europäischen Kommunikationssystems. In: Johannes Burkhardt (Hrsg.): Augsburger Handelshäuser im Wandel des historischen Urteils. Berlin 1996, 241–248.

6 Peter Schöller (Hrsg.): Zentralitätsforschung. Darmstadt 1972.

Die Ausburger Reichs-Oberpostamtsbriefträger Michael und Aloysius Bizl
Augsburg, 1755
Kolorierter Kupferstich

Chance zur Übernahme der gesamten deutschen Post aus Kapitalmangel nicht nutzen, und so mußte er sich wieder dem Generalat der Brüsseler Taxis unterstellen. Mit der Etablierung der Kaiserlichen Reichspost gelang der Prager Reichskanzlei Rudolfs II. 1597 die Herauslösung der deutschen Post aus dem spanischen Einfluß, die aufgrund des wachsenden Widerstands der deutschen Fürsten und Städte notwendig geworden war. Bereits 1598 gelang mit der Eröffnung eines Postamts in Frankfurt der Einbruch in eine protestantische Reichsstadt. Anschlußpunkt dafür war immer noch das alte Postamt Rheinhausen, von wo ab 1603 auch der Postreiter nach Straßburg abzweigte.[7]

Wenn auch die Errichtung eines formellen Postamtes in dieser Reichsstadt noch ein Vierteljahrhundert dauern sollte, genügte bereits die Errichtung dieser Linie im Zusammenhang mit dem Kommunikationsnetz der Post als Auslöser für eine Medienrevolution: 1605 kam es in Straßburg zur Gründung der ersten modernen Zeitung durch den Drucker Johann Carolus. Betrachtet man den Prozeß der Zeitungsentstehung im Kontext der Genese der Postämter, so wird der Zusammenhang von Brief und Zeitung deutlich: Die sogenannten „Meßrelationen" – halbjährlich Drucke wöchentlich gesammelter Nachrichten zu den Frühjahrs- und Herbstmessen – wurden 1583 in Köln von einem Freund Jacob Henots, Michael von Aitzing begonnen. 1598 versuchte es der Augsburger Samuel Dilbaum in Rohrschach mit einer Monatszeitung, er bezog seine Nachrichten direkt aus dem Postzentrum Augsburg. 1602 edierte der Frankfurter Postsekretär Andreas Striegel – wie Menzinger und Dilbaum war auch er Augsburger – eine Meßrelation, für die später das Primat der Zeitungsentwicklung geltend gemacht wurde. 1609 edierte der Wolfenbütteler Drucker Johann Adolph Söhne eine zweite Wochenzeitung. Seine Nachrichtenbasis waren die Nürnberger Boten, die den Anschluß nach Augsburg herstellten. Das Augsburger Postamt des Octavio von Taxis, des-

7 Martin Dallmeier: Quellen zur Geschichte des europäischen Postwesens 1501-1806. 3 Bde. Kallmünz 1977/1987.

Das Taxissche Posthaus
zu Augsburg
Kupferstich von Lukas Kilian
1616
Farbdruck

sen Taufpate Hans Fugger war, bildete immer noch das Zentrum des deutschen Kommunikationsnetzes. So ist es kein Zufall, daß wir mit dem Kupferstich Lukas Kilians, eines hervorragenden Künstlers dieser Zeit, 1616 erstmals die Abbildung gerade dieses Postamts bekommen.

Es gab allerdings noch einen zweiten Grund für eine solche Werbeaktion: Gerade in diesem Jahr verlor Augsburg seine Zentralstellung an Frankfurt. Dort war 1615 der Rheinhauser Postschreiber Johannes von den Birghden als Reichspostmeister eingesetzt worden, der binnen Kürze enorme Aktivitäten entfaltete. Mit der Gründung des Postamts in Nürnberg, des Postamts in Leipzig und des Postamts in Hamburg wurde Frankfurt zum natürlichen Mittelpunkt des deutschen Postwesens, denn der Postweg aus den Niederlanden oder Köln an den Kaiserhof in Prag oder Wien lief jetzt nicht mehr über Augsburg, sondern über Frankfurt. Konsequenterweise stieg Frankfurt binnen zweier Jahre zum Medienzentrum auf: Während das konservative Augsburger Stadtregiment weiterhin keine periodische Presse duldete, entstanden in Frankfurt drei Zeitungen, die bedeutendste wurde durch den Postmeister selbst herausgegeben, die Frankfurter Postzeitung.[8] Die Schwerpunktverschiebung von Augsburg nach Frankfurt zeigt das neue Eigengewicht des deutschen Postnetzes an: Die Zentrale des Kommunikationsnetzes lag nicht mehr am Rande, sondern im Zentrum des Kulturraumes, und es war nur eine Frage der Zeit, daß auch das Generalat von Brüssel nach Frankfurt verlegt wurde.

Der Dreißigjährige Krieg brachte die Korrespondenz keineswegs zum Erliegen, sondern führte zu einer Gründungswelle von Postämtern und Zeitungen in Deutschland und den westeuropäischen Ländern. Auch in England und Frankreich wurde jetzt das Kommunikationssystem für das allgemeine Publikum geöffnet, und naturgemäß entwickelte es sich in den auf die Metropolen London und Paris zentrierten Ländern schneller als in Deutsch-

8 Klaus Beyrer/Martin Dallmeier (Hrsg.): Als die Post noch Zeitung machte. Eine Pressegeschichte. Frankfurt am Main, Gießen 1994.

land.[9] Noch während des Krieges wurden hier jedoch weitere zentrale Postämter gegründet: Formelle Ämter der Reichspost wurden bereits vor dem Prager Frieden in Straßburg, Regensburg, Lindau und Erfurt eingerichtet. Im Vorfeld des Westfälischen Friedens konkretisierte sich schließlich der schon in den 1620er Jahren gehegte Plan, Deutschland mit einem gleichmäßigen Postnetz zu überziehen, an dessen Knotenpunkten jeweils Postämter eingerichtet werden sollten. Bis 1648 kam es in diesem Sinne zur Gründung von Ämtern in Roermond (heute Niederlande, damals Hochstift Lüttich),[10] Münster, Osnabrück, Bremen, Lüneburg, Braunschweig, Hildesheim, Duderstadt, Paderborn und Würzburg, verkappte Postämter („Postverwaltungen") der Reichspost bestanden zudem in Amberg, Rastatt, Heidelberg, Darmstadt, Fulda, Kassel, Mühlhausen/Thüringen, Wesel, Detmold und Lübeck. Das Postnetz reichte also tatsächlich vom Norden (Lübeck) bis zum Süden (Lindau) Deutschlands, und griff im Westen in die Niederlande aus. Im Osten reichte es bis Waldmünchen an der Grenze zu Böhmen, bis Leipzig und bis Braunschweig. In den Jahren 1646–1649 wurden Verhandlungen mit Kurbrandenburg für die Einrichtung eines Reichspostamts in Berlin und eines Postnetzes in Kurbrandenburg/Preußen bis Königsberg geführt.

Mit der Einrichtung der Landesposten in Kurbrandenburg (späteres Preußen), Braunschweig-Lüneburg (späteres Kurhannover), Kursachsen, Mecklenburg und Hessen-Kassel nach der Erlangung der territorialen Souveränitätsrechte im Westfälischen Frieden nahm die Entwicklung einen anderen Verlauf. Das Generalpostamt in Berlin wurde zum Gegenpol des Reichspostgeneralats. Die protestantischen Territorien wurden jetzt durch eigene Postnetze erschlossen, Landespostämter traten in Konkurrenz zu den Reichspostämtern, zumal die Landesposten über ihre Ländergrenzen hinausgriffen und – soweit möglich – Anschluß an die Metropolen Amsterdam, Hamburg und Frankfurt suchten. Wie Rom oder Venedig hatten diese Städte seit der zweiten Hälfte des 17. Jahrhunderts mehrere Postämter konkurrierender Postorganisationen. Die deutschen Territorialposten entwickelten in Anlehnung an das französische beziehungsweise englische Vorbild zentralisierte Strukturen, die auf die jeweilige Hauptstadt (Berlin, Hannover, Kassel, Schwerin) beziehungsweise in Kursachsen auf die Handelsstadt Leipzig ausgerichtet waren. Die Reichspost blieb demgegenüber eine polyzentrische Einrichtung, die es allerdings auch ohne staatliche Hoheitsrechte im 18. Jahrhundert schaffte, in allen wichtigeren Orten ihres Einflußbereiches Postämter einzurichten.

Die genaue Zahl der Postämter in Deutschland ist schwer zu ermitteln. Während vor 1648 die Lage überschaubar ist, erschwert danach die Konkurrenz mehrerer Postorganisationen in Deutschland das Bild. Zudem gibt es keine klare Abgrenzung des Begriffs, die Übergänge zwischen Posthaltereien, vor allem aber „Postverwaltungen" und Postämtern waren fließend.

9 Eugène Vaillé: Histoire générale des Postes Françaises. 6 Bde. Paris 1947–1953. – Alan W. Robertson: Great Britain. Post Roads, Post Towns and Postal Rates, 1635–1839. Pinner/Middlesex 1961. – Mark Brayshay: Royal post-horse routes in England and Wales: The evolution of the network in the later-sixteenth and early-seventeenth century. In: Journal of Historical Geography 17 (1991) Heft 4, S. 373–389.

10 J. Ickenroth: De Rijkspost in Limburg. Amstelveen 1995.

Österreichischer Postreiter
Kupferstich
Um 1730

Um ein ungefähres Bild der Situation zu erhalten, können hier nur die Größenordnungen der Posteinrichtungen einiger Postorganisationen angegeben werden. So konnte die Reichspost die Zahl ihrer Stationen von etwa 100 im Jahr 1625 kontinuierlich auf etwa 900 im Jahr 1800 erhöhen, ca. 75% davon waren bloße Posthaltereien, der Rest verteilte sich auf Postverwaltungen, Postämter und 22 Oberpostämter. Die Reichspostorganisation dominierte in folgenden Reichskreisen: Schwaben, Franken, Bayern, den Rheinischen Kreisen, Westfalen und Hessen. Obersachsen und Niedersachsen waren fest in der Hand der Territorialposten. Die Kurhannoverische Post zählte 1777 ca. 100 Stationen (davon 12 außerhalb Kurhannovers). Die kursächsische Post zählte 1650 ca. 20 Stationen und wurde zwischen 1690 und 1720 auf 144 Stationen ausgebaut, am Ende des Alten Reiches bestanden ca. 160 Stationen (davon 15 außerhalb Kursachsens). Einziger ernsthafter Konkurrent der Reichspost innerhalb des heutigen Deutschland war die preußische Post, deren Organisation insgesamt etwa genauso stark gewesen sein dürfte. Die Anzahl der Stationen erhöhte sich von ca. 50 Stationen um 1650 auf ca. 120 um 1700, stieg dann auf ca. 300 um 1740, beim Tod Friedrichs II. umfaßte sie 760 Stationen, davon 246 Postämter und vier Oberpostämter, wobei allerdings fast die Hälfte westlich von Oder und Neiße lagen, während sich 94% der Reichspoststationen auf dem Gebiet des heutigen Deutschlands befanden. Der dramatische Anstieg der Poststationen lag überall im 18. Jahrhundert, dem „Jahrhundert des Briefes": Bis 1845 erhöhte sich die Zahl der Posthaltereien in Preußen auf 970, bis 1857 auf 1068, wobei allerdings Gebietszuwächse zu berücksichtigen sind.[11]

Während die Legende von der späten Entstehung des Instituts der Briefträger einfach falsch ist, weil die Möglichkeit der lokalen Zustellung seit dem 16. Jahrhundert bestanden hatte, allerdings wegen zusätzlicher Gebühren von manchen Kunden nicht in Anspruch genommen wurde, traten

11 Für die Angabe zu Kurhannover danke ich Herrn Lutz Höper M.A. (Hannover), der eine Dissertation vorbereitet. – Friedrich H. Hofmann: Das kursächsische Postwesen. In: Eberhard Stimmel (Hrsg.): Lexikon Kursächsische Postmeilensäulen. Berlin 1989, S. 49–78. – Heinrich Stephan: Geschichte der preußischen Post von ihrem Ursprunge bis auf die Gegenwart. Berlin 1859. Reprint Heidelberg 1987, S. 63, 139, 198 f., 316, 681 f.

Der Postilion und Bott
Kupferstich von Caspar Luycken
Aus dem Ständebuch von
Christoph Weigel
Regensburg, 1698

Briefkästen tatsächlich nicht vor dem 17. Jahrhundert auf. Bei der geringen Größe deutscher Städte blieb es bis ins 18. Jahrhundert hinein üblich, Briefe zum Postamt zu bringen. Die steigende Frequenz der Postreiter – von anfangs einmal wöchentlich auf mehrmals täglich im 18. Jahrhundert – erforderte eine Bürokratisierung der Verwaltung einschließlich der Einrichtung fester Bürozeiten, außerhalb derer das Postamt geschlossen blieb. Offenbar wurden in diesem Zusammenhang an einigen Postämtern Kästen zum Einwurf von Briefen aufgehängt. Dieser Vorgang ist allerdings wenig erforscht. Immerhin wissen wir, daß die Hamburger Stadtpost bereits 1641 für jeden Botenkurs einen Kasten aufhängte, insgesamt dreizehn Stück.[12] 1648 ist die Anfertigung von zwei Briefkästen in Paderborn überliefert.[13] 1660 sind für das Lübecker Posthaus Briefkasten und Briefträger belegt,[14] 1666 die Anfertigung von vier Briefkästen für die Braunschweig-Lüneburgische Landespost in Göttingen.[15] Am Ende des 17. Jahrhunderts bekommen wir schließlich in Christoph Weigels „Ständebuch" 1698 unter der Berufsbeschreibung „Der Postilion und Bott" die erste Abbildung eines Briefkastens, dessen allerdings im Text keine Erwähnung getan wird.[16]

Wie die Beschäftigung von Briefträgern lag das Aufhängen von Briefkästen im Alten Reich im Ermessen der jeweiligen Postmeister. In der älteren kameralwissenschaftlichen Literatur spielten sie keine Rolle. Preußen, das sich auf seine Fortschrittlichkeit in Postfragen immer viel zugute hielt, stellte erst 1766 auf Anregung französischer Reformer nach Pariser Vorbild einen ersten Postkasten „zur Gemächlichkeit der Correspondenten und Facilitirung deren Correspondence" im Flur des Berliner Posthauses auf. Von den Berlinern wurde die Neuerung wegen vermuteten Mißbrauchs (Briefgeheimnis, Verleumdungen etc.) abgelehnt. 1801 wurde ein weiterer erfolgloser Anlauf zur Anbringung von „Briefeinlegekästen" gemacht. Zur generellen Anbringung von Briefkästen kam es erst nach dem

12 Gerhard Ahrens: Das Botenwesen der Hamburger Kaufmannschaft. In: AfdP 1/1962, S. 35.
13 Bernhard Stolte: Beiträge zur Geschichte des Postwesens im ehemaligen Hochstift Paderborn. Paderborn 1891, S. 23.
14 Richard Francke: Das Lübecker Boten- und Postwesen, in: AfdP 1/1959, S. 24.
15 Alfred Batke: Die ersten 100 Jahre Postgeschichte in Göttingen und im Göttinger Raum. In: AfdP 1/1961, 34–52.
16 Christoph Weigel: Abbildung und Beschreibung der Gemeinnützlichen Hauptstände. Regensburg 1698, S. 160 ff.

Ende des Alten Reiches. Die bayrische Staatspost führte 1810 Briefeinwürfe bei den Oberpostämtern ein, wobei nach italienischem Vorbild Mauerschlitze direkt in das Postamt führten. Der erste Briefeinwurf im Königreich Baden wurde 1819 am Oberpostamt Karlsruhe installiert. Erst 1824 wurde die Anbringung von Briefkästen an den Postämtern in ganz Preußen angeordnet, Bayern und Württemberg folgten in den 1840er Jahren und dehnten das Briefkastenangebot auch auf größere Geschäftshäuser aus.[17]

Erst nach der Einführung der Briefmarken 1849/50 setzte eine größere Akzeptanz der Briefkästen ein, da jetzt die Briefe vorab frankiert werden konnten. Die Reorganisation der Briefkastenleerung mit garantierten Zeiten und das Anwachsen der Städte beschleunigten diesen Prozeß. Das Anwachsen Berlins zu einer Großstadt machte die Aufstellung von über hundert Briefkästen, die überall innerhalb von nur zehn Gehminuten erreichbar sein sollten und vierzehnmal (!) täglich geleert wurden, zu einem unbedingten Erfordernis. Bereits 1853 wurden die Briefkästen, die bis dahin stets aus Holz gewesen waren, zum besseren Schutz vor Diebstahl nach belgischem Muster durch solche aus grünem Gußeisen ersetzt. Der Bedarf an Briefkästen wuchs fortan ständig an, Leerungsanzeiger an den Kästen stärkten das Vertrauen der Bevölkerung.[18] Von kleinen Anfängen breiteten sich die Briefkästen rasant aus: 57 782 garantierten 1880 im Deutschen Reich eine flächendeckende Versorgung, steigende Ansprüche führten zu einer Erhöhung der Anzahl auf 153 187 im Jahre 1910.[19]

Liebenswert antiquiert können uns Briefkästen und Postämter nur erscheinen, weil wir an sie gewöhnt sind. Vielen Zeitgenossen erschienen sie als Neuerungen so gefährlich wie heute manchem Internet oder Gentechnik: Weil sie Althergebrachtes in Frage stellten, traditionelle Berufe, Macht- und Moralpositionen bedrohten oder zu bedrohen schienen, wurden sie mancherorts bis aufs Messer bekämpft. Der Lübecker Magistrat deckte 1660 sogar Mordversuche seiner Bürger gegen Postillions der Reichspost auf.[20] Der Kampf der Reichsstadt Speyer gegen die Einführung eines Postamts währte von 1490 bis ins ausgehende 17. Jahrhundert, der der Reichsstadt Ulm sogar bis ins 18. Jahrhundert hinein – und man wird kaum behaupten können, daß eine solche kurzsichtige Kirchturmspolitik, die sich den Pressionen lokaler Interessengruppen beugte, der langfristigen wirtschaftlichen Entwicklung dieser einstigen urbanen Zentren förderlich war. Die Zukunft gehörte Berlin, München und Hannover nicht nur deshalb, weil sie absolutistische Residenzorte waren. Die Beispiele Köln, Frankfurt und Hamburg zeigen, daß sich auch Reichsstädte weiterentwickeln konnten, wenn sie sich frühzeitig neuen Kommunikationstechniken öffneten. Allerdings erreichten sie nie die Bedeutung von Zentren wie Paris, London oder New York.[21] Die Geschichte von Briefkasten und Postamt ist auch eine Geschichte von Verteilungskämpfen, Entwicklungspolitik und Modernisierungsängsten.[22]

17 Gottfried North: Die Post. Ihre Geschichte in Wort und Bild. Heidelberg 1988, S. 85f.
18 Fritz Steinwasser: Berliner Post. Ereignisse und Denkwürdigkeiten seit 1237. Berlin/Ost 1988, S. 140–144.
19 Gottfried North (wie Anm. 17), S. 88.
20 Max Teubner: Die Taxissche (Kaiserliche) Post in Hamburg. Auf archivalischer Grundlage bearbeitet. In: DVZ 56 (1932) S. 645–647, 663–666, 682–684, 694–695, 709–712, 728–730, 759–761.
21 Michael North (Hrsg.): Kommunikationsrevolutionen im 16. und 19. Jahrhundert. Köln 1995.
22 Garth S. Jowett: Communication in History: An Initial Theoretical Approach. In: Canadian Journal of Information Science 1 (1976), S. 5–13.

Hamburger und Lübecker
Communion Postillons
Aquarellierte Bleistiftzeichnung
mit Randtexten zu den
Kleidervorschriften
1820

Königlich Preußischer
Briefträger
Kolorierte Bleistiftzeichnung
von Ludwig Burger
Um 1835

Der erwartete Brief
Gemälde von
Adolf van der Venne
1883
Öl auf Leinwand

Bayerischer Postillion zu Pferd
Gemälde von Gustav Wie
Um 1860
Öl auf Leinwand

# Verschmähte Majestät

## Die Erfindung der Briefmarke

Bernhard Siegert

Es war einmal ein König, der hieß Ludwig und hatte drei Körper. Einen historisch-physischen Körper: das monumentale Geschichtssubjekt, das eine Reihe von wunderbaren Taten vollbrachte, die zu repräsentieren Aufgabe der Schriftsteller ist. Einen juridisch-politischen Körper: der Staat, denn wie der junge Ludwig im April 1655 vor dem Parlament sagte: „L'État, c'est moi." Drittens einen sakramentalen Körper: das Portrait, das dazu dient, den Übergang vom historischen zum politischen Körper und umgekehrt zu bewirken.[1] Par excellence bewirkt diesen Übergang eine besondere Art von Portrait, die Medaille, die der Oberintendant des Königs anläßlich eines besonderen Ereignisses schlagen läßt. Die Medaille „ist der in seinen imaginären und symbolischen Repräsentationen, seinem Portrait und seinem Namen real präsente Körper des Königs und des Staates, ganz wie es auch die sakramentale Hostie ist".[2] Ohne Medaillen funktioniert das Zeichensystem, aus dem ein absolutistischer König gemacht ist, nicht. Was aber, wenn eben solche Medaillen ins Zeitalter ihrer technischen Reproduzierbarkeit eintreten? Walter Benjamin zufolge gerät in der Reproduktion die „geschichtliche Zeugenschaft der Sache" – in diesem Fall des königlichen Portraits – ins Wanken. „Was aber dergestalt ins Wanken gerät, das ist die Autorität der Sache."[3]

Es war einmal eine Königin, die hieß Victoria und hatte ein Parlament. Im Unterschied zum Frankreich Ludwigs XIV., wo der Fürst mit dem Staat identifiziert werden konnte, war der König in England immer ein König-im-Parlament.[4] Außerdem hatte diese Victoria einen Finanzbeamten namens Rowland Hill, der ihr Parlament dazu überredete, kaum daß sie gekrönt worden war, die Diffusion des sakramentalen Körpers in den postalischen Nachrichtenflüssen ihrer Bevölkerung zu beschließen. Am 1. Mai 1840 tauchten nämlich in London Tausende und Abertausende kleiner rechteckiger Papierchen auf, die der ‚Standard' folgendermaßen beschrieb: „Es handelt sich um ein kleines rechteckiges Papierstückchen, das ungefähr dreiviertel Zoll lang und einen halben Zoll breit ist und das wir in der Unschuld unserer Herzen zunächst für ein deutsches Maispflästerchen hielten, da es zufällig mit der Rückseite nach oben zeigte, als wir es zum ersten Mal sahen. Als wir es jedoch umdrehten, sahen wir, daß es in sehr schlechter Ausführung etwas darstellt, das vorgibt, der Kopf Ihrer Majestät zu sein, mit dem Wort ‚Postage' oben und ‚One Penny' unten. Diese Marke soll rechts von der Adresse des Briefes und in die obere Ecke geklebt werden."[5]

Unbekümmert um eine mögliche Majestätsbeleidigung klebten die Briten indessen am 6. Mai 1840 ungefähr eine halbe Million Portraits der Königin Victoria auf ihre Briefe und profanierten so die königliche Hostie. Denn das Portrait der Königin war von einer Medaille kopiert worden, der sogenannten „City medal", die der Graveur William Wyon gestochen hatte und die an den ersten Besuch der Queen in der Corporation of London im Rathaus am 9. November 1837 erinnerte.[6] Man mag einwenden, daß im Land des

1 Vgl. Louis Marin: Le portrait du roi. Paris 1981, S. 14–21.
2 Marin (wie Anm. 1), S. 155 f. – Übersetzungen fremdsprachlicher Zitate stammen, wenn nicht anders vermerkt, vom Verfasser.
3 Walter Benjamin: Das Kunstwerk im Zeitalter seiner technischen Reproduzierbarkeit. 2. Fassung. In: W. Benjamin: Gesammelte Schriften. Hrsg. v. Rolf Tiedemann und Hermann Schweppenhäuser. Bd. I.2. Frankfurt/M. 1980, S. 477.
4 Vgl. Ernst H. Kantorowicz: Die zwei Körper des Königs. Eine Studie zur politischen Theologie des Mittelalters. München 1990, S. 44–46.
5 The Standard, 2. Mai 1840, zit. nach: Frank Staff: The Penny Post 1680–1918. London 1964, S.92.
6 Vgl. Staff: (wie Anm. 5), S. 87 und Plate 11a & b.

Penny Black, die erste Briefmarke der Welt Großbritannien, 1840

Puritanismus und im Zeitalter der Industrialisierung jeder Glaube an eine Realpräsenz der Königin in ihren Bildern längst geschwunden sei. Aber man täusche sich nicht. In den Vorposten des Empires kann das gemünzte Bild der Majestät auch in der viktorianischen Ära noch zum sakramentalen Zeichen werden. In einem abgelegenen Winkel von Mindanao sucht ein ehemals stolzer malaiischer Kriegshäuptling, der vom Geist eines ermordeten Freundes verfolgt wird, Hilfe im Unglauben befreundeter britischer Waffenhändler. Die finden nach anfänglicher Verwirrung schließlich das begehrte Zaubermittel in einem vergoldeten Jubiläumssixpence. „Hollis trat auf Karain zu, der wie überrascht aufgestanden war, hielt die Münze in die Höhe und sprach auf malaiisch: ‚Dies ist das Bildnis der Großen Königin und das machtvollste Ding, das die Weißen kennen', sagte er feierlich. Karain bedeckte den Griff seines Kris zum Zeichen seiner Ehrerbietung und starrte auf das gekrönte Haupt. ‚Die Unbesiegbare, die Fromme', murmelte er. ‚Sie ist mächtiger als Suliman der Weise, der den bösen Geistern gebot, wie Sie wissen', sagte Hollis ernst. ‚Ich werde Ihnen dies geben.'"[7]

Das Bildnis der Großen Königin auf der Penny Black ist durchaus mit dem Bildnis auf dem zauberkräftigen Sixpence Karains verwandt, denn beide haben denselben Urheber. William Wyon stach nämlich nicht nur die City medal und damit das Urbild der Penny Black; als einer der angesehensten Graveure jener Zeit, der 1838 als erster Medaillist überhaupt in die Royal Academy berufen wurde, modellierte und gravierte er auch den Kopf Victorias für ihr Münzgeld.[8] An die Stelle des Schriftzugs „VICTORIA REGINA" auf der Medaille war auf der ersten Briefmarke der Aufdruck „POSTAGE ONE PENNY" getreten. Was aber geschieht mit dem Körper des Königs, wenn der Name des Königs, in dem sein Körper Signifikant geworden ist, substituiert wird durch ein Wert-Zeichen? Ist „Postage" eine Metapher des Namens „Victoria" und „One Penny" eine Metapher für „Regina"? Ist mithin der

7 Joseph Conrad: Karain: Eine Erinnerung. In: J.Conrad: Geschichten der Unrast. Übers. v. Fritz Lorch. Frankfurt/M. 1982, S. 54.

8 Vgl. Douglas N. Muir: Postal Reform and the Penny Black. A New Appreciation. London 1990, S. 138.

Name der Königin Porto geworden? Und widerspricht nicht der Name „Postage One Penny" der Behauptung der Logik von Port-Royal aus dem Jahre 1662, daß man „ohne Umstände von einem Bild von Cäsar sagt, daß es Cäsar ist"?[9] Denn wäre dem so, was kann dann die Tatsache, daß mit dem Stempel, der den frankierten Brief zirkulieren läßt, das Bild der Königin, das die Königin ist, entwertet wird, anderes heißen als eine Entwertung Ihrer Majestät? Ein Verdacht, den auch die Londoner Presse hegte, der Verdacht nämlich, „daß diese ungehörige Entstellung der königlichen Person das ausgesuchte Werk ministerieller Böswilligkeit und Mißgunst ist, die nichts anderes erstrebt, als die königliche Wohltäterin wenn möglich so verabscheuenswürdig erscheinen zu lassen wie sie selber."[10]

Die erste Briefmarke, die „Penny Black", wäre alldem zufolge ein „Schau-Platz grimmer Pein [...] auff dem ein ider findt / Daß alle Majestät sey Schatten / Rauch und Wind."[11] War für Charles I., dem das Parlament für seinen Versuch zu sagen, daß er der Staat sei, den Kopf abschlagen ließ, dieser Schauplatz noch das Blutgerüst, so ist er für Victoria der mit ihrem Portrait frankierte Brief. Allerdings, weder die Queen noch Rowland Hill scheinen von diesen Fragen besonders gequält worden zu sein. Wie es heißt, war die Königin sogar sehr mit der Briefmarke zufrieden, und während ihrer langen Regierungszeit gab es kein anderes Portrait auf englischen Briefmarken. Daß die imago reginae mit der superscriptio „Postage" und der subscriptio „One Penny" aber tatsächlich den Körper des Staates substituiert, erhellt aus der Tatsache, daß der Name des Staates von Beginn an auf den Briefmarken Großbritanniens fehlt. Was nur heißen kann, daß es kein Ausland gibt, das je ein britischer Brief adressieren könnte. In seinen Briefmarken stirbt das britische Empire also nicht nur nie, es ist auch ubiquitär. Der Ort, an dem der historische und der politische Körper der Königin ineinander übergehen, ist die Weltpost.

Für Rowland Hill allerdings war die Erfindung der Briefmarke nur eine notwendige technische Folge einer Post Office Reform, die er im selben Jahr, in dem William IV. starb und Victoria als Thronfolgerin proklamiert wurde, 1837, mit einem berühmten gleichnamigen Pamphlet[12] in die Wege leitete und deren Ziel es war, eine maschinelle Ökonomie in die Datenverarbeitung der Post einzuführen. Erst war mithin das Porto von einem Penny, dann die Briefmarke. Aber es bedarf eines genaueren Hinsehens, um das historisch Neue an Hills Vorschlägen zu erkennen. Denn die Idee, das Porto zu senken, um eine proportionale Steigerung des Briefeschreibens zu stimulieren, die die Einnahmeverluste der Post kompensieren würde, war nur eine – allerdings in Bezug auf das Ausmaß der Tarifsenkung radikalisierte – Version der seit dem 18. Jahrhundert bekannten polizeywissenschaftlichen Portotheorie. Schon 1766 hatte Johann Heinrich Gottlob von Justis System des Finanzwesens die Auffassung vertreten, daß „man sich sehr betrügt, wenn man

9 Antoine Arnauld/Pierre Nicole: Die Logik oder Die Kunst des Denkens. Übers. v. Christos Axelos. Darmstadt 1994.
10 Zit. nach Rowland Hill/George Birkbeck Hill: The Life of Sir Rowland Hill and the History of Penny Postage. Vol. I. London 1880, S. 394.
11 Andreas Gryphius: Ermordete Majestät. Oder Carolus Stuardus König von Groß Britanien. Trauer-Spil. Stuttgart 1982, V 431 f.
12 Post Office Reform: Its Importance and Practicability. London 1837.

Bildnis von Rowland Hill
(1795–1879)
Stahlstich von August Weger
Um 1860

glaubt, durch hohe Taxen die Post-Einkünfte zu vermehren. Wenn die Post-Taxen mäßig sind, so macht niemand aus dem Porto etwas. Es werden dannenhero jährlich einige hundert tausend Briefe geschrieben, die keine ernstlichen Geschäffte in sich enthalten, sondern die bloß in Neuigkeiten, Höflichkeits-Bezeugungen und Freundschafts-Versicherungen bestehen. Allein, wenn das Porto hoch ist, so unterläßt man solche Arten von Correspondenz."[13]

Eine gerade für den preußischen König sehr interessante Theorie, der den Siebenjährigen Krieg zum großen Teil mit den beträchtlichen Einkünften der preußischen Post finanziert hatte.[14] Allein, Friedrich der Große mochte wohl nicht so recht daran glauben, daß Kriege vom inhaltsleeren schriftlichen Geplapper einer Bevölkerung geführt werden könnten, und ließ seine merkantilistische „Regie" im Erscheinungsjahr von Justis Buch das Briefporto kräftig erhöhen.[15] Und dasselbe fiskalische Prinzip bestimmte noch 1837 die Portopolitik der britischen Postdirektion, die Hills Vorschläge vehement bekämpfte. „Billige Posttaxen", schrieb der Sekretär der Postdirektion, „was ist das für eine Sache, über die die Leute diskutieren? Ist es möglich, daß ich mich mein Leben lang getäuscht habe? Meine feierliche Pflicht, die mir verschiedene Minister vor langer Zeit eingeschärft hatten, bestand darin, das Posteinkommen möglichst ertragreich zu gestalten."[16]

Die Philosophie des Portos, die der Briefmarke zugrunde liegt, ist dagegen nicht mehr, daß es einerseits ein unkontrollierbares Rauschen der schriftlichen Diskurse gibt und andererseits eine Post, die den größtmöglichen Gewinn daraus zieht, sondern daß die Einnahmen der Post und das Ausmaß, in dem sich eine Bevölkerung mit Briefeschreiben beschäftigt, miteinander rückgekoppelt sind.[17] Durch die Portoreduktion verursachte Einbußen der Postverwaltung, so lautet Hills Version der polizeywissenschaftlichen Portotheorie, „selbst wenn sie groß sind, würden mehr als kompensiert werden

13 Johann Heinrich Gottlob von Justi: System des Finanzwesens. Reprint Aalen 1969, S. 187.
14 Vgl. Heinrich von Stephan: Geschichte der Preussischen Post. Berlin 1928, S. 249 f.
15 Vgl. Stephan (wie Anm. 14), S. 246.
16 Zit. nach: Traugott Haefeli-Meylan: Die Entstehung der Briefmarke und ihre weltweite Verbreitung. Heidelberg 1986, S. 41 f.
17 Vgl. Ludwig Kalmus: Weltgeschichte der Post. Mit besonderer Berücksichtigung des deutschen Sprachgebiets. Wien 1937, S. 467–471.

durch den mächtigen Anreiz, den das niedrige Porto der Produktivkraft des Landes geben würde".[18] Post wird ein kybernetisches System und Porto eine Macht, die das inhaltslose Gemurmel der Leute anwachsen oder absinken lassen kann und außerdem noch verstaatlicht. Denn außer der ungeheuren Vergrößerung der „Klasse der Briefschreiber", würde, so Hill, durch das Penny-Porto auch der „illegalen Korrespondenz", die „in einem kaum vorstellbaren Ausmaß" das britische Postmonopol unterliefe, der Boden entzogen.[19] Porto ist eine Kontrolltechnik, die die Leute in private Kommunikationsbeziehungen verwickelt und zugleich dafür sorgt, daß das ausschließlich auf staatlich kontrollierten Kanälen läuft.

Es hieße allerdings, nur die Eigenwerbung der Post zu perpetuieren, wollte man darin nichts weiter erkennen als das humanistische Telos der Post. Aber abgesehen davon, daß es grundsätzlich fraglich ist, ob Kommunikation ein Humanum ist, sind auch andere Interpretationen möglich. Harriet Martineau, sehr erfolgreiche Verfasserin der populären Illustrations of Political Economy, gab dem Humanismus des Unternehmens Rowland Hills zum Beispiel eine Deutung, die schlicht auf Staatsräson hinausläuft: „Unsere größte Errungenschaft in letzter Zeit ist die Durchsetzung des Penny-Portos gewesen. Ich frage mich zwar, ob überhaupt noch Zeit bleibt, wohltätige Maßnahmen zu ergreifen, um uns vor einer gewalttätigen Revolution zu bewahren, aber wenn es sie gibt, dann wird keine besser wirken als diese. Sie wird mehr für die Zirkulation der Gedanken, für die Förderung häuslicher Gefühle, für die Humanisierung der Massen im allgemeinen tun als jede andere Einzelmaßnahme, die unsere nationale Gewitztheit sich ausdenken kann. [...] Es ist eine bewiesene Tatsache, daß arme Leute schreiben oder Briefe geschrieben bekommen, wo immer ein Frankierungsprivileg existiert. Schenken Sie, wenn es Januar wird, Ihre Sympathie all den armen Pastoren, den Krämer- und Handwerkerfamilien, die endlich einander schreiben können als wären sie alle Mitglieder des Parlaments."[20]

Ein Porto von einem Penny ist wie gar kein Porto, das heißt ein Portoprivileg, wie es der Zweitkörper des Königs genoß. Der sakramentale Körper der Königin, ihr von der Medaille/Hostie kopiertes Portrait, wird unter die Leute verteilt, woraufhin diese zu lauter Parlamentsmitgliedern werden, das heißt inkorporiert werden in den Körper des Königs. Damit hört das Porto auf, beim Briefschreiben wie eine Zensurinstanz des Bewußtseins über die Menge des Geschriebenen und damit auch über die Bedeutung des Geschriebenen zu wachen. „Ich schäme mich meines dicken Briefs, in dem viel Unsinn stecken mag. Wenn Du nicht frei Porto hättest, ich schickte ihn nicht ab", schrieb Bettina von Arnim noch an ihren geliebten Autor Goethe, dem ein Portoprivileg der Thurn und Taxis beliebige Mengen von Leserinnenfanpost zuführte.[22] Die Ein-Penny-Briefmarke verleiht das einst Großautoren oder dem Parlament vorbehaltene Frankierungsprivileg an alle und

18 Hill/Hill (wie Anm. 10), S. 257.
19 Hill/Hill (wie Anm. 10), S. 300.
20 Harriet Martineau: Harriet Martineau's Autobiography. With Memorials by Maria Weston Chapman. Vol. III. London 1877, S. 249 f.
21 Bettina von Arnim: Goethes Briefwechsel mit einem Kinde. Frankfurt/M. 1984, S. 256.
22 Vgl. dazu Bernhard Siegert: RELAIS. Geschicke der Literatur als Epoche der Post 1751–1913. Berlin 1993, S. 69–82.

das heißt an niemanden, damit der Pöbel keinen Unsinn (das heißt Revolution) macht, sondern stattdessen Unsinn schreibt und geschrieben bekommt. Die Briefmarke ist in ihrem historischen Ursprung ein Mittel gewesen, den unerhörten kleinen Lärm der Leute aufzufangen und zu verarbeiten. Gefährlich ist jenes unaufhörliche Murmeln nur, solange es das Rauschen unterhalb der Wahrnehmungsschwelle staatlicher Organe bleibt; daher muß es ein Relais haben.

Wenn die Portotheorie, deren Effekt die Briefmarke gewesen sein wird, keine Erfindung Hills war, so war es erst recht nicht das Penny-Porto. Schon 1680 hatte der Londoner Zollkontrolleur William Dockwra in der City of London eine Penny Post eingerichtet: von einem Ende der Stadt bis zum anderen wurden vier- bis fünfhundert Annahmestellen für Briefe eingerichtet; die hier gegen einen Penny abgelieferten Briefe wurden wenigstens 15mal am Tag innerhalb Londons und fünf Mal am Tag in die Vorstädte ausgetragen.[23] Zwar mußte Dockwra sein florierendes Unternehmen schon zwei Jahre später dem Duke of York überlassen (der im Besitz des Postmonopols war), doch wurde es ab 1765 in allen größeren Städten Großbritanniens nachgeahmt.

Der Gedanke, der hinter Hills Post Office Reform steckt, ist mithin, ganz Großbritannien als eine einzige Stadt zu denken. Es macht daher einen guten Sinn, daß das Portrait der Königin, das die erste Briefmarke zeigte, von einer Medaille übernommen worden war, die aus Anlaß der Präsentation der Königin in der Corporation of London geprägt worden war. Denn indem ganz Großbritannien zum Zustellbezirk der Penny-Post Londons wird, wird mit dieser Briefmarke das ganze Vereinigte Königreich London inkorporiert. Das Allgemeine Postamt geht in der Penny-Post auf. Das heißt, daß ein Wesensmerkmal aus dem postalischen Ding Brief verschwindet, das literarischen Phantasien über das Wesen des Briefes immer teuer gewesen war: die Entfernung. Rowland Hills Reform annihiliert jede Beziehung zwischen den Kosten, die ein Brief der Post verursacht, zur Übertragungsstrecke. Die Vorstellung, so-und-so-weit voneinander entfernt zu sein, als eine Vorstellung, die dem Brief seine Aura zumißt,[24] verliert mit dem nach Distanzen gestaffelten Posttarif ihr transzendentales Subjekt. Was die Geographie der Post an Geld und dem Briefempfänger an Aura einbringt, ist nach Hills Untersuchung immer schon plusminus null, da es schon im vorhinein durch die Kosten für die Berechnung dieser Entfernungen kassiert worden ist. Auch die Post ist kein perpetuum mobile.

Aber die Vernichtung des auratischen Bezugs des Briefes zum Raum, zum Hier und Dort, ist nur ein Element jener neuen Ordnung des wordprocessing, die die Briefmarke hervorgebracht hat. Der zweite Gedanke hinter Rowland Hills Post Office Reform ist, auch den auratischen Bezug des Briefes zur Zeit, zum Jetzt, zu vernichten. Nach dem „Taxieren" der Briefe, „das heißt der

23 Vgl. Staff: (wie Anm. 5), S. 37–46.

24 Vgl. Walter Benjamin (wie Anm. 3), S. 479: Aura, von Benjamin etwas wolkig definiert „als einmalige Erscheinung einer Ferne, so nah sie sein mag", meint das „Hier und Jetzt" eines Kunstwerks, die „Echtheit einer Sache" als „Inbegriff alles vom Ursprung her an ihr Tradierbaren". Ich verwende den Begriff der Aura hier einzig deskriptiv, das heißt, es soll hier nicht zugleich unterstellt werden, daß „Veränderungen im Medium der Wahrnehmung [...] sich als Verfall der Aura begreifen lassen" (ebd.).

Bayern 1 Kreutzer, die erste deutsche Briefmarke 1. November 1849

Ermittlung und Markierung des Portos für jeden einzelnen Brief",[25] das durch den komplizierten, nach Entfernungen und der Anzahl der in einem Brief enthaltenen Bögen gestaffelten Tarif notwendig gemacht wurde, bemängelte Hill am herrschenden Postsystem, daß der Usus, das Porto durch den Empfänger zahlen zu lassen, die Kosten der Zustellung in die Höhe treibe, weil die Briefträger zugleich auch das Porto einziehen müßten. Folglich wurde mit Einführung des Pennytarifs das prepayment, die Entrichtung des Portos durch den Absender, obligatorisch. Allein, wenn die Post durch das Penny-Porto zu einem Massenmedium geworden ist, dann dürfen diese Massen nicht leibhaftig zum prepayment ihrer Briefe schreiten. Genau das aber geschah, nachdem das Penny-Porto am 10. Januar 1840 eingeführt wurde: „Einen oder zwei Abende nach dem Wechsel zu einem Penny wurden wir selber Zeuge der Szene in St. Martin's le Grand [i.e. das Londoner Postamt]. Die große Halle war fast ganz voll von Zuschauern, die die Polizei in einer Linie antreten ließ und die gekommen waren, um zu sehen, wie die Leute [the crowds] drängelten, rauften und kämpften, um als erste zum Schalter zu kommen. Der aufsichtsführende Vorsteher des Inlandbüros war an allen Ecken und Enden gleichzeitig, um mit lobenswertem Eifer die Energie der Beamten überall dorthin zu lenken, wo der Druck am größten war. Früher reichte ein Schalter aus, um die Briefe anzunehmen. An diesem Abend wurden sechs Schalter mit jeweils zwei Beamten von den Kunden bombardiert. Als die letzte Viertelstunde kam und die Menge immer noch dichter wurde, wurde ein siebter Schalter eröffnet [...]. Ein Zeuge, der den ersten Abend der Penny-Post miterlebt hatte, beschrieb uns eine ähnliche Szene. Als der Schalter schloß, schrie der Mob, der mit dem Eifer, den die Beamten gezeigt hatten, zufrieden war, zu Ehren des Postamts Hurra und noch einmal zu Ehren Rowland Hills."[26]

Aber da Postbeamte eher selten Eifer zeigen, mag der Mob, der – wie der

25 Hill/Hill (wie Anm. 10), S. 247.

26 Henry Cole in der Westminster Review, May 1840, zit. nach Staff (wie Anm. 5), S. 90 f.

Bericht ja bezeugt – ohnehin stets nur in raufender und kämpfender Form auftritt, auch einmal etwas anderes als Hurra brüllen. Er muß daher vom Postamt ferngehalten werden, indem man die „häuslichen Gefühle" der Leute fördert, und ein notwendiges und hinreichendes Mittel, den Mob zu zerstreuen und häusliche Gefühle zu fördern, ist die Briefmarke. Die neue Datenverarbeitung der Post funktioniert nur in prinzipieller Abwesenheit von Datenquellen und -senken. Im Postamt speichert man nicht die Leute selber, sondern nur ihre Adressen in dazu bestimmten Adreßbüchern. Pointerarithmetik nennt man das unter Programmierern, wenn man die Dinge an den Speicherplätzen beläßt, wo sie sind, und stattdessen nur ihre Adressen bearbeitet.

Die Briefmarke als Form des prepayment entbindet das Porto von der faktischen Aufgabe der Briefe, ja sogar von ihrer faktischen Existenz. Einst war der Moment, wo Brief und Absender, Zeichen und Körper, sich voneinander lösten, wie auch der Moment, wo Brief und Adressat, Zeichen und Körper, sich begegneten, ein auratischer Moment, der unter dem Portrait des Souveräns stattfand, im Zeichen des Kaisers oder des Landesherren, repräsentiert in Gestalt eines königlichen oder fürstlichen Postbeamten. Durch den Augenblick, in dem der Blick des Repräsentanten des Fürsten eine gemeinsame Präsenz von Zeichen und Körpern beglaubigte, koppelte die Post ihr Porto an eine Realität der Briefe. Der Moment der gleichzeitigen Präsenz von Brief und Absender, Brief und Adressat bei den Akten von Taxierung und Frankierung stiftet zwischen Porto und Brief eine authentische Zeichenbeziehung. Die Briefmarke macht dagegen Briefe zirkulieren, ohne daß Absender und Adressaten gegenüber der Post sich repräsentieren müssen. Rowland Hills Post Office Reform irrealisiert oder virtualisiert (um nicht zu sagen dekonstruiert) diese Beziehung vollständig. Seit Einführung der Briefmarke hat es die Post nicht mehr mit dem wirklich Geschriebenen zu tun, sondern mit dem, was (im Irrealis) geschrieben werden könnte. Die Briefmarke als prepayment macht die Zeitdimension von Briefen ebenso irreal wie die Briefmarke als Einheitsporto die Raumdimension. Der Souverän ist im Moment der Frankierung nicht mehr im Bild seines Postbeamten anwesend, sondern im Portrait der Briefmarke; entsprechend hört das Porto auf, eine authentische Repräsentation von Briefen zu sein. Seit der Erfindung der Briefmarke hat es die Post also nur noch mit virtuellen Briefen zu tun; die Raum-Zeit-Realität der Briefe ist eine virtual reality geworden.

Das Revolutionäre an Hills Reform ist, daß das Porto von einem Penny nicht Porto ist, sondern ein Standard. Ein Standard, der die Wesensbeziehung zwischen dem Brief und der geographischen Entfernung ebenso auflöst wie die Beziehung auf eine realitätsstiftende Gegenwart und der auf diese Weise briefliche Signifikanten in formatierte Daten transformiert, die durch Standardinputs und -outputs massenhaft verarbeitet werden können.[27] Diese

27 Vgl. auch: Wilhelm Stössel: Zur Entwicklung der Briefmarke. In: AfdP 2/1974, S. 55.

Standardinputs und -outputs sind bekanntlich erstens die Briefkästen auf der Straße und zweitens die Briefkästen oder Türschlitze, die uns in unseren Wohnungen postalisch adressierbar machen.

Allerdings ist Rowland Hill nicht der Erfinder der Straßenbriefkästen gewesen, so wie er auch streng genommen nicht der Erfinder der Briefmarke gewesen ist. Dieser Ruhm kommt vielmehr einem Monsieur de Vélayer zu, der im Jahre 1653 von Ludwig XIV. das Privileg erhielt, in jedem Pariser Stadtbezirk mehrere „Boëttes" aufzustellen, in die vor allem Frauen, nämlich die Mätressen des Adels,[28] Briefe oder besser billets-doux einwerfen sollten. Voraussetzung war, daß diese erstens eine Pariser Adresse trugen und zweitens eine aufgeklebte Marke, die, wie der Hofschriftsteller Pellison berichtet, die Aufschrift trug: Port-payé le jour du mois de l'an 1653 ou 1654.[29] Entwertet wurden diese allerersten Briefmarken mithin durch ihre Datierung.

Die „pillar letter-boxes", deren Aufstellung Hill im November 1840 auf Anregung eines Leserbriefs in der Times vorschlug,[30] hatten dagegen die Funktion die durch die Verwandlung des königlichen Portraits in einen Standard der Datenverarbeitung produzierten Datenmengen zu bewältigen. Briefkästen haben – obzwar es 1794 Vorläufer in den von Frankreich besetzten linksrheinischen Gebieten gab und in Preußen ab 1824 – erst im Medienverbund mit der Briefmarke eine Allgegenwart erlangt,[31] die sie zu Benutzerschnittstellen eines Datenverarbeitungssystems macht, die einen bis zu diesem Zeitpunkt ungekannten Grad der Benutzerfreundlichkeit erkauft mit der prinzipiellen Irrealität des Briefverkehrs. Kein Portrait des Königs beglaubigt, daß der dunkle Schlitz, in dem ein Brief oder eine Karte verschwindet, tatsächlich zu einem Datenübertragungssystem gehört, das Brief oder Karte wirklich an ihre Adressaten gelangen läßt. Auf einer Piazza in Gardone Riviera am Westufer des Gardasees gibt es ein schönes, altes eisernes Fensterportal, das fest in eine Hauswand eingemauert ist. „Cassetta delle lettere" steht drauf. Aber offenbar erfüllt das Ding tagtäglich viele Touristen mit Mißtrauen, ob es wirklich das ist, was es behauptet zu sein. Also hat jemand einen Versuch unternommen, die Worte „Cassetta delle lettere" mit anderen Worten zu beglaubigen: „La cassetta funziona", beteuert ein handgeschriebenes aufgeklebtes Papier. Vergeblich. Die Autorität der Sache hört nicht auf zu wanken, so nicht. Das Portrait des Königs fehlt.

28 Vgl. Arthur de Rothschild: Histoire de la poste aux lettres et du timbre-poste depuis leurs origines jusqu'à nos jours. Genève-Paris 1880, Reprint 1984, S. 110.
29 Rothschild (wie Anm. 28), S. 98.
30 Vgl. Hill/Hill (wie Anm. 10), S. 417.
31 Vgl. Karl Dopf: Der Briefkasten erzählt seine Geschichte. In: AfdP 2/1965, S. 64.

Rote und blaue Mauritius
auf einem Brief, adressiert an
Messieurs Ducan & Lurgnie,
Bordeaux
1847 als erste Kolonialmarken
erschienen

# Die Bahnpost

Klaus Herrmann

Der Brieftransport auf der Eisenbahn ist älter als gemeinhin angenommen wird. In Deutschland reicht er zurück bis zum Jahre 1835 und führt zur Ludwigs-Eisenbahn, die am 7. Dezember 1835 zwischen Nürnberg und Fürth eröffnet wurde. Sicher war die damalige „Briefexpedition" improvisiert und erfolgte außerhalb aller Regeln, doch sie funktionierte. Ohne große Umstände hatte nämlich der Nürnberger Poststallmeister Johann Friedrich Eckart seine Postillione angewiesen, nach Fürth gehende Brief-Felleisen zukünftig nicht mehr zu Pferde, sondern der Einfachheit halber mit der Eisenbahn zu befördern.[1]

Von Dauer allerdings konnte diese „früheste und ursprünglichste Art" der Briefbeförderung auf der Eisenbahn nicht sein. Fragen der Zuständigkeit, der Finanzierung und der Organisation wurden bald schon als klärungsbedürftig erkannt und hatten schließlich sich über Jahrzehnte hinweg erstreckende rechtliche Auseinandersetzungen zur Folge. Dabei entwickelte sich die Briefbeförderung auf den Eisenbahnen im Laufe des 19. Jahrhunderts zu einem Problemfeld erster Ordnung. Regierungen, Finanzverwaltungen, Postbehörden und Eisenbahngesellschaften engagierten sich, was seinen Niederschlag in zahllosen Verträgen, Vereinbarungen, Abmachungen und Anweisungen gefunden hat.[2]

Die praktische Durchführung der Brieftransporte auf der Eisenbahn gestaltete sich im Vergleich dazu weit weniger umständlich. Briefbeutel wurden von den in den Eisenbahnen mitreisenden Postkondukteuren mitbefördert und an den jeweiligen Stationen direkt an das Personal der Streckenpostämter übergeben. Die Postkondukteure reisten entweder in den mit Hilfe einer Hebevorrichtung auf „Eisenbahn-Plateauwagen" umgesetzten Pferdepostkutschen oder aber in der Post zugewiesenen Abteilen regulärer Eisenbahnwagen mit. Doch welches Verfahren auch gewählt wurde, stets blieb es bei direkten Kartenschlüssen. Eine Umverteilung oder gar Bearbeitung während der Fahrt kam nicht in Betracht.

Auch als im Jahre 1841 erstmals in Deutschland gesonderte „Eisenbahnfahrzeuge für die Postsachenbeförderung" eingesetzt wurden, fand eine Umarbeitung von Briefsendungen noch nicht statt. Gleichwohl unterschieden sich die nun speziell für den Posttransport bestimmten Bahnwagen grundlegend von allen anderen Eisenbahnfahrzeugen. Schreibtisch und Sessel für den Postkondukteur waren ebenso im Wagen vorhanden wie eine Schublade für Geldsendungen und Fächer für Briefbeutel und Pakete. Bis 1847 gab es in Preußen immerhin 55 solcher Eisenbahn-Postwagen, die dennoch nicht als „Bahnposten" im eigentlichen Sinne zu bezeichnen sind. Ihnen fehlte das charakteristische Merkmal der Umarbeitung von Briefposten während der Fahrt, dessen Einführung eine Neuregelung des traditionellen Brieftransports erforderte.[3]

Die Entwicklung richtiger Bahnposten geht zurück auf den Engländer

1 Ludwig Staudenraus: Die Ludwigsbahn und die Post. In: Archiv für Postgeschichte in Bayern 11 (1935), S. 198–202.

2 Vgl. Hermann Kunze: Das Wegeregal, die Post und die Anfänge der Eisenbahnen in den Staaten des Deutschen Bundes. Diss. Bochum 1982.

3 Harry Miosga: 130 Jahre Bahnpost in Deutschland. Entwicklungsgeschichte der deutschen Bahnpostwagen 1849–1979. In: AdfP, H. 1 (1980), S. 5–116, hier: S. 9ff.

Zweiachsiger Waggon der Kgl. Württembergischen Post
1898
Fotografie

Frederick Karstadt. Er hatte 1837 dem britischen Generalpostamt den Vorschlag unterbreitet, zukünftig doch die Bearbeitung der Briefe während der Eisenbahnfahrt durchführen zu lassen. Zur gleichen Zeit, so Karstadts Überlegung, sollten fortan zwei Tätigkeiten erledigt werden: der eigentliche Transport der Briefe und ihre Sortierung! Und Karstadt stieß mit seiner Idee auf Resonanz. Am 6. Januar 1838 fand zwischen London und Birmingham erstmals ein Brieftransport mit Umarbeitung der Sendungen in einem Eisenbahnwaggon statt. Die dabei gewonnenen Erfahrungen waren so positiv, daß einige Monate später, am 17. September 1838, bei der „Great Junction Eisenbahn-Gesellschaft" auf eben jener Strecke zwischen London und Birmingham die Schaffung eines mit speziellen Bahnpostwagen ausgestatteten, regelmäßig verkehrenden Eisenbahnpostdienstes („Travelling Post Office") erfolgte. Von England ausgehend, traten die Bahnposten einen Siegeszug durch Europa an.[4] Belgien beispielsweise richtete 1841 seine „voiture bureaux de poste" ein, denen 1846 auf der Strecke von Paris nach Rouen französische „bureaux ambulants" folgten. Die Praxis ergab in beiden Fällen, daß sich das Sortieren, Taxieren, Zählen und Umverteilen der Briefe während der Zugfahrt effizient bewerkstelligen ließ. Im Ergebnis fand also sowohl eine Transportbeschleunigung als auch eine Arbeitsvereinfachung statt.

In Deutschland blieb es der relativ kleinen Badischen Post vorbehalten, als erste Postverwaltung „zum Behufe einer vermehrten, beschleunigteren und regelmäßigen Beförderung der Correspondenz" einen speziellen Briefpostdienst auf der Strecke von Heidelberg nach Schlingen einzurichten. Beginnend mit dem 1. April 1848 kamen in den Zügen sogenannte „Eisenbahn-Postexpeditionsbureaus" zum Einsatz, in denen Beamte die Briefe „umzuspedieren" und mit einem „besonderen Speditions-Controllstempel" zu versehen hatten, der Datum, Kursnummer und ein die Richtung des Kurses andeutendes Zeichen enthalten mußte.

4 Vgl. Klaus Herrmann: Die Postbeförderung auf den deutschen Eisenbahnen von den Anfängen bis zur Reichsgründung. In: Jahrbuch für Eisenbahngeschichte 14 (1982), S. 7–32, hier: S. 23 f.

Nach etwas mehr als einem Jahr folgte die Preußische Post. Zum 1. Mai 1849 richtete sie „Post-Speditions-Bureaus" in den Eisenbahn-Postwagen ein, was einherging mit gravierenden Veränderungen im Postexpeditionsmodus. So entfiel fortan die seither üblich gewesene stückweise Eintragung der Briefe. Sie war unhaltbar geworden, legten die Eisenbahngesellschaften doch Wert auf einen möglichst kurzen Aufenthalt der Züge in den Bahnhöfen. Der rasche Brieftausch aber war nun einmal nur bei summarischer Übergabe zu erzielen. Aufschlußreich fiel ferner die Einteilung der Bahnpostsendungen in Brief- und Fahrpostgegenstände aus. Erstere umfaßten Briefe, Drucksachen und Warenproben, letztere Pakete mit und ohne Wertangabe, Geld- und Wertbriefe, Postvorschußsendungen und Briefe mit baren Einzahlungen. Zur Umverteilung in den Bahnposten kamen zunächst nur Briefpostsendungen, während der Austausch der Fahrpostgegenstände nach wie vor anhand von Frachtkarten erfolgte. Doch erwies sich dieses Verfahren als wenig sinnvoll. Zwischen 1868 und 1871 übernahmen deshalb die Eisenbahnpostbüros auch die Umarbeitung der Fahrpostgegenstände, was zwar Mehrarbeit für die Postkondukteure bedeutete, zugleich jedoch die Wichtigkeit der Bahnpost unterstrich.

Nach Preußen entschlossen sich nach und nach auch die anderen deutschen Postverwaltungen zur Schaffung von Bahnposten.[5] Bayern beispielsweise eröffnete seine erste reguläre Bahnpost am 16. Januar 1851, Sachsen wiederum folgte am 15. Juli 1851, und selbst die gegenüber den Eisenbahnen mit Vorsicht agierende Thurn und Taxis-Post machte sich in ihrem Postbezirk ab 1852 die Bahnpost zunutze. Einige Jahre länger dauerte es im Königreich Hannover, wo man sich erstmals im Jahre 1856 auf der Strecke von Hannover nach Emden zur Einrichtung von „Post-Bureaus" entschloß, die dann jedoch rasch auf andere Bahnlinien übernommen wurden.

Die von den Postverwaltungen für das neue Verkehrsmittel verwendeten Bezeichnungen waren alles andere als einheitlich. Mal sprach man von „Post-Speditions-Bureaus", „Post-Speditions-Comtoirs" oder von „Eisenbahn-Post-Bureaus", dann wieder von „Fahrenden Postämtern" oder „Fahrenden Bahnpostbüros", ehe sich schließlich der vor allem in Bayern verbreitete Terminus „Bahnpost" allgemein durchsetzte.[6]

Die Bahnpostwagen der ersten Stunde zeichneten sich durch Improvisation aus. Durchgehend aus Holz gefertigt, ungefedert, unbeheizt, schlecht beleuchtet und zugig, schreckten sie die Postkondukteure zunächst eher ab, als daß sie zur Arbeit einluden. Aber ihre zahlreichen Beschwerden, die von „Übelkeit" bis zu „Seekrankheit" reichten, fanden Gehör. Bereits bis zum Jahre 1870 erhielten die Bahnpostwagen eine Form, die in den entscheidenden Elementen bis in das 20. Jahrhundert beibehalten werden konnte. Oblag die technische Ausrüstung der Bahnpostwagen mit Achslagern, Federn und Bremsvorrichtungen in aller Regel den Eisenbahngesellschaften,

5 Vgl. Klaus Herrmann: Thurn und Taxis-Post und die Eisenbahnen. Vom Aufkommen der Eisenbahnen bis zur Aufhebung der Thurn und Taxis-Post im Jahre 1867. (Thurn und Taxis-Studien 13) Kallmünz 1981.

6 Vgl. Herbert Körting: Entstehung und Weiterentwicklung der grenzüberschreitenden deutschen Bahnposten. In: AdfP. Sonderheft (1984), S. 132–168, hier: S. 133 f.

Die Angehörigen des Bahnpostamts Nürnberg
Nürnberg, 1899
Fotografie

so hatten sich die Postverwaltungen um die Inneneinrichtungen der Fahrzeuge zu kümmern. Hier ging es beispielsweise um Fragen der Beleuchtung, Heizung und Büroausstattung, doch einfach gestalteten sich die Antworten nicht. Immerhin konkurrierten Rüböl-Deckenlampen mit Gaslichtern, Holzöfen mit Koksheizungen und Holzstühle mit Ledersesseln. Tradition oder Fortschritt standen demnach zur Debatte.

Unterteilt waren die Bahnpostwagen zumeist in zwei Packräume an den jeweiligen Stirnseiten und einen Büroraum in der Wagenmitte. Dieser wiederum verfügte über Schreibtischplatten, Sitzgelegenheit, Schränke, Briefkörbe und zahlreiche Fachwerke, die für die Umverteilung der Briefe benötigt wurden. Zur Kennzeichnung der Briefverteilfächer griff man zunächst auf Porzellanplättchen zurück. Besser eigneten sich die anschließend gebräuchlichen kleinen Schieferschildchen, doch höchste Effizienz brachten erst unbeschriftete Streifen aus schwarzem Schiefer. Auf ihnen konnten dann das Bahnpostpersonal je nach Bedarf die Namen der Orte notieren, mit denen ein Brieftausch stattfand.

Auch im Äußeren erhielten die Bahnpostwagen nun ihr „eigenes" Gepräge. Hatte man sich zunächst für einen leuchtend gelben Farbanstrich entschieden, so zeigte sich, daß der durch die Steinkohlefeuerung der Lokomotiven verursachte Ruß die auffälligen Fahrzeuge nach nur wenigen Fahrten wenig einladend gestaltete. 1865 entschieden sich die Postverwaltungen deshalb für einen olivgrünen Farbton, der nur noch durch gelbe Posthornzeichen aufgehellt wurde.

Erschwert wurde die Briefumarbeitung im Bahnpostwagen durch die bis zum 1. Juli 1867 mögliche bare Frankierung. Die nach diesem Zahlungssystem auf den Briefen haftenden Beträge mußten in Briefkarten nachgewiesen werden und erforderten einen hohen bürokratischen Aufwand. Erst die Einführung von „Freimarken" (fakultativ ab 1850) brachte einige Verein-

Bahnpostwagen des
Postamts Erfurt
Erfurt, um 1900
Fotografie

fachung. Doch wie alles Neue, so hatten es auch die Briefmarken bei den Postkunden nicht leicht. Noch 1854 beliefen sich die über Freimarken erzielten Beträge auf nur etwas über sieben Prozent der insgesamt von der Preußischen Post für Brief- und Fahrpostbeförderung eingenommenen Gebühren.

Auf ungeteiltes Interesse seitens des Publikums stießen dagegen von Anbeginn an die erstmals 1849 an den Bahnpostwagen angebrachten Briefkästen. Eingeführt auf der Strecke Deutz–Berlin, entsprachen sie dem Wunsch des Publikums, das seine Briefe möglichst kurzfristig per Bahn spediert haben wollte. Einer raschen Orientierung der Briefkunden dienten ferner die ab 1865 oberhalb der Einwurfschlitze aufgemalte Siegelseite eines Briefes. Diese Kennzeichnung erfolgte übrigens erstmals bei einem „Briefpostwagen". Bei diesem Wagentyp verzichtete man auf Packräume und stattete stattdessen das ganze Fahrzeug mit Briefverteilfächern aus. Auch fuhr nun nicht mehr nur ein einzelner „Bahnpostler" im Wagen mit. Bis zu 12 Beamte zählten nun zu einer Mannschaft, die dennoch alle Hände voll zu tun hatte.

Die Zunahme des Bahnpostverkehrs war beachtlich. Wurden im Jahre 1890 bereits 6 901 Eisenbahnzüge im Deutschen Reich zur Postbeförderung eingesetzt, so belief sich ihre Zahl 1910 bereits auf 15 701. Damit im Zusammenhang stand die Zunahme der Bahnpostwagen. Zählte man 1890 im Deutschen Reich 1 302 Waggons, so betrug ihre Zahl 20 Jahre später 2 101 und nach weiteren vier Jahren bereits 2 371. Doch der Wagenpark wurde nicht nur größer, die einzelnen Wagen wurden auch länger. Zwar verfügten die meisten Bahnpostwagen noch über eine Länge von zehn beziehungsweise 12 Metern, doch gab es zunehmend Fahrzeuge mit 17 Metern Länge, von denen der Briefraum den größten Teil einnahm.[7]

In der Zwischenkriegszeit setzte sich der Trend zum Ausbau des

7 Vgl. Alwin Sternheim: Die Postbeförderung auf den deutschen Eisenbahnen. Diss. Köln 1926.

Gleisentladeanlage und anschließendes Förderband im Bahnpostamt Stuttgart
1961
Fotografie

Bahnpostwesens ungebrochen fort. Besonderes Interesse daran hatte das Reichspostministerium, das nun seinerseits die Regie für die Entwicklung neuer, noch größerer Bahnpostwagen übernahm. Das Ergebnis waren die 1936 erstmals vorgestellten Briefbahnpostwagen mit 21,6 Metern Länge, denen nur kurze Zeit später Alles- und Paketpostwagen folgten. Im Briefbahnpostwagen fanden eine noch zahlreicher gewordene Mannschaft Platz, die Schwerstarbeit zu verrichten hatte. Vom Aussacken über das Umsortieren bis hin zum Abbinden neuer Beutel reichte das Tätigkeitsfeld, ganz zu schweigen vom auch körperlich anstrengenden, zudem unter großem Zeitdruck erfolgenden Ladungstausch an den Stationen und Knotenpunkten.

Einen tiefen Einschnitt in das Bahnpostwesen brachte der Zweite Weltkrieg. Personal und Wagenpark nahmen kriegsbedingt schweren Schaden, der durch die Wirren der unmittelbaren Nachkriegszeit zusätzlich verstärkt wurde. An die Stelle der präzisen Abstimmung von Kursen und Verbindungen waren Improvisation und das beschwerliche Agieren auf Zonenebene getreten. Es spricht für den Aufbauwillen der Bahnpostler, wenn 1947 bereits wieder über 2,8 Milliarden Briefsendungen auf der Eisenbahn befördert werden konnten. Bis 1953 stieg ihre Transportleistung sogar auf über fünf Milliarden Einheiten, wozu 1656 Bahnpostwagen zur Verfügung standen. Der Bahnpost-Begleitdienst umfaßte im gleichen Jahr 8160 Personen, eine Zahl, die nur noch einmal, 1954, überschritten wurde.

Doch so eindrucksvoll dieses vom beginnenden Wirtschaftswunder und dem damit einhergehenden, verstärkten Kommunikationsbedürfnis geprägte Ergebnis der frühen 1950er Jahre auch ausfiel, an die Spitzenleistungen zu Reichspostzeiten reichte es nicht heran. Ursächlich dafür dürften sowohl die einsetzende Verlagerung der Postbeförderung auf die Straße als auch die vermehrte Stillegung von unrentabel gewordenen Eisenbahnlinien gewesen

Briefbearbeitung in einem
Bahnpostwagen
1942
Fotografie

sein. Hinzu kam drittens die massive Ausrichtung der Eisenbahn auf den beschleunigten Personentransport. Er war mit weiter verkürzten Verweilzeiten in den Bahnhöfen und entsprechend erschwerter Postgüterumladung verbunden.

Einen Ausweg aus diesem Dilemma hoffte die Bundespost im Einsatz von Postzügen entdeckt zu haben. Neu war diese Alternative nicht, verkehrten in Großbritannien doch ausschließlich Postwagen umfassende Eisenbahnzüge bereits seit 1885 auf der Strecke London–Aberdeen. Auch in Deutschland hatte es schon kurz vor der Jahrhundertwende auf der Strecke Hamburg–Berlin einige Jahre lang Postzüge gegeben, doch auf Dauer durchzusetzen vermochten sie sich nicht. Ab 1949 stellte sich dies anders dar. Nun schienen Postzüge, langsam fahrend und zu rund 75 Prozent bei Nacht eingesetzt, das Briefbeförderungsmittel der Zukunft zu sein: Die Attribute leistungsfähig, ruhig und umweltfreundlich wiesen jedenfalls nach vorn. Allerdings zeigten sich auch bei den Postzügen einige Schwierigkeiten. Ihr Ladungsumfang nahm solche Ausmaße an, daß die Bewältigung des Be- und Entladevorgangs zu einer Herausforderung für jede Bahnstation wurde.

Die Tätigkeit in den Bahnpostwagen entwickelte sich im Laufe der 1950er Jahre zu einem wahren Wettlauf mit der Zeit.[8] Auch wurde der Ruf nach Automatisierung im Briefverteildienst immer lauter und führte endlich zur Einführung der vierstelligen Postleitzahlen.

Die Bahnpostler begrüßten diese Sortierhilfe außerordentlich, ebenso die Zentralisierung der örtlichen Brieferfassungs- und -verteilstellen. Letztere hatten zur Folge, daß dem Bahnpostpersonal nun vermehrt bereits feinverteilte Ortsbunde anvertraut wurden, bei denen keine Umarbeitung im Postwagen mehr erforderlich war. Wie nachhaltig diese Erleichterungen wirkten, läßt sich unter anderem an der Zahl der in den Bahnposten beförderten Briefsendungen erkennen. 1969 konnte erstmals in der Nachkriegszeit wieder die

8 Vgl. Werner Hartwig (Red.): Bahnpost-Report. Organ der Arge Bahnpost. Hefte 3–13. Dortmund 1977–1984.

Zehn-Milliarden-Grenze überschritten werden, für die 1 353 Bahnpostwagen und 4 826 Personen des Bahnpost-Begleitdienstes zur Verfügung standen. Diese wiederum bekannten sich inzwischen offen zur Bahnpost und unterbreiteten vielfältige Verbesserungsvorschläge. Die neuen Briefpostwagen der 1950/60er Jahre beispielsweise trugen ihren Vorschlägen weitgehend Rechnung. Neben den schon obligatorischen Verteilfächern, Beutelspannern, Klapptischen, Sitzgelegenheiten, Stapelräumen und breiten Ladetüren verfügten sie nun über WC, Waschraum und Kleiderschränke, was die Arbeitsatmosphäre im Wagen nur positiv beeinflußte.

Weniger günstig stellte sich dagegen seit Ende der 1960er Jahre die Lage für die Bahnpost als Briefbeförderungsmittel dar. Die Anzahl der beförderten Briefsendungen stagnierte, während die der transportierten Pakete sogar abnahm. Die Post trug dem durch einen Abbau des Bahnpostwagenbestands Rechnung, der bis Mitte der 1970er Jahre auf unter 1 000 zusammenschrumpfte, so wenig wie seit dem Jahre 1880 nicht mehr. Auch das Bahnpost-Begleitpersonal wurde reduziert. 1978 umfaßte es noch 3 340 Personen, was etwa 40 Prozent des Personalbestands von 1951 entsprach. Die Tendenz der Verlagerung des Brieftransports von der Schiene auf die Straße setzt sich bis in die Gegenwart ungebrochen fort. Zwar verkehren noch auf den Hauptverkehrslinien etliche Postzüge, doch das Ende dieser Transporteinrichtung ist absehbar. Im Zeitalter der schienenunabhängigen Briefzentren bleibt für die Bahnpost mit ihren auf manueller Arbeit aufbauenden Tätigkeiten kein Raum. Damit aber schließt sich der Kreis. So schwer sich die Briefbeförderung auf der Eisenbahn vor über 150 Jahren auch angelassen hat, so sehr ihr der Ruf der Fortschrittlichkeit vorauseilte, so sehr haftete ihr zuletzt sogar ein Hauch Romantik an. Die Bahnpostler jedenfalls nehmen mit Wehmut Abschied von ihren Bahnpostwagen, in denen sie sich bei allem Leistungsdruck bis zuletzt ein beachtliches Stück Souveränität bewahren konnten.

# Die Schiffspost

Cornelius Neutsch

„Gegenwärtig [1895] sind es namentlich die Dampfschiffe, welche den Postverkehr vermitteln; es ist das bereits fast durchweg der Fall auf den größeren Flüssen; im Seepostwesen vollends ist der Sieg des Dampfschiffs längst entschieden. Jene großen Seepostverbindungen, welche die Engländer als ‚Our Ocean Highways' zu bezeichnen pflegen, werden ausschließlich durch die Benutzung der interkontinentalen Dampferlinien hergestellt. Sie sind die eigentlichen Träger der Weltpost."[1] Die Einführung der Dampfschiffahrt, die seit den 1860er Jahren im überseeischen Transportwesen erfolgreich eingesetzt werden konnte, markierte eine einschneidende Veränderung in der Organisation des weltweiten Personen-, Waren- und Postverkehrs. Zwar lassen sich die Anfänge eines organisierten Schiffspostdienstes in der Neuzeit bereits in das frühe 17. Jahrhundert datieren, als erstmals besondere Postschiffe, sogenannte Paketboote zur Beförderung von Briefen und Paketen, eingesetzt wurden,[2] jedoch erst in der zweiten Hälfte des 19. Jahrhunderts ermöglichte die Liniendampfschiffahrt einen dem industriellen Zeitalter angemessenen weltweiten brieflichen Nachrichtenverkehr.

Der schnelle Siegeszug der Dampfschiffe war möglich geworden aufgrund einer Reihe technischer Verbesserungen, die dieses Verkehrsmittel für den überseeischen Verkehr immer leistungsfähiger machten. Neben ausgereifteren Maschinen und der Erfindung der Schiffsschraube ist hier vor allem der Bau eiserner, später stählerner Schiffsrümpfe zu nennen, was die Ladekapazitäten erheblich erhöhte.[3] Durch die weitgehende Unabhängigkeit von klimatischen Gegebenheiten war es möglich, die Dampfer nach festem Fahrplan verkehren zu lassen. Die geregelten Abfahrts- und Ankunftszeiten machten die Hochseeschiffahrt für die Postverwaltungen kalkulierbar, so daß eine Vernetzung der verschiedenen Verkehrsträger (vor allem Eisenbahnen und Dampfschiffe) zu einer globalen postalischen Infrastruktur erfolgen konnte. In einer postalischen Fachpublikation aus dem Jahre 1904 wurde daher zu recht resümiert: „Die Errungenschaften der Eisenbahnen und Dampfschiffe machte sich naturgemäß die Post zunutze; sie gelangte durch sie in die Lage, schneller und billiger als bisher den Nachrichtenverkehr zu vermitteln und durch Herstellung der Verbindungen von Weltteil zu Weltteil sich zu einem wirklichen Weltverkehrsmittel, ‚der Weltpost', auszubilden."

Neben der größeren Regelmäßigkeit hatte sich vor allem die Beförderungsdauer erheblich reduziert, wie die Entwicklung der Durchschnittsgeschwindigkeiten im Transatlantikverkehr[5] zeigt:

1 Michael Geistbeck: Weltverkehr. Die Entwicklung von Schiffahrt, Eisenbahn, Post und Telegraphie bis zum Ende des 19. Jahrhunderts. Freiburg/Brsg. 1895 (Reprogr. Nachdruck: Hildesheim 1986), S. 411.
2 Alfred Koch: Deutsche Schiffs- und Seeposten sowie mögliche Briefbeförderungsgelegenheiten nach Übersee. Ein Beitrag zur Gesamtdarstellung des Postbeförderungsdienstes zur See von den Anfängen bis zum 8. Mai 1945. In: AfdP 1/1964, S. 10.
3 Rudolph Haak und Carl Busley: Die technische Entwicklung des Norddeutschen Lloyds und der Hamburg-Amerikanischen Packetfahrt-Aktiengesellschaft. Text- und Tafelband. Berlin 1893 (Reprogr. Nachdruck: Düsseldorf 1986).
4 Otto Jentsch: Unter dem Zeichen des Verkehrs. Stuttgart, Leipzig 1904, S. 5.
5 Seepostbeförderung, in: Lloyd-Nachrichten, No. 85 (1907), S. 1172.

| Jahr | Durchschnittsgeschwindigkeit (in Seemeilen pro Stunde) |
|---|---|
| 1840 | 8–8,5 |
| 1850 | 9 |
| 1860 | 11–11,5 |
| 1880 | 15,5 |
| 1890 | 19 |
| 1900 | 22–23,5 |

Um 1840 benötigte ein Segelschiff für die Fahrt von Bremen nach New York durchschnittlich 44 Tage,[6] im Jahre 1907 schafften die modernen Doppelschraubenschnelldampfer dieselbe Strecke in weniger als sieben Tagen.[7]

Der Faktor Zeit wurde für die sich intensivierenden weltweiten Handelsverflechtungen und die damit zunehmende weltwirtschaftliche Integration immer wesentlicher. Leistungsfähige Verkehrs- und Kommunikationssysteme waren für den Aufbruch der Weltwirtschaft und deren Weiterentwicklung bis zum Beginn des Ersten Weltkrieges von entscheidender Bedeutung.[8] Briefpost, Kabeltelegrafie, Telefonie und Funk waren eng miteinander verflochten und daher weniger konkurrierende als vielmehr sich ergänzende Teile eines Gesamtkommunikationssystems, das sich bis 1914 nahezu über den gesamten Globus erstreckte. Dem internationalen beziehungsweise interkontinentalen Briefverkehr, vermittelt durch die großen Postdampfschifflinien, fiel hierbei die Funktion eines kostengünstigen Massenkommunikationsmittels zu.[9] Das Netz der internationalen Postdampferlinien wurde bis 1914 regelmäßiger, sicherer und dichter.[10]

Die wichtigsten Postdampfschiffverbindungen existierten zwischen Europa und Nordamerika; die Atlantikroute wurde zur Hauptachse des Weltverkehrs. Der Anstieg der Schiffsverbindungen führte zur Gründung zahlreicher Reedereien. In Deutschland entwickelten sich der Bremer Norddeutsche Lloyd und die Hamburg-Amerika-Linie – eigentlich: Hamburg-Amerikanische Paketfahrt-Aktiengesellschaft (HAPAG) – bis 1914 zu den größten Reedereien der Welt.[11] Die staatlichen Postverwaltungen schlossen mit den Schiffahrtsgesellschaften Postbeförderungsverträge, die ergänzend zu den Bestimmungen der Weltpostverträge im einzelnen die Vergütungssätze für die Gesellschaften und deren Verpflichtungen hinsichtlich Behandlung und Beförderung der Postsendungen regelten. Die Zahlungen der Postverwaltungen an die Reedereien waren in der Regel entweder feste Jahresvergütungen oder richteten sich nach dem Gewicht der beförderten Post.[12]

Die rasche Ausweitung der Postdampfschiffverbindungen korrespondierte mit einem rapiden Anstieg des interkontinentalen Briefverkehrs. Die umfangreichste Korrespondenz bestand zwischen Europa und den Vereinigten Staaten von Amerika. Allein das deutsch-amerikanische Postaufkommen hatte im Jahre 1890 bereits einen Umfang von über 38 Millionen Sendungen erreicht. Um den Postverkehr zwischen Deutschland und den Vereinigten Staaten schneller abzuwickeln, wurden seit 1891 Seeposten an Bord der zwischen Hamburg beziehungsweise Bremen und New-York verkehrenden deutschen Schnelldampfer der Hamburg-Amerika-Linie und des Norddeutschen Lloyd eingerichtet. Die Post wurde – analog den Bahnposten – bereits während der Fahrt bearbeitet, was den Vorteil hatte, daß die für den Landungshafen bestimmte Post sofort ausgetragen werden konnte, während die übrige Post mit der nächsten Landbeförderungsgelegenheit weiterge-

6 Hierbei handelt es sich um einen Mittelwert, der über die Dauer von fünf Jahren in den für die Schiffahrt günstigsten Monaten von März bis November ermittelt worden war.
7 O. Klaus: Die Post auf dem Weltmeer. Berlin 1908, S. 6.
8 Vgl. hierzu: Hans Pohl: Aufbruch der Weltwirtschaft. Geschichte der Weltwirtschaft von der Mitte des 19. Jahrhunderts bis zum Ersten Weltkrieg. Stuttgart 1989.
9 Cornelius Neutsch: Briefverkehr als Medium internationaler Kommunikation im ausgehenden 19. und beginnenden 20. Jahrhundert. In: Michael North (Hrsg.): Kommunikationsrevolutionen. Die neuen Medien des 16. und 19. Jahrhunderts. Köln, Weimar, Wien 1995, S. 155.
10 Karte der großen Postdampfschifflinien im Weltpostverkehr, bearbeitet im Kursbureau des Reichspostamtes, Berlin 1899. In: Postgeschichtliche Blätter Hamburg 29 (1986), S. 2. Die Übersicht wurde aufgestellt von Erich Kuhlmann.
11 Vgl. hierzu: Volker Plagemann (Hrsg.): Übersee. Seefahrt und Seemacht im deutschen Kaiserreich. München 1988.
12 Neutsch: Briefverkehr (wie Anm. 9), S. 139.

| nach \ Nation | Deutschland | England | Frankreich | Belgien | Italien | Österreich/Ungarn | Niederlande | Spanien | Amerika | Griechenland | Egypten | Russland | Japan | Bulgarien | Portugal | Rumänien | Dänemark | | |
|---|---|---|---|---|---|---|---|---|---|---|---|---|---|---|---|---|---|---|---|
| | Übersicht zum Verzeichnis der Postdampfschifflinien im Weltpostverkehr 1899 | | | | | | | | | | | | | | | | | | |
| Asien | 2 | 7 | 5 | | 2 | 3 | 3 | 1 | 3 | 2 | | | 11 | | | | | | = 39 |
| Nordafrika und Egypten | | 2 | 14 | | 8 | 1 | | | | | | | | | | | | = 25 | = 51 |
| Westafrika | 5 | 4 | | | | | | 4 | | | | | | | 2 | | | = 15 | |
| Capland und Natal | | 2 | | | | | | | | | | | | | | | | = 2 | |
| Ostafrika | 2 | 5 | 2 | | | | | | | | | | | | | | | = 9 | |
| Nordamerika | 5 | 3 | 1 | 1 | | | 1 | | 3 | | | | | | | | | = 14 | = 60 |
| Mittelamerika und Westindien | 1 | 6 | 7 | | 1 | | 1 | 3 | 10 | | | | | | | | | = 29 | |
| Südamerika | 5 | 5 | 1 | | 3 | 2 | | 1 | | | | | | | | | | = 17 | |
| Australien | 2 | 9 | 1 | | | | | | | | | | 1 | | | | | | = 13 |
| Griechenland und Türkei | | | 6 | | 4 | 7 | | | | 1 | 2 | 5 | | 1 | | 1 | | | = 27 |
| Summe 1899 | 22 | 43 | 37 | 1 | 18 | 13 | 5 | 9 | 16 | 3 | 2 | 5 | 12 | 1 | 2 | 1 | – | | = 190 |
| Summe 1881 | 14 | 28 | 13 | – | 5 | 6 | 2 | 4 | 7 | – | – | – | 1 | – | 2 | – | – | | = 82 |
| Summe 1889 | 20 | 34 | 35 | 2 | 10 | 14 | 6 | 2 | 8 | 1 | 3 | 4 | 2 | – | 2 | – | – | | = 143 |
| Summe 1892 | 22 | 38 | 41 | 1 | 13 | 16 | 4 | 10 | 8 | – | 3 | 4 | 5 | – | – | 3 | – | | = 168 |
| Summe 1907 | 42 | 40 | 40 | 2 | 20 | 13 | 5 | 10 | 19 | 4 | 5 | 10 | 11 | 1 | 4 | 2 | 1 | | = 234 |

Aufgestellt im Jahre 1986

schickt wurde. Insbesondere die sich in den Hafenstädten anschließenden Bahnposten wurden durch die bereits auf den Schiffen geleistete Sortierarbeit deutlich entlastet; die Briefe kamen bis zu einem Tag früher beim Empfänger an, und auch für die Passagiere an Bord der Dampfer boten die Seepostbureaus Vorteile, da die Möglichkeit bestand, unterwegs Briefsendungen und Telegramme aufzugeben und zu empfangen. Die deutsch-amerikanischen Seeposten wurden von der deutschen und der amerikanischen Postverwaltung gemeinsam betrieben und galten in Richtung Amerika als deutsche, in Richtung Deutschland als amerikanische Postanstalten. Postbedienstete beider Verwaltungen sollten möglichst in gleicher Anzahl auf den Schiffen Dienst tun, alle anfallenden Kosten der Seeposteinrichtungen wurden geteilt. Im Jahre 1908 bestanden deutsch-amerikanische Seeposten auf den Lloyd-Schnelldampfern „Kaiser Wilhelm der Große", „Kaiser Wilhelm II.", „Kronprinz Wilhelm" und „Kronprinzessin Cecilie" sowie auf den HAPAG-Dampfern „Deutschland", „Amerika", „Auguste Viktoria" und „Blücher".[13]

Das Postaufkommen war in den Jahren bis 1914 ständig angestiegen. Im Verlauf des zweiten Halbjahrs 1895 und des ersten Halbjahrs 1896 absolvierten die Dampfer der beiden deutschen Reedereien insgesamt 98 Reisen von New York nach Deutschland und 102 in der Gegenrichtung. Während der ersteren wurden im Verlauf von 6 454 Arbeitsstunden 5 033 500 gewöhnliche Briefe, 68 353 Einschreiben und 7 266 Säcke mit Drucksachen umgearbeitet. Bei den 102 Reisen nach Amerika waren es während 8 708 Arbeitsstunden 9 965 300 Briefe, 184 985 Einschreiben und 12 838 Säcke mit Drucksachen. Reklamationen traten lediglich bei 0,13% der Sendungen auf.[14] Im Betriebsjahr 1913/14 hingegen sind bei 213 Fahrten von New York und 220 Fahrten von Europa insgesamt 70 525 350 gewöhnliche Briefe, 829 099 Einschreibsendungen und 45 099 Säcke mit Drucksachen umgearbeitet worden.[15] Um diesem großen Verkehrsaufkommen gerecht zu werden, mußte die Reichs-

13 Klaus: (wie Anm. 7), S. 25 f.
14 Neutsch: Briefverkehr (wie Anm. 9) S. 138 f.
15 In diesen Zahlen ist allerdings auch der Postverkehr der mittlerweile zwischen England bzw. Frankreich und Amerika eingerichteten Seeposten enthalten. Vgl. hierzu: Die deutsch-amerikanischen Seeposten. In: Norddeutscher Lloyd Bremen. Jahrbuch 1916/17, S. 156.

Postdampfer „Stephan"
auf der Ostsee
Gemälde von Franz Hünten
1881
Öl auf Leinwand

Dampfschiffverkehr zwischen Bremen und New York
Aushang des Norddeutschen Lloyd
Gedruckt von der Carl Schünemann's Buchdruckerei, Bremen
Bremen, 1878

postverwaltung auf die Betriebseinrichtungen für den Postdienst auf den Schiffen größten Wert legen.

Als Beispiel läßt sich der HAPAG-Schnellpostdampfer „Deutschland" heranziehen. Auf der Jungfernreise von Hamburg nach New York gelang die Atlantiküberquerung mit einer Durchschnittsgeschwindigkeit von 22,42 Knoten in nur fünf Tagen, 15 Stunden und 46 Minuten. Die „Deutschland" war damit Inhaberin des Blauen Bandes und blieb für Jahre das schnellste Schiff der Welt, wenngleich sie dazu neigte, bei hohen Fahrstufen leicht zu vibrieren, was ihr beim Reisepublikum sehr bald den Namen „The Cocktail Shaker" einbrachte.[16] Während einer Ausreise (am 4. April 1901 ab Hamburg) wurden in 78 Dienststunden an sieben Tagen 499 Briefsäcke geöffnet und bearbeitet. Der Seepost gingen 4 585 Einschreiben und rund 200 000 gewöhnliche Briefe zu, weiterhin war eine umfangreiche Drucksachenpost zu bearbeiten. Das Personal bestand aus zwei deutschen und einem amerikanischen Postbeamten sowie zwei deutschen Postschaffnern. Von insgesamt 499 gefertigten Briefkartenschlüssen entfielen 422 Briefsäcke auf Postanstalten der Vereinigten Staaten.[17] Den Passagieren stand – streng nach Klassen getrennt – für die 1. Kajüte, die 2. Kajüte und das Zwischendeck jeweils ein Schiffsbriefkasten zur Verfügung.

Die Seeposträume der „Deutschland" bestanden aus einem 38 qm großen Dienstzimmer auf dem Oberdeck und einem zwei Decks tiefer gelegenen 70 qm großen Packkammerraum, die beide durch eine Treppe sowie einen elektrisch betriebenen Aufzug für die Postsachen miteinander verbunden waren. Neben der natürlichen Belüftung durch drei nach außen führende Fenster und einem eingebauten Luftschacht sorgte an heißen Tagen ein elektrischer Ventilator für ausreichend frische Luft im Dienstzimmer. Neben dem Postbureau befand sich der Schlafraum für die Beamten, der mit zwei Betten, einem Sofa, zwei Kleiderschränken und einem

16 Arnold Kludas: Geschichte der deutschen Passagierschiffahrt. Bd. 2: Expansion auf allen Meeren 1890–1900. Augsburg 1994, S. 156 ff.
17 Von den übrigen Briefpostsäcken entfielen 21 auf Mexiko, 9 auf Kanada, 5 auf Kuba, 17 auf Japan und 5 auf Apia (Samoa); Staatsarchiv Hamburg: Bestand Oberpostdirektion Hamburg I, Sign. B II No. 13.

Gedenkblatt zur Erinnerung an die Eröffnung der ostasiatischen Postdampferlinie
Nach einem Gemälde von Fritz Roeber
30. Juni 1886
Fotografie

Waschtisch möbliert war; die übrigen Postbediensteten mußten im Bureau übernachten.[18] Die Unterbringung der Postbediensteten führte öfters zu Klagen. Schiffsraum war knapp und teuer, was insbesondere für die Schnelldampfer auf der Transatlantikroute galt, d.h. die Reedereien versuchten, die Räumlichkeiten für den Postdienst möglichst klein zu halten. Verbesserungen brachte hier ein neues Abkommen vom 2. August 1907, das den deutsch-amerikanischen Seepostdienst vom 1. Januar 1908 an bis zum Ausbruch des Ersten Weltkrieges regelte.

Für die Reedereien war die Postbeförderung – zumindest auf den befahreneren Routen – ein durchaus lukratives Geschäft. Die Hamburg-Amerika Linie erhielt allein für die Postdienste auf der „Deutschland" jährlich ca. 30 000 Mark.[19] Im Jahre 1911 zahlte die Reichspostverwaltung an deutsche Dampfergesellschaften für die weltweite Postbeförderung folgende Beträge:

| | |
|---|---|
| a) Feste Jahresvergütungen: | 1 003 500 Mark |
| b) Zahlungen nach dem Gewicht der beförderten Post: | 1 581 555 Mark |
| c) Zahlungen aufgrund der Reichspostdampfergesetze: | 7 440 000 Mark |

Schwieriger als auf den befahreneren Routen erwies sich die Abwicklung des überseeischen Postverkehrs nach wirtschaftlich weniger entwickelten Ländern. Nach festem Fahrplan verkehrende Postdampfschifflinien waren dorthin oft nur durch staatliche Subventionierung zu unterhalten. Insgesamt haben die staatlichen Beihilfen zu einer Verdichtung der weltweiten Schiffahrtslinien beigetragen mit der Konsequenz einer schnelleren und effizienteren Postbeförderung, da die Postverwaltungen über die Subventionsverträge auf Fahrpläne, Geschwindigkeiten und überhaupt die ganze Organisation des Seepostdienstes unmittelbaren Einfluß ausüben konnten.[20] Das Deutsche Reich subventionierte aufgrund der Reichspostdampfer-

18 Postmuseum Berlin: Aktenmaterialsammlung, Sign. AM 1217, Akten gen. des Reichspostamtes betr.: die Diensträume der deutsch-amerikanischen Seeposten, Bd. 2 (1899–1903), Schreiben der Oberpostdirektion Hamburg an das Reichspostamt vom 7.8.1900.
19 Hans-Joachim Rook: Die Jagd ums Blaue Band. Reeder, Rennen und Rekorde, Berlin 1991, S. 66.
20 Neutsch: Briefverkehr (wie Anm. 9), S. 138ff.

Handels-Unterseeboot
„Deutschland"
Nach einem Gemälde von
Willy Stöwer
Bremen, 1916
Farblithographie von Kolbe &
Schlicht (Dresden)

Postdampfer „Bremen"
Gemälde von Alexander Kircher
Um 1935
Öl auf Leinwand

Postpackkammer des Schnellpostdampfers „Kaiser Wilhelm der Große", Seepost Bremen – New York Fotografie von W. Sander & Sohn, Geestemünde Um 1900

gesetze Postdampfschiffverbindungen nach Ostasien und Australien (seit 1886), die vom Norddeutschen Lloyd in Bremen betrieben wurden, sowie nach Ostafrika (seit 1890), betrieben von der Deutschen Ost-Afrika-Linie in Hamburg.[21] Einrichtung und Betrieb dieser Linien standen in engem Zusammenhang mit den kolonialpolitischen und -wirtschaftlichen Interessen des Deutschen Reiches.

Der Seepostdienst an Bord der Dampfer war zunächst relativ einfach gestaltet. Da auf den Schiffen keine Postbeamten Dienst taten, erfolgte auch keine Umarbeitung der Post, sondern die Sendungen kamen, wie im Weltpostverkehr üblich, nach Anlaufhäfen sortiert auf das Schiff. Auch an Bord der Reichspostdampfer befand sich ein Briefkasten für die Passagiere, d.h. Postsachen konnten nach den Gebührensätzen des Weltpostvereins aufgegeben werden. Kurz vor dem Anlaufen und während der Liegezeiten in einem Hafen mußte der Schiffsbriefkasten jedoch geschlossen bleiben, damit die Posthoheit des jeweiligen Landes nicht verletzt wurde. Davon ausgenommen waren lediglich Hafenplätze in denjenigen Staaten in denen kein geregeltes Postwesen existierte, wie zum Beispiel in China. Der mit dem Postdienst betraute Schiffsoffizier (in der Regel der Zahlmeister) hatte lediglich die in den Briefkasten eingeworfene Post zu bearbeiten. Anfangs standen dafür noch keine Stempel zur Verfügung, weshalb auf jedem Brief handschriftlich der Anlandungshafen vermerkt wurde. Dieses umständliche Verfahren wurde erst durch die Einführung des Einheitsstempels „Deutsche Seepost" vereinfacht.

Die vertraglich festgesetzten Routen der Reichspostdampfer sind mehrfach geändert und die Subventionszahlungen an die Reedereien entsprechend angepaßt worden. Insbesondere die Südseedienste der Reichspostdampfer, die den Postverkehr mit den deutschen Kolonialgebieten vermittelten, sind bis 1914 mehrfach verbessert worden. Die Bedeutung der Haupt-

21 Vgl. hierzu: Christine Reinke-Kunze: Die Geschichte der Reichs-Post-Dampfer. Verbindung zwischen den Kontinenten 1886–1914. Herford 1994 (hier auch die gesamte ältere Literatur zur Thematik).

linien nach Ostasien und Australien für den internationalen Postverkehr war zunächst nur sehr gering, da die Dampfer nur in vierwöchentlichen Abständen verkehrten, während die englischen und französischen Schiffe 14tägliche Fahrten unterhielten. Erst nach Einführung des zweiwöchentlichen Dienstes auf der Ostasienroute mit wechselnden Abfahrten von Bremerhaven und Hamburg bei gleichzeitiger Erhöhung der Fahrgeschwindigkeit von 12 auf 13 beziehungsweise 13 ½ und 14 Knoten verteilte sich der Postverkehr zwischen Europa und Ostasien gleichmäßig auf die deutschen, englischen und französischen Postdampfschifflinien. Eine wesentliche Beschleunigung trat durch die Nutzung der 1903 eröffneten sibirischen Eisenbahn ein. Vor dem Ersten Weltkrieg benötigte die Briefpost via Sibirien zwischen Berlin und Schanghai 13–14 ½ Tage, während der Seeweg über Suez 37–38 Tage beanspruchte. Wegen der hohen Transitgebühren und der Überlastung der Bahnposten wurden jedoch nur die eigentlichen Briefe über Sibirien befördert, während die ebenfalls zum Briefverkehr zählenden Drucksachen, Warenproben und Geschäftspapiere weiterhin auf dem längeren Seeweg verschickt werden mußten.[22] Die Nutzung der sibirischen Eisenbahn und die damit verbundene Verkürzung der Briefbeförderungsdauer sind ein gutes Beispiel dafür, wie sehr die Postverwaltungen es verstanden hatten, die Verkehrsinfrastrukturveränderungen der Zeit optimal für ihre Zwecke zu nutzen. Darüber hinaus wurde aktiv die Vernetzung der einzelnen Verkehrsträger zu globalen Kommunikationssystemen mitbetrieben. So entstand bis 1914 ein komplexes weltumspannendes Postverkehrsnetz mit hoher Leistungsfähigkeit, indem die internationalen Postdampfschiffahrtslinien eine zentrale Stellung einnahmen.

Einschneidende Zäsuren stellten die beiden Weltkriege dar. Sowohl nach 1918 als auch nach 1945 stand den Reedereien zunächst nicht das notwendige Schiffsmaterial zur Verfügung. So wurden die deutsch-amerikanischen Seeposten in ihrer früheren Form nach dem Ersten Weltkrieg erst im November 1924 wieder eingerichtet, nach dem Zweiten Weltkrieg überhaupt nicht mehr.

22 Cornelius Neutsch: Zur Bedeutung der Reichspostdampferlinien nach Ostasien und Australien für den internationalen Postverkehr. In: Vom rechten Maß der Dinge. Beiträge zur Wirtschafts- und Sozialgeschichte. Festschrift für Harald Witthöft zum 65. Geburtstag. Hrsg. v. Rainer S. Elkar u.a. St. Katharinen 1996, S. 755–773.

# Das Sehnsuchtstier

Ansgar Häfner

Tauben sind, vor allem in ihrer wilden und urbanen Ausgabe, im gleichen Maß zu verhaßten Gebäudeschädlingen und Hygienerisiken – „Ratten der Lüfte" – geworden wie sie in ihrer domestizierten Form legendären Ruf als Lebensretter, Liebesboten, Kriegswaffen, Sportmittel und so weiter genießen. Die Brieftaube ist ein hochtrainiertes Haustier, sie gehört zusammen mit der Gans zu den ersten Vögeln, die von Menschen gehalten und gezüchtet wurden.

Die Kulturgeschichte des eleganten Fliegers umfaßt etwa 7 000 Jahre und erstreckt sich räumlich über die ganze Welt. Sowohl in China wie auch in der assyrischen Sphäre, in Phönizien, Indien und Ägypten kannte man die reisefähige Taube, das Tier, das wir laienhaft ungenau ‚Brieftaube' nennen, weil es in der Lage war und ist, Nachrichten über weite Entfernungen zielsicher zurück zu ihrem Schlag zu transportieren. Menschen, die ihre Unfähigkeit zu fliegen wie viele ihrer anderen Mängel durch Intelligenz ausgleichen mußten, sahen diese Eigenschaften durch die Taube am besten vertreten. Frühe vergleichende Versuche mit Wiedehopfen, Krähen und Falken ließen die Taube als eindeutigen Sieger hervorgehen. Brieftauben sind eine späte Zuchtform der wilden Felsentaube.

Die erste Taube, die Noah von seiner Arche ausschickte, kehrte ohne Ergebnis zurück. Die zweite brachte ein Olivenblatt mit, und Noah wußte, daß es irgendwo Land gibt. Die dritte Taube kam nicht zurück, sondern blieb an Land. Aber nicht nur sachliche Informationen dieser Art liefert die Taube, sie überbringt auch Botschaften, die sie selbst nicht versteht, vor allem, so legt die zahlreiche Literatur zu diesem Thema nahe, solche der Liebe. Damit sind wir beim vorherrschenden Image des Tieres, das vom zarten Inhalt der Botschaft lebt. „Kommt ein Vogel geflogen, setzt sich nieder auf mein' Fuß, hat ein Zettel im Schnabel, von der Mutter (oder auch: von der Liebsten) ein' Gruß", textet eine österreichische Tanzweise, und Tomi Ungerer illustrierte das Lied mit einem jungen Maler im Kleidungsstil der letzten Jahrhundertwende, der aus einem roman(t)ischen Gewölbe in die Tiefe des Raums und auf die anfliegende Taube blickt. Die Liebesbrieftaube ist eine kulturgeschichtliche Invariante. Der Lyriker Anakreon schickt sie schon Mitte des 6. Jahrhunderts v. Chr. auf einschlägige Tour.

Taube ist aber zugleich Symbol für Frieden und Erlösung. In der christlichen und jüdischen Symbolwelt steht sie auch für Demut und Leid ohne Schuld. Sie lindert es und schützt den Leidenden. In jedem Fall steht sie für Sanftmut, Weichheit, Friedfertigkeit – Taubenzüchter betonen die Gültigkeit dieser Eigenschaften auch für ihre (wirklichen) Lieblinge.

In fast allen Berichten über Tauben ist von ihrem Streckenflug die Rede. Fast nie wird erwähnt, daß es – jedenfalls bei der Reisetaube – immer ein Rückflug ist. Wie kommt die Taube zum Auflaßort? Britische Militärpiloten hatten zeitweise eine Taubentasche in ihrer Bluse, andernorts wurden sie von

berittenen Boten transportiert, wie dem auch sei, über die Anreise wird wenig gesprochen und geschrieben. Und noch eine andere Frage bleibt oft ausgespart: Warum kommen die Tiere zurück?

Das Tier fliegt besessen über 1 000 Kilometer weit in einem Zug und irrt sich dabei höchstens um ein paar hundert Meter, die es dann, von einigen wenigen Ausnahmen abgesehen, selbsttätig korrigiert. Warum es das tut, ist klar, aber bis heute wissen die Menschen nicht, wie. Zur Zeit vermuten Wissenschaftler, daß Brieftauben sich sowohl am Sonnenstand wie auch am Magnetfeld der Erde orientieren.

Die monogamen und fortpflanzungsfreudigen Tiere kehren nicht zu ihrem Herrn oder zu ihrer Herrin zurück, sondern nach Hause, zu ihrem Weibchen. Auch die Weibchen fliegen zu ihren Männchen zurück, aber sie fliegen nur richtig gut, wenn sie zuhause Eier oder Junge haben. Männchen rasen schon dann, wenn sie ein Weibchen haben, von dem sie getrennt werden. Solange das Weibchen daheim im Schlag sitzt, und zwar alleine, wartet es auf das Männchen, und dieses hat nichts Eiligeres zu tun, als zum Turteln zurückzukehren. Wichtig ist, so lehren die Bücher über Reisetaubenhaltung, daß die Täubin wirklich alleine ist und keinen Kontakt zu anderen Tieren hat, nicht einmal Blickkontakt, auch nicht zu anderen Witwen. Und Hunger soll sie haben. Sonst ist es um die Treue schlecht bestellt. Kommt der Täuber zu einer ungetreuen Gattin zurück, verliert er jegliches Interesse an ihr und gerät außer Form. Der Reise-„sport" nach der „Witwer"-Methode ist also eine Veranstaltung nach dem Kreuzzug-Muster: Das Männchen reist – vom Chef gezwungen – in ferne Lande, das Weibchen harrt in der Keuschheitszelle ‚hochpaarig' seiner Wiederkehr.

Brieftaubenpost
Holzschnitt, abgedruckt im Reisebericht des Jean de Mandeville
Straßburg, 1488

## Die Brieftaube als Langstrecken-Flugmaschine

Tauben sind Flugkünstler. Eine ihrer Künste ist der Langstrecken-Zielflug. Jedoch ist besonders von persischen Taubenrassen, den ‚Orientalischen Rollern', eine Reihe von Kunstflug-Figuren bekannt. Diese Tiere fliegen sehr schnell und sehr steil auf, würzen ihren Flug dann aber mit seitlichem Rollen, Rückwärtsrollen, Kreisedrehen – einem einfallsreichen Kunstflugprogramm, am liebsten vorgeführt in Gruppen und mehrere Stunden lang. Tauben sind nicht gleich Tauben. Flugtippler; Wiener, Danziger, Stralsunder, Serbische Hochflieger; Pommersche Schaukappen; Indische Bodenpurzler; Kölner Tümmler; Berliner Kurze; Schöneberger Streifige fliegen, loopen und purzeln auf je eigene Art. Für unser Thema sind nicht die Schön- oder Nichtflieger interessant, sondern die Distanzbezwinger. Und die entstammen fast immer der Rasse der Brieftauben. Sie bilden eine von Züchtern gehegte und trainierte Elite unter den über 80 Millionen Tauben, die gegenwärtig leben. Wurden die Taubentürme des französischen Adels in der Revolution von 1789 als verhaßte Zeichen des Feudalismus niedergerissen, geben heute die Züchter des Ruhrgebiets mit ihren mehr als sechs Millionen Tauben ein eigenes soziologisches Untersuchungsfeld ab, nachzulesen bei Hans-Georg Soeffner in seiner Studie „Der fliegende Maulwurf". Der Bergmann denkt unter Tage gern an den Himmel voller Tauben.

Haltung und Zucht: Jede Taube frißt etwa einen halben Zentner Futter pro Jahr. Die Schläge müssen peinlich sauber, gut belüftet, trocken, staubfrei, richtig temperiert und beleuchtet sein. Zwei- bis dreimal täglich werden sie gewartet, Wasser und Futter erneuert. Taubenschlag ist nicht gleich Taubenschlag. Da gibt es den Witwerschlag, den normalen Schlag für die Alttiere, den Jungtierschlag, die Volière. Die Anlagen ambitionierter Taubenhalter ähneln teilweise Einfamilienhäusern.

Der Reisesport: Die Bedingungen für die tatsächliche Flugleistung der Tiere sind letztlich von Geheimnissen umgeben. Manchmal ist die Mauser ein positives Zeichen, manchmal ein schlechtes. Kotabsonderungen sind aufschlußreich, aber sagen andererseits doch nicht so viel. Sicher ist, daß Tauben mit Stoffwechselresten vom letzten Flug im Leib schlechter fliegen als sorgfältig „aufgebaute". Die richtige Fütterung ist – wie in allen Formen des Rennsports – Geheimsache. Manche schwören auf Sämereien vor dem Abflug, andere auf Pferdezahnmais. Wie in anderen Formen des Leistungssports gilt auch hier die Jugend alles: Renntauben treten vom ersten bis zum sechsten Lebensjahr an, die restlichen etwa 25 Jahre ihres Daseins beschäftigen sie sich mit Nachwuchs und Gnadenbrot, wenn es so lange währt.

„Reisesport" ist ein Ausdruck, der die Teilnahme von Tieren eines Züchters an Preisflügen beschreibt. An solchen Wettflügen nehmen bis zu 40 000 Tauben teil, und es ist klar, daß für die Züchter angesichts der Tatsache, daß immer nur einige Vögel gewinnen können, die Parole „Dabei sein ist alles" Maxime sein muß. Das Gemeinschaftserlebnis ist wichtig; Teil eines Ganzen, Inhaber von kollektiven Konstruktionsregeln für die Taubenwelt des Menschen zu sein, Subjekt gleichartiger Gefühle, und schließlich Herr und Lenker von Geschöpfen, die etwas können, was Menschen selbst gern können würden, nämlich fliegen, das verbindet zu einer gültigen Wirklichkeit.

## Das Geheimnis des Witwertums

Das Witwerdasein der Taubenmännchen hat viele Varianten. Manche Züchter lassen die Männchen mitbrüten, andere geben ihnen ein einzelnes Junges zur Aufzucht und nehmen es vor dem Flug weg. Wieder andere halten sie als Dauerwitwer. In jedem Fall bekommen sie ihre Täubchen kurz vor dem Abflug zu sehen. Der stärkere männliche Vogel darf noch einmal zu seiner Geliebten, aber eben nur zum Vorspiel. Dann wird er „eingesetzt" und im „Kabinen-Express" der Rennvereinigung zum Auflaßort transportiert, unterwegs gut getränkt und gefüttert und bei möglichst gutem Wetter aufgelassen. Die Sehnsucht nach der Einen läßt ihn so schnell wie möglich zurückfliegen, alle Strapazen mißachtend, alle Reserven bis zur völligen Erschöpfung nutzend. Ankommende Witwer, wie sie euphemistisch von ihren Züchtern genannt werden, sind oft so erschöpft, daß sie mit Traubenzucker und leichter Schonkost an normales Futter gewöhnt werden müssen. Ihre Sehnsucht zehrt sie tatsächlich auf: Während des Fluges verbrennen sie zuerst Fett- und Glykogenreserven, dann aber Körpereiweiß, sich selbst. 15% des Wassers im Körper gehen bei einem bis zu 12 Stunden ohne Landung dauernden Flug verloren. Sehnsucht geht über das Äußerste hinaus.

## Brieftaubenpost

Alles, was bisher gesagt wurde, betraf die Taube als Menschheitstier in seiner allgemeinen Form und als Liebesbotin. Auch von der Sehnsucht des Täubers nach der Täubin war die Rede. Was ist nun aber ihr handfester Nutzen, der Reibach ausgebeuteter Liebe, ausgedrückt in Gewinn/Verlust + Sieg/Niederlage?

Normaldienst: Hochleistungstauben fliegen – trotz kurzer Zwischenlandungen – mit einer Durchschnittsgeschwindigkeit von etwa 100 Stunden-

Le Messager
Gemälde von Florent Willems/
Fotografie von Goupil & Cie.

Wie das belagerte Paris Neuigkeiten erhielt.

kilometern über Distanzen bis zu 1000 Kilometern. Das ist eine beachtliche Informationsgeschwindigkeit, wenn man bedenkt, daß es sich um identische Informationsträger handelt, der „Brief" des Absenders also auch der „Brief" des Empfängers ist. Vor der Erfindung und Verbreitung des Telefons und des elektrischen Telegrafen in der zweiten Hälfte des letzten Jahrhunderts gab es zwar schon lange den optischen Telegrafen, aber dieser hatte zwei Nachteile: Er war in Besitz und Betrieb des Staates, und er funktionierte bei Schlechtwetter schlecht. Tauben flogen fast immer, bei schlechtem Wetter und Gegenwind zwar langsamer, aber zuverlässig. Und sie flogen für jeden, der sie und vor allem ihre Weibchen fütterte. Kommunikationsorientierte Londoner Aktienbesitzer hielten sich 1830 schadlos, als in Folge der Julirevolution die französischen Papiere um ein Drittel fielen. Sie ließen sich durch Taubenposten informieren, die zwischen den wichtigsten Börsenorten bestanden und Kurszettel transportierten. Bankier Rothschild wußte drei Tage früher als das auf Huftiere setzende britische Königshaus vom Ausgang der Schlacht bei Waterloo, dank privater Taubenpost. Auch Pressemeldungen fanden auf diesem Weg rasche Verbreitung. Spektakulär war die Tatsache, daß noch 1972 eine Brieftaube Pressefotos von der Olympiade in Kiel schneller nach Kopenhagen transportierte als die dänische Post. Aber die eigentliche Zeit der unromantischen Reisetaube, des Nutztiers und fliegenden Arbeitspferdchens ist vorbei. Das 20. Jahrhundert wird in der Rückschau künftiger Historiker wahrscheinlich als elektronisches Zeitalter gelten, die Tatsache, daß Menschen an seinem Beginn Vögel mit ernstgemeinten Nachrichten losschickten, ist schon jetzt ein Kuriosum.

Vergrößerung der mit der Taubenpost angekommenen Depeschen im Paris der Kriegsjahre 1870/71
Holzstich von G. Marichal

Militärdienst: Nach 77 Jahren wurde dieser Tage die mobile Brieftaubeneinheit der Schweizer Armee außer Dienst gestellt. Ihre 7000 Mitglieder und zusätzliche 23000 Brieftauben „milizionäre" wurden aus dem aktiven Dienst in Ehren entlassen. Weil die Tiere bekanntlich immer wiederkommen, kann man sie nicht „freisetzen", sondern nur entwaffnen und weiterhin füttern. Diese Nachricht der ehrenwerten „Neuen Zürcher Zeitung" scheint in einer Zeit des entwickelten Funkverkehrs skurril, aber sie zeigt, daß Militärstrategien das Kommunikationsmedium Reisetaube hoch einschätzen. Tatsächlich würden diese Botschafter auch nach einem Atomschlag noch fliegen, wenn der elektromagnetische Puls die Prozessoren aller modernen Funkgeräte untauglich gemacht hätte. Sie brauchen Radargeräte nicht zu unterfliegen, weil sie eh nicht auf dem Schirm abgebildet werden. Aber verlassen wir diese schwarze Utopie und wenden uns den historischen Leistungen von Kriegstauben zu. Auch hier finden sich frühe Zeugnisse: Plinius berichtet, daß die Stadt Modena um das Jahr 50 erfolgreich der Belagerung durch Marc Anton standhielt, weil die fernen Verbündeten mit Hilfe von Tauben benachrichtigt werden konnten. Gut 500 Jahre später wird von Mohammed berichtet, er habe die Jagd auf Tauben verboten, weil er sie in großem Stil zur Nachrichtenübermittlung einsetzte und begreiflicherweise verhindern wollte, daß seine Botschafter vorzeitig im Suppentopf seiner Gefolgschaft endeten.

Die militärischen Bewegungen Napoleons wurden sämtlich von Agenten per Brieftaube gemeldet. Das ist jedoch nichts gegen den wohl legendärsten Einsatz der fliegenden Melder in der Neuzeit: Im Herbst 1870 war die französische Hauptstadt durch die deutsche Armee eingeschlossen, und zwar, so glaubte das deutsche Oberkommando, vollständig – weil man auch die Unterwasserkabel durch die Seine gekappt hatte. Die französischen Republikaner unter Leitung von Trochu, Gambetta und Favre besannen sich auf die Heißluftballons der Gebrüder Montgolfier und vor allem auf die Tauben. Mit Hilfe von fotomechanischen Verkleinerungen im Maßstab 1:800 wurden in Tours Zelluloid-Folien im Format 3 x 5 Zentimeter belichtet, die fast eine Million Buchstaben enthielten, und in einem regelmäßigen Turnus nach Paris geflogen. Die Tauben transportierten alle politischen, militärischen und privaten Nachrichten für die Millionenstadt, über vier Monate lang. Nach ihren jeweiligen Einsätzen wurden sie per Ballon von Paris nach Tours geflogen, um von dort aus zurückzufliegen. Weniger als ein Viertel der aufgelassenen Tauben schaffte die Strecke, im Winter, bei Frost und Schneefall. Trotzdem haben sie die Stadt gerettet. Dieser Erfolg der Tauben führte zu ihrer Kasernierung in militärischen Brieftaubeneinheiten. Nicht nur die Schweizer Armee, sondern fast alle europäischen und viele überseeische Staaten legten sich Taubengeschwader zu, pardon: Einheiten aus „sich selbst reproduzierenden Kleinflugkörpern auf biologischer Basis mit fest programmierter, automatischer Rückkehr aus beliebigen Richtungen und Distanzen", wie Hilmar Hoffmann in seinem köstlichen Taubenbuch die schweizerische Spezifikation zitiert. Nicht nur Nachrichtenüberbringer, sondern auch echte militärische Aufklärer flogen da. Lange vor dem Einsatz der amerikanischen U 2 flogen Brieftauben mit umgeschnallten automatischen Luftbildkameras ihre Routen. Es ist nichts darüber bekannt, daß auch nur eine abgeschossen wurde, obwohl es im Ersten Weltkrieg speziell auf Tauben spezialisierte Scharfschützen gab.

Ob Reisesport, Zivil- oder Militärdienst: das Sehnsuchtstier Brieftaube ist in vielfacher Weise Symbol des Desideriums. Selbst durch den Raum getrieben von Leidenschaft, treibt sie phantastische Wünsche ihrer Halter um, man möge doch einmal so gut, so weit und so voller Begehren fliegen können wie sie. Und vor allem mit so viel innerer Orientierung. Um ganz daheim zu sein.

# Schneller, weiter, billiger

# Urbanisierung, Mobilität, Kommunikation

Die Stadt um 1900

Gerd Kuhn

Der Kulturwissenschaftler Georg Simmel verfaßte 1908 die Studie „Der Brief. Aus der Soziologie der Geheimnisse". Die Schriftlichkeit des Briefes faszinierte ihn, da sie potentiell eine unbegrenzte Öffentlichkeit einschließt, gleichsam aber auch von der Kategorie der Geheimhaltung her eine ganz eigentümliche Konstellation darbietet. „Es ist der Vorzug und der Nachteil des Briefes, prinzipiell den reinen Sachverhalt unsres momentanen Vorstellungslebens zu geben und das zu verschweigen, was man nicht sagen kann oder will. Und nun ist das Charakteristische, daß der Brief, wenn er sich nicht etwa nur durch seine Ungedrucktheit von einer Abhandlung unterscheidet, dennoch etwas ganz Subjektives, Augenblickliches, nur Persönliches ist, und zwar keineswegs nur, wenn es sich um lyrische Expektorationen, sondern auch wenn es sich um durchaus konkrete Mitteilungen handelt."[1]

In den zwanziger Jahren dieses Jahrhunderts berichteten drei Korrespondenten der überregional bedeutsamen „Frankfurter Zeitung" aus der Metropole Berlin. Sie prägten und verfeinerten die Form der Reportage, indem sie die von Simmel charakterisierten Stilmittel des Briefes nutzten, also subjektive Wahrnehmungen formulierten und Denkbilder über den Alltag in der Metropole entwarfen, jedoch die Aura des Geheimen des Briefes zugunsten des Öffentlichen aufgaben. Unabhängig von ihrer literarischen Qualität sind die Alltagsberichte der drei Berlin-Korrespondenten des Feuilletons der „Frankfurter Zeitung" – Joseph Roth, Bernhard von Brentano und Siegfried Kracauer – von erheblicher kulturwissenschaftlicher Bedeutung, da sie unterschiedliche Großstadtwahrnehmungen paradigmatisch wiedergeben.

Joseph Roth, der im letzten Jahrhundert im von traditionellen Lebensformen geprägten Galizien aufwuchs, zog in den zwanziger Jahren von der österreichisch-ungarischen Metropole Wien nach Berlin. Die Faszination der großen Städte war für ihn durchaus ambivalent. Städte eröffneten zwar bessere individuelle Lebenschancen, gleichzeitig bewirkte das alltägliche Leben dort eine radikale Abkehr von traditionellen Lebensweisen. Durchaus noch in der Tradition der Städtekritik des ausgehenden 19. Jahrhunderts stehend, aber nicht in dieser verhaftet, nahm er die Stadt als ein explodierendes Chaos wahr. Roth, der sich selbst entwurzelt und ungebunden im Wartesaal des großen Bahnhofs wähnte, beobachtete die entbundenen Menschen im Labyrinth der großen Stadt. „Um jeden Berliner türmen sich Berge aus Eis. Es gibt keine kurzfristige Assimilation innerhalb der Mehrzahl. Sie zerfällt in lauter Singulare." Während das Individuum auf dem Lande oder in der Kleinstadt noch in überschaubaren Beziehungen gesehen und in einheitlicher Erscheinungsform wahrgenommen werden konnte, fand in den großen Städten eine Umstrukturierung der Wahrnehmung des Individuums in Form ihrer Depersonalisierung statt.

Diese Wahrnehmungsmuster beruhen durchaus auf nachvollziehbaren Phänomenen. Denn seit Beginn des 19. Jahrhunderts fand in den meisten

1 Georg Simmel: Der Brief. Aus der Soziologie der Geheimnisse (1908). In: Soziologie. Untersuchungen der Vergesellschaftung. Gesamtausgabe Bd. 11. Frankfurt am Main 1992, S. 429–433, hier S. 430–431.

europäischen Ländern ein bisher ungeahnter demographischer und sozialer Wandel statt. Markantester Ausdruck dieses Wandels ist der Prozeß der Verstädterung der Gesellschaft. Unter Verstädterung versteht man primär die Umschichtung von einer ländlichen zu einer städtischen Bevölkerungskonzentration, wobei zwar die ländliche Einwohnerschaft quantitativ nicht gemindert wurde, die städtische jedoch außerordentliche Wachstumsschübe erfuhr. Lebten noch zur Reichsgründung 1870/71 etwa 64% der deutschen Bevölkerung in Gemeinden unter 2 000 Einwohner, so sank ihr relativer Anteil auf etwa 40% vor dem Ersten Weltkrieg. Am deutlichsten ist der Prozeß der Verstädterung am Bedeutungsgewinn der Großstädte zu erkennen. Als Großstädte definierten die Statistiker Ende des 19. Jahrhunderts jene Städte, deren Einwohnerzahl die Marke von 100 000 überstieg. Lebte 1870 nicht einmal jeder zwanzigste Deutsche in einer Großstadt, so war bereits 40 Jahre später jeder fünfte Deutsche ein Großstädter. Existierten zu Beginn des genannten Zeitraums nur acht Großstädte, so stieg deren Anzahl vor dem Ersten Weltkrieg auf 48 an.[2]

In Deutschland verlief der Prozeß der Verstädterung in verschiedenen Phasen. Auslösend für die erste Phase – die auch Vorbereitungsphase genannt wird – war das starke Bevölkerungswachstum, das durch die Agrarreformen Anfang des 19. Jahrhunderts eine Dynamisierung erfuhr. Die Bevölkerung stieg auf dem Land stark an, allerdings war die Mobilität trotz der Aufhebung feudaler Bindungen noch verhalten. Von etwa 1840 bis 1870 wird die zweite Phase datiert. Nun setzte die Urbanisierung in voller Kraft ein. Dynamisierend wirkte die einsetzende Industrialisierung, deren Voraussetzung wiederum die Einführung der Gewerbefreiheit war. Der verelendeten ländlichen Überschußbevölkerung eröffneten sich jetzt neue Überlebenschancen in den sich herausbildenden industriellen Regionen. Während die verhaltenen Bevölkerungsbewegungen in der ersten Urbanisierungsphase vorrangig den östlichen Städten zugute kamen, strömte die Bevölkerung sowohl in die alten Gewerbegebiete (zum Beispiel Sachsens) als auch in die Städte der preußischen Westprovinzen (Ruhrgebiet). Die Hochphase der Urbanisierung setzte nach der Reichsgründung 1870/71 ein und überschritt bereits vor 1914 ihren Zenit. Nach dem Ersten Weltkrieg blieb der Verstädterungsgrad auf hohem Niveau erhalten. Deshalb spricht man seither auch von einer urbanen Gesellschaft. Deutliche Wachstumsschübe waren aber nur noch isoliert festzustellen. In dieser Hochphase war das extreme Bevölkerungswachstum keineswegs auf Industriestädte beschränkt, sondern Handels-, Dienstleistungs- und Verwaltungsstädte wurden gleichfalls von dem Verstädterungsprozeß erfaßt. Die Bevölkerungszunahme in den Städten resultierte weniger aus dem innerstädtischen Geburtenüberschuß, sondern überwiegend aus Zuwanderungen. In Berlin beispielsweise waren 1890 von den 1,58 Millionen Einwohnern nur 40,1% in Berlin geboren. Durch den

2 Verstädterung und Urbanisierung werden von den meisten Stadthistorikern (Krabbe, Matzerath, Hofmann, etc.) als synonyme Begriffe verwendet. Reulecke unterscheidet allerdings zwischen der Verstädterung als räumliche Verdichtung der Bevölkerung und Urbanisierung als Herausbildung einer neuartigen Lebensform. In diesem Aufsatz werden beide Begriffe synonym verwendet. Die Herausbildung einer städtischen Lebensform wird begrifflich präzisierend, als qualitative oder innere Urbanisierung bezeichnet.
Jürgen Reulecke: Geschichte der Urbanisierung in Deutschland. Frankfurt 1985; Horst Matzerath: Urbanisierung in Preußen. Stuttgart u.a. 1985; Wolfgang R. Krabbe: Die deutsche Stadt im 19. und 20. Jahrhundert. Göttingen 1989; Jürgen Reulecke (Hrsg.): Die deutsche Stadt im Industriezeitalter. Wuppertal 1980.

Hof des Postamts 9 in Frankfurt am Main
1925
Fotografie

Verstädterungsprozeß änderte sich im 19. Jahrhundert der Charakter der Städte grundlegend. Zunächst erfolgte ein Prozeß der innerstädtischen Verdichtung, dann der räumlichen Expansion ins Umland. Statt einer funktionalen Überlagerung dominierte jetzt eine funktionale und sozialräumliche Segregation.

Der Verstädterungsprozeß war somit vorrangig von der Verflechtung der Determinanten Bevölkerungswachstum, Industrialisierung und Binnenwanderung geprägt. Während bis Anfang des 19. Jahrhunderts die Gesellschaft über Jahrhunderte relativ statisch blieb und ständische Strukturen langfristig die Lebensformen prägten, war die moderne Gesellschaft von einer außerordentlichen Dynamik erfaßt, deren deutlichster Ausdruck die hohe Mobilität war. Während in der ersten Hälfte des 19. Jahrhunderts noch Nahwanderungen dominierten, war besonders für die junge männliche Bevölkerung in der zweiten Hälfte dieses Jahrhunderts die Fernwanderung charakteristisch. Allerdings konnten die Städte nicht vollständig den ländlichen Bevölkerungsüberschuß aufnehmen. Zur Sicherung des familiären Existenzminimums waren viele Menschen auch zur Auswanderung gezwungen. Allein zwischen 1850 und 1860 emigrierten rund 1,1 Millionen Menschen aus Deutschland. Bis zur Jahrhundertwende wanderten über fünf Millionen Menschen allein in die USA aus. Die Wanderungsbewegungen erfolgten nicht auf einer Einbahnstraße vom Heimat- zum Zielort, sondern die Menschen blieben langfristig äußerst mobil, um aufgrund ihrer sozialen Not weiterhin Wanderungschancen nutzen zu können. Es wird geschätzt, daß in der Hochphase der Urbanisierung etwa ein Drittel bis ein Viertel der Gesamtbevölkerung in deutschen Mittel- und Großstädten pro Jahr von den Wanderungsbewegungen erfaßt wurde.

Zur Kennzeichnung der modernen Wanderer mit ihrer geringen Seßhaftigkeit und Bindungslosigkeit schien die Metapher des Nomaden geeignet zu sein. Alexander Schwab weigerte sich, den modisch gewordenen Begriff des modernen Nomadentums für die mobile Bevölkerung unreflektiert zu übernehmen. Die enormen Wanderungsbewegungen mit diesem Begriff zu kennzeichnen, resultiert nach seiner Ansicht aus einem zweifelhaften Vergleich: „Das ist um so interessanter, als die, die den Vergleich gerne gebrauchen, damit eine Art von unausgesprochenem Vorwurf anklingen lassen, oder von romantischem falschem Mitleid: die alten jahrhundertelang am alten Fleck ansässigen Ackerbürger-, Pfahlbürger-, Spießbürgerfamilien waren doch bessere Menschen. Was man so nennt: ‚verwurzelt', mit ‚Heimatgefühl', mit wertvoller kultureller ‚Überlieferung'. Also recht ähnlich dem Bauern, dem man ja auch gerne sein ‚zähes Festhalten an der ererbten Scholle' rühmend nachsagt." Anders als die traditionellen Nomaden wanderten die modernen Arbeiter nicht mehr in geschlossenen Verbänden (Sippen), sondern sie wanderten einzeln, auch dort wo sie in Massen wanderten. Einen weitereren Unterschied sah Schwab darin, daß der Nomade mit all seinem Hab und Gut wandert, also auch mit seiner transportablen Behausung und seinen Produktionsmitteln. „Mit dem modernen Arbeiter wandert beides nicht mit: Von der Wohnung kann er nur das Unwichtigste mitnehmen, Möbel und sonstige Einrichtungen, gerade bei der Wanderschaft, beim Umzug mehr Last als Besitz, Ursache von Transportkosten, die oft den Wert übersteigen. Das Wichtigere, vor allem in unserem Klima, das schützende Haus, kann er nicht mitnehmen. Und was das Produktionskapital anbelangt, so kommt in der modernen Wirtschaft der Arbeiter schon deshalb nicht in die Verlegenheit, es auf die Wanderschaft mitzunehmen, weil er nicht darüber verfügt."[3]

Der Prozeß der Urbanisierung ist nicht nur quantitativ-demographisch, sondern auch qualitativ faßbar. Soziale und räumliche Überschaubarkeiten lösten sich in den Städten für die Individuen zunehmend auf. Als besonders gravierend wurde die Aufhebung der Langsamkeit des Landlebens gegenüber dem Tempo der Städte empfunden. Die Auswirkungen der Reizüberflutung und der nervösen Beschleunigung auf die Städter beschrieb Simmel in seinem Vortrag „Die Großstädte und das Geistesleben": „Die psychologische Grundlage, auf der der Typus großstädtischer Individualitäten sich erhebt, ist die Steigerung des Nervenlebens, die aus dem raschen und ununterbrochenen Wechsel äußerer und innerer Eindrücke hervorgeht. Der Mensch ist ein Unterschiedswesen, d.h. sein Bewußtsein wird durch den Unterschied des augenblicklichen Eindrucks gegen den vorhergehenden angeregt; beherrschende Eindrücke, Geringfügigkeit ihrer Differenzen, gewohnte Regelmäßigkeit ihres Ablaufs und ihrer Gegensätze verbrauchen sozusagen weniger Bewußtsein als die rasche Zusammendrängung wechselnder Bilder, der schroffe Abstand innerhalb dessen, was man mit einem Blick umfaßt, die Unerwartetheit sich aufdrängender Impressionen. Indem

3 Alexander Schwab: Das Buch vom Bauen. 1930 – Wohnungsnot, Neue Technik, Neue Baukunst, Städtebau aus sozialistischer Sicht. Braunschweig 1973, S. 167.

Poststraßenbahn in
Frankfurt am Main
Um 1900
Fotografie

die Großstadt gerade die psychologischen Bedingungen schafft – mit jedem Gang über die Straße, mit dem Tempo und den Mannigfaltigkeiten des wirtschaftlichen, beruflichen, gesellschaftlichen Lebens – stiftet sie schon in den sinnlichen Fundamenten des Seelenlebens, in dem Bewußtseinsquantum, das sie uns wegen unserer Organisation als Unterschiedswesen abfordert, einen tiefen Gegensatz gegen die Kleinstadt und das Landleben, mit dem langsameren, gewohnteren, gleichmäßiger fließenden Rhythmus ihres sinnlich-geistigen Lebensbildes."[4] Wenngleich die städtische Reizsamkeit eine Kultur der Indifferenz und habituellen Distanzierung ermöglichte, so pathologisiert Simmel dennoch die städtische „Nervosität" als eine urbane Zivilisationskrankheit, in deren Wechselwirkung er jedoch auch die Entfaltung der Geldwirtschaft und den von ihr beförderten Geist der „reinen Sachlichkeit" sieht.

Die ausgeprägte Ambivalenz gegenüber der Großstadt, die man noch in den Schriften von Roth und Simmel findet, fehlt bei Bernard von Brentano. Als Nachfolger Roths in der Berliner Feuilletonabteilung der „Frankfurter Zeitung" lebte er seit 1925 nicht nur im Einklang mit Berlin, sondern war vom Rhythmus dieser Großstadt rauschhaft erfaßt: „Aller Bewegung zusammen ergibt die Bewegung der Stadt. Alles ist beschäftigt; alles läuft auf ein Ziel zu, das in einem fort überall und nirgendwo ist. In gleicher Richtung strömen die ungeheueren Kolonnen der großen Fahrzeuge, die schön in der Masse und durch ihre Bewegung sind. Alles flimmert und glitzert, die großen und die kleinen farbigen Schaufenster, die Lichter der Lichtreklame, nichts ist beständig, wechselnd wie die Gedanken der Menschen, die alles beleben, wird immer ein Ding wieder vom anderen belebt." Obwohl Brentano vom Tempo der großen Stadt ergriffen wurde, trübte diese Faszination trotzdem nicht seine Wahrnehmung für die sozialen Folgen der Beschleunigung: „Nicht Beschaulichkeit, sondern Arbeit ist die Bewegung aller Menschen, die dort

4 Georg Simmel: Die Großstadt und das Geistesleben (1903). In: Das Individuum und die Freiheit. Essais. Berlin 1984, S. 192–204, hier: S. 192–193. Vgl. auch Lothar Müller: Die Großstadt als Ort der Moderne. Über Georg Simmel. In: Klaus R. Scherpe (Hrsg.): Die Unwirklichkeit der Städte. Reinbek 1988, S. 14–36; Susanne Hauser: Der Blick auf die Stadt. Semiotische Untersuchungen zur literarischen Wahrnehmung bis 1910. Berlin 1990.

Zeitschriftenwerbung der Berliner Firma Hardegen
Berlin, um 1920
Druck

vorübereilen. Sie brennen und brennen sich ab wie die elektrischen Birnen, die ihren Weg beleuchten und weisen. Das Tempo ist stark. Noch sind die schwarzen Buchstaben der Zeitungen feucht vom Schweiß der Setzer, da wirft sie der Leser schon verbraucht zu Boden. Man versuche nicht aufzuzählen, was die Menschen tun, die dort ebenso eilig sitzen wie sie gehen: etwa, daß sie essen, trinken, spielen, tanzen oder Geschäfte machen. Undurchschaubar sind die Fenster der hohen Häuser, aber man weiß, daß hinter jedem Fenster gearbeitet wird. Es gibt auf die Frage: was tun diese Menschen? nur eine treffende Antwort: sie kämpfen ums Dasein. Diese Antwort klingt weder schön noch erfreulich. Aber es ist so."[5]

Erstmals bildete sich in den zwanziger Jahren in Deutschland eine großstädtische, schichtenübergreifende Mentalität und Lebensweise heraus. Kulturelle Normen und Wertehaltungen glichen sich immer stärker an. Für diesen Prozeß war die Herausbildung der neuen Angestelltenschicht und ihrer Kultur paradigmatisch, die Siegfried Kracauer – der Nachfolger Brentanos in der Berliner Redaktion der „Frankfurter Zeitung" – Ende der zwanziger Jahre anschaulich untersuchte. Besonders im Kino, als entsprechendem Ausdruck der Kulturindustrie, sah er ein „homogenes Weltstadt-Publikum" entstehen, das vom „Bankdirektor bis zum Handlungsgehilfen, von der Diva bis zur Stenotypistin eines Sinnes ist".[6]

Zur Entfaltung der Urbanität – als städtische Lebensform in der modernen Gesellschaft – waren urban-zivilisatorische Verhaltensweisen erforderlich, ebenso die Realisierung städtischer Standards und offene Kommunikationsmöglichkeiten. Für die Zuwanderer aus ländlichen Regionen erforderte das Leben in der Stadt hohe Anpassungsleistungen. Gottfried Korff charakterisierte die Mentalität des Großstädters – anlehnend an die Forschungen des Stadtskeptikers Hellpach – an dem Kategorienpaar emotionale Indifferenz und sensuelle Wachsamkeit. „Indifferenz [...] ist die im Alltagsverhalten rou-

5 Beide Zitate von Bernard von Brentano in: Wo in Europa ist Berlin? Bilder aus den zwanziger Jahren. Frankfurt 1987. Erstes Zitat S. 12, zweites Zitat S. 99. Vgl. auch Karl Prümm: Die Stadt der Reporter und Kinogänger. In: Scherpe (wie Anm. 4), S. 80–105.

6 Siegfried Kracauer: Kult der Zerstreuung. In: Das Ornament der Masse. Frankfurt 1977, S. 313.

tinierte Form der Apathie; und mit sensueller Vigilanz umschrieb Hellpach jene angestrengte, energiegeladene Sinneswachheit, die offen ist für neue Anmutungen, für neue Erlebnismodelle. [...] Mit der sensuellen Vigilanz wird die Großstadt erobert, ihr Terrain als Möglichkeitshorizont ausgemessen; die emotionelle Indifferenz verhindert, daß es zu Katastrophen bei der Integration und Anpassung kommt."[7] Die Zuwanderer vom Land behielten „viel Früheres" bei, also ihre individuellen Lebenserfahrungen und -gewohnheiten. Die Dichte des städtischen Zusammenlebens und eine Vielzahl von Reglementierungen im Arbeits- und Alltagsleben erforderten eine hohe Anpassungsleistung von den Zuziehenden. Der Prozeß der Zivilisation städtischer Verhaltensformen – beispielsweise die Habitualisierung der Zeitpraxis im Berufsleben, aber auch im Wohnalltag – konnte nur schwer von diesen internalisiert werden. Deshalb kann man auch bei der Zuwanderergeneration von einer „Übergangsmentalität" sprechen. Erst in den folgenden Generationen wechselte das generative Verhalten. In diesem Kontext ist eine Enquete des ‚Vereins für Socialpolitik', die vor dem Ersten Weltkrieg erstellt wurde, aufschlußreich. In ihr wurde festgestellt, daß Zuwanderer aus ländlicher Herkunft in Berlin überwiegend schmutzige und einförmige Arbeiten ausführten. „Bei Arbeiten, welche verhältnismäßig wenig körperliche Kraft erfordern, unter relativ günstigen Arbeitsbedingungen ausgeführt werden und Anforderungen an die Intelligenz, Gestaltungskraft und Geschicklichkeit des Arbeiters stellen, überwiegen die Städter und Großstädter."[8] Die gesteigerte Sinneswachheit des Großstädters, oft als „Neurasthenie" fehlinterpretiert, ist daher weniger als eine pathologische Verflüchtigung aufzufassen, sondern als flexible Anpassungsleistung. Rasche soziale und ökonomische Veränderungen erforderten die Herausbildung intellektueller und mentaler Fähigkeiten zur Bewältigung des städtischen Alltags. Die psychische Disposition des Großstädters ist gleichsam Notwendigkeit und Resultat der inneren Urbanisierung.

Ein weiterer Aspekt dieses Prozesses ist die Realisierung städtischer Standards. Durch die explosive Bevölkerungsvermehrung wurden bestehende städtische Problemlagen verschärft beziehungsweise von neuen überformt. Deshalb entwickelte die sich herausbildende städtische Leistungsverwaltung in der Hochphase der Urbanisierung allgemeine Leistungsangebote zur Daseinsvorsorge, wobei wesentlich ist, daß es sich nicht mehr allein um Leistungen für Not- und Ausnahmesituationen handelte.[9] Es entwickelte sich in diesem Zeitraum die „Stadttechnik", die zunächst von englischen Privatunternehmen initiiert, dann jedoch von den Gemeindebetrieben übernommen und weiterentwickelt wurde. Forsthoff, der Theoretiker der städtischen Daseinsvorsorge, verwies darauf, daß die öffentlichen Leistungen, „auf welche der in die modernen massentümlichen Lebensformen verwiesene Mensch lebensnotwendig angewiesen ist", sich nicht auf die Versorgung mit

7 Gottfried Korff: Mentalität und Kommunikation in der Großstadt. In: Großstadt. Aspekte empirischer Kulturforschung. Hrsg. i.A. der Deutschen Gesellschaft für Volkskunde von Theodor Kohlmann und Hermann Bausinger. Berlin 1985, S. 343–362, hier S. 348.

8 Marie Bernays: Berufswahl und Berufsschicksal des modernen Industriearbeiters (1912). Zit. in: Korff (wie Anm. 7), S. 351.

9 Wolfgang Hofmann: Kommunale Daseinsvorsorge, Mittelstand und Städtebau 1871–1918 am Beispiel Charlottenburg. In: Ekkehard Mai u.a. (Hrsg.): Kunstpolitik und Kunstförderung im Kaiserreich. Berlin 1982, S. 167–196, hier S. 168.

Post- und Telegraphenamt auf der Zeil in Frankfurt am Main
1895
Fotografie

Wasser, Gas und Elektrizität beschränkte, „sondern auch die Bereitstellung der Verkehrsmittel jeder Art, die Post, Telephonie und Telegraphie, die hygienische Sicherung, die Versorgung für das Alter, Invalidität, Krankheit, Arbeitslosigkeit und vieles andere mehr" einschloß.[10] Bemerkenswert an den Ausführungen Forsthoffs ist, daß er als lebensnotwendige Leistungen der Daseinsvorsorge nicht nur Standards zur unmittelbaren Existenzsicherung und die moderne Stadttechnik anführt, sondern auch die Bereitstellung moderner Transport- und Kommunikationsmittel.

Die Intensität der inneren Urbanisierung kann auch an den Möglichkeiten der Nutzung moderner Kommunikationsmittel und ihrer Frequentierung ermessen werden. Auch zur Jahrhundertwende waren noch der ‚gewöhnliche Brief' und die Postkarte die wichtigsten mittelbaren Kommunikationsmittel. Innerhalb eines Zeitraums von nur zehn Jahren stieg in Berlin die Anzahl der im Ort aufgegebenen gewöhnlichen Briefe und Postkarten von 280 Millionen 1896 auf 676 Millionen 1906 an. Auffällig sind aber auch die Schwankungen der Kommunikationsdichte innerhalb der deutschen Stadtlandschaft. Wurden Anfang des 20. Jahrhunderts in Berlin 331 gewöhnliche Briefe beziehungsweise Postkarten pro Einwohner und Jahr (1905) aufgegeben, so sank die Relation in der Ruhrmetropole Essen auf 95 und in Oberhausen auf 70. Noch auffälliger wird dieses Kommunikationsgefälle, wenn man die Anzahl der Telefongespräche berücksichtigt. In Berlin wurden 1905 bereits 128 Telefongespräche pro Einwohner geführt – in anderen wohlhabenden Bürgerstädten, zum Beispiel in Charlottenburg oder Frankfurt am Main, war die Relation vergleichbar (121 beziehungsweise 120 Gespräche pro Einwohner/Jahr) –, hingegen benutzten dieses moderne Kommunikationsmedium in der „verspäteten Stadt" Oberhausen mit ihrer schwerindustriellen Monostruktur nur wenige Einwohner (16 Gespräche pro Einwohner/Jahr).

10 Ernst Forsthoff: Die Verwaltung als Leistungsträger. Zit. in: Hofmann (wie Anm. 9), S. 167. Zur Stadttechnik vgl. Hans-Christian Täubrich: Die Technik der Stadt. In: Gottfried Korff/Reinhard Rürup (Hrsg.): Berlin, Berlin. Berlin 1987, S. 186–190.

Als ein weiterer Indikator für den Grad der inneren Urbanisierung kann die Verbreitung von Informationsquellen gesehen werden. Wie bereits an anderem Ort erwähnt, wurde die überregional vertriebene „Frankfurter Zeitung" in den zwanziger Jahren vom Sog der Metropole erfaßt und die Berliner Redaktion durch eine eigenständige Kulturredaktion ergänzt. Die Metropole Berlin verfügte bis 1933 über eine ausgesprochen plurale Presselandschaft. Es wurde dort beispielsweise die altehrwürdige „Vossische Zeitung" verlegt, die 1926 nur eine bescheidene Auflage von 26 000 Exemplaren täglich hatte, oder die „Berliner Morgenpost" als auflagenstärkste deutsche Tageszeitung (1926: 600 000 Exemplare). Das Boulevard-Blatt „B.Z." (1926: 180 000 Exemplare), das 1904 gegründet wurde, erhob für sich den Anspruch, die schnellste Zeitung der Welt zu sein, da zwischen dem Empfang der letzten Meldung und der Verbreitung der ersten Exemplare in Berlin nur acht Minuten liegen würden, und kann als Synonym des akzelerierten Tempos der Großstadt gelten. Berlin war jedoch nicht erst seit den zwanziger Jahren die bedeutendste deutsche Zeitungsstadt. Dies verdeutlichen auch die Zahlen der von den Verlags-Postanstalten abgesetzten Zeitungsnummern. Betrug die Anzahl der abgesetzten Zeitungsnummern 1877 erst knapp 60 Millionen, so stieg die Anzahl in den folgenden Jahrzehnten rasant an (1886: 96 Mill., 1896: 291 Mill. und 1906: 427 Mill.). Anfang des 20. Jahrhunderts (1905/06) wurden in Berlin pro Jahr und Einwohner etwa 210 Zeitungsnummern über Verlags-Postanstalten abgesetzt, in Essen nur etwa 80 und in der Industriestadt Oberhausen, die erst um 1914 eine Großstadt wurde (über 100 000 Einwohner), nur etwa drei Zeitungsnummern pro Einwohner und Jahr. In Frankfurt am Main, der ehemals bedeutenden Handels- und Bankenstadt mit einer vielfältigen Presselandschaft, war die Anzahl der von Verlags-Postanstalten abgesetzten Zeitungsnummern pro Einwohner noch zu Beginn der Hochphase der Urbanisierung deutlich höher als in Berlin. Trotz des ebenfalls erfolgten Anstiegs der von Verlags-Postanstalten abgesetzten Zeitungsnummern verlor Frankfurt jedoch deutlich gegenüber Berlin (114 Zeitungsnummern 1905 pro Einwohner).[11] Diese wenigen Beispiele verdeutlichen, daß die Metropolenstellung Berlins nicht nur an ihrer enormen Einwohnerzahl, an zentralen tertiären Einrichtungen (Regierung etc.) oder herausragenden Kultureinrichtungen, sondern auch an ihrer Kommunikationsdichte zu ersehen ist.

Durch den Prozeß der Verstädterung erfolgte im 19. Jahrhundert ein grundlegender Wandel der Gesellschaft. Es verschoben sich nicht nur die quantitative Stadt-Land-Relation, sondern auch die Lebensweise und die Lebenserwartungen der Bevölkerung. Städtische Leistungsangebote – beispielsweise technische Standards wie Wasserklosett und das künstliche Licht oder kulturelle Standards wie Bildung und Freizeitmöglichkeiten – wurden tendenziell verallgemeinert oder zumindest als erstrebenswerte Standards gesamtgesellschaftlich anerkannt. Mit der abnehmenden Bevölkerungsdynamik – etwa seit dem Ersten Weltkrieg – erfolgte eine Stabilisierung der städtischen Sozialbeziehungen und eine Herausbildung urbaner Verhaltensweisen und Lebensformen. Die Komplexität städtischen Lebens erforderte jedoch nicht nur eine Zivilisierung des Alltagsverhaltens durch zunehmende Selbstkontrolle, sondern ermöglichte gleichzeitig eine größere Entfaltung des Individuums. Voraussetzung war hierfür sowohl das Recht auf ein privates Leben, beispielsweise in einer abgeschlossenen Familienwohnung, als auch die Möglichkeit zur Kommunikation.

11 Berechnung der Zahlenangaben in diesem Kapitel nach Heinrich Silbergleit: Preussens Städte. Berlin 1908, S. 322–340. Für den Hinweis auf das Wechselverhältnis Urbanisierung und Kommunikation bedanke ich mich bei Prof. Wolfgang Hofmann.

# Alles auf eine Karte

Correspondenz-Postkarte statt Briefkorrespondenz?

Hans-Christian Täubrich

Wenn ich auf mein Leben zurückschaue und bedenke, wie oft ich alles auf eine Karte gesetzt habe, frage ich mich oft, wer schließlich den Nutzen von allem gehabt hat. War es die Post? Was hatten die Zeitschriften davon gehabt? Letztere waren mit Sicherheit die Anstifter gewesen. Sie hatten dazu aufgefordert, nur das Lösungswort unter dem Kennwort XYZ auf eine Postkarte zu schreiben und bis zum Soundsovielten abzuschicken an... In welchem Spiel, in welchem Welt(post)theater, so fragt man sich im Nachhinein, hat man da immer wieder zum Ruhme, will sagen: zum Verdienst anderer sein Statistenstichwort abgeliefert? Steckt hinter allem vielleicht eine geheime Abmachung der Rätselverursacher mit den Postgewaltigen? Es scheint eine einfache Rechnung zu sein. Eine große Zeitung veranstaltet jede Woche bei einer Auflage von x Millionen ein Rätsel; das verursacht jede Woche – entsprechend der Parole „Postkarte genügt" – x Millionen Einsendungen à 0,80 DM Porto (nach dem Gebührenstand von 1995). Wenn man bedenkt, wie andere mit einem simplen Einweg-Kommunikationsmittel ihren Reibach machen, ist man fast geneigt zu vergessen, daß diese ja ihren banalen Hintergrund in nichts anderem hat als in der eigenen Gewinnsucht. Und wer nun beklagen wollte, daß die Postkarte als Lösungswortträger zur Minimalnachricht ohne Wiederkehr verkam, die aber zugleich in einer Marktwirtschaftsfunktion unter dem unvergleichlichen Kompositum ‚Kaufkraftabschöpfung' den Menschen das Kleingeld aus der Tasche zieht, tut unrecht, wollte er dies der Post anlasten. Denn die wollte mit der im letzten Jahrhundert geschaffenen „Correspondenz-Karte", wie sie in ihren Anfangsjahren vornehm hieß, eine neue, den Zeitläuften entsprechende Benachrichtigungsform schaffen.

Daß sich flugs auch Kritiker aus einer unerwarteten Richtung meldeten, die da sagten, die Postkarte zerstöre den Brief, ja eine ganze Briefkultur, ist ein Aspekt, der die Betrachtung der historischen Entwicklung eines Postinstruments unvermutet in die Gefahr bringt, in den schönsten Kulturk(r)ampf auszuarten. Aber das ist immer dann nichts Ungewöhnliches, wenn der Urheber einer Idee sich dem Zeitgeist verpflichtet fühlt, dessen einzig unveränderliche Konstante die Veränderlichkeit ist. Das führt automatisch zur Konfrontation mit der Beharrungsfraktion. Zunächst ging es tatsächlich gegen den Brief. Genauer, gegen die Umständlichkeit und Ausführlichkeit, zu der man sich in ihm verpflichtet sah, und für die man im 19. Jahrhundert in manchen Kreisen nicht mehr die nötige Zeit zu haben glaubte, denn die war mittlerweile Geld. Der Österreicher Emanuel Herrmann machte sich dazu seine eigenen Gedanken: „Wohl Wenige berechnen, wie hoch eigentlich dem Einzelnen die Kosten des Briefeschreibens kommen. Man möge uns nicht der Kleinlichkeit zeihen, wenn wir hier einen Überschlag über die Kosten von hundert Briefen geben, welche ein Gebildeter oder ein Geschäftsmann gewiß jährlich schreibt" und rechnet zu den Positionen, die kostenmäßig zu Buche

Norddeutsches Postgebiet.
Correspondenz-Karte.

An

Bestimmungsort:

Wohnung des Empfängers, wenn sie mit Sicherheit angegeben werden kann.

Zur gefälligen Beachtung beim Gebrauch der Correspondenz-Karte.

1) Formulare, welche mit der Freimarke bereits beklebt sind, können bei allen Postaufgabestellen, Briefträgern und Landbriefträgern bezogen werden; für das Formular selbst wird nichts berechnet.
2) Der obige Vordruck für die Adresse ist deutlich und vollständig auszufüllen.
3) Die **Rückseite** des Formulars kann in ihrer ganzen Ausdehnung zu brieflichen Mittheilungen jeder Art benutzt werden, welche, sowie die Adresse, mit Tinte, Bleifeder oder farbigem Stifte geschrieben sein können.
4) Die Entnahme von Postvorschuß ist bei Correspondenz-Karten nicht zulässig; dagegen ist das Verfahren der Recommandation, sowie der Expreßbestellung gestattet.
5) Die Correspondenz-Karte kann zu schriftlichen Mittheilungen sowohl innerhalb des Norddeutschen Postgebiets, als auch für den Verkehr nach den Süddeutschen Staaten, nach Oesterreich und Luxemburg benutzt werden.
6) Der Absender ist nicht verpflichtet, sich namhaft zu machen.

Correspondenzkarte des Norddeutschen Postgebiets 1870

schlagen – auch Zeit ist Geld – unter anderen „den Geschäftsgang, um das Briefpapier sammt Couverts einzukaufen", die Aufbewahrung des Papieres, „Herrichten desselben zum Schreiben, Falten, Zusammenlegen nach dem Schreiben", das Schreiben selbst und schließlich „die Arbeit des Siegelns und Aufgebens".[1]

Hinter der Empfehlung der offensichtlichen „Ersparniß an Briefpapier, Couverts, Schreib- und Lesearbeit" wird zusätzlich noch ein – für das Österreich jener Tage fast revolutionär anmutendes – Unbehagen über die in gestelzten Schreibformeln erstarrte Gesellschaft deutlich. Er giftet sich dahingehend aus, daß viele Briefe nur deshalb nicht geschrieben wurden, „weil Einen die nun unentbehrlichen Floskeln, Aufschriften, Versicherungen der ungetheiltesten Hochachtung u.s.w. eines solchen Briefes anwidern."[2] Das war nun starker Tobak, und Herrmann wußte sogleich ein Mittel gegen den auf Schreibpulten und -federn lastenden Muff von tausend Jahren: die Correspondenzkarte. Kurz und bündig und ohne schwülstige Anreden sollten auf ihr die Nachrichten gefaßt sein, und die Post würde sie zu niedrigem Preis dem Empfänger überbringen. Es ging ihm nicht wirklich um die Demontage des Briefwesens, sondern, siehe oben, ums Geld, denn „das Wichtigste bei der Postkarte ist nicht diese als ‚nackter Brief', sondern ihr Preis. Es geht um das Ökonomische der Erfindung."[3] Das überzeugte. Am 1. Oktober 1869 wurde die Correspondenzkarte, wie die „bureaukratische" Nomenklatur lautete, in Österreich mit großem Erfolg eingeführt.

Uns geht es hier weniger um die Urheberschaft der Erfindung, sie hat ohnehin schon Generationen von Historikern beschäftigt. Wir vergessen aber immer sehr schnell, daß Dinge oder Einstellungen, die längst geläufig sind, nicht immer zum Selbstverständlichen zählten, ja sogar der vorherrschenden ratio früherer Zeiten völlig zuwiderliefen. Gerade vier Jahre zuvor hatte Heinrich Stephan als geheimer Postrat auf der 5. Postvereinskonferenz in

1 Amand Freiherr von Schweiger-Lerchenfeld: Das neue Buch von der Weltpost. Leipzig o.J., S. 418.
2 Schweiger-Lerchenfeld (wie Anm. 1), S. 419.
3 Schweiger-Lerchenfeld (wie Anm. 1), S. 427.

Karlsruhe einen ebensolchen Vorschlag zur Einführung eines offen zu befördernden Kartenformulars gemacht. „Er ging davon aus, daß der Brief im Laufe der Jahrhunderte sich immer mehr in der Richtung der Vereinfachung entwickelt habe. Diese Vereinfachung wollte er durch sein Postblatt noch weiter treiben. Er erstrebte nicht weniger als eine bewußte Umformung jahrhundertealter Verkehrssitten. Er hielt es für zeitgemäß, den mit Höflichkeiten überladenen Briefstil auf Kürze und Sachlichkeit zurückzuführen, hielt die Scheu vor unverschlossenen Mitteilungen für veraltet und überwindbar und wollte einheitliche Form und Vorausbezahlung einer einheitlichen Gebühr zur allgemeinen Verkehrssitte machen."[4] Er wollte also zunächst gar nicht so sehr auf wirtschaftliche Gewinnchancen bauen, sondern eine zwar noch ungewohnte, aber dem Zeitbedürfnis entsprechende Benachrichtigungsform anbieten. Sie sollte den Brief nicht ersetzen, sondern in genau jenen Fällen verwendet werden, in denen man sonst vom Briefeschreiben abgesehen haben würde. Das war zum damaligen Zeitpunkt nicht so überzeugend. Sein Vorschlag wurde nicht zuletzt wegen des Argwohns gegen die von Fremden einzusehende Korrespondenzform abgelehnt.

Stephan mußte seine Idee deswegen nicht endgültig ad acta legen. Im April 1870 wurde er zum Generalpostmeister des Norddeutschen Bundes ernannt. In dieser Position konnte er schon zwei Monate später ungestört daran gehen, seine Vorstellungen wahr zu machen, eine „Verordnung betreffend Einführung der Correspondenzkarte" für die Post des Norddeutschen Bundes zu erlassen. Sie sah die Einführung eines Formulars vor, das zum Preise der bereits aufgedruckten Briefmarke abgegeben werden und auf der Rückseite Raum für persönlichen Nachrichten oder geschäftliche Mitteilungen aller Art bieten sollte. Um niemanden über den genauen Zweck und die korrekte Handhabung im Unklaren zu lassen, wurde die ‚Correspondenz-Karte' durch entsprechenden Aufdruck als solche gekennzeichnet und obendrein mit einem Sechs-Punkte-Programm zur richtigen Benutzung beschriftet. Der letzte Punkt entband den Schreiber von der Pflicht, sich als Absender zu nennen.

Der Härtetest für das neue Produkt stand gleich bevor: Im Juli 1870 brach der Krieg zwischen Deutschland und Frankreich aus. Die Armeen zogen ins Feld, und dort hatte man bekanntlich alles andere als Zeit, lange Briefe zu schreiben. Da kam die „Feldpost-Correspondenzkarte" zur freien Verwendung durch die mobilen Truppen gerade recht. „Sie wurde an die Truppen unentgeltlich verabfolgt und betrug die Zahl der auf diese Weise abgegebenen Karten etwa 10 Millionen Stück. Fast jeder Soldat führte solche Karten mit sich, im Tornister verwahrt; ein Baumstamm, der Erdboden, der Rücken eines Kameraden waren Schreibtisch und Unterlage, ein Bleistift das ganze Requisit. [...] Auf den verschiedenen Schlachtfeldern, namentlich bei Sedan, sammelte die Feldpost solche Karten zu Tausenden, und in vielen deutschen

4 Konrad Schwarz: Die Briefpostsendungen in der deutschen Postgeschichte. Post und Telegraphie in Wissenschaft und Praxis, Bd. 19. Berlin 1935, S. 119.

Postkarte mit Bildnis Heinrich von Stephans 1931

Familien sind Feldpost-Correspondenzkarten zu theuren Vermächtnissen geliebter Todten, oder zu Erinnerungszeichen an die Stunden der Gefahr und Sorge geworden."[5] „Durch die Leichtigkeit ihrer Anwendung vermochte der Soldat im Felde recht oft Nachricht zu senden; ja sogar nach eben beendeter Schlacht, oder nahe dem Tode im Lazareth, wo ein Brief der Umständlichkeit halber nicht zustande gekommen wäre, vermochte der Krieger noch einige Worte auf die Postkarte zu kritzeln."[6]

Die offenliegenden Mitteilungen der Karten hatten im Kriegsfalle zusätzlich den Vorzug einer leichteren Kontrolle der Nachrichten, die aus dem Felde in die Heimat gelangten. Im Fall der relativ kurzen und obendrein siegreichen Auseinandersetzung mit Frankreich dürfte es allerdings noch keine Probleme mit düsteren Stimmungen gegeben haben, die in den Weltkriegen unseres Jahrhunderts unzählige Briefe beschwerten. Aber auch im zivilen Postbetrieb brachten „offene Sendungen manche Sonderarbeit mit sich. Zum mindesten belasten sie die Post mit der Verpflichtung zu prüfen, ob der sichtbare Inhalt nicht gegen die Gesetze, das öffentliche Wohl oder die Sittlichkeit verstößt."[7] Denn tatsächlich ist die Postkarte in der Anfangszeit vielfach mißbraucht worden, „um die Empfänger in Verlegenheiten zu bringen, und im gesellschaftlichen Leben galt sie lange als unschicklich. Erst allmählich haben Gewöhnung und Selbsterziehung des Publikums dazu geführt, daß diese Übelstände auf ein unbedeutendes Maß zusammenschrumpften."[8] Die Aufgabe sozialer Kontrolle wurde natürlich um ein Vielfaches schwieriger, als man dazu überging, die Karte mit Bildmotiven zu schmücken, eine Tat, deren Urheberschaft man gemeinhin einem Oldenburger Hofbuchhändler namens Schwarz zugesteht, der 1875 eine Serie von mit Holzstichen verzierten Karten herausgab. Es bleibt jedoch dahingestellt, inwieweit die Postbeamten in der nun über sie hereinbrechenden Flut von Ansichtskarten mit den unterschiedlichsten Themen willens und in der Lage waren, eine gestrenge Sittenwacht auszuüben.

5 Schweiger-Lerchenfeld (wie Anm. 1), S. 428.
6 S. Campbell: Die Weltpost. In: Die Gartenlaube 25 (1889), S. 419.
7 Schwarz (wie Anm. 4), S. 129.
8 Schwarz (wie Anm. 4), S. 121.

Ein Motiv, das dem einen Ausdruck reinster Erotik sein mochte, war dem anderen schiere Pornographie; was sollte es, wenn es nur den Postboten auf seinem langen Weg etwas ergötzte.

Bevor die Postkarte, wie sie ab 1872 nach der Abschaffung der offiziellen Bezeichnung Correspondenz-Carte allgemein hieß, als Ansichtskarte ihren Siegeszug um die Welt und bis hinein in die Gegenwart antrat, hatte sie allerdings noch einige Hürden zu überwinden. Denn tatsächlich war nach dem Stoßgeschäft während des deutsch-französischen Kriegs der Absatz zurückgegangen, obwohl das Formblatt, „wenn es mit einer Marke beklebt war, unentgeltlich abgegeben wurde; es wurde durch die Orts- und Landbriefträger ins Haus gebracht, und für eilige Postkartenschreiber waren, wo es anging, Schreibgelegenheiten in den Posthäusern geschaffen – und das war bei dem damaligen noch unterentwickelten Zustand der Schalterräumlichkeiten ein sehr großes Entgegenkommen."[9] Im Gegensatz zu den Österreichern, die ihre Postkarte den billigeren Drucksachen zurechneten, unterlag sie in Deutschland der Einheitsgebühr für Briefe (10 Pfennig). Die Staffelung der Briefgebühren war 1868 aufgehoben worden. „Die Postkarte sollte doch eine neue Form des Briefes sein, eine Abart allenfalls, der man technische Begünstigungen freigebig zugestand, die aber ihrer Natur nach immer noch ein Brief blieb, und die man unmöglich in die Drucksachenklasse einreihen konnte, wie es Österreich getan hatte."[10] Das war vielleicht des Guten zu viel, und als sich 1872 der Rückgang der Postkarte weiter fortsetzte, senkte man endlich ihre Versandgebühr auf einen halben Groschen, das war die Hälfte des Briefportos.

Wer nun glaubt, daß die postalischen Nachrichtenmittelkategorien nach einmaliger Festlegung bis in die Ewigkeit unverändert gelten, wird über den permanenten Wandel erstaunt sein, der sich hinter den Kulissen abspielt. Flexibilität ist geboten angesichts ständig sich verändernder Umstände und der Versuche der Postbenutzer, die Beförderungsbestimmungen zu unterlaufen. So gesehen, erlebte die Postkarte eine wechselreiche ‚Jugendzeit': Nachdem die aufgedruckte Gebrauchsanweisung weggefallen war (1872), waren Geschäftsempfehlungen auf der Vorderseite (1873) oder das Aufkleben von Lichtbildaufnahmen aus dem Harz unzulässig (1875) – laut Amtsblattbescheiden aus den jeweiligen Jahren. Später konnte man seinen Namen mit Adreßaufklebern aufpappen (1899) und nun doch Geschäftsreklamen auf der Vorderseite aufdrucken (1900), hingegen keine Warenproben anheften (1886) oder mit Verzierungen aus Mineralstaub, Glassplitterchen, Glaskügelchen, Sand, Metallteilchen und dergl. versehen (1901). 1902 wurde der geprägte Bilderschmuck zugelassen, im Jahr 1910 die Absenderangabe auf der rechten Vorderseite, „wenn diese nur übersichtlich bleibt."[11] Alles in allem ein ständiges Bemühen der Postinspektoren, den Wildwuchs zu beschneiden und die Artenreinheit der Postkarte gegenüber den übrigen Postsachen zu verteidigen. Und nicht ohne den verdienten Erfolg: „Seit ihrem 30jährigen Bestande hat die Correspondenz-Karte gezeigt, daß sie zu einem nunmehr unentbehrlichen Culturfactor geworden, sie wirkt nur durch die Masse, und wenn sich das Gerücht der Preiserhöhung bei uns – was wir nicht hoffen wollen – verwirklichen sollte, meine Herren so wünsche ich, die Erfindung nicht gemacht zu haben. Wie ein Mann sollte sich die gesammte Bevölkerung erheben – respective wie eine Frau. Ja, anfangs waren es letztere gerade, die der Postkarte am feindlichsten gegenüberstan-

9 Schwarz (wie Anm. 4), S. 125.
10 Schwarz (wie Anm. 4).
11 Angaben zitiert nach Schwarz (wie Anm. 4), S. 130 ff.

Feldpostkarte
20. November 1914

den, sie fühlten sich sogar beleidigt, wenn sie eine solche empfingen. Da erschien die Karte in einem anderen Aussehen, das Papier wurde feiner, es wurde mit Abbildungen versehen – es entstand die Ansichtskarte; und diese erwarb mit einem Schlage die Damenwelt für sich."[12]

Die Postkarte entwickelte sich zu einer überaus beliebten Informationsform. Aus postalischer Sicht war sie natürlich nicht die einzige Maßnahme, in der sich der zunehmend von Zeitnot und Beschleunigung geprägte (geplagte?) Zeitgeist äußerte. Von der Einführung des Postkastens 1839 über die Vereinheitlichung des Portos, von der Internationalisierung des Postwesens bis zur jeweils raschen Adaption technischer Neuerungen für Transportzwecke reichten die Maßnahmen, um dem Mitteilungsbedürfnis einer Gesellschaft zu entsprechen, deren Lebensformen eben auch von Mobilität, Zeitnot und Beschleunigung geprägt wurden. Das erklärt den Siegeszug der Ansichtskarte, die den Reisenden in seiner Beweisnot beispielsweise durch das umseitige Bild bereits beträchtlich entlastete. Er mußte nicht mehr aufwendig erklären, wo er sich befand, wie es dort aussah, sondern konnte sich auf persönliche Lebenszeichen konzentrieren. Gewissermaßen wurde ein Teil der Kommunikation industriell ‚vorgefertigt' und entsprach dem immer kürzeren Zeittakt, den das Leben im Alltag diktierte.

Vorbei war es mit der dreimonatigen Sommerfrische, in die man sich zurückzog. Theodor Fontane hatte es nicht schwer, in der üppig genossenen Ruhe und Muße lange Brief aus der Mark nach Hause zu schreiben. Heute ist ‚Aussteiger' oder Nehmer eines ‚Sabbatjahres', wer sich länger als zwei Wochen aus seiner gewohnten Umgebung entfernt. Vorbei die Zeiten, in denen man sich auf Reisen dem Lebensrhythmus der besuchten Regionen anpaßte. Helmuth von Moltke hielt sich Anfang des 19. Jahrhunderts zwei Jahre in der Türkei auf. Auf einer Reise durch unwegsames Gebirge in Anatolien begegnete seine Karawane einer anderen. Die weit ausladend bepack-

12 Schweiger-Lerchenfeld (wie Anm. 1), S. 427.

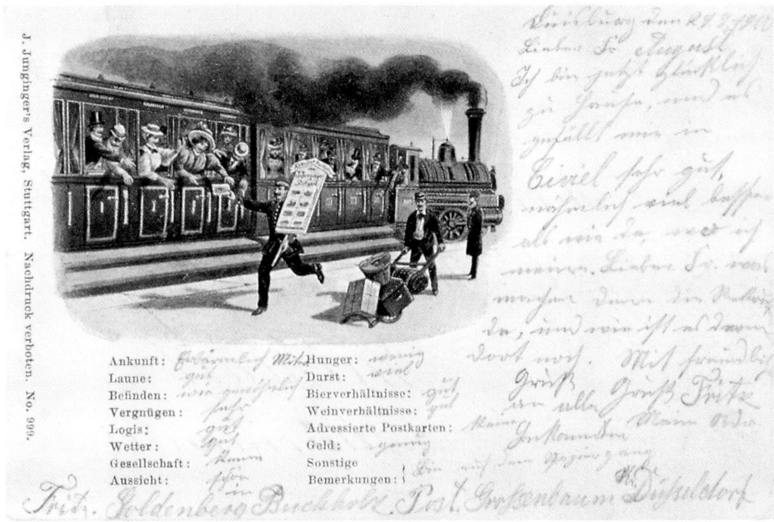


Ansichtskarte mit Eisenbahn und Postkartenverkäufer
1900
Gedruckt vom J. Junginger's Verlag in Stuttgart

ten Tiere konnten nicht aneinander vorbei. Die Treiber mußten alle Tiere abladen, sie aneinandervorbeiführen, die Packstücke holen und sie wieder aufladen: Diese Begegnung nahm einen ganzen Tag in Anspruch. Heute würde so etwas einen Urlaub platzen lassen. Moltke hingegen tat sich leicht, in Ruhe die Begebenheit in einem seiner „Briefe über Zustände und Begebenheiten aus der Türkei"[13] zu notieren. Solche Brieffolgen weltläufiger Reisender hatten eine lange Tradition und erreichten ab dem 18. Jahrhundert durch ihre Veröffentlichung breitere Leserkreise. Während der oft monatelangen Unternehmungen und Auslandsaufenthalte sollte man schon etwas über die Lebensumstände und die politischen Verhältnisse mitbekommen. Seumes Spaziergang nach Syrakus 1802 war alles andere als ein kurzer Zeitvertreib, Börne lebte (gezwungenermaßen) jahrelang in Paris, Heine schrieb Briefe aus Berlin. Und stand meist eine Veröffentlichung dieser Aufzeichnungen von vornherein auf dem Plan, ging sie doch in vielen Fällen von langen und zahlreichen Briefen aus, in denen man die Daheimgebliebenen über Reiseeindrücke und -erlebnisse informiert hatte. Oftmals vermittelten sie wirklich Neues, konfrontierten mit Unbekanntem, zumal es die heutige Medienallmacht mit Kultursendungen selbst über den entferntesten Erdwinkel nicht gab.

Wir leben in einem Zeitalter der Extreme, und das gilt auch für unsere Vorstellungen über die Ausnutzung – soll man sagen Ausbeutung? – der Zeit. Der Urlaub beispielsweise ist bemessen und oft genau verplant. Zwischen Anreise, Safari, Sonnenbad und Surfstunden bleibt nur wenig Zeit, vom Schicksal in der Fremde zu berichten. Trotzdem bringt es aber niemand übers Herz, die Daheimgebliebenen im Unklaren darüber zu lassen, ob am Aufenthaltsort die Sonne nun tatsächlich scheint und der Service wirklich schlecht ist. So empfiehlt sich nur die Maximierung der Urlaubskorrespondenz. Sie wird schon von all jenen beherrscht, die sich mit ausgefüllten

13 Die Briefe wurden 1841 von C. Ritter herausgegeben.

Adreß- und möglicherweise auch schon vorgefertigten Textaufklebern auf die Reise machen. Im sonnigen Süden beispielsweise kann an der Bemerkung über gutes Wetter und schöne Frauen am weißen Strand nichts Falsches sein. Natürlich hat dieser einbahnige Informations-,Weitwurf' des Absenders zum Empfänger nichts mehr mit Briefkorrespondenz, mit Geben und Nehmen zu tun. Man erwartet ja keine Antwort. Eine Urlaubskarte ist wie ein As beim Tennis: nicht zu parieren. „Wir sind jetzt hier auf den Malediven. Alles ist sehr billig!" Was soll man da entgegnen, und wohin?

„Die jetzige Briefform gewährt für eine erhebliche Anzahl von Mittheilungen nicht die genügende Einfachheit und Kürze. Die Einfachheit nicht, weil Auswahl und Falten des Briefbogens, Anwendung des Couverts, des Verschlusses, Aufkleben der Marke u.s.w. Umständlichkeiten verursachen; und die Kürze nicht, weil, wenn einmal ein förmlicher Brief geschrieben wird, die Konvenienz erheischt, sich nicht auf die nackte Mittheilung zu beschränken. Die Weitläufigkeiten treffen den Absender, wie den Empfänger."[14] Es ist relativ selten, daß sich die Obrigkeit so fürsorgliche Gedanken um das geistige Volksvermögen macht. Aber im Kern der Sache hatte der Generalpostmeister die Zeichen der Zeit erkannt. Weiß Gott nicht allen Menschen war danach zumute, unter Einhaltung komplizierter Anredefloskeln und dann in seitenlanger Manier sich über die momentane Befindlichkeit zu äußern, zumal Schreiben stets etwas für die gelehrten Stände und für die Gebildeten war. Aber mußte dies gleichzeitig bedeuten, um der qualitätvollen Korrespondenz einiger weniger willen die Möglichkeit zu verdammen, daß viele sich, wenn auch unbeholfen und in Kürze, über ihre Befindlichkeiten äußern, ein Lebenszeichen senden konnten? Nach Ansicht Georg Steinhausens, des berühmten Chronisten der deutschen Briefkultur, war die hohe Kunst des Briefeschreibens vergangener Jahrhunderte spätestens – wenn auch nicht ursächlich – mit der Einführung des neuen Nachrichtenmittels verlorengegangen, denn die „Nüchternheit der Zeit" und den „materiellen Zeitgeist" fand er viel eher durch die Postkarte charakterisiert, vor allem wegen „ihrer Kürze und Bequemlichkeit"[15]. Hat Hermann Hesse sich und den deutschen Brief verraten, weil er Mitteilungen auf Postkarten versandte und sie obendrein noch auf der Schreibmaschine schrieb?

Ein weiter Bogen der Kommunikationsgeschichte spannt sich von der Entstehung der Postkarte in die Gegenwart. Sie wurde im 19. Jahrhundert eingeführt, um jenen Menschen eine Mitteilungsmöglichkeit zu geben, die sich nicht zu anspruchsvoller Briefkultur unter Einhaltung komplizierter Regeln des Briefeschreibens in der Lage sahen. Vorfabriziert, schon mit ,multiple-choice'-Aussagen zum Ankreuzen, wurde sie im 20. Jahrhundert zum Nachrichteninstrument für jene, die kaum mehr die Zeit haben, auch nur die dünnsten Floskeln selbst zu schreiben. Warum können sie auf den postalischen Gruß nicht ganz verzichten? Briefe zählten laut Goethe zu den wichtigsten Denkmälern, die der Mensch hinterlassen kann. Noch die Urlaubsgrüße an die Kollegen möchte mancher in dieser Tradition sehen. Er könnte ja vom Urlaubsort anrufen. Aber ein Denkmal, selbst nur so ein klitzekleines, das man sich mit einer Postkarte an der Pinwand des Frühstücksraums setzt, ist eben doch schöner.

14 Heinrich Stephan: Vorschlag zur Einführung der Postkarte. Karlsruhe 1865.
15 Georg Steinhausen: Geschichte des deutschen Briefes. Berlin 1889, S. 409.

# Rationalisierung – Optimierung

## Neue Wege der Briefbeförderung in der Weimarer Republik

Heike Pauschardt

Im Hinblick auf die lange deutsche Postgeschichte mag ein eigenes Kapitel über die Briefbeförderung in der Weimarer Republik erstaunen. Denkt man jedoch insbesondere an die verschiedenen Transportmittel, die schon damals zur Briefbearbeitung eingesetzt wurden, so fällt auf, daß drei der heute häufigsten Beförderungsarten zwischen den Weltkriegen Einzug in den Postdienst hielten beziehungsweise ihren Durchbruch erlangten: Die Weimarer Zeit war gleichsam Geburtsstunde der umfassenden Verwendung von Kraftfahrzeugen, Flugzeugen und Förderbändern im Postdienst.

Bemühungen um neue Technologien und Verfahren für die Briefbearbeitung sind keine neuen Erscheinungen der Postgeschichte. Was sich jedoch bei der Deutschen Reichspost in den sogenannten ‚goldenen' zwanziger Jahren an geradezu revolutionären Veränderungen ergab, war Ausdruck des Zusammenwirkens verschiedener Impulse und nicht zuletzt des besonderen Erfindergeistes bei der Post in diesem Zeitraum. Die Reichs-Post- und Telegraphenverwaltung, wie die Postverwaltung bis 1924 hieß, wurde während der Weimarer Republik von der Rationalisierungswelle mitgerissen, die von den Vereinigten Staaten kommend den gesamten industriellen, aber auch privaten Bereich erfaßte. Die Steigerung des Tempos und der Effizienz stand im Mittelpunkt aller Bemühungen; dadurch sollten die Wirtschaftlichkeit des Postunternehmens erhöht und die Serviceleistungen für den Postkunden verbessert werden.

Innovationsbestrebungen stehen meist in unmittelbarem Zusammenhang mit dem jeweiligen Bedarf, so auch in der Weimarer Republik. Ein größeres Bedürfnis zur schriftlichen Kommunikation im Zuge der Industrialisierung und einer zunehmenden Mobilität der Bevölkerung ließ die Zahl der Briefsendungen von der ersten Hälfte des 19. Jahrhunderts an in die Höhe schnellen. Das Medium Brief war nun nicht mehr nur einer gebildeten Oberschicht vorbehalten, sondern fand schließlich Eingang in die gesamte Gesellschaft. Zu Beginn des 20. Jahrhunderts machte die Flut der zu befördernden Briefe und Postkarten daher die Suche nach neuen Methoden der Beförderung notwendig, um der Maxime der Post – Schnelligkeit, Zuverlässigkeit, Pünktlichkeit – weiterhin treu bleiben zu können. Bereits seit dem frühen Kaiserreich war die Anzahl der Postsendungen stark angestiegen, zwischen 1871 und 1913 von 412 Millionen auf über 6,8 Milliarden Sendungen jährlich. Nach einem durch die Kriegsfolgen bedingten Rückgang auf 4,3 Milliarden (1924) verdoppelte sich die Gesamtzahl der Postsendungen in nur vier Jahren (1928: 7,7 Milliarden).[1]

Auch die wirtschaftlichen Verhältnisse der Reichs-Post- und Telegraphenverwaltung, die wie das gesamte Reich durch die Folgen des Ersten Weltkrieges und der Inflation Einbußen erlitten hatte, zwangen zu wesentlichen Veränderungen, um die Effizienz des Staatsunternehmens zu gewährleisten. Denn infolge des Rückgangs der allgemeinen Wirtschaftsbeziehun-

1 S. Geschäftsberichte über die Wirtschaftsjahre 1925 und 1928 der DRP. Hrsg. v. d. Deutschen Reichspost. Berlin 1925 und 1928: 1925, S. 24; 1928, S. 26. In diesen Zahlenangaben sind allerdings auch Postkarten, Päckchen und Warenproben enthalten. Ähnlich wie in der Zeit nach dem Ersten Weltkrieg wendete sich in den dreißiger Jahren das Blatt nochmals; aufgrund der schlechten finanziellen Situation ging die Anzahl der Briefsendungen vorübergehend abermals zurück.

Weibliche Postbedienstete während des Ersten Weltkriegs als Briefkastenleererinnen
Um 1916
Fotografie

gen waren die Verkehrszahlen der Reichs-Post- und Telegraphenverwaltung sowie deren Einnahmen seit Ausbruch des Ersten Weltkrieges im Jahre 1914 stark rückläufig. Während die Post bis 1914 Überschüsse erwirtschaftet hatte und an den Reichshaushalt abführen konnte, war sie seitdem trotz Gebührenerhöhungen auf Zuschüsse aus der Reichskasse angewiesen. Angesichts der schwierigen finanziellen Situation mußte die Reichs-Post- und Telegraphenverwaltung daher darauf bedacht sein, sparsam zu wirtschaften. Dies hatte auch Auswirkungen auf das Personalwesen: Nachdem das Postpersonal in der Nachkriegszeit aus verschiedenen Gründen erheblich angewachsen war, wurden in den frühen zwanziger Jahren, vor allem im Jahr 1923, zahlreiche Maßnahmen zur Personaleinsparung eingeleitet. Davon waren vor allem weibliche Beschäftigte betroffen, die während des Krieges die männlichen Arbeitskräfte, die an der Front kämpften, ersetzt hatten.[2]

Der Erste Weltkrieg hatte auch Auswirkungen auf den Postdienst. Zahlreiche Verkehrsleistungen mußten teils aus militärischen Gründen, teils wegen fehlenden Personals oder aus Mangel an Betriebsmitteln zeitweilig eingeschränkt werden, so beispielsweise im Bereich der Landpostversorgung. Die Deutsche Reichspost stand in den zwanziger Jahren daher vor der schwierigen Aufgabe, den desolaten Postbetrieb wieder aufzubauen, ihre Verkehrseinrichtungen dem internationalen Standard anzupassen und weiter auszubauen. Dies galt insbesondere für das relativ neu entstandene Fernmeldewesen, aber auch für den Postdienst, der während der Weimarer Republik noch der wichtigste, weil finanziell ergiebigste Sektor der Post war.[3]

Die Erfüllung dieser Aufgaben wurde der Postverwaltung durch das Reichspostfinanzgesetz vom 18. März 1924 erleichtert. Denn durch dieses Gesetz wurde die Deutsche Reichspost, die seit 1920 neben der Postverwaltung des Deutschen Reiches auch die bis dahin selbständigen Postverwaltungen Bayern und Württemberg umfaßte, ein vom Reichshaus-

2 Während 1913 nur etwa 334 064 Personen bei der Post beschäftigt waren, erhöhte sich die Zahl der Beschäftigten während des Krieges beziehungsweise in der Nachkriegszeit (1921) auf etwa 475 167 Beamte, Angestellte und Arbeiter. (Statistische Jahrbücher für das Deutsche Reich. Hrsg. v. Statistischen Reichsamt. Berlin, 40. Jg. (1919) und 42. Jg. (1922). Zu den stärksten Maßnahmen des Personalabbaus gehörte die ‚Verordnung zur Herabminderung der Personalausgaben des Reiches' (Personalabbauverordnung) der Reichsregierung vom 27. Oktober 1923.

3 Dem Postdienst verdankte die Reichspost weit über die Weimarer Zeit hinaus die größten Einnahmen. Vgl. Willy Muser: Die Rationalisierungsbestrebungen bei der Deutschen Reichspost. (Hamburger wirtschafts- und sozialwissenschaftliche Schriften, Nr. 16) Rostock 1930, Anlage III. S. auch Geschäftsberichte über die Wirtschaftsjahre 1925 bis 1932 der DRP. Hrsg. v. d. Deutschen Reichspost. Berlin 1925–1932.

halt unabhängiges Unternehmen. Allerdings änderte es nicht ihre staatsrechtliche Stellung; denn sie blieb noch immer ein Unternehmen des Reiches. Durch das Reichspostfinanzgesetz konnte die Deutsche Reichspost nach einer selbständigen und damit erleichterten Betriebsführung arbeiten; gleichzeitig wurde für sie darin jedoch die Verpflichtung verankert, kostendeckend, das heißt unter Verzicht auf staatliche Zuschüsse, zu wirtschaften.

Ideen zur Vereinfachung und Beschleunigung der Postabfertigung gingen in den zwanziger Jahren von einem ‚Ausschuß zur Vereinfachung und Verbilligung der Reichspostverwaltung', dem sogenannten Vereinfachungsausschuß, ferner dem Sparkommissar der Reichspostverwaltung, dem Reichssparkommissar sowie von den Postversuchsabteilungen bei einigen großen Oberpostdirektionen und seit April 1928 auch von dem ‚Reichspostzentralamt' aus. All diese Einrichtungen waren bestrebt, Einsparungen in sämtlichen Postbereichen zu erzielen und kostengünstige Neuerungen zu entwickeln. Zu den Aufgaben der Postversuchsstellen gehörte es beispielsweise, alle wichtigen Betriebsvorgänge nach den Methoden der neu entwickelten Arbeits- und Betriebswissenschaft zu untersuchen und die praktische Anwendung der Forschungsergebnisse einzuleiten. Diese Einrichtungen, mit denen man eine Optimierung der Arbeitsleistung anstrebte, standen ganz unter dem Einfluß der Rationalisierungsbewegung der zwanziger Jahre, die ihren Ursprung in den Vereinigten Staaten hatte. Sowohl die neue ‚wissenschaftliche Betriebsführung' von Frederick W. Taylor[4] als auch die Idee der Fließ- beziehungsweise Fließbandproduktion von Henry Ford, der diese, zusammen mit einer gesteigerten Arbeitsteilung, in den Jahren 1913 und 1914 in der ‚Ford Motor Company' zur Massenproduktion von Automobilen genutzt hatte, stießen bei der Deutschen Reichspost auf großes Interesse. Taylors System sah die maximale Ausnutzung der menschlichen Arbeitskraft unter Steigerung der Produktion und Senkung der Produktionskosten vor. In den Veröffentlichungen jener Zeit dominierten euphorische Darstellungen über die Technikentwicklung und die neue Betriebsführung in den Vereinigten Staaten. Kritischere Stellungnahmen, die auch die sozialen Folgen der Rationalisierung und Mechanisierung in Betracht zogen, waren eher die Ausnahme und kamen meist aus Gewerkschaftskreisen.

Betriebswissenschaftler wie Laurenz Schneider und Hans Hellmuth[5] entwickelten für die Deutsche Reichspost neue Konzepte für die Organisation, Normierung, Typisierung, Mechanisierung und Motorisierung der Arbeitsschritte. Die optimale Form der Arbeitsgestaltung, in diesem Fall der Briefabfertigung, wurde anhand von Zeit- und Bewegungsstudien entwickelt. So wurden in einer sogenannten Postversuchsabteilung und diversen Postversuchsstellen in den größeren Städten mit Hilfe von Fotografie und Film, das heißt mit dem sogenannten Zyklographen beziehungsweise Chronozyklographen, Bewegungsabläufe von Handstemplern aufgenommen, um die

4 Taylor formulierte seine Gedanken zur wissenschaftlichen Betriebsführung vor allem in seinem 1911 veröffentlichten Hauptwerk „Principles of scientific management", das 1913 erstmals in deutscher Übersetzung erschien: Frederick Winslow Taylor: Die Grundsätze wissenschaftlicher Betriebsführung (The Principles of Scientific Management, [1]1913). Neu hrsg. und eingeleitet von Walter Volpert und Richard Vahrenkamp. Weinheim/Basel 1977.

5 Unter ihren zahlreichen Schriften siehe v.a. Laurenz Schneider: Die Betriebswissenschaft. (Post und Telegraphie in Wissenschaft und Praxis, Bd. 82) Berlin 1925; Hans Hellmuth: Die Betriebswirtschaftslehre der Deutschen Reichspost im Grundriß. Stuttgart 1929.

Omnibus auf der ersten Kraftpostlinie zwischen
Friedberg und Ranstadt
1906
Fotografie

rationellste Form des Stempelns zu erkennen. Auch die Praktiken der sogenannten ‚Psychotechnik', ein Teilbereich der damals neu entstandenen Arbeitswissenschaft und quasi Vorläufer der heutigen Berufseignungstests, wurden bei der Post angewandt, um Eignung und Motivation der Arbeiter zu untersuchen und gleichzeitig ihre Leistungen zu steigern.[6]

Im Unterschied zu diesen neuartigen Methoden, die dem Trend der Zeit entsprachen, waren Rationalisierungsmaßnahmen wie Mechanisierung und Motorisierung bereits früher häufig angewendet worden. So sind Neuerungen des 19. Jahrhunderts wie der Bahnpostdienst, bei dem die Briefe während der Fahrt in speziell für diesen Zweck gebauten Waggons sortiert wurden, die Erfindung des Briefkastens und gewisse Normierungen und Standardisierungen in der Briefbehandlung diesem Ziel zuzuschreiben. Neu an den Maßnahmen, die in den Zwischenkriegsjahren getroffen wurden, war jedoch die umfassende und breit angelegte Überarbeitung der Methoden sämtlicher Bereiche – Organisation, Technik, Mechanik, Transport, Architektur und Personalwesen – nach den sogenannten ‚betriebswissenschaftlichen' Methoden. Da Maßnahmen zur Vereinfachung in der Verwaltung und im Postbetrieb, anders als Methoden der Mechanisierung und Motorisierung, nicht mit hohen Kosten verbunden waren, gehörten organisatorische Neuerungen zu den frühesten und letztlich auch bevorzugten Rationalisierungsmethoden der Deutschen Reichspost. Dazu gehörte die Reduzierung und Vereinfachung von Arbeitsschritten und, etwa seit 1920, die Einführung bestimmter Normen in diversen Bereichen. Beispielsweise wurde ein neues Briefsortierverfahren entwickelt und seit 1922 in Berlin eingesetzt, das nach seinem Erfinder als ‚Elertsches Briefverteilungsverfahren' bezeichnet wurde. Im Gegensatz zu dem bis dahin üblichen Verfahren sah es nicht zwei, sondern drei Verteilgänge vor und konnte auch von Arbeitskräften ohne hervorragende geographische Kenntnisse durchgeführt werden. Mit einer ersten

6 S. Horst Gundlach: Psychotechnische Untersuchungen bei der Deutschen Reichspost. In: Helmut Gold u. Annette Koch (Hrsg.): Fräulein vom Amt. München 1993, S. 109–119.

Die Briefzusteller werden mit Kraftwagen in ihre Bezirke befördert

Beschleunigung des Zustelldienstes

Bei dem ausgedehnten Zustellbereich mancher Berliner Postämter haben die Briefzusteller verhältnismäßig weite Wege zurückzulegen, bevor sie mit der eigentlichen Zustellung beginnen können. Zur Abkürzung der langen Anmarschzeiten benutzen sie die örtlichen Verkehrsmittel; auch werden sie mit Postkraftwagen in die Nähe ihrer Zustellbezirke gefahren.

**Die Mechanisierung, Normung und Typung machen in allen Betriebszweigen der Reichspost Fortschritte.**

DEUTSCHER REICHSPOST-KALENDER

Beschleunigung des Zustelldienstes
Aus dem Deutschen Reichspostkalender 1930
Fotografie

Verteilung nach den Anfangsbuchstaben (Abc-Verteilung) konnten die Postsendungen direkt in den Oberpostanstalten unter größter Nutzung der Arbeitsteilung und starker Vereinfachung vorsortiert werden. Im Vergleich zu dem 1943 eingeführten zweistelligen, numerisch aufgebauten Postleitsystem, das 1961 von einem vierstelligen System abgelöst wurde, leistete die alphabetische Methode mit den Anfangsbuchstaben der Ortschaften allerdings noch keinen allzu nennenswerten Beitrag zur Rationalisierung des Postdienstes.

Sparmaßnahmen wurden auch im Bereich der Zustellungen getroffen. Die Reduzierung der Anzahl der Postauslieferungen gehörte zu den effektivsten Schritten der Post in der Weimarer Zeit. War vor dem Ersten Weltkrieg die Post bei Postagenturen auf dem Land immerhin zweimal täglich, in den Großstädten werktags sogar bis zu sechsmal zugestellt worden, so wurde die Zahl der Zustellungen nach dem Ersten Weltkrieg deutlich reduziert: In großen Städten wurden die Sendungen werktags maximal dreimal, in Ausnahmefällen viermal, in Orten mit Poststellen oder -agenturen nur noch einmal zugestellt. Eingestellt wurde außerdem der Sonntagszustelldienst. Neben diesen Neuerungen, durch die ein hohes Maß an Personalkosten eingespart werden konnte, wirkte sich auch der Einsatz von Fahrrädern für den Landzustelldienst seit 1922, später auch von Krafträdern, Elektrokarren und dreirädrigen sogenannten ‚Phänomobilen' positiv aus. Wo die Landversorgung bereits mit sogenannten ‚Kraftposten' erfolgte, wurden die Postsachen immerhin zweimal täglich an die Agenturen geliefert und auch abgeholt. Für die Bevölkerung bestand daher neben der täglichen Zustellung der Postsendungen die Möglichkeit, Sendungen bei den Postagenturen abzuholen.

Die Wege der Postboten sollten ferner durch die Einrichtung von Schließfächern in den Postämtern und die Anbringung von Hausbriefkästen verkürzt werden. Die neu eingerichteten Schließfachanlagen boten für die

Kunden den Vorteil, Postsendungen auch außerhalb der Schalterzeiten abzuholen. Für die Post entfielen dadurch die Zustellkosten. Immer wieder wurden in der zeitgenössischen Presse die großen Vorteile der Hausbriefkästen für die Briefzusteller betont. Überreichten diese bislang in den größeren Wohnhäusern jedem Empfänger persönlich ihre Postsendungen, so wurde in den zwanziger Jahren zunehmend von seiten der Postverwaltung gefordert, im Eingangsbereich der Häuser Briefkästen anzubringen, um den Zustellern die langen Wege abzunehmen. Verpflichtend war die Einrichtung solcher Hausbriefkästen zunächst jedoch nicht.

Die rasche Zunahme des Briefaufkommens zwang außerdem zur Zentralisierung des Briefverkehrs beziehungsweise der einzelnen Poststellen, nach Möglichkeit in der unmittelbaren Nähe der Bahnhöfe. Viele örtliche Stellen der Briefabfertigung, Briefkastenleerung und Zustellung wurden schon Anfang der zwanziger Jahre zusammengelegt.[7] Dies war zugleich die Vorbedingung für eine umfangreiche Mechanisierung, die ebenfalls nach dem Ersten Weltkrieg einsetzte, obwohl viele Maschinen bereits um die Jahrhundertwende erfunden worden waren. Die bayerische Post betrat zuerst dieses Neuland, wobei sie sich im Falle der Paketförderbänder vor allem an Einrichtungen der skandinavischen Post orientierte. Brief- und Paketverteilanlagen wurden insbesondere gegen Ende der zwanziger Jahre favorisiert. In sich geschlossene Systeme waren jedoch selten und nur in einigen wenigen Postämtern, wie beispielsweise in München und Nürnberg, realisiert worden. Vielmehr überwogen bei den Neuanschaffungen einzelne technische Einrichtungen, die die menschliche Arbeitskraft ergänzen sollten. Dazu gehörten Briefkastenleerungsanlagen, Briefbundförderanlagen, Hausrohrpostanlagen, Rollbahnen, Kettenbahnen, Aufzüge und Staubsaugevorrichtungen. Neben den Förderbändern, die den Handbetrieb ersetzten, wurden auch Fließbänder oder ‚laufende Tische' im Sinne der Fordschen Arbeitsmaxime eingeführt. Dadurch konnten Raum, Zeit und Arbeitskräfte besser ausgenutzt werden, und durch das vorbestimmte Arbeitstempo war eine Kontrolle der Arbeiter gegeben.

Darüber hinaus wurden im Postdienst sogenannte Postwertzeichengeber eingesetzt, wenngleich diese erst nach der Stabilisierung der Währung den erwünschten Erfolg erzielten. Zwischen 1918 und 1924 konnten sie aufgrund der häufigen und raschen Tarifänderungen und wegen des Verschwindens des Hartgeldes nicht benutzt werden. Auch erste Briefstempelmaschinen, Freistempler, Adressiermaschinen und Barfreimachungsmaschinen erleichterten und beschleunigten die Postabfertigung und trugen zur Einsparung von Personalkosten bei; sie wurden jedoch in erster Linie in den größeren Ämtern aufgestellt. Unter den Arbeitsmaschinen spielten insbesondere die Stempelmaschinen eine große Rolle. Der Zeitgewinn durch die Sybelsche Briefstempelmaschine, die in den zwanziger Jahren als leistungsfähigste und wirtschaftlichste galt, war enorm: Im Unterschied zu einem Postbediensteten, der als geübter ‚Handstempler' bis zu 65 Briefe pro Minute stempeln konnte, schaffte sie in der gleichen Zeit 600 bis 800 Stempelungen bei gemischter Post, dagegen sogar 1 500 bis 1 800 bei gleichem Brief- und Kartenformat.[8] Die Reichspost war daher auch bestrebt, sowohl für Postsendungen als auch für Vordrucke und Formulare bestimmte Normen einzuführen. 1923 übernahm die Post die im Jahr 1922 vom Normenausschuß der Deutschen Industrie eingeführten Papiergrößen.[9] Ferner wurden für den

7 S. Tätigkeitsbericht des Vereinfachungsausschusses beim Reichspostministerium. In: Archiv für Post und Telegraphie, Sondernummer, Heft 1 (1925), S. 7.

8 S. Willy Muser (wie Anm. 3), S. 50ff.

9 Amtsblatt des Reichspostministeriums. Bekanntmachungen der Deutschen Reichspost 1923, Nr. 14, Verf. Nr. 49, S. 94ff.

Kraftrad-Briefkastenleerer an der Hauptpost Frankfurt am Main
Aus dem Reichspostkalender 1930
Fotografie

Postsortierdienst neue Sortierspinde, Verteilgestelle sowie Sammelwagen angeschafft. Auf der Basis von Bewegungsstudien wurde der Aufbau der Verteilgestelle so verändert, daß sie nicht mehr in einer Reihe aufgestellt wurden, sondern in einem Halbkreis. Der Verteiler konnte somit alle Fächer von einem Punkt aus bequem erreichen und sparte sich somit unnötige Wege und dementsprechend Zeit und Kraft.

Neben der Mechanisierung des Postbetriebs erfolgte auch eine Modernisierung des Transportwesens der Post. Im Ferntransport dominierte der Bahnpostdienst, der bereits in der zweiten Hälfte des 19. Jahrhunderts eingerichtet worden war. Nach dem Ersten Weltkrieg wurden jedoch auch zunehmend Flugzeuge, Kraftfahrzeuge und Straßenbahnen für postalische Zwecke genutzt.

Das Kraftpostwesen wurde schon bald nach Erfindung des Automobils zügig entwickelt. Bereits am 1. Oktober 1898 war der erste Motorbus auf der Strecke Bad Mergentheim–Künzelsau für postalische Zwecke eingesetzt worden, kurze Zeit später auch in Württemberg und im Gebiet des Deutschen Reiches. Die erste ‚Automobil-Post' fuhr ab 1906 auf der Strecke Friedberg-Ranstadt in Hessen. Nach Ende des Ersten Weltkrieges – die Kraftwagentechnik hatte inzwischen erhebliche Verbesserungen erfahren – wurde das Kraftpostnetz 1919 wieder eingerichtet und erweitert. Die Gesamtzahl der posteigenen Kraftfahrzeuge nahm innerhalb kürzester Zeit in erheblichem Maße zu: Während die Reichspost 1910 nur 212 Fahrzeuge besessen hatte, waren es zehn Jahre später bereits 1 000. Ende März 1927 verfügte sie über 6 795 Fahrzeuge, im März 1931 schließlich über 12 109. Von den 7 853 Kraftfahrzeugen, die der Reichspost im Jahr 1928 gehörten, wurde der größte Anteil für die Postbeförderung im Orts- und Überlandverkehr (47,4%) sowie für die Personen- und Postbeförderung im Überlandverkehr (39,5%) genutzt.[10] Von der Schnelligkeit der Kraftwagen und Krafträder, aber auch von

10 Geschäftsbericht über das Wirtschaftsjahr 1930 der Deutschen Reichspost. Hrsg. v. der Deutschen Reichspost. Berlin 1930, S. 38.

Das von Robert Vorhoelzer entworfene Paketzustellamt in München mit Kraftfahrzeugen
Aus dem Reichspostkalender 1929
Fotografie

ihrem größeren Fassungsvermögen, profitierte insbesondere das stets sehr aufwendige und kostspielige Landpostwesen. Die Kraftpost stellte daher hauptsächlich für die Landbevölkerung eine entscheidende Verbesserung dar. Die Pferdeposten nahmen im gleichen Zeitraum stark ab; 1930 gab es nur noch wenige. In Berlin war die Postbeförderung mit Pferden bereits im Dezember 1925 aufgegeben worden.

Als während des Ersten Weltkrieges Schwierigkeiten bei der Aufrechterhaltung des Kraftverkehrs auftraten, ging man in den größeren Städten dazu über, Straßenbahnen für die Postbeförderung zu nutzen. Durch Gleisanschluß konnten sie bis an die Postanstalten beziehungsweise in ihre unmittelbare Nähe herangeführt werden. In Straßenbahnen wurden vor allem Briefbeutel befördert; in Hamburg wurden ab 1923 an den Wagen zusätzliche Briefkästen installiert.

Nach 1918 beschritt die Briefbearbeitung durch zahlreiche Impulse von den Rationalisierungsbestrebungen und den innovativen Technologien der Industrie neue Wege. Dadurch gelang es der Reichspost, innerhalb weniger Jahre den internationalen Standard aufzuholen und der Wirtschaft, den staatlichen Stellen sowie dem einzelnen Bürger einen funktionalen sowie preislich angemessenen Postbetrieb zur Verfügung zu stellen. Immerhin zählte die Deutsche Reichspost zu Beginn der dreißiger Jahre nicht nur zu den stabilsten, sondern auch zu den prosperierenden Unternehmen des Reiches. Die Modernisierungsmaßnahmen der Deutschen Reichspost in der Weimarer Republik stellten – langfristig gesehen – die Weichen für das heutige Briefbeförderungssystem.

# Zurück in die Zukunft

## Heinrich von Stephans Träume und die Überwindung des Luftraums

Hans-Christian Täubrich

Mit dem ausgehenden zwanzigsten Jahrhundert fallen uns die Visionen schwer. Das ist nicht erstaunlich, nachdem es mit bemerkenswerten Wundern und Schrecken technischen Fortschritts aufgewartet hat, die dem Träumen eher hinderlich sind, als daß sie dazu ermuntern. Die Fähigkeit zur Zerstörung unserer Lebensbedingungen durch Kriegsmittel ebenso wie durch unüberlegten Umgang mit den Ressourcen im Frieden trägt das Ihrige dazu bei. Und selbst die Science-fiction hat es nicht leicht, ihren Abstand zur Gegenwart zu halten: kaum eine Idee, die nicht längst von der Wirklichkeit eingeholt worden oder zumindest grundsätzlich realisierbar wäre. Der weite Himmel über unserem Planeten: Er ist analysiert, vermessen und wird routinemäßig mit Raumstationen und Satelliten behängt, und der Mann im Mond: Er wurde besuchsweise von Menschen hinaufgeschossen. In Quantensprüngen wissenschaftlicher Entwicklung werden Raum und Zeit immer schneller durchquert, erschließt die Telekommunikation vor kurzem noch ungeahnte Möglichkeiten der Nachrichten- und Informationsübermittlung. Im rührenden Bestreben, das Neue begreiflich zu halten, klammern wir uns an bekannte Bilder und Muster. So schnüren wir Bits und Bytes zu ‚Paketen', um sie in Sekunden auf der Daten-‚Autobahn' um die Erde zu schicken, je nach Ausstattung auf der ‚Kriech-' oder ‚Überholspur'. Wir stecken auf elektronischem Weg ‚e-Mails' in ‚Briefkästen', die nur mehr als digitale Zahlenwesen existieren. Da dies in direkter Datenübertragung geschieht, bleibt zumindest dem guten alten Briefträger die Metamorphose zum virtuellen Postboten erspart. Doch während sich die Weltbevölkerung im Spiegel expansiver Computernetzwerke als globale Dorfgemeinschaft neu entdeckt, mag es kaum vorstellbar erscheinen, daß gerade erst vor einem guten Jahrhundert die Erschließung der Welt für einen geregelten und erschwinglichen Nachrichtenaustausch Gegenstand zukunftsorientierter Visionen war.

Für die Realisierung utopisch anmutender Ideen benötigte man früher vielleicht etwas mehr Zeit als heute, doch hatte man deswegen nicht weniger Vertrauen, die gesetzten Ziele zu erreichen. Im Gegenteil: noch um einiges von den ganz großen und spezifisch technikgestützten Menschheitskatastrophen entfernt, tat man sich leicht mit optimistischen Prognosen. Auch bot die Fülle technisch-zivilisatorischer Errungenschaften des 19. Jahrhunderts eine solide erscheinende Basis für einen frohgemuten Blick in die Zukunft, in der noch einige Herzenswünsche offen waren. „Von diesem Standpunkte aus, der in der Geschichte der Erfindungen, in dem Zutrauen auf die Macht der Forschung und in dem Glauben an den Fortschritt der Menschheit seine Berechtigung findet, darf der Luftschiffahrt jedenfalls eine günstige Zukunft prophezeit werden,"[1] verkündete Dr. Heinrich Stephan einem Publikum, das am 24. Januar 1874 seinem Vortrag zum Thema „Weltpost und Luftschiffahrt" im wissenschaftlichen Verein zu Berlin lauschte. Das war immerhin noch sechsundzwanzig Jahre, bevor sich der erste jener riesigen,

1 Heinrich Stephan: Weltpost und Luftschiffahrt. Berlin 1874, S. 68.

Kraftpost und Luftschiff „Graf Zeppelin" in Meiningen
Aus dem Deutschen Reichspostkalender 1933
1931
Fotografie

silbern schimmernden Zeppeline am Morgen des 2. Juli 1900 über dem Bodensee erhob. Mit ihnen sollte sich erstmals die Sehnsucht erfüllen, „nach jedem Theil der Erde reisen (zu) können, ohne die Belästigung von Dampf, Funken oder Seekrankheit, und mit einer Schnelligkeit von zwanzig geographischen Meilen in der Stunde."[2] Was jenen Vortrag zu einem interessanten Zeitdokument macht, ist die kultur- und technikgeschichtliche Bestandsaufnahme, in die der Redner seine Prognosen auf die zu erwartende Entwicklung der Luftfahrt bettete. Daß dies unter der besonderen Berücksichtigung des Postwesens geschah, ist verständlich: Stephan war kein Geringerer als der General-Postmeister des noch jungen Deutschen Reichs.

Innerhalb eines dreiviertel Jahrhunderts hatte sich Deutschland aus seiner Kleinstaaterei befreit, zu einer bedeutenden Industrienation und europäischen Großmacht entwickelt. Durch die Dampfmaschine war in Europa eine ganz andere, die industrielle Arbeitswelt geschaffen und mit der Eisenbahn eine völlig neue Dimension des Verkehrswesens eröffnet worden. Die Welt schließlich wurde durch eine neuartige Kommunikationstechnik erschlossen: Telegraphenlinien umspannten den Erdball. Sie ließen Nachrichten in zwei Tagen von Westeuropa nach China gelangen und in nur zwei Stunden über den Nordatlantik nach Amerika. Aber ihre Benutzung war teuer und konnte weder dem Anspruch auf Ausführlichkeit noch auf Intimität einer persönlichen Nachricht gerecht werden. So blieben Briefe die wichtigsten Nachrichtenträger einer zunehmend von Mobilität, sprich: Trennung geprägten Menschheit. In Deutschland, ja in Europa war die Überwindung des Raums kein rechtes Problem mehr. Seit 1835 gab es ja die Eisenbahn, und der Vortragsredner hatte es noch selbst erlebt, „daß jene Schnelligkeit mehr als verdoppelt worden, und daß die Schienenstraßen fast alle cultivierten Länder der Erde [...] durchziehen. Es giebt keine Epoche, in welcher ein solcher Aufschwung im Bereich der Culturbestrebungen der Menschheit sich in so

2 Stephan (wie Anm. 1), S. 74.

Postabwurfbeutel des Zeppelins LZ VII „Deutschland" 1910
Ölpapier, schwarz-weiß-rotes Band

kurzer Zeit und mit so gewaltiger Schnellkraft vollzogen hat."[3] Jene Verdopplung der Schnelligkeit meinte einen Anstieg der durchschnittlichen Reisegeschwindigkeit seit den Tagen von Nürnberg/Fürth von durchschnittlich 25 auf 50 Kilometer pro Stunde. Nicht zuletzt zum Vorteil der Post. Sie gestaltete ihre Transportdienste im Linienverkehr gänzlich um und „bediente sich des neuen Beförderungsmittels sogleich in umfassendster Weise. Täglich wurden 2578 Eisenbahnzüge im Jahre 1873 zur Postbeförderung benutzt. In je 24 Stunden eilen 1815 Post-Eisenbahntransporte, darunter 771 ambulante Büreaux, in denen Tag und Nacht während der Fahrt gearbeitet wird, über alle Linien von Tilsit bis Constanz, von Kiel bis Belfort [...] Mittelst der Briefkasten der Bahn-Postwagen wurden 10 Mill. Briefe aufgeliefert."[4] Aber bei allem, was an Neuem erreicht worden war, würde doch niemand behaupten wollen, daß der Mensch damit an das Ende der auf die Fortbewegung berechneten Einrichtungen angelangt sei. In der Tat gab es noch einiges zu erfinden. Im Flächenverkehr wurde die Postbeförderung wie eh und je mit Pferdefuhrwerken, Postwagen und Schlitten abgewickelt, auf den Straßen in Stadt und Land setzte nach wie vor das Pferd die Maßstäbe für Geschwindigkeit, und der gelenkte Menschenflug war immer noch ein Traum.

Die Dampfmaschine hatte sich zwar in stationären Anlagen als Antriebskraft hervorragend bewährt, auch auf Schienen, wo der geringe Rollwiderstand, und zur See, wo die voluminösen Schiffskörper große Lasten kein Problem sein ließen. Aber abseits der eisernen Straßen und im noch zu erobernden „Luftozean" sah es anders aus. Zwar rumpelten über die Chausseen dampfgetriebene Ungetüme, die seit den ersten Versuchen des Franzosen Joseph Cugnot im 18. Jahrhundert weiterentwickelt und zur Lastenbeförderung verwendet wurden. Und selbst in der Luftschiffahrt, die man seit den Gebrüdern Montgolfière zur gleichen Zeit unermüdlich vorangetrieben hatte, versuchte man die Hauptschwierigkeit beim Bau eines lenkbaren Luftgefährts, den fehlenden Eigenantrieb, in Ermangelung eines Besseren mit dem Altbekannten zu lösen: „Der erste, der mit einer Dampfmaschine empor stieg, die eine Schiffschraube in Bewegung setzte, war der geniale Henri Giffard zu Paris, der Erfinder des Injectors, im Anfange der 50er Jahre. [...] Und dies ist eben die schwache Seite der Verwendung der Dampfmaschine. Sie hat, abgesehen von der nicht zu unterschätzenden Feuergefährlichkeit, im Verhältnis zu ihren Leistungen ein zu großes Gewicht, das durch den Kohlen- und Wasserbedarf noch erhöht wird."[5] Was auf sich warten ließ, war die Erfindung einer universell einsetzbaren, hinlänglich starken und zugleich leichten Kraftmaschine. Nicht, daß daran nicht gearbeitet worden wäre. Erfinder und Ingenieure tüftelten und ‚konstruirten', versuchten es mit Kohlenstoff, Petroleum-Äther und gar Nitroglyzerin als Antriebsstoffen. Nikolaus August Otto hatte 1862 einen kleinen Gasmotor

3 Stephan (wie Anm. 1), S. 37.
4 Stephan (wie Anm. 1), S. 38.
5 Stephan (wie Anm. 1), S. 60.

Heinkel-Postflugzeug He 12
beim Katapultstart
1928
Fotografie

entwickelt und mit Eugen Langen 1872 die Gas-Motoren-Fabrik Deutz AG gegründet. Gottlieb Daimler und Wilhelm Maybach traten dort ein. Langen, Daimler, Maybach und Otto sollten 1876, nur zwei Jahre nach Stephans Vortrag, die erste Viertaktmaschine, den „Otto-Motor", bauen. Carl Friedrich Benz' dreirädriges, mit einem wassergekühlten einzylindrischen Motor getriebenes Fahrzeug wiederum sollte noch elf, Daimlers vierrädrige Motorkutsche zwölf Jahre auf sich warten lassen. Es waren weitgehend Einzelunternehmungen, isolierte Versuche einer Problemlösung. Es gab keine Bündelung von Ingenieurskunst, Naturwissenschaften und Industrie, die in unserem Jahrhundert beispielsweise so komplexe Unternehmungen wie die Konstruktion der Atombombe oder die Landung auf dem Mond zu genau terminierten Projekten machen sollte. Stephan blieb bezüglich der ersehnten Antriebsmaschine nur die unbestimmte Zuversicht, daß es „angesichts so vieler wunderbarer und oft ganz plötzlich gemachter Erfindungen in näherer oder fernerer Zukunft dem Menschengeiste gelingen wird, entweder eine der genannten Kräfte, wie die Electricität, den Magnetismus, die Wärme, die Expansionsfähigkeit der Gase für den fraglichen Zweck entsprechend abzurichten, oder aber eine neue, bisher noch schlummernde Kraft, vielleicht mit Hilfe des Zufalls, zu entdecken, welche ohne besondere Zurichtung allen bezüglichen Anforderungen genügt."[6]

Es zeichnet den deutschen General-Postmeister aus, daß er in der Auseinandersetzung mit den tatsächlichen wie mit den ersehnten Errungenschaften der Technik stets den Vorteil seiner Institution im Auge hatte: „Eine sogenannte Laufmaschine zur Erleichterung und Beschleunigung des Gehens wurde schon im vorigen Jahrhundert construirt. Für eine Verwaltung, wie die der Reichspost, welche 12 000 Postboten zu Fuß zur Besorgung des Postverkehrs in ihrem Dienste unterhält, wäre eine solche Maschine von nicht zu unterschätzender Bedeutung."[7] Heinrich von Stephan (er wurde

6 Stephan (wie Anm. 1), S. 68.
7 Stephan (wie Anm. 1), S. 71.

1885 für seine Verdienste geadelt) starb 1897. Seine Einstellung gegenüber dem technischen Fortschritt wurde gewissermaßen zu einem Vermächtnis für das moderne Postwesen.

Die Postverwaltungen zeigten sich auch weiterhin allen Neuerungen sehr aufgeschlossen, ja wirkten, wie später insbesondere im Falle der Luftpost, durch entsprechende Transportaufträge und finanzielle Unterstützung als Katalysatoren der weiteren Entwicklung. Kurz vor der Jahrhundertwende begann die Erprobung von Benzin- und Elektrofahrzeugen für die Personenbeförderung und für den Transport von Brief- und Paketpost. 1901 benutzte man in München versuchsweise ein Elektro-Dreirad bei der Briefkastenleerung. „Bereits in den Jahren 1903 bis 1905 konnten dank der Fortschritte, die die Kraftwagentechnik inzwischen gemacht hatte, in Berlin und Köln im inneren Stadtbetrieb mehrere Güterpost und Paketzustellwagen in den Dienst gestellt werden, in Köln ferner ein elektrischer Omnibus, mit dem die Briefträger in ihre Zustellbezirke transportiert wurden. So kam es, daß im Jahr 1910 im alten Reichspostgebiet schon mehr als 70, und zwar fast ausschließlich elektrische Kraftfahrzeuge [...] zur Brief- und Paketbeförderung benutzt wurden."[8]

Die durch den Ersten Weltkrieg unterbrochenen Modernisierungsbemühungen erlebten nach seinem Ende eine Intensivierung: Der Mangel an Pferden als Kriegsfolge, die zunehmende Futternot und die allgemeine Teuerung zwang die Reichspost, verstärkt nach ökonomischen Lösungen für den permanent steigenden Transportbedarf zu suchen und sich auf die Verwendung von Automobilen zu verlegen. „Mit welcher Eile dies geschah, ist daraus ersichtlich, daß beispielsweise die im Jahr 1924 beschlossene ‚Vollverkraftung' des Ortsdienstes bei der Reichspostdirektion Berlin in der erstaunlich kurzen Zeit von 1½ Jahren erreicht war. Wo 1924 noch genau 1 000 Pferde, betreut von 850 Postillionen, in den Ställen des Berliner Postfuhramts standen, wurden seit Ende 1925 360 elektrisch betriebene Autos gewartet."[9] Am 25. Dezember 1925 fuhren in Berlin zum letzten Male pferdegezogene Paketwagen aus. Interessant ist dabei, daß sich – dreißig Jahre nach Erfindung des benzingetriebenen Automobils – die Elektrofahrzeuge im inneren Stadtpostbetrieb sehr gut bewährten und bald eindeutig in der Überzahl waren: 1921 verwendete die Deutsche Reichspost in diesem Bereich 644 Kraftwagen, von denen 504 mit Elektroantrieb ausgestattet waren. Dieses Zahlenverhältnis blieb noch über lange Jahre bestehen; erst der weitere technische Fortschritts machte Fahrzeuge mit Benzinmotor zuverlässiger und, durch die Abdeckung größerer Reichweiten, gegenüber den Elektromobilen wirtschaftlicher.

Nicht nur in den Städten wurden die Bahnhofs-, Stadtpost-, Vororts- und Briefkastenleerungsfahrten auf den wirtschaftlicheren Betrieb mit Kraftfahrzeugen umgestellt, auch für die flächendeckende Postversorgung auf dem Land

8 Wilhelm Scholz (Hrsg.): Jahrbuch des Reichsverbandes der Automobilindustrie. 4. Jg., Berlin 1928, S. 242.
9 Erwin Maderholz: Elektrofahrzeuge im Postdienst. In: AfdP 2/1981, S. 17.

Hof der Posthalterei
Melchiorstraße in Berlin mit verschiedenen Fahrzeugen
1925
Fotografie

bereitete man Ende der zwanziger Jahre die Einführung von Kraftfahrzeugen vor: „Bei günstigem Ausgang dieses Versuches [...] ist eine gänzliche Umgestaltung des Landpostwesens geplant, und zwar sollen die zeitraubenden und teueren Marschleistungen der Landzusteller durch Kraftwagenfahrten ersetzt werden, soweit es die Wegeverhältnisse nur irgend gestatten. Man hält dies für die einzig zweckmäßige und wirtschaftliche Lösung der Landpostfrage. [...] Nach sorgfältiger Prüfung werden etwa 70 Prozent aller Landorte mit dem Kraftwagen zu erreichen sein."[10] Stephans Wunsch nach einer Erleichterung der Landpostbotenarbeit war nach weniger als einem halben Jahrhundert auf dem besten Wege, erfüllt zu werden. Und wenn auch noch nicht jeder Landbriefträger mit dem Auto unterwegs war, so galt die Post in den zwanziger Jahren doch schon als größte deutsche Kraftfahrzeughalterin.

Während sich die Revolutionierung des Landtransports im Postwesen in vier Jahrzehnten vollzog und fortan die Bahnen kontinuierlicher Fortentwicklung einschlug, erlebte sie in der Luft gerade den Beginn einer neuen Epoche. Stephan, der sich noch in komischer Verzweiflung gefragt hatte, „ob die Vögel, die uns ein so unwiderlegliches Beispiel der erfolgreichsten Beschiffung dieses Ozeans geben, nur dazu geschaffen sein sollten, daß wir Gedichte auf die Nachtigallen machen, Dompfaffen halten, Kibitzeier und Leipziger Lerchen essen,"[11] hatte im gelenkten Menschenflug nicht nur die erfolgreiche Überwindung eines physikalisch-technischen Hindernisses gesehen, sondern generell die Chancen, die sich durch und für einen offenen Weltverkehr boten: „Auch hier also wird der Mensch mit seinen Unternehmungen gewissermaßen in die Luft hinausgedrängt. In diesem vom Egoismus nicht einzupferchenden freien Reiche ist überall Platz. Die kleinen zwischenliegenden Staatsgebiete mit ihren verkehrsstörenden Post-Transitansprüchen, die Grenzen mit ihren Zollschranken und Paßunbequemlichkeiten würden nicht mehr hinderlich sein."[12]

10 Scholz (wie Anm. 8), S. 246.
11 Stephan (wie Anm. 1), S. 39.
12 Stephan (wie Anm. 1), S. 73.

Er hatte sicher das Beispiel jener kühnen Männer vor Augen, die mit Ballonflügen während des deutsch-französischen Krieges Post aus dem belagerten Paris in das unbesetzte Frankreich gebracht hatten. „Die erste Fahrt über die deutschen Linien hinweg machte Tissandier am 30. September 1870, also acht Tage nach der Einschließung. ‚Mit freudiger Erregung gab ich dem Postmeister in Dreux meine Depeschen. Da liegen vor meinen Augen an die 30 000 Briefe aus Paris. 30 000 Familien werden dem Ballon danken, der ihnen, hoch über Wolken hinweg, Kunde von den Belagerten gebracht hat! Welche Freudenthränen bergen diese Briefbündel!'"[13] Diese Verbindung von menschlichem Wagemut und technischer Leistung gipfelt in einem Gefühl für den Wert des Erreichten oder besser der Pflichterfüllung. Aufs Haar gleicht sie dem sechzig Jahre später von Antoine de Saint Exupéry unsterblich gemachten ‚Sendungsbewußtsein', das in den Anfangsjahren der Verkehrsfliegerei jeden Piloten gleichsam zum persönlichen Boten, zum verantwortungsvollen Nachrichtenüberbringer machte: „Fertig: dreißigtausend Briefe sind herübergebracht. Die Fluggesellschaft hat gut reden: der Kurier ist wertvoll, viel wertvoller als das Leben. Jawohl, Lebenselixier für dreißigtausend Verliebte ... Geduld, ihr Liebenden! Wenn der Abend seine Lichter aufsteckt, sind wir bei euch."[14]

Aber wir eilen der Zeit weit voraus, haben den Graf Ferdinand von Zeppelin vorzeitig verlassen, der auf seinen frühen, Schweizer Gebiete überquerenden Luftschiffahrten die Vorzüge der Grenzenlosigkeit als erster genossen haben dürfte. Er führte sein Wirken im übrigen darauf zurück, durch jenen Vortrag Stephans den entscheidenden Anstoß zum Bau seiner Luftschiffe erhalten zu haben. Es war zum einen der Persönlichkeit Zeppelins und zum anderen der politischen Entwicklung in Deutschland nach dem Ersten Weltkrieg zuzuschreiben, daß man hier mit dem Luftschiff einen bemerkenswerten Sonderweg zur Eroberung der Luft beschritt und – zumindest für eine kurze Zeitspanne – die Visionen Stephans von einer grenzenlosen Luftpost erfüllte. Denn legt man dem Postwesen das Prinzip der Regelmäßigkeit zugrunde, konnte immerhin für das Jahr 1919 mit einer ständigen Verbindung zwischen Friedrichshafen und Berlin sowie während der fahrplanmäßigen Südamerikaflüge des berühmten Luftschiffs „Graf Zeppelin" zwischen 1932 und 1936 von verläßlichen Luft(schiffs)postverbindungen die Rede sein. Alle früheren Zeppelinfahrten hatten zwar durch die Mitnahme von Postsäcken die Lufttransportfähigkeit von Briefsendungen bewiesen, aber einstweilen nur mit Sammlerwert für Philatelisten. Vom Luftschiff anläßlich von Sonderfahrten abgeworfene Postbeutel mit der angehefteten Aufforderung an potentielle Finder, sie für fünfzig Pfennige dem nächsten Postamt auszuhändigen, konnten wohl schwerlich die Grundlage für eine geordnete Luftpostverteilung bilden.

Bei dem Transport von Luftpost mit Motorflugzeugen sah es übrigens kaum anders aus. Der Krieg hatte auch hier wieder einmal seine katalysatori-

13 Scholz (wie Anm. 8), S. 51.
14 Antoine de Saint Exupéry: Südkurier. Düsseldorf 1966, S. 24.

Elektro-Dreirad zur Kastenleerung
1901
Fotografie

sche Wirkung auf technische Entwicklungen gezeigt, sogar unter dem Aspekt der Posttauglichkeit, verschaffte er doch „dem Flugzeug die unbestrittene Stellung eines Hilfsmittels für den Postverkehr. Die deutsche Heeresverwaltung hatte gegen Ende des Krieges in Rußland, im Bereiche von ‚Oberost', ein Luftpostnetz, das von Finnland bis zur Krim reichte. Waren die Luftverbindungen ursprünglich nur für militärische Zwecke eingerichtet, so wurden sie später auch für die Postbeförderung mitbenutzt."[15] Aber mit dem Ende des verlorenen Krieges brach für die deutsche Luftfahrt eine Zeit der Unsicherheit und eines zögerlichen Neubeginns an: Da die deutschen Flugzeuge nach dem Versailler Vertrag bis auf einen geringen Rest [...] abgeliefert werden mußten, standen wir 1920 vor der Notwendigkeit, eine Luftflotte neu zu bauen. Das Reich bewilligte Beihilfen zum Flugzeugbau unter der Bedingung, daß die Flugzeuge auf jedem Fluge auf Verlangen bis zu 100 kg Post mitzunehmen verpflichtet seien. Auf dieser Grundlage bildeten sich mehrere private Luftverkehrsgesellschaften, die den Flugdienst auf festen Linien aufnahmen."[16]

Weltweit waren die zwanziger Jahre auf dem Gebiet der Luftfahrt solche des Tastens und Ausprobierens, der schrittweisen Ausweitung technischer und menschlicher Leistungspotentiale. Die Überwindung großer Entfernungen, insbesondere der weiten Ozeane war das Gebot der Stunde, denn die Menschen in der Neuen Welt wollten in möglichst engem Kontakt bleiben mit denen, die sie in der Europa zurückließen. (Allein aus Deutschland waren im 19. Jahrhundert Millionen Menschen in die Vereinigten Staaten und nach Südamerika ausgewandert, mit Folgen für den Postbetrieb: Zwischen 1832 und 1914 gingen 280 Millionen Briefsendungen auf dem Seewege aus den USA nach Deutschland.) Auf durchgehenden Flugverbindungen im transkontinentalen Verkehr konnten beim Posttransport schon Tage oder gar Wochen gegenüber Schiff und Eisenbahn eingespart werden – eine Herausforderung

15 L. Schneider: Die Verkehrsmittel der Post. Post und Telegraphie in Wissenschaft und Praxis Bd. 21. Berlin 1934, S. 89.
16 Konrad Schwarz: Die Entwicklung der deutschen Post. Post und Telegraphie in Wissenschaft und Praxis Bd. 20. Berlin 1931, S. 158.

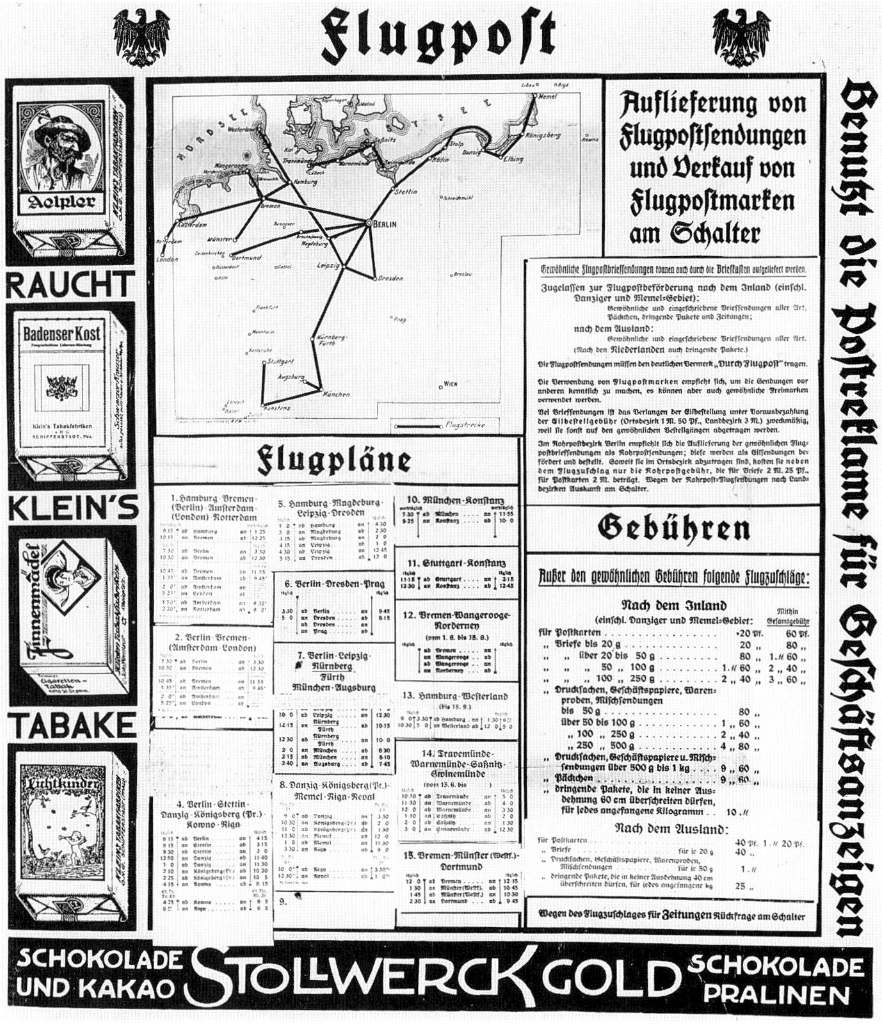


Flugpostreklame mit Flugplänen und Gebührentafel
Plakat
1921
Schwarz-Weiß-Druck

angesichts der Unwägbarkeiten, die noch jeden Postflug begleiteten, denn die Piloten waren ganz auf sich gestellt. „Der Berufsflieger erkennt ebenso die Zeichen des Schnees, die Zeichen des Nebels, die Zeichen einer friedlichen Nacht. Die Maschine scheint uns von der Natur zu entfernen. Und gerade sie unterwirft uns mit ganz besonderer Strenge den ewigen Naturgesetzen. Mutterseelenallein vor dem gewaltigen Gerichtshof, den ein stürmischer Himmel eingesetzt hat, verteidigt der Flieger seine Post gegen drei Naturgottheiten: Berg, Meer und Sturm."[17] Es gab kein dichtes Netz von Funkpeilstationen, keine Navigationsgeräte, die Schlechtwetterflüge erlaubten. Die Einrichtung von Nachtflugverbindungen wurde zur Existenzfrage der Postdienste: „Aber Rivière weiß sich anderer Schlachten zu erinnern, die er geschlagen hat um die Eroberung der Nacht. [...] Aber ein regelmäßiger Nachtdienst war zum Scheitern verurteilt. ‚Das ist für uns', hatte Rivière erwidert, ‚eine Lebensfrage, weil wir den Vorsprung, den wir tagsüber vor den Eisenbahnen und Dampfern gewonnen haben, jede Nacht wieder verlieren.'"[18] Erst ab 1928 kam es zu einer Zusammenarbeit zwischen der Industrie und der 1926 gegründeten „Luft Hansa" bei der Entwicklung von Bordinstrumenten und Funkgeräten, die den Blindflug ermöglichten und halfen, die Widrigkeiten der Nacht, des Nebels und der schlechten Jahreszeiten zu überwinden. Noch für das Rechnungsjahr 1929 verzeichnete der Geschäftsbericht

17 Antoine de Saint Exupéry: Wind, Sand und Sterne. Düsseldorf 1966, S. 151.
18 Ders.: Nachtflug. Frankfurt am Main 1976, S. 85.

der Deutschen Reichspost ein Luftpostnetz mit einhundert Linien im Sommer, aber nur siebzehn Verbindungen im Winter.[19]

Je höher die Entwicklung des Flugwesens den Standard fliegerischer Leistungen hob, desto stärker trat das Bemühen um eine quantitative Beschleunigung in den Vordergrund. Um die Postlaufzeit im Transatlantikverkehr abzukürzen, stattete man 1929 schnelle Ozeandampfer wie die ‚Bremen' und die ‚Europa' mit Katapultflugzeugen aus. In einem ausgeklügelten Zusammenspiel mit den Abfahrten der Schnelldampfer richtete man Nachbringeflüge von Köln nach Cherbourg ein, um von dort mit Wasserflugzeugen den Dampfern die ‚Spätlingspost' nachzubringen. Sie wurde an Bord neu sortiert und dann mit den Katapultflugzeugen in Vorausflügen der noch eine Tagesreise entfernt daliegenden Küste im wahrsten Sinne ‚entgegengeschleudert'. Diese bemerkenswerte Konstruktion, die im interkontinentalen Briefpostverkehr beträchtliche Zeitersparnis brachte, blieb letztlich ein Behelf, da die Schnelldampfer nur in größeren Zeitintervallen verkehrten.

Zur selben Zeit unternahm man ähnlich komplexe Anstrengungen, das deutsche Luftpostnetz mit dem Südamerikas zu verknüpfen. Schnelle Maschinen flogen die Post von Süddeutschland nach Sevilla in Spanien, Langstreckenflugzeuge von dort die nordafrikanische Küste entlang nach Bathurst. Hier wartete vor der Küste, gewissermaßen exterritorial, an Bord eines deutschen Versorgungsschiffs ein Flugboot, das die Post übernahm und – wegen der günstigeren aerodynamischen Verhältnisse – nur wenige Meter über dem Meeresspiegel in dreizehn langen Stunden den Atlantik überquerte. Die nächste Übergabe erfolgte bei einem weiteren Versorgungsschiff, das vor der südamerikanischen Küste bei der Insel Fernando de Noronha vor Anker lag. Von hier gelangte die Post über Natal nach Rio de Janeiro, Buenos Aires und über Anschlußflüge in die Weiten Südamerikas. Knapp vier Tage benötigte auf diese Weise ein Brief von Berlin nach Santiago de Chile, während die normale Passage für einen Reisenden mehrere Wochen dauerte. Von 1934 bis 1935 beförderte die Lufthansa auf diese Weise über dreizehn Millionen Briefe. Für eine kurze Zeitspanne verschränkten sich die Postdienste der Luftschiffer und Postflieger. Die Zeppeline übernahmen verstärkt die Beförderung von Drucksachen, Päckchen und Paketen, während die eiligeren Briefe und Postkarten von den schnelleren Flugbooten transportiert wurden. Auch versahen die Luftschiffe den Posttransport während der Zeit, in der die Versorgungsschiffe für die Flugboote überholt werden mußten.

1936 ging die Ära der silbernen Luftriesen mit der Explosion der ‚Hindenburg' in Lakehurst zu Ende. Sie wären vermutlich auch ohne das spektakuläre Unglück ausgestorben und ein Opfer ihrer Langsamkeit geworden. Tempo hieß die Devise. Stetig erreichten die Flugzeuge höhere Geschwindigkeiten, überflogen weitere Entfernungen. 1938, elf Jahre nach Charles Lindberghs kühner Tat, gelang der erste Direktflug von Berlin nach New York; er dauerte

19 Schwarz (wie Anm. 16), S. 159.

nur fünfundzwanzig Stunden. Zeppeline benötigten die vierfache Zeit. Erneut erhielt die Luftfahrttechnik einen immensen Innovationsschub aus traurigem Anlaß. Der Zweite Weltkrieg stellte alles in den Schatten, was man sich jemals hinsichtlich der Möglichkeiten eines Lufttransports erträumt hatte. Leider war es meist eine tödliche Fracht. Was nach dem Kriegsende folgte, war weniger eine Angelegenheit des Wagemuts und Experimentierens, sondern der Verhandlungen, des Aufbaus und der Organisation. Die Berliner Luftbrücke zeigte, welchen Umfang friedensmäßige Lufttransporte annehmen konnten. Der Aufkleber ,par avion', in den Anfangsjahren noch Hinweis auf eine bevorzugte, besonders schnelle Brieftransportart, verlor allmählich seine Bedeutung, denn auch ohne ihn machen die meisten Briefe mit entfernterem Bestimmungsort eine Luftreise: In Deutschland wurde ein ausgeklügeltes Nachtflugnetz zum Kernstück bei der Verwirklichung der Maxime ,E plus Eins'. Das System zeichnet sich nicht länger durch Rekordleistungen einzelner Menschen aus, sondern durch die kontinuierliche Kooperation vieler. Wir haben uns daran gewöhnt und denken nicht mehr groß darüber nach, denn die im Dunkeln sieht man nicht.

Eine besondere Temposteigerung blieb uns bislang vorenthalten, obwohl „der Vorschlag eines „Schleuderns von Briefpaketen auf gewisse Distanzen mittelst explosiver Stoffe" schon Stephan vertraut gewesen war.[20] „Inwieweit sich diese ,Postraketenflüge' (*gemeint sind verschiedene Versuche zum Postversand mittels Raketen in den Jahren 1931–33, d. Verf.*) mit den postgesetzlichen Bestimmungen vereinigen lassen, soll hier nicht untersucht werden. [...] Die Flüge haben immerhin gezeigt, daß es möglich ist, die Rakete als Postverkehrsmittel zu verwenden. [...] Wenn man auch alle diese Hemmnisse gebührend berücksichtigt, so läßt sich doch wohl voraussehen, daß die Postrakete über kurz oder lang kommen wird."[21] Die gelbe Rakete mit dem Posthorn: sie kam nicht. Wovon wir aber noch vor kurzem nichts ahnten, das war die Infobahn.

20 Stephan (wie Anm. 1), S. 71.

21 Schneider (wie Anm. 15), S. 109 f.

Briefe fliegen über den Ozean
Plakat für den Luftpostdienst
zwischen
Europa und Südamerika
1938
Druck

Beladen eines Postflugzeuges
(Dornier Merkur) auf dem
Flughafen Köln
1929
Fotografie

Postbeförderung mit einer
Rumpler C I
Um 1922
Fotografie

Heinkel He III als Ersatz
für die inzwischen zu kleine
Heinkel He 70
Um 1938
Fotografie

Verladen der Post zum
Nachtflug
Um 1925
Fotografie

# Der Weltpostverein

Gottfried North

## Vorgeschichte

Im 18. und zu Beginn des 19. Jahrhunderts hat die politische und wirtschaftliche Entwicklung dazu beigetragen, daß immer mehr Menschen Nachrichten miteinander über immer größere Entfernungen austauschen wollten. Diesem Wunsch standen die staatlichen Grenzen, insbesondere in dem durch Kleinstaaten geprägten Deutschland, entgegen. Jeder Landesherr war darauf bedacht, den Nachrichtenverkehr in seinem Sinne zu organisieren und möglichst durch eine eigene Postverwaltung – zuweilen waren bis zu 30 davon in deutschen Landen tätig – ausführen zu lassen. Andererseits waren die Landesgrenzen infolge der Entwicklung des Verkehrs auch gleichzeitig Bindeglieder zu den Nachbarn, die den friedlichen Austausch von Gedanken und Gütern wünschten, ja sogar forderten. Diese Bestrebungen wurden in erster Linie durch die Post unterstützt, die schon früh Einzelverträge über den Nachrichtenverkehr mit selbständigen Gebieten abgeschlossen und dabei auch grenzüberschreitende Postwagenverbindungen einbezogen hatte. Bei den unterschiedlichen Vorstellungen einzelner Staaten über die Beförderungsweise und Selbstkosten der weiterzuleitenden Sendungen und Nachrichten waren solche Übereinkommen nicht immer leicht zu erreichen.

Die militärischen und politischen Ereignisse in den beiden ersten Jahrzehnten des 19. Jahrhunderts brachten neue Bedingungen für die Nachrichtenübermittlung. In diesem Zusammenhang äußerte erstmals im Jahre 1811 der preußische Staatsrat Johann Ludwig Klüber seine Ideen über den universalen Charakter der Post und daß man bei ihren zahlreichen Bindungen die Post aller zivilisierten Nationen als eine universale Institution zu betrachten habe. Noch war die Zeit nicht reif für weltweite Postorganisation. Auch Simon Bolivar, Präsident von Großkolumbien und Bolivien, gelang der Durchbruch nicht, als er 1826 zu einer ersten Panamerikanischen Konferenz in Panama einlud, auf der Verhandlungen über Nachrichtenverbindungen einer amerikanischen Konföderation geführt wurden. 1838 begründeten Ekuador, Venezuela und Kolumbien einen „Postverein von Großkolumbien", in dem die Territorien dieser Mitgliedsländer erstmals ein „Vereinsgebiet" mit Transitfreiheit bildeten. Damit waren ohne Zahlung von Durchgangsgebühren die politischen Grenzen in einem außereuropäischen Erdteil für den Postverkehr durchlässig geworden.

In Europa selbst konnte das Verlangen der Bevölkerung und das Interesse aus Kreisen der Wissenschaft, des Handels und der Industrie, die Grenzen für einen reibungslosen Nachrichtenaustausch zu öffnen, nicht mehr überhört werden. Man war davon überzeugt, daß nur eine Organisation wie die Post dazu in der Lage sei. Der Reformator des englischen Postwesens, Rowland Hill, tat den ersten Schritt zur Verwirklichung dieser Idee. Mit seiner Schrift „Post Office Reform. Its Importance and Practicability" (1837) schlug er für

England ein einheitliches Postgebiet, ein Einheitsporto von 1 Penny und die Herausgabe der ersten Briefmarke der Welt vor, was 1840 Wirklichkeit wurde.

Der frühere Postsekretär Johann von Herrfeldt (1784–1849) gab später eine in Frankfurt am Main erscheinende Wochenzeitschrift „Archiv für das Postwesen" heraus. Dort trat er 1841 mit einem Aufsatz „Grundlagen für einen Welt-Postverein" hervor, in dem er die regelmäßige Zusammenkunft eines allgemeinen Postkongresses, einen Einheitsvertrag für den zwischenstaatlichen Postverkehr, gleichmäßige Briefgebühren mit drei Entfernungsstufen, Verbleiben der Aufgabegebühr im Aufgabeland sowie den freien und mit gewissen Einschränkungen unentgeltlichen Briefdurchgang vorschlug. Ein Jahr später, sein Wochenblatt erschien jetzt unter dem Titel „Allgemeines Archiv für das Post- und Transportwesen", ergänzte er seine Gedanken unter der Überschrift „Die Postverhältnisse bei dem System eines einzigen Taxsatzes in Beziehung auf das Ausland". Gewisse Überlegungen Herrfeldts haben Eingang in den Text des Berner Vertrages von 1874 gefunden.

Ein weiterer Schritt zur Verbesserung der internationalen Postbeziehungen im südamerikanischen Raum war der Postvertrag von Lima 1848, der zwischen Bolivien, Chile, Ecuador, Kolumbien und Peru abgeschlossen wurde und den Postaustausch über die Staatsgrenzen regelte. Nicht vergessen werden sollen zwei weitere Vorkämpfer für die Idee eines Weltpostvereins. Der in London lebende Spanier Manuel de Ysasi Lacoste war treibende Kraft der 1851 dort gegründeten „International and Colonial Postal Association", die Korrespondenten und Zweigstellen in 52 Ländern besaß und sich die weltweite Verwendung einheitlicher, vereinfachter und niedriger Posttarife zum Ziel gesetzt hatte. Schließlich forderte der Däne Joseph Michaelsen 1859 in einem Memorandum an seine Postverwaltung eine Vereinfachung des internationalen Postverkehrs auf der Basis des freien Duchgangs und einer Reduzierung der Tarife.

## Der Deutsch-Österreichische Postverein und die Postkonferenz von Paris 1863

Die nach dem Wiener Kongreß in Deutschland verbliebenen 17 Postverwaltungen regelten ihren zwischenstaatlichen Postverkehr mit Einzelverträgen, etwa 100 an der Zahl. Zur Vereinfachung der Verfahren regten Österreich und Preußen an, einen Postverein zu gründen. Nach langwierigen Gründungsverhandlungen nahm am 1. Juli 1850 der Deutsch-Österreichische Postverein seine Tätigkeit auf. Neben den Gründerstaaten gehörten dem Verein zunächst Bayern, Sachsen, Mecklenburg-Schwerin, Mecklenburg-Strelitz und Schleswig-Holstein an. Die übrigen deutschen Länder, die Postverwaltung von Thurn und Taxis sowie Luxemburg schlossen sich dem Verein im Laufe

Teilnehmer des ersten allgemeinen Postkongresses in Bern
Gedenkblatt von F. Lips
Bern, 1874
Farblithographie

der nächsten Jahre an. Damit wurde ein einheitliches Postgebiet im Sinne des späteren Weltpostvereins geschaffen. Der Deutsch-Österreichische Postverein war mit seinem gemeinschaftlichen Vereinstarif, einheitlicher Entfernungsmessung und Gewichtsfeststellung das größte verkehrs- und wirtschaftspolitische Gebilde seiner Zeit. Er hörte nach der Bildung des Norddeutschen Bundes auf zu bestehen.

Der Generalpostmeister der Vereinigten Staaten von Amerika, Montgomery Blair, ergriff 1862 eine weitere Initiative, um im Sinne von Rowland Hill ein einziges Postgebiet zu schaffen. In einem Memorandum vom 4. August 1862 schlug er eine Zusammenkunft von Postexperten verschiedener Länder vor. Dieses Gremium sollte Maßnahmen beraten, wie die unterschiedlichen Probleme im internationalen Postverkehr zu lösen seien. Am 11. Mai 1863 begann in Paris eine Postkonferenz, an der die Vertreter von 15 Staaten teilnahmen, darunter Preußen und der Hansa-Städtebund. Die Konferenzteilnehmer verabschiedeten 31 Grundsätze zur Erleichterung der Postbeziehungen zwischen den Völkern, darunter Einteilung der Briefe in sechs Kategorien, Vorauszahlung der Gebühren durch den Absender und nach Gewichtsstufen sowie Vereinfachung des Abrechnungsverfahrens. Bindende Beschlüsse sind auf der Konferenz allerdings nicht gefaßt worden.

## Die Gründung des Weltpostvereins

Es ist das Verdienst des deutschen Generalpostdirektors Heinrich von Stephan, die geeignete Form für die schon seit Jahren geforderte Einheit des internationalen Postwesens gefunden und diese zu einem Vertragswerk von weltgeschichtlicher Bedeutung gestaltet zu haben. Aufgrund seiner dienstlichen Erfahrungen hatte er 1868 eine „Denkschrift, betreffend den allgemeinen Postcongreß" vorgelegt (veröffentlicht im „Nichtamtlichen Teil des

Amtsblatts der Deutschen Reichspostverwaltung", Nr. 15/1871). In dieser Denkschrift verwertete Stephan seine Erkenntnisse, die er in vielen Verhandlungen mit ausländischen Postverwaltungen gewonnen hatte und die ihm mit Hilfe seiner umfassenden Sprachkenntnisse und dank seines diplomatischen Geschicks tiefe Einblicke in das Betriebsgeschehen fremder Verwaltungen ermöglichten.

Nachdem Stephan die deutsche Regierung von der Notwendigkeit einer internationalen Konferenz überzeugt hatte, ersuchte – nach zustimmenden Stellungnahmen auswärtiger Staaten – die Regierung des Deutschen Reichs im Januar 1874 den schweizerischen Bundesrat, die Regierungen Europas, Ägyptens und der Vereinigten Staaten von Amerika nach Bern zu einem allgemeinen Postkongreß einzuladen. Am 15. September 1874 trafen sich die Vertreter von 22 Staaten (Ägypten, Belgien, Dänemark, Deutschland, Frankreich, Griechenland, Großbritannien, Italien, Luxemburg, Niederlande, Norwegen, Österreich, Portugal, Rumänien, Rußland, Schweden, Schweiz, Serbien, Spanien, Türkei, Ungarn und Vereinigte Staaten von Amerika) im alten Rathaus der äußeren Stände in der Berner Zeughausgasse 17. Den Vorsitz des Kongresses übernahm Bundesrat Eugène Borel, damals Vorsteher des Eidgenössischen Post- und Eisenbahndepartements, zum Ausschußvorsitzenden wurde Generalpostdirektor Stephan gewählt. Fast alle Hauptpunkte seines Vertragsentwurfs wurden einstimmig gebilligt, einige Punkte konnten noch verbessert werden. Nach 14 Vollsitzungen unterzeichneten 21 Staaten am 9. Oktober 1874 den „Allgemeinen Postvereins-Vertrag", Frankreich folgte nach Zustimmung der Nationalversammlung am 3. Mai 1875.

Mit diesem Vertrag, der am 1. Juli 1875 in Kraft trat, war es gelungen, einen einzigen Bereich für den Briefpostverkehr zu schaffen. Vor dem 9. Oktober 1874 gab es zwischen den 22 Unterzeichnerstaaten etwa 1200 verschiedene Posttarife, jetzt nur noch einen einzigen. Dem weltweiten Postverkehr wurden Freizügigkeit und Einheit der Betriebsform, der Versendungsbedingungen und der Gebührensätze gegeben. Der von Stephan vorgeschlagene gebührenfreie Transitverkehr hat sich allerdings bis heute noch nicht durchsetzen lassen. Im Vereinsvertrag wurden auch Grundsätze über die dauernde Organisation des Vereins aufgestellt, die Amtssprache Französisch beschlossen und ein ständiges „Internationales Büro" in Bern eingerichtet.

## Die weitere Entwicklung des Weltpostvereins bis zum Zweiten Weltkrieg

Der Abschluß des Postvereinsvertrages von Bern wurde in der ganzen Welt mit großer Aufmerksamkeit verfolgt. Die Post hatte sich damit in die beginnende Weltwirtschaft eingegliedert und durch die nunmehr freizügigere Nachrichtenübermittlung eine bedeutende Rolle auf verkehrspolitischem, kulturellem und ethischem Gebiet übernommen. Sie folgte insoweit auch der Zielrichtung des bereits 1865 gegründeten Welttelegrafenvereins. Kaum war der Vertrag von Bern in Kraft getreten, da stellte schon am 15. November 1875 Indien, damals noch britische Kronkolonie, einen Beitrittsantrag zum Postverein. Andere Länder bekundeten ebenfalls Interesse an einer Mitgliedschaft. Bei einer kurzen Konferenz in Bern 1876 wurden diese Fragen entschieden beziehungsweise an den nächsten Kongreß überwiesen.

Nachdem im Laufe des Jahres 1877 sämtliche Staaten Europas und alle bedeutenden außereuropäischen Postverwaltungen dem Vereinsvertrag beigetreten waren, fand der II. Kongreß 1878 in Paris statt. Dieser Kongreß hatte den Auftrag, den Grundvertrag zu überprüfen und zu ergänzen. 32 Mitgliedsstaaten waren sich einig, nunmehr den Allgemeinen Postverein als „Weltpostverein" – Union Postale Universelle – (UPU) zu bezeichnen. Da der Berner Vertrag von 1874 nur für die „Briefpost" (Briefe, Postkarten, Bücher, Zeitungen, Zeitschriften, Drucksachen, Muster ohne Wert und Geschäftspapiere) galt und infolge des allgemeinen Aufschwungs von den Postverwaltungen neue Dienstleistungen angeboten wurden, fand man eine Regelungsmöglichkeit in den „Nebenabkommen" (Austausch von Briefen mit Wertangabe und von Postanweisungen), denen die Postverwaltungen nach eigenem Ermessen beitreten konnten. Vom Kongreß 1878 in Paris wurde einer besonderen Konferenz, ebenfalls in Paris (1880) ein unerledigter Antrag Deutschlands überwiesen, einen Austausch von Paketen bis 3 kg vorzusehen. 19 Staaten schlossen damals ein entsprechendes Nebenabkommen.

Beim III. Weltpostkongreß 1885 in Lissabon ergänzte man den Hauptvertrag durch Zulassung der Eilzustellung für Briefsendungen sowie privater Post- und Ansichtskarten. Blindenschriftsendungen durften zum billigsten Drucksachentarif befördert werden, das Höchstgewicht der Postpakete wurde auf 5 kg erweitert. Neu war das Postauftragsabkommen. Im Jahre 1890 beschränkte sich eine kleine Konferenz in Brüssel damit, unerledigte Fragen über Zeitungsabonnenten aufzugreifen und Anträge für den Kongreß 1891 vorzubereiten.

In Wien fand 1891 der IV. Weltpostkongreß statt. Dort wurden weitere Nebenabkommen über den Zeitungsbezug durch die Post sowie über Wertbriefe und Wertkästchen abgeschlossen. Neu waren unter anderem die Ausgabe von Antwortkarten und die Zulassung von Einschreibsendungen mit Nachnahme. Letztmalig nahm Heinrich von Stephan als Vertreter des Deutschen Reichs an diesem Kongreß teil. Mit Sachkenntnis, Leidenschaft und Diplomatie hat er die Entwicklung des Weltpostvereins bis hierhin beeinflußt, es war sein Lebenswerk.

Der V. Weltpostkongreß tagte 1897 in Washington. Er war geprägt von langanhaltenden Diskussionen über Transitgebühren. Während Deutschland und Österreich sich für eine Aufhebung dieser Gebühren einsetzten, bestanden viele andere Länder auf Entschädigung ihrer Leistungen im Transitverkehr. Schließlich gelang eine Kompromißlösung. In Washington wurden auch einheitliche Grundfarben für Briefmarken beschlossen: im internationalen Verkehr blau, im Inlandsdienst rot und für Drucksachen grün. Ein Antrag Luxemburgs auf Einführung einer Einheitsbriefmarke für das Vereinsgebiet wurde nicht behandelt.

Im Jahre 1900 fand in Bern lediglich ein Außerordentlicher Kongreß zur Feier des 25jährigen Bestehens des WPV statt, auf dem nach einem deutschen Antrag die Errichtung eines Weltpostdenkmals beschlossen wurde. Erst sechs Jahre später (1906) folgte der VI. Weltpostkongreß in Rom. Die Vertreter von 74 Staaten entschieden sich für wesentliche Gebührenermäßigungen im Briefverkehr, für freien Transit von Kriegsgefangenenpost sowie für den Internationalen Antwortschein. Am 4. Oktober 1909 versammelten sich in Bern anläßlich der Einweihung des Weltpostdenkmals die Delegierten

des WPV zu einer Konferenz. Aus zwei Gestaltungswettbewerben ging der Pariser Bildhauer René de Saint Marceaux als Sieger hervor. Inmitten einer Felsgruppe in einem Park in der Nähe des Berner Bundeshauses stützt eine sitzende Frauengestalt die ausgestreckte Rechte auf das Wappen der Stadt Bern. Oben auf der höchsten Spitze des Felsens trägt eine Wolkensäule eine Weltkugel, um die fünf, die Erdteile verkörpernde, weibliche Gestalten schweben und einander Briefe zureichen.

In Rom war schon Madrid als nächste Kongreßstadt vorgesehen worden. Da wichtige Entscheidungen nicht anstanden, ließ man sich Zeit mit dem Versenden der Einladungen bis zum Herbst 1914. In diesen Wochen war der Erste Weltkrieg bereits ausgebrochen, der weltweite, freie Postaustausch wurde damit jäh unterbrochen. Erst nach Kriegsende konnte zum VII. Weltpostkongreß 1920 in Madrid eingeladen werden. Hauptthema war die Anpassung der Gebühren an die neuen Währungsverhältnisse. Einen wichtigen Fortschritt im bargeldlosen Postgiroverkehr bildete das Postüberweisungsabkommen. Barfreimachungsmaschinen wurden zugelassen, erstmals sprach man über Luftpostsendungen. Eine Studienkommission, darunter Deutschland, erhielt den Auftrag, eine Neufassung der Vertragstexte vorzuschlagen. Diese Kommission trat 1921 in Zermatt zusammen, ließ zwei Unterkommissionen noch im gleichen Jahr in Frankfurt am Main und Paris die Texte vorbereiten, die 1922 in Nizza verabschiedet und dem nächsten Kongreß vorgelegt wurden.

1924 begrüßte Schweden die Vertreter des WPV zum VIII. Weltpostkongreß in Stockholm. Die überarbeiteten Vertragstexte erleichterten nunmehr den Verkehr der Verwaltungen untereinander. Gebührenermäßigungen gab es für Zeitungen, Bücher und wissenschaftliche Veröffent-

Auftritt des Männergesangvereins der k.u.k. Post- und Telegrafenbeamten Wien anläßlich des dortigen Weltpostkongresses
Wien, 1894
Kolorierte Fotografie

Weltpostvereinsdenkmal in Bern
Verkleinerte Nachbildung des Originals von M. Pastori
1909
Bronze

lichungen. Bis zum nächsten Kongreß standen noch einige kleinere Tagungen an. Im Juli 1925 kam eine Kommission von 14 Delegierten, darunter Deutschland, in Cortina d'Ampezzo und nochmals Ende 1928 in Paris zusammen, um Empfehlungen für einen strafferen Ablauf der zukünftigen Kongresse auszuarbeiten. 1927 trafen sich in Den Haag Vertreter der Post und der Luftverkehrsgesellschaften, um über Möglichkeiten der Luftpostbeförderung zu beraten.

Der IX. Weltpostkongreß 1929 in London, auf dem 87 Länder vertreten waren, brachte eine Vereinfachung des Verfahrens der Briefdurchgangskosten, als neue Sendungsart das Päckchen im internationalen Dienst sowie verschiedene Verkehrserleichterungen und Abkommen über die Luftpostbeförderung von Briefen und Paketen. Die zunehmende Bedeutung des Luftverkehrs, die Aufnahme von Nachtflügen und der Einsatz von Luftschiffen führte zu einer Reihe von Sonderkonferenzen – meist der direkt betroffenen Länder – 1930 in Brüssel, 1931 in Prag, 1937 in Den Haag und Paris, 1938 wieder in Brüssel, bei denen Vertreter der Luftfahrt, seit 1928 auch der IATA (International Air Transport Association) hinzugezogen wurden.

Von einer Kommission, die 1933 in Ottawa zusammengetreten war, wurde der X. Weltkongreß 1934 in Kairo vorbereitet. Hier ging es im wesentlichen um das Stimmrecht der Kolonien, das neue Abkommen über den Postreisescheckdienst sowie um weitere Betriebsvereinfachungen und Gebührenermäßigungen. Im Frühjahr 1939 fand der XI. Weltpostkongreß in Buenos Aires statt. Bestimmungen über den Luftpostdienst wurden nun als Anhang zum Hauptvertrag und zum Postpaketabkommen zusammengefaßt. Als neue Sendungsart gab es die Phonopost. Beim Inkrafttreten der neuen Abkommen am 1. Juli 1940 war bereits der Zweite Weltkrieg ausgebrochen, der einen großen Teil des Weltpostverkehrs erneut lahmgelegt hatte. Mit dem Zusammenbruch Deutschlands 1945 waren auch alle deutschen

Verkehrsbeziehungen zum Ausland abgebrochen. Der WPV selbst und das Internationale Büro in Bern hatten alle Kriegswirren überstanden und konnten ihre segensreiche Tätigkeit nach Kriegsende mit ungebrochener Kraft wiederaufnehmen.

## Der Weltpostverein nach dem Zweiten Weltkrieg

Infolge des Krieges konnte der XII. Weltpostkongreß in Paris erst 1947 stattfinden. Deutschland wurde dabei von den vier Siegermächten im Namen der Interalliierten Kontrollkommission in der Stellung von Beobachtern vertreten. Ähnliches galt für Japan und Korea, Spanien war nicht eingeladen worden. Seit seiner Gründung hatte sich der WPV von politischen Bündnissen und Einflüssen ferngehalten. Am 4. Juli 1947 jedoch wurde ein Übereinkommen zwischen den Vereinten Nationen und dem WPV unterzeichnet, nachdem der WPV die Rechte und Pflichten einer Sonderorganisation der Vereinten Nationen übernommen hatte. Für die Zeit zwischen zwei Kongressen richtete man eine „Vollzugs- und Verbindungskommission" (seit 1964 „Vollzugsrat") ein. Im Rahmen des internationalen Postdienstes wurden das Postnachnahmeabkommen abgeschlossen, das Höchstgewicht für Drucksachen auf 3 kg festgesetzt und die Drucksache zu ermäßigter Gebühr geschaffen.

Seit 1875 gab das Internationale Büro die Zeitschrift „Union postale" heraus, und zwar in englischer, französischer und deutscher Sprache, 1920 kam Spanisch hinzu. 1947 wurde Deutsch ausgeschaltet (nach dem Brüsseler Kongreß 1952 jedoch wieder aufgenommen), neu hinzu kamen Arabisch, Chinesisch und Russisch.

Am XIII. Weltpostkongreß 1952 in Brüssel nahmen 91 Postverwaltungen teil, darunter auch wieder Spanien. Deutschland wurde noch von den Besatzungsmächten vertreten. Wichtige Ergebnisse des Kongresses waren die Gebührenfreiheit für Blindensendungen und die Festsetzung von Mindestmaßen (10 x 7 cm) für Briefsendungen. In Ottawa tagte 1957 der XIV. Weltpostkongreß, diesmal wieder unter Beteiligung der Bundesrepublik Deutschland, von der am 21. März 1955 die Ratifizierungsurkunde zum Beitritt zu den Verträgen bei der Regierung von Belgien hinterlegt worden war. Auch vor dem Beitritt zu den Brüsseler Verträgen war die Mitgliedschaft Deutschlands im WPV niemals erloschen, wenn auch Deutschland an der Ausübung seiner Rechte gehindert war. Während die Unterschriftenteile der Verträge von Paris und Brüssel offengehalten worden waren, haben die Vertreter der Bundesrepublik Deutschland die Verträge von Ottawa und den folgenden Kongressen unter der Formel „Pour l'Allemagne" unterzeichnet. Proteste von Ostblockländern wurden jeweils zurückgewiesen. Als weiteres ständiges Organ des WPV beschloß man die Errichtung einer „Beratenden

Kommission für Poststudien". Außerdem wurden ein Postsparkassenabkommen vereinbart und das Höchstgewicht von Büchersendungen auf 5 kg festgesetzt.

Der XV. Weltpostkongreß 1964 in Wien sowie einige Folgekongresse waren jeweils in ihren ersten Wochen von politischen Diskussionen geprägt. Zahlreiche frühere Kolonialgebiete setzten in Wien einen Ausschluß Südafrikas wegen seiner Apartheid-Politik durch. Dieser Beschluß wurde – ohne Rechtsgrundlage – auf nachfolgenden Kongressen bestätigt. Erst 1994 konnte Südafrika am Kongreß in Seoul wieder teilnehmen. Am Ende des Kongresses in Wien standen eine Neufassung der Satzung des WPV mit Allgemeiner Verfahrensordnung und des Weltpostvertrags mit zugehöriger Vollzugsordnung nebeneinander. Sonst gab es keine wesentlichen Änderungen im Postdienst. Zum XVI. Weltpostkongreß trafen sich die Delegationen von 142 Mitgliedern 1969 in Tokio. Nach der ersten Woche voll von politischen Erklärungen begann die Arbeit in den Kommissionen. Die seitherige Kommission wurde als „Konsultativrat für Poststudien" neu gebildet. Ergebnisse waren unter anderem der Wegfall der Antwortpostkarte, der Warenprobe und der Phonopost, als Mindestmaße für Briefsendungen galten jetzt 9 x 14 cm. Außerdem überprüfte man die Beziehungen zu den engeren Postvereinen (PV). Davon waren regional tätig der Amerikanisch-Spanische PV, der Nordische PV, der Arabische PV, der PV Asiens und Ozeaniens, der Afrikanische PV sowie die Europäische Konferenz der Post und Fernmeldeverwaltungen (CEPT, jetzt PostEurop) usw.

Anläßlich des Jubiläums „100 Jahre Weltpostverein" fand 1974 der XVII. Weltpostkongreß in Lausanne statt, an dem auch die DDR als neues Mitglied seit 1973 teilnahm. Bei einer besonderen Feier am 14. Juni 1974 in Bern gedachten die Teilnehmer der Verdienste des Gründers des WPV, Heinrich von Stephan, und besichtigten den neuen Sitz des WPV (seit 1970) in Bern. Der Kongreß beschloß eine bestimmte Positionierung des Anschriftfeldes bei Standardbriefen, schrieb die rechteckige Form für Briefe und Postkarten vor und legte fest, daß Internationale Antwortscheine nur noch vom Internationalen Büro verausgabt werden. Der XVIII. Weltpostkongreß 1979 in Rio de Janeiro widmete seine Aufmerksamkeit der Zukunft der Postdienste. Angesichts des Verfalls des Weltwährungssystems war es erforderlich, über einen Ersatz des Goldfranken nachzudenken. Beschlossen wurde, daß alle in Goldfranken ausgedrückten Gebührenbeträge in „Sonderziehungsrechte" nach einem bestimmten Faktor umgewandelt werden können.

Am XIX. Weltkongreß vom 18. Juni bis 27. Juli 1984 in Hamburg nahmen 146 Delegationen mit 917 Delegierten teil. Nach der feierlichen Eröffnung durch Bundespräsident Karl Carstens begann die Arbeit der verschiedenen Kommissionen, in denen zu einem großen Teil auch Deutschland leitend tätig war. Zu den Beratungsergebnissen gehörten unter anderen Kontrolle der

Heinrich von Stephan in seinem Arbeitszimmer
Um 1890
Fotografie

Dienstgüte, Bezeichnung des 9. Oktober (Gründungstag des WPV) als „Weltposttag", Kontakte zu Postkundenorganisationen, neue Beitragsklassen und Vereinswährung (Goldfranken neben Sonderziehungsrechten). Mit der „Erklärung von Hamburg" sollte die Rolle des WPV bei der Integration der nationalen Postnetze gestärkt werden.

Die Vereinigten Staaten von Amerika hatten für 1989 zum XX. Weltpostkongreß nach Washington eingeladen. Es wurde ein „Allgemeines Aktionsprogramm von Washington" beschlossen, das bei den immer härter umkämpften Märkten für Postdienstleistungen dem Kunden besser dienen kann. Währungseinheit des WPV ist jetzt die jeweilige Währungseinheit des Internationalen Währungsfonds. Die Grundbriefgebühren können unter- oder überschritten werden, die Briefpost kann nicht nach dem Inhalt, sondern auch nach Vorrang der Beförderung klassifiziert werden, und der EMS-Dienst (Express-Mail-Service) wird eingeführt.

Der bis jetzt letzte, der XXI. Weltkongreß, fand 1994 in Seoul statt. Da sich seit dem Kongreß von Washington der Trend von Reguliererfunktion und Betreiberfunktion im Postwesen weltweit erheblich verstärkt hat, mußte der WPV dieser Entwicklung Rechnung tragen. Deshalb wurden umgewandelt der Vollzugsrat in den „Verwaltungsrat" (Regulierungsaufgaben) und der Konsultativrat für Poststudien in den „Rat für Postbetrieb" (Betreiberaufgaben). Eine wichtige Rolle spielte der Kostenausgleich bei ungleichem Briefpostgewicht, sind doch von 189 Mitgliedsländern des WPV 161 Entwicklungsländer, von denen ein hoher Anteil des Remailing stammt. Hier wurden die Endvergütungen verbessert und ein größerer Schutz vor Remailing eingeführt. Neu aufgenommen wurden die elektronische Post und eine Regelung über Telematik-Verbindungen, die Klassifizierung im Briefdienst nach „prioritaire" sowie im Frachtdienst des „Consignment" (Sammelsendung); die Gewichtsgrenze für Auslandspakete erhöhte man auf 31,5 kg, die bereits weltweit von privaten

Landbriefträger bei Gewitter
Gemälde von Karl Hanns Taeger
Um 1900
Öl auf Leinwand

Briefträger vor dem Rathaus-
portal in Rothenburg o.d. Tauber
Gemälde von Gustav Rienäcker
Nach 1928
Öl auf Leinwand

Wettbewerbern angeboten werden. Alles in allem hat der Kongreß von Seoul der Post den Weg ins neue Jahrtausend gewiesen, vor dessen Anbruch für 1999 noch der XXII. Weltpostkongreß in Peking vorgesehen ist.

## Bewährung und Führung im Markt – die Strategie des Weltpostvereins für das 21. Jahrhundert

Der Weltpostverein bietet seit seiner Gründung 1874 seine Dienste den Menschen in allen Erdteilen in gleichem Maße an. Jedes Mitglied der Organisation der Vereinten Nationen kann dem WPV beitreten. Der Verein hat sich als Grundvertrag eine Satzung gegeben, in der die Ziele des Vereins aufgezählt sind, nämlich ein einziges Postgebiet für den gegenseitigen Austausch von Briefsendungen und die Gewährleistung des freien Durchgangs im gesamten Vereinsgebiet. Gemeinsame Bestimmungen für den internationalen Postdienst sowie für die Briefdienste sind im Weltpostvertrag geregelt, der durch eine Vollzugsordnung ergänzt wird. In fakultativen Übereinkommen (Nebenabkommen) werden Paketdienst, Postanweisungsdienst, Postgirodienst und Nachnahmedienst behandelt.

Die wichtigsten Organe des Vereins sind der Kongreß, der Verwaltungsrat, der Rat für Postbetrieb und das Internationale Büro. Oberstes Organ ist der Kongreß, der grundsätzlich alle fünf Jahre zusammentritt. Er konzentriert sich auf allgemeine politische Fragen und legt eine Strategie für die Lösung der Probleme des weltweiten Postsystems fest. Der Verwaltungsrat besteht aus dem Präsidenten und 40 gewählten Mitgliedern und tritt grundsätzlich jedes Jahr am Sitz des WPV in Bern zusammen. In den Jahren zwischen den Kongressen führt er die Arbeiten des Vereins fort. Der Rat für Postbetrieb ist für technische und betriebliche Fragen zuständig und setzt sich aus 40 gewählten Mitgliedern zusammen. Nach seinem Arbeitsprogramm soll er den Postdiensten dazu verhelfen, ihre Leistungsfähigkeit und Leistungsqualität zu verbessern. Das Internationale Büro in Bern unterstützt die Organe des WPV bei ihrer Arbeit und dient ihnen als Sekretariat.

Die nationalen Postunternehmen haben die Verpflichtung, in ihrem Land einen Universaldienst zu einem einheitlichen Preis sicherzustellen und Entscheidungen im Zusammenhang mit der Ausgabe von Briefmarken zu treffen. Auch Weltpostkongresse und der WPV haben von Zeit zu Zeit Themen für Briefmarkenausgaben empfohlen und Fördermaßnahmen für die Philatelie durchgeführt. Seit 1964 widmet sich der WPV in verstärktem Maße der technischen Hilfeleistung für Entwicklungsländer und ist mit eigenen Regionalberatern vor Ort vertreten. Der Haushalt des WPV wird durch Beiträge der Mitgliedsländer finanziert, die in elf Beitragsklassen von 0,5 bis 50 Einheiten eingeteilt sind.

Mit der „Poststrategie von Seoul" haben sich die Postunternehmen das Ziel gesetzt, schnell auf Marktveränderungen zu reagieren und den Erwartungen der Kunden voll zu entsprechen. Der elektronische Datenaustausch (EDI), der besonders von der Deutschen Post AG gefördert wird, soll der Post die Möglichkeit geben, ihre Tätigkeiten effektiver zu gestalten, die Dienstqualität zu verbessern und eine Kostensenkung zu ermöglichen. Der traditionsreiche Weltpostverein ist mehr denn je entschlossen, mit dem Einsatz von Spitzentechnologie und neuen Produkten das 21. Jahrhundert optimistisch anzugehen.

Landbriefträger im Winterrock
mit kurzen Schulterschnüren
Um 1910
Studiofotografie

Briefträger im Winterrock mit
kurzen Schulterschnüren
Um 1910
Studiofotografie

Landbriefträger im Winter
Gemälde von Karl Hanns Taeger
Um 1900
Öl auf Leinwand

Landbriefträger im Sommer
Gemälde von Karl Hanns Taeger
Um 1900
Öl auf Leinwand

Zwei Spreewälder
Landbriefträger in Kähnen
Um 1900
Fotografie

Zwei Spreewälder Land-
briefträger auf Schlittschuhen
Um 1900
Fotografie

# Lebenszeichen

# Feldpostbriefe und ihre Zensur in den zwei Weltkriegen

Benjamin Ziemann

In den ersten Monaten des Jahres 1941 schrieb der Romanist Victor Klemperer jenes Kapitel seiner Lebenserinnerungen, das sich mit seinen Erlebnissen als Artillerist im Ersten Weltkrieg beschäftigte. Zu diesem Zeitpunkt lebte Klemperer, Sohn eines Rabbiners, aber seit langem Protestant, trotz seiner „arischen" Ehefrau in ständiger Angst vor der Deportation unter prekären Umständen in einem Dresdener Judenhaus. Briefe, die er von in der Emigration lebenden Verwandten erhielt, wurden kontrolliert. Seine unlängst publizierten Tagebuchnotizen brachte seine Frau zu einer befreundeten Ärztin nach Pirna, da man Hausdurchsuchungen befürchtete.

Anfang 1916 war Klemperer an der Westfront einem sozialdemokratischen Unteroffizier begegnet. Dieser schilderte ihm den wachsenden Zulauf der Soldaten zu seiner Partei, versicherte ihm die Unmöglichkeit eines deutschen Sieges und hielt eine Revolution für nahezu unvermeidlich. „Ich habe das alles damals" – schrieb Klemperer 1941 in seinen Memoiren – „sehr genau und ausführlich notiert, und was mich heute daran am meisten berührt, ist weniger meine Skepsis [...] als die Tatsache des Aufzeichnens selber. Ich vertraute doch diese Blätter der Feldpost an. Mit welcher Angst vermeiden wir heute in Briefen die geringste Anspielung auf politische Mißstände, wie haben wir das Zittern vor Zensur und Verfolgung gelernt! Damals kam ich gar nicht auf den Gedanken, daß mit solchen Berichten Gefahr für den Schreiber verbunden sein könnte."[1]

Diese Notiz wirft ein Schlaglicht auf den Wandel der Bedingungen, der sich ganz allgemein beim Schreiben von Briefen vom Ersten zum Zweiten Weltkrieg vollzogen hat. Die Feldpost der Soldaten als eine spezielle Form des Briefwechsels unterlag in beiden Kriegen der Zensur. Erhebliche Unterschiede gab es aber bei der Definition dessen, was aus Sicht der Zensoren als beanstandenswert galt, sowie bei den Konsequenzen, die für Verstöße gegen die Zensurvorschriften drohten. Darüber hinaus ist auch ein Wandel in der Einstellung der Soldaten zur Überwachung ihrer privaten Briefe zu erkennen, der mit einem allgemeinen Mentalitätswandel einherging. Bevor diese Zusammenhänge umrissen werden, muß jedoch die praktische Umsetzung der Feldpostzensur kurz erläutert werden.[2]

Bis 1916 waren in der deutschen Armee die unmittelbaren Disziplinarvorgesetzten wie etwa die Kompanieführer mit der Durchführung der Briefzensur betraut. Diese griffen entweder einen Teil der angesammelten Post zur Prüfung heraus, oder die Briefe mußten offen bei der Kompanie abgeliefert werden. Einheitliche Regelungen und Erlasse für die Beanstandung bestimmter Inhalte gab es nicht. Neben der Übermittlung ‚militärischer Geheimnisse', also Nachrichten über Truppenverschiebungen und Einsatzorte etc., wurden vor allem kritische Äußerungen über das Verhalten der Offiziere beanstandet. Die Lektüre der Post durch den direkten Vorgesetzten war ein schwerer Eingriff in die Privatsphäre, zumal des-

1 V. Klemperer: Curriculum Vitae. Erinnerungen 1881–1918. Bd. 2. Berlin 1996 (zuerst 1989), S. 402f.; vgl. ders.: Ich will Zeugnis ablegen bis zum letzten. Tagebücher 1933–1945. 2 Bde. Berlin 1995.

2 Vgl. an einführender Literatur zur Zensur: B. Ulrich: Feldpostbriefe im Ersten Weltkrieg – Bedeutung und Zensur. In: P. Knoch (Hrsg.): Kriegsalltag. Stuttgart 1989, S. 40–83; M. Humburg: Die Bedeutung der Feldpost für die Soldaten in Stalingrad. In: W. Wette/G. R. Ueberschär (Hrsg.): Stalingrad. Frankfurt/M. 1992, S. 68–79 (Anm. S. 279–282). Zum militär- und mentalitätsgeschichtlichen Kontext und dem Inhalt von Feldpostbriefen: B. Ziemann: Front und Heimat. Ländliche Kriegserfahrungen im südlichen Bayern 1914–1923. Phil. Diss. Bielefeld 1995 (erscheint Essen 1997); O. Bartov: Hitlers Wehrmacht. Soldaten, Fanatismus und die Brutalisierung des Krieges. Reinbek 1995; K. Latzel: Freie Bahn dem Tüchtigen! Kriegserfahrung und Perspektiven für die Nachkriegszeit in Feldpostbriefen aus dem Zweiten Weltkrieg. In: G. Niedhart/ D. Riesenberger (Hrsg.): Lernen aus dem Krieg? Deutsche Nachkriegszeiten 1918 und 1945. München 1992, S. 331–343.

halb des öfteren intime Details innerhalb des Truppenteils die Runde machten.

Neben der Kritik vieler Parlamentarier an dieser Praxis war es vor allem das Interesse an einer möglichst genauen Beobachtung der Stimmung, das im April 1916 zu einer Verfahrensänderung führte. Denn auch an der Front war bis zu diesem Zeitpunkt die Kriegsmüdigkeit erheblich angewachsen. Von nun an waren es bei den Divisionen und Armee-Oberkommandos eingerichtete Postüberwachungsstellen, die eine stichprobenartige Zensur der Feldpost durchführten. Zugleich fertigten sie periodisch Überwachungsberichte an, die, mit repräsentativ ausgewählten Zitaten versehen, den damaligen Militärbehörden ebenso wie dem heutigen Historiker Aufschluß über die Einstellung der Mannschaften im Feld vermitteln konnten und können. Amtliche Richtlinien legten nunmehr fest, daß der private Gedankenaustausch zwischen Feld und Heimat nicht gestört werden sollte. Auch in scharfer Diktion vorgetragene Klagen über die Verpflegung oder Unterbringung durften die Heimat erreichen. Nur bei schweren Verstößen gegen die ‚Mannszucht' und ausgesprochen defätistischen Bemerkungen zur Kriegslage sollte die Zensur eingreifen.

Im Zweiten Weltkrieg griff man von vornherein auf die Arbeit der Postüberwachungsstellen zurück und fertigte ebenfalls Stimmungsberichte auf der Basis von Feldpostbriefen an. Dennoch kam es auch in der Wehrmacht wiederholt vor, daß „Einheitsführer selbständig Feldpostbriefe von Angehörigen ihrer Einheit zur Prüfung geöffnet" haben, wie das Oberkommando des Heeres am 27. Oktober 1943 in einer Verfügung feststellte.[3] Sehr viel schärfer gefaßt als 1916–1918 waren in der Wehrmacht die Vorschriften, welche Verstöße gegen die Zensurbestimmungen definierten. Neben kritischen Äußerungen über Maßnahmen von Armee- und Staatsführung war auch die Verbreitung von Gerüchten und vor allem die „Zersetzung der Wehrkraft" untersagt.

Dies war ein 1938 von den Nationalsozialisten neu geschaffener Straftatbestand des Militärrechts. Mit ihm konnte in der Praxis nahezu jede, auch aus einer nur momentanen Mißstimmung entstandene kritische Äußerung mit Gefängnis, Zuchthaus oder sogar dem Tode bestraft werden. Eine entsprechende Rechtsauslegung sicherte dieses Vorgehen ab. Auch die im Feldpostbrief ohnehin nicht gegebene Öffentlichkeit des ‚zersetzenden' Handelns als Voraussetzung für eine justizielle Verfolgung wurde in der Rechtspraxis beiseite geschoben. Die Gesamtzahl der wegen dieses ‚Delikts' zur Aburteilung gelangten Fälle wird auf 30 000 – 40 000 geschätzt. Legt man die für ein Militärgericht in Wien erhobenen Daten zugrunde, so nahm vermutlich etwas mehr als ein Zehntel aller Verfahren wegen Wehrkraftzersetzung von Meldungen der Postüberwachungsstellen seinen Ausgang.

3 BA/MA Freiburg, RH 13/47, zit. nach: A. J. Aschl: Kriegspost einer bayerischen Beamtenfamilie aus dem ersten Weltkrieg 1916–1918 von und nach Günzburg. Günzburg 1994, S. 18

Demzufolge traf eine Beanstandung ihrer Post die Soldaten im Zweiten Weltkrieg weitaus härter als im Ersten. Für die Jahre 1914–1918 typisch ist etwa das Beispiel eines bayerischen Sanitätssoldaten, der im Juni 1918 brieflich über sein Schicksal als „Sklave der Großkapitalisten" beim „Riesenschwindl" – wie der Krieg bei den Soldaten genannt wurde – klagte. Zudem werde den Mannschaften von den Offizieren „alles abgestohlen", eine Bemerkung, die sich wohl vor allem auf die bessere Verpflegung der Vorgesetzten bezog. Der von der Postüberwachung beanstandete Brief brachte seinem Verfasser eine militärgerichtliche Verurteilung zu einem Jahr Gefängnis wegen Beleidigung von Offizieren ein. Die heute gravierend erscheinende Ahndung einer häufig anzutreffenden Äußerung bewegte sich damit in der Mitte des gesetzlichen Strafrahmens, der für die einfache Beleidigung von Vorgesetzten eine Freiheitsstrafe von bis zu zwei Jahren vorsah.[4] Im Zweiten Weltkrieg drohte für „Wehrkraftzersetzung" die Todesstrafe, nur in minder schweren Fällen sollte auf Zuchthaus oder Gefängnis erkannt werden. Die Strafzumessung bei Verstößen gegen die Feldpostzensur ist für diesen Zeitraum noch nicht gründlich untersucht. Vor dem allgemeinen Hintergrund einer drakonischen Urteilspraxis der Wehrmachtsjustiz ist aber davon auszugehen, daß in der Regel erheblich schärfere Strafen als in den Jahren 1914–1918 verhängt wurden.[5]

Beim Vergleich zwischen den beiden Weltkriegen ist zudem zu berücksichtigen, daß im wilhelminischen Kaiserreich immerhin noch eine parlamentarische Öffentlichkeit vorhanden war, die sich auch mit den Auswüchsen und Übergriffen bei der Feldpostzensur und Militärgerichtsbarkeit wiederholt beschäftigte. Sie übte damit zumindest eine gewisse Kontrollfunktion gegenüber den Militärbehörden aus. Vor allem sozialdemokratische Reichstags- und Landtagsabgeordnete, als Anlaufstelle für Beschwerden aus dem Feld stark frequentiert, nahmen sich vor dem Forum der Parlamente dieses Problems an. Insbesondere den Versuchen der Militärs, den Feldpostverkehr mit Abgeordneten möglichst zur Gänze zu unterbinden, setzten sie hartnäckigen Widerstand entgegen. Insgesamt war eine auch nur annähernd umfassende Kontrolle der Feldpost angesichts von ca. 28 Milliarden Sendungen im Ersten und ca. 40 Milliarden im Zweiten Weltkrieg bei weitem nicht möglich. Geprüft wurden stets nur Stichproben, die nicht mehr als einen winzigen Bruchteil der anfallenden Post erfaßten.

Um so mehr hing davon ab, wie sich die Soldaten im Feld zur Einschränkung ihrer Kommunikationsfreiheit und der bei Verstößen gegen die Vorschriften möglicherweise drohenden Gefahr verhielten. Für das Verständnis dieser Zusammenhänge ist zunächst die Bedeutung zu ermessen, welche die Feldpost für die Soldaten und ihre Angehörigen besaß. Angesichts einer monate-, teilweise jahrelangen Trennung von den Familien war der regelmäßige Austausch von Feldpostbriefen auf beiden Seiten für die emotionale

4 Brief des F.X. Wimmer vom 21.6.1918 an seinen Bruder und Urteilsbegründung. In: BHStA/IV, MilGer 6488; vgl. zahlreiche weitere Beispiele in: Ziemann: Front und Heimat (wie Anm. 2).

5 Vgl. das Beispiel bei B. Dörner: Der Krieg ist verloren! ‚Wehrkraftzersetzung' und Denunziation in der Truppe. In: N. Haase/G. Paul (Hrsg.): Die anderen Soldaten. Frankfurt/M. 1995, S. 105–122, S. 114; M. Messerschmidt: Der ‚Zersetzer' und sein Denunziant. Urteile des Zentralgerichts des Heeres - Außenstelle Wien – 1944. In: W. Wette (Hrsg.): Der Krieg des kleinen Mannes. München 1992, S. 255–278. Vgl. allgemein: M. Messerschmidt/F. Wüllner: Die Wehrmachtsjustiz im Dienste des Nationalsozialismus. Baden-Baden 1987; F. Wüllner: Die NS-Militärjustiz und das Elend der Geschichtsschreibung. Ein grundlegender Forschungsbericht. Baden-Baden 1991. Für ein (vollstrecktes) Todesurteil wegen beanstandeter Feldpostbriefe einer Zivilistin vgl. Humburg: Die Bedeutung der Feldpost (wie Anm. 2), S. 281, Anm. 17.

Ankunft der deutschen Feldpost in Filipowo/Russland
Fotografie von A. Kühlewindt
Um 1916

Stabilisierung extrem wichtig. Der Brief war das einzige vorhandene Kommunikationsmedium und diente damit zugleich als unmittelbares Lebenszeichen. Eine Ausnahmesituation wie der Fronteinsatz machte darüber hinaus in besonderem Maße eine fortlaufende und detaillierte Beschreibung der eigenen Lage und Befindlichkeit erforderlich. Schließlich konnten der Krieg selbst, die Möglichkeit seiner Legitimation, die Ursachen für sein Andauern sowie die durch ihn verursachten Entbehrungen und Ungerechtigkeiten die Aufmerksamkeit erregen. Ob und wie man an der Front bereit war, trotz des Wissens um die Zensur über diese Dinge brieflich Auskunft zu geben, soll im folgenden nacheinander für die beiden Weltkriege dargestellt werden.

Hinweise auf den Grad des eigenen Wohlbefindens ließen sich problemlos in unauffälliger Form vermitteln. Viele Soldaten verwendeten dafür vorher abgesprochene Codezeichen wie etwa in bestimmter Anordnung angebrachte Striche, Punkte oder Unterstreichungen. Ein fränkischer Landwirt etwa schrieb seiner Frau zu Beginn des Feldzuges im September 1914: „Diesen Brief heb Du auf und merke folgendes: Wenn ich in Frankreich bin und schreibe an Dich ‚Es geht mir gut', so ist es wirklich die Wahrheit. Wenn ich schreibe ‚Es geht mir gut' und habe das ‚gut' unterstrichen, dann darfst Du annehmen, daß es schlecht bedeutet." Auf ähnliche Weise ließen sich auch Angaben über den aktuellen Einsatzort oder bevorstehende Truppenverschiebungen machen, die als militärische ‚Geheimnisse' angesehen wurden. Zur Geheimhaltung solcher Verlegungen, die als Hinweis auf Rückzugs- oder Angriffsbewegungen gedeutet werden konnten, verfügten die Oberste Heeresleitung oder einzelne Armeeführungen zahlreiche kurzfristige Postsperren, die bei den Betroffenen massiven Unmut auslösten. Mit der Zeit lernte die Bevölkerung allerdings, gerade den Erlaß einer solchen Sperre als sicheren Hinweis auf eine direkt folgende militärische Operation zu deuten.

6 Stefan Schimmer 27.9.1914 an seine Frau Katharina: BHStA/IV, Amtsbibliothek 9584.

Transport von Feldpostsendungen mit Pferden und Eseln während des Zweiten Weltkriegs
1942
Fotografie

Bei der Erörterung familiärer Probleme und der Darstellung von niederschmetternden Eindrücken aus den Kampfhandlungen erlegten sich die Soldaten mehrheitlich keine Zurückhaltung auf. Gewiß hing die Schilderung von Gefechtserlebnissen auch von der schriftsprachlichen Ausdrucksfähigkeit ab, die bei den Mannschaftssoldaten mit zumeist nur einfacher Schulbildung nicht besonders ausgeprägt war. In diesem Fall griff man zu formelhaften Ausdrücken wie etwa ‚Morden', ‚Massenmorden' oder ‚Schlächterei', mit denen das destruktive Geschehen auf den Schlachtfeldern auf den Begriff gebracht werden konnte. Im Gegensatz dazu gab es viele jüngere Soldaten aus bürgerlichen Kreisen, die gerade in der zweiten Kriegshälfte negative Erfahrungen in ihren Briefen nicht mehr thematisierten. Dies geschah allerdings weniger aus Rücksichtnahme auf die militärische Zensur als vielmehr in einem Akt der Selbstzensur. Das Grauen der Materialschlachten widersprach zu sehr den patriotischen Idealen, mit denen diese Schüler und Studenten zumeist freiwillig in den Krieg gezogen waren. Zum anderen wollte man den Vätern und Müttern durch Schilderung der tatsächlichen Gefahren nicht „das Herz noch schwerer" machen. Der Historiker Percy Ernst Schramm, Sprößling einer Hamburger Bürgerfamilie und Kriegsfreiwilliger des Jahres 1914, hat darauf hingewiesen, daß aus diesen Gründen seine Briefe aus den Jahren 1917/18 „nicht mehr unmittelbar Zeugnis" ablegten, sondern „aus bester Gesinnung ‚zurechtgemacht'" und „stilisiert" waren, „wie das ‚Durchhalten' das erforderlich machte".[7]

Die Masse der Soldaten aus den unterbürgerlichen Schichten in Stadt und Land sah für skrupulöse Vorbehalte dieser Art dagegen keinen Anlaß. Seit 1915 war die Friedenssehnsucht im Heer allgemein verbreitet und vertiefte sich im folgenden Jahr unter dem Eindruck der Materialschlachten nochmals immens. Auf extreme Belastungen und eine ungerechte Behandlung durch die Offiziere reagierten die Mannschaften mit lautstarkem Schimpfen. In stei-

7 P. E. Schramm: Neun Generationen. Dreihundert Jahre deutscher Kulturgeschichte im Licht der Schicksale einer Hamburger Bürgerfamilie (1648–1948). Bd. 2. Göttingen 1964, S. 493.

Brief zurück
Holzschnitt von Sella Hasse
1918

gender Zahl kamen auch individuelle Gehorsamsverweigerungen und unerlaubte Entfernungen von der Truppe vor. Ungeachtet des Wissens um die Zensur machten die Soldaten auch brieflich ihrem Unmut über die lange Dauer des Krieges Luft. Ein junger Soldat aus dem thüringischen Schmalkalden, der nach dem Krieg als Angestellter tätig war und Mitglied der sozialdemokratischen Frontkämpferorganisation Reichsbanner Schwarz-Rot-Gold wurde, schrieb seinen Eltern im November 1916:

„So manchmal verliert man tatsächlich allen Mut, wenn man immer weiter mitwursteln muß und immer noch kein Ende dieses schrecklichen Krieges. Vor kurzem war überall ein großes Gerede von Sonderfrieden mit Rußland, doch hat sich dies scheinbar als großer Schwindel herausgestellt. Na, man hat uns ja schon so vielmal verklapst. Jeder Staat schreibt wieder, aushalten bis zum endgültigen Siege. Wer soll bloß siegen? Nach 27 Monaten dieses Völkermordens ist man noch nicht zu der Einsicht gekommen, daß der Krieg mit Waffen nicht entschieden werden kann. [...] Die kaum 18jährigen werden eingezogen, zu Kanonenfutter ist alles gut. Für wen wir so schmachten müssen, wissen wir nicht. Man weiß eben nur, wir müssen. Na, darüber nur diese wenigen Worte, Ihr wißt, schreiben darf man nicht viel..."[8]

Auch politische Äußerungen und Kundgebungen fanden vor allem 1917 ihren Weg in die Heimat durch briefliche Mitteilungen. Insbesondere das Engagement der Mehrheitssozialdemokratie für einen Verständigungsfrieden ‚ohne Annexionen und Kontributionen' stieß im Feldheer auf breite Zustimmung. Als eine Münchener SPD-Zeitung im Juni 1917 zur Einsendung von Unterschriften für einen „sofortigen Frieden" aufrief, gingen in kurzer Zeit mehrere tausend Schreiben bei der Redaktion ein. Sie waren teilweise von den Soldaten einer ganzen Kompanie kollektiv unterzeichnet. Die erhaltenen Begleitschreiben sprechen hinsichtlich der Verantwortung des

8 Fritz Einert: Brief vom 22.11.1916: Bundesarchiv Potsdam, 92, Nr. 275, Bl. 17.

„Großkapitalismus" für die „wahnwitzige Eroberungspolitik" des Deutschen Reiches eine deutliche Sprache.[9]

Seit dem Sommer 1918 erreichten Erschöpfung und Kriegsmüdigkeit der Truppen ein dramatisches Ausmaß. Die von der Unmöglichkeit eines deutschen Sieges überzeugten Soldaten hatten nur noch den Frieden als Ziel vor Augen, unabhängig von seinen Bedingungen und möglichen Gebiets- oder Reparationsforderungen der gegnerischen Mächte. Durchhalteparolen hatten nunmehr ihre Wirkung verloren, jegliche Rücksichtnahme auf die Briefzensur war geschwunden. Auch geplante schwere Verstöße gegen das Militärstrafrecht wurden jetzt ungeniert in Briefen angekündigt. Ein Hauptmann im badischen Lörrach notierte gut zwei Wochen vor dem Waffenstillstand in einen Bericht über geprüfte Poststücke von Frontsoldaten lapidar: „Wo Absicht der Fahnenflucht gefunden wurde, ist der Truppenteil direkt benachrichtigt worden." Wenn die Frontsoldaten an die Zensur überhaupt noch einen Gedanken verschwendeten, so erschien sie jetzt vornehmlich als ein probates Mittel, um die Behörden über die tatsächliche Stimmung im Heer aufzuklären. Die Postüberwachungsstelle der 5. Armee hielt im August 1918 fest: „Bemerkenswert ist übrigens, daß Briefschreiber, nachdem sie in heftigster Form ihrer Mißstimmung Luft gemacht haben, in letzter Zeit häufig den Zusatz machen: ‚Ich weiß, daß meine Korrespondenz überwacht wird, aber laß sie es nur lesen, dann erfahren sie wenigstens auf diesem Wege die Wahrheit'."[10]

Die militärischen und mentalen Voraussetzungen im Zweiten Weltkrieg waren gänzlich andere. Viele Soldaten ließen sich von den schnellen Anfangserfolgen in den „Blitzkriegen" u.a. gegen Polen, die Niederlande und Frankreich blenden. Gerade diejenigen, die bereits im Ersten Weltkrieg eingezogen worden waren, nahmen die technologische Überlegenheit der deutschen Truppen dankbar und anerkennend zur Kenntnis. Während die Infanteristen „früher", so hieß es 1940 aus den Niederlanden, „immer wieder in den Dreck mußten, bis die Divisionen aufgerieben waren", hatten jetzt „Panzer und Flieger das erste Wort".[11] Erhebliche Auswirkungen hatte zudem der ideologische Uniformierungsprozeß, dem die Soldaten – wie die gesamte Bevölkerung – seit der Wiedereinführung der allgemeinen Wehrpflicht 1935 unterlagen. Dem NS-Regime gelang es nachhaltig, ideologische Stereotype wie vor allem den Führer-Mythos, aber auch antibolschewistische Ressentiments in den Köpfen der Wehrmachtsangehörigen zu verankern.

Diese These ist in der historischen Forschung momentan noch umstritten, und anstelle eines pauschalen Urteils muß man auch die Grenzen dieser Entwicklung vor allem bei älteren oder katholischen Soldaten betonen. Dennoch bieten die Quellen viele Belege gerade für die Verankerung des Führer-Mythos in den Köpfen der Wehrmachtssoldaten. Dies zeigen zum Beispiel eine Reihe von Feldpostprüfberichten, welche im Januar 1943 die

9 Vgl. Ulrich/Ziemann: Frontalltag (wie Anm. 2), Dok. 44, S. 169-171.

10 Bericht der Postüberwachungsstelle Lörrach vom 24.10.1918. Abgedruckt in: B. Ulrich/B. Ziemann (Hrsg.): Krieg im Frieden. Der Erste Weltkrieg in Darstellung und Erinnerung 1918–1935. Erscheint Frankfurt/M. 1997, Dok. 3 c.; Postüberwachungsbericht der 5. Armee vom 31.8.1918: BA/MA Freiburg, W/10-50794, Bl. 76.

11 Feldpostbrief eines ostfriesischen Angestellten und NSDAP-Mitglieds vom 22.5.1940: A. Wojak (Hrsg.): „Wir werden auch weiterhin unsere Pflicht tun". Kriegsbriefe einer Familie in Deutschland 1939–1945. Bremen 1996, S. 31.

Auffassung von Soldaten der 6. Armee im Kessel von Stalingrad dokumentierten. Die aussichtslose militärische Lage und die katastrophalen Lebensbedingungen schlugen sich in einer Reihe von Briefen nieder, die offen von der Erschöpfung der Truppe und einem momentanen Tiefstand der Stimmung zeugen. Ausgesprochene Abschiedsbriefe wurden in großer Zahl verfaßt. Die Zensur ‚zersetzender' Äußerungen wurde hier ausnahmsweise „sehr großzügig gehandhabt", indem man sie nur unleserlich machte. Zur gleichen Zeit fand das „Vertrauen zum Führer" jedoch in „fast jedem Brief" Erwähnung. „Wir stehen im festen Vertrauen auf den Führer, unerschütterlich bis zum Endsieg." Diese Aussage eines Unteroffiziers gab auch zu diesem Zeitpunkt noch die mehrheitliche Überzeugung der Wehrmachtssoldaten wieder.[12]

An der Ostfront, im Vernichtungskrieg gegen die Sowjetunion, prägten vor allem die Eindrücke der ärmlichen Gebäude und Lebensverhältnisse in den Städten und Dörfern die Wahrnehmung der deutschen ‚Landser'. Dies war bei manchen Soldaten im Ersten Weltkrieg ebenso der Fall gewesen. Doch damals wurden negativ besetzte Attribute wie ‚dreckig', ‚heruntergekommen' oder ‚primitiv' in erster Linie auf die äußeren Umstände bezogen, unter denen die Bevölkerung in Rußland leben mußte. In den Jahren ab 1941 zielten solche Bezeichnungen in der Regel direkt auf die dort lebenden Menschen, entwickelten sich zu Charaktereigenschaften „des" Russen selbst. Ein derartiges Wahrnehmungsmuster bot direkte Anknüpfungspunkte für die nationalsozialistische Propaganda und ihre Rede vom ‚bolschewistischen Untermenschen', die sich nun in der Realität zu bestätigen schien. Ein Unteroffizier schrieb in diesem Sinne im August 1941 aus der Sowjetunion: „Die Zustände hier sind vorsintflutlich. Unsere Propaganda hat bestimmt nicht übertrieben, eher etwas zu wenig."[13]

Die Mehrheit der Wehrmachtsangehörigen identifizierte sich also nicht nur in den ersten Jahren des Krieges mit dem ‚Führer', der deutschen Außenpolitik, den Erfolgen des Heeres und zumindest einigen – wenngleich nicht mit allen gleichermaßen – propagandistischen Vorgaben des NS-Regimes. Bei einer sehr viel größeren Übereinstimmung mit der staatlichen Politik als im Ersten Weltkrieg konnte somit eine Rücksichtnahme auf die Briefzensur gerade in diesem sensiblen Bereich bei vielen Soldaten unterbleiben. Im Hinblick auf die Mitteilung des jeweiligen Einsatzortes und die Beschreibung von strategischen Vorgängen scheint die Zurückhaltung dagegen im Zweiten Weltkrieg eher noch größer gewesen zu sein als im Ersten. Auch und gerade bei ungebrochen patriotischen und überzeugten Soldaten saß die Angst tief, wegen eines unbedacht mitgeteilten militärischen Details womöglich einen „Kopf kürzer" gemacht zu werden.[14]

In den Jahren 1944 und 1945 läßt sich ein gewisser Stimmungsumschwung unter den Mannschaften erkennen. Die Zahl der skeptischen Stimmen über die militärische Lage nahm ebenso zu wie die Angst vor der Rache der Feinde und die Planung von Vorkehrungen für die Nachkriegszeit. Doch jenen Wunsch, den im Herbst 1918 die Mehrheit der Soldaten gehegt hatte, äußerten auch gegen Ende des Zweiten Weltkrieges nur wenige. Ein Obergefreiter schrieb im September 1944: „Wir können nur noch das eine wünschen, ein Ende mit Schrecken, statt Schrecken ohne Ende."[15] Doch diesen Brief beanstandete und stoppte die militärische Zensur. Das weitere Schicksal des Briefschreibers ist nicht bekannt.

12 Berichte der Feldpostprüfstelle Panzer-AOK 4 für den 22.12.1942–9.1.1943 und 12.– 17.1.1943. Abgedruckt in: Wette/Ueberschär (Hrsg.): Stalingrad (wie Anm. 2), S. 94–101, Zitate S. 101, 94, 97.
13 Brief vom 22.8.1941: Buchbender/Sterz (Hrsg.): Gesicht des Krieges (wie Anm. 2), S. 79. Vgl. K. Latzel: Tourismus und Gewalt. Kriegswahrnehmungen in Feldpostbriefen. In: H. Heer/K. Naumann (Hrsg.): Vernichtungskrieg. Verbrechen der Wehrmacht 1941–1944. Hamburg 1995, S. 447–459.
14 Vgl. z.B. K. Löffler: Aufgehoben: Soldatenbriefe aus dem Zweiten Weltkrieg. Bamberg 1992, S. 97ff., Zitat S. 97.
15 Brief eines Obergefreiten vom 22.9.1944: O. Buchbender/R. Sterz: Das andere Gesicht des Krieges. Deutsche Feldpostbriefe 1939–1945. München 1982, S. 161.

# Verzagte Briefe schreibt man nicht: Die Front erwartet Zuversicht!

Wenn ihr verärgert durch den Alltag geht
und alles mal in trübem Lichte seht,
wenn Kummer euch umflort und auch das Morgen
verzagt euch macht mit seinen Mühn und Sorgen,

Wenn auch die Träne mal im Auge steht
und euch vor Unmut alle Lust vergeht,
so hütet euch, ihr Mädchen und ihr Frauen,
dies einem Feldpostbrief anzuvertrauen.

Der nächste Tag hat vieles schon bereinigt,
ihr habt mit eurem Dasein euch geeinigt,
habt euch mit eurer Nachbarin vertragen,
jedoch der Brief ist fort mit euren Klagen.

Dem Mann da draußen, der sich drauf gefreut,
bereitet er statt Frohsinn Sorg und Leid.
Was ihr inzwischen längst schon überwunden,
schafft ihm, der hart am Feind steht, dunkle Stunden.

Drum unterlaßt im Frontbrief euer Klagen, beschwert ihn nicht mit Alltagsnot und Zagen
und werft nicht Feldpostbriefe in den Kasten, die auf dem Kämpfenden wie Alpdruck lasten.

BUNTER BILDER-BOGEN NR.3

Tiefdruck: Dr. Güntz-Druck Dresden

Propaganda-Flugblatt
Um 1942

# Briefe aus dem Exil

1933–1945

Frank Wende

30. Januar 1933. Adolf Hitler wird in Deutschland zum Reichskanzler ernannt. Endlich im Besitz der Regierungsmacht, strebt er als nächstes an, bei den für den 5. März angesetzten Neuwahlen die umfassende plebiszitäre Grundlage zu erhalten, um die angestrebte Diktatur auf scheinbar legalem Wege etablieren zu können. Mittels einer bis dahin beispiellosen Kombination von politischem Druck und Terror der Straße versucht er, die gegnerischen Parteien an ihrer Entfaltung zu hindern und in ihren Aktivitäten zu lähmen. Diese Vorgänge erfahren noch ihre Steigerung, als der Reichstagsbrand am 28. Februar den Vorwand zu einer gezielten Verfolgung von Kommunisten, aber auch der politischen Linken allgemein liefert. Die von Hitler dem Reichspräsidenten Hindenburg suggerierte „Verordnung zum Schutze von Volk und Staat" ermöglicht die Außerkraftsetzung nahezu aller Grundrechte und damit eine beispiellose Verhaftungswelle – „nicht angekränkelt durch irgendwelche juristische Bedenken", wie es der zum preußischen Innenminister ernannte Hermann Göring ausdrückt. Diese ebenso unverhüllte wie zynische Absage an jede rechtsstaatliche Ordnung und die Brutalität, mit der sie in der Praxis ausgeführt wird, ist selbst für die an gewaltsame politische Auseinandersetzungen gewohnte Gesellschaft der Weimarer Republik eine neue Erfahrung. Wer geneigt gewesen ist, die Machtübernahme Hitlers nur als eine weitere Episode in dem schon zur Gewohnheit gewordenen Wechsel der politischen Konstellationen zu betrachten, der wird jetzt eines anderen, schlechteren belehrt. Angesichts des über sie hereinbrechenden Terrors sehen sich neben den ohnehin gefährdeten Politikern der Linksparteien auch zahllose Intellektuelle und Künstler gezwungen, Deutschland zu verlassen. Ihre offen bekannte Gegnerschaft gegenüber den Nationalsozialisten gefährdet sie jetzt aufs höchste. Dazu kommt bei vielen ihre jüdische Abkunft, die sie angesichts des zum Programm erhobenen Antisemitismus der neuen Machthaber noch zusätzlich der Verfolgung aussetzt. Eile ist geboten, um der physischen Bedrohung oder gar Vernichtung zu entgehen: „Die nächste Grenze galt als die beste" (H.A. Walter). So trifft das Exil die meisten völlig unerwartet und unvorbereitet. Von heute auf morgen finden sie sich, materiell meist völlig ungenügend abgesichert, in einem anderen Land wieder, in fremder Umgebung, einer völlig neuen Situation ausgeliefert. Die Verbindung zur Heimat ist jäh abgebrochen, eine Rückkehr in absehbarer Zeit nicht zu erwarten. In dieser Situation bekommt der Brief für sie eine besondere Bedeutung. Um Bericht zu geben von dem eigenen Schicksal, um Kenntnis zu erlangen von dem der Freunde und Bekannten, ob nun in Deutschland geblieben oder gleichfalls vertrieben, aber auch, um im Dialog das Erlittene und die bedrückende Gegenwart bewältigen zu können, bleibt nur die Möglichkeit brieflicher Äußerung. Der Brief erhält so einen neuen, höheren Stellenwert, und es verwundert nicht, daß im Exil die Zahl der Briefe vieler Autoren beträchtlich ansteigt. Dabei ändert sich nicht die Form der Briefe,

nicht der Stil der jeweiligen Schreiber, sondern der Inhalt gibt ihnen ihr besonderes Gepräge. Im Exil schreibt man nicht anders, aber man schreibt andere Briefe.

Der Schriftsteller Klaus Mann verläßt Deutschland am 13. Mai 1933. Schon im August 1932 hatte der „Völkische Beobachter" ein Verbot seiner Werke für den Fall einer nationalsozialistischen Machtübernahme angedroht. Klaus Mann kann sich ausrechnen, daß es dabei kaum bleiben wird, und so zieht er es vor, zunächst einmal nach Paris zu gehen. Sein Freund Wilhelm Emanuel Süskind begleitet ihn in München zur Bahn – dem Abschied von ihm wird einige Monate später ein zweiter, endgültiger folgen, wie wir noch sehen werden. An Gepäck führt Mann nur „das Notwendigste" mit sich, glaubt er doch, der „Spuk" werde bald vorüber und die Rückkehr möglich sein. Einige Wochen später hat sich diese Erwartung für ihn, wie für viele andere, als Illusion erwiesen. Am 27. April 1933 beschreibt er der Freundin Eva Herrmann in New York die neue Exil-Erfahrung: *Eva – dear – ich glaube ja, Erika hat Dir schon aus unserer ,Verbannung' geschrieben. Es ist eine merkwürdige Lage. An Deutschland denkt man als an ein ekelhaftes Irrenhaus, aber man hat keine Ahnung, wie sich uns das Leben außerhalb Deutschlands gestalten wird. So hängt man auf eine schon phantastische Art in der Luft. Am meisten werde ich mich natürlich auf Paris konzentrieren, wo ich auch bis jetzt war und wo ich ohne Frage einige Chancen habe. [...] Ich würde sehr gern nach Amerika gehen, aber kaum ohne Eri(ka) – und das käme für uns beide natürlich nur in Frage, wenn wir ein Dollar-Lebensminimum hätten. [...] Ich versuche zu arbeiten, aber es will nicht recht – unter den gegebenen Umständen. Was die Menschen betrifft –: es ist immer was los, aber nichts, woran man sich halten möchte oder könnte. Worauf ich mich noch am weitesten eingelassen hatte – Finnland – scheint auch nur wieder Trug und Höllengelächter. Laß von Dir hören [...] Und mach Dir Sorgen wegen unserer Existenz.*

Aber auch die, die sich an ihrem Asylort geborgen fühlen, begleitet der in Deutschland erlebte und von dort ausgehende Schrecken. Hermann Kesten, der wie Klaus Mann nach Paris geflohen ist, meldet sich am 23. März bei seinem Freund Ernst Toller, der von einer Reise in die Schweiz nicht mehr nach Deutschland zurückgekehrt ist: *In Paris fühle ich mich wie gerettet. Wissen Sie schon, daß die SA Sie frühmorgens in Ihrer Berliner Wohnung gesucht hat? Die waren auch bei uns im Haus. Plötzlich klingelte es. Da stand die Frau aus der Wohnung unter uns, er ist irgendwo Redakteur, ich kenne ihn vom Grüßen. Sie bebte, flüsterte, Polizei, SA, Haussuchung, die kämen sicher auch zu uns, wir sollten die Hintertreppe hinunter, verdächtige Papiere forttun. [...]. Sie nahmen diesen armen Redakteur mit, er kam nicht zurück. Ich denke oft an ihn, an Freunde von uns, an andere Opfer. [...] Ich lebte nur sechs Wochen im Dritten Reich, aber das war eine hinreichende Schule für einen Romancier, eine instruktive Vorhölle. Wir haben doch seit 1914 genug gesehn. Aber dieser lautlose Übergang vom Gesetz zur Gesetzlosigkeit. Nachbarn, die im Handumdrehn aus Biedermännern zu Totschlägern werden. Die Polizei verfolgt Arm in Arm mit den Schlägern die Unschuldigen. [...] Was für ein Traum ist das Exil. Man überschreitet auf gut Glück eine Grenze, und schon wird der Schrecken ‚ausländisch', und schon beginnt man selber, an der Realität dieser heimischen Greuel zu zweifeln, und hatte man sie zuhause wirklich ganz begriffen? Schreiben Sie lieber Freund [...] Schreiben Sie bald.*

Ganz ähnlich äußert sich Walter Benjamin, ebenfalls aus Paris, in einem Brief an Gerhard Scholem in Jerusalem am 20. März 1933: *Ob Du schon Leute gesprochen hast, die Deutschland nach dem 15. März etwa verlassen haben, bezweifle ich. Brieflich könntest Du nur durch besonders tollkühne Individuen informiert sein. Denn es kann sehr gefährlich werden, von dort ohne sorgfältige Tarnung zu schreiben. Ich darf mich, im Besitz der Freiheit, deutlich und umso kürzer fassen. Einen Begriff von der Lage gibt weniger der individuelle Terror, als die kulturelle Gesamtsituation. Über den ersteren ist schwer, absolut Zuverlässiges in Erfahrung zu bringen. Unbezweifelt sind die zahlreichen Fälle, in denen Leute nachts aus ihren Betten geholt und mißhandelt oder ermordet werden. Wichtiger vielleicht noch, aber schwerer zu durchleuchten ist das Schicksal der Gefangenen. Von diesen laufen die furchtbarsten Gerüchte um.*

Auf den Tag fünf Jahre später wiederholen sich diese Erfahrungen in Österreich bei denen, die nach dem sogenannten „Anschluß" an das Deutsche Reich fliehen müssen oder ihr Land freiwillig verlassen. Zu letzteren gehört der Lyriker und Dramatiker Franz Theodor Csokor. Er ist zunächst nach Polen gegangen, von dort wird ihn der Weg weiter über Rumänien und Jugoslawien nach Italien führen. Aus Chorzow in Polen schreibt er am 25. März 1938 an den Freund Ödön von Horvath nach Budapest: *Liebster Ödön, zu Deinem Entschluß für ein freiwilliges Exil, sage ich nun, wo ich glücklich draußen bin, ‚ja' und tausendmal ‚ja'. Und ich hoffe, Du fühlst Dich nach dem Weg über den Rubikon, der bei uns beiden, wenn auch in verschiedenen Richtungen, die Donau war, in Budapest jetzt nicht anders wie ich mich in Polen. [...] Tag um Tag, Jahr um Jahr wanderte man die gleichen Wege, begegnete den gleichen Gesichtern in den gleichen Häusern – [...] Dann kamen Erfolge für uns – man würde also sein Auskommen künftig haben, war vorauszusehen, wir sahen uns bei gemächlicher Arbeit dick werden und schließlich mehr oder weniger friedlich sterben... Und jetzt ist das mit einem Schlag ganz anders, man spaziert in einem Leben ohne Geländer unter einem fremden Himmel, durch fremde Straßen unter einer fremden Sprache, [...] Verwandte gibt es für uns jetzt nurmehr im Geist oder in der gleichen Gesinnung, die auch uns über die Grenze trieb. [...] Du wirst weiter wandern müssen so wie ich! Wir leben heute keiner mehr privat für uns, aber wir haben das gerade jetzt, was wir uns insgeheim schon immer wünschten: Durch unsere Arbeit wollen wir helfen die Welt wieder ins rechte Lot zu bringen! Und dort, wo wir das tun dürfen, dort wird auch künftig unsere Heimat sein!*

Und am 31. Mai des gleichen Jahres an den Freund, der inzwischen in Paris ist: *War das eine Freude, Dich bei den Freunden in Paris zu wissen! Die erste Begegnung unserer Gruppe, seit uns die Iden des österreichischen*

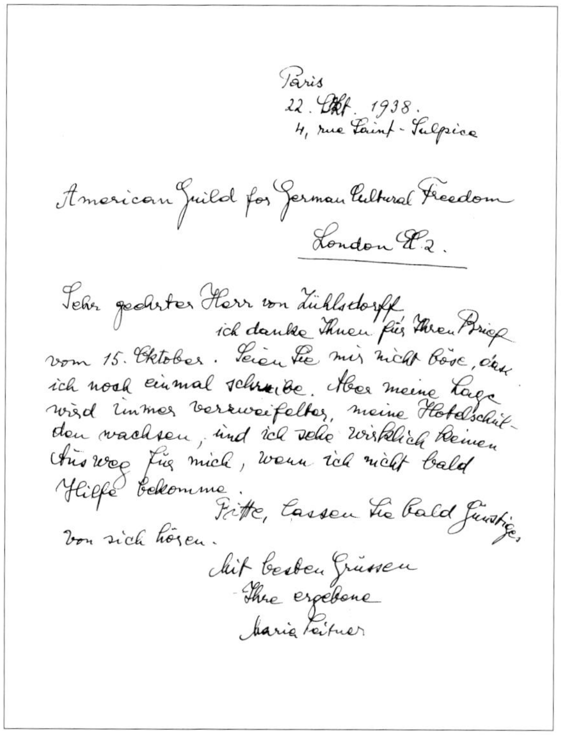
Paris
22. Okt. 1938.
4, rue Saint-Sulpice

American Guild for German Cultural Freedom
London W2.

Sehr geehrter Herr von Zühlsdorff
ich danke Ihnen für Ihren Brief
vom 15. Oktober. Seien Sie mir nicht böse, dass
ich noch einmal schreibe. Aber meine Lage
wird immer verzweifelter, meine Hotelschulden wachsen, und ich sehe wirklich keinen
Ausweg für mich, wenn ich nicht bald
Hilfe bekomme.
Bitte, lassen Sie bald Günstiges
von sich hören.
Mit besten Grüssen
Ihre ergebene
Maria Leitner

Brief von Maria Leitner an Herrn von Zühlsdorff
Paris, 22. Oktober 1938
Handschrift

*März über die Welt zerstreuten! So gerne käme ich, doch woher soll ein EX-Autrichien in Polen im Exil ein Visum nach Paris erhalten können! [...] Ich allein fehle jetzt unter euch Gästen des Hotel de l'Univers, und sehnsüchtig luge ich westwärts [...] nach dem Sixièmme hinüber, wo ihr im Bistro eben diskutiert, wann und wie wir in die Heimat wiederkehren werden – ? Ich glaube – nie! [...] Was immer aber auch geschieht – wir zwei müssen uns wiedersehen, Ödön, wir müssen überleben, Du und ich!* Der Brief kommt zurück an den Absender. Ödön von Horvath ist einen Tag später, am 1. Juni, in Paris während eines Gewitters von einem Ast erschlagen worden. Das Exil ist zur endgültigen Trennung für die Freunde geworden.

Aber es gibt auch eine andere Form der Trennung. Denn während für die einen Demokratie und Humanität die unverzichtbare Lebensform bilden und sie lieber das Exil auf sich nehmen, als sie preiszugeben, lassen die anderen sich bereitwillig eingliedern in die dem „Führer" ergebene „Volksgemeinschaft", fungieren sie als willfähriges Sprachrohr des neuen „deutschen Geistes". Hier tut sich ein Graben auf, über den keine Brücke mehr führt, und er öffnet sich – das ist die bestürzende Erfahrung – auch zwischen vormals Gleichgesinnten und Freunden. Am 1. August 1933 schreibt Klaus Mann seinen Jugendfreund Süskind, eben jenen, der ihn am Abend des 13. März in München zur Bahn begleitet hat. Süskind hat in Deutschland inzwischen die Herausgabe der Zeitschrift „Literatur" übernommen und sie zum Forum nationalsozialistischer Ideologie werden lassen. Klaus Mann, der erstmals Auszüge daraus zu Gesicht bekommen hat, ist erschüttert: *Hatte ich es mir so schlimm vorgestellt? Nein, nicht annähernd so. [...] Du kommst schon mit den fliegenden Fahnen. [...] Ist denn die allgemeine Psychose in Deutschland so stark, daß selbst die Besten jeden Sinn für geistigen Anstand, für das überhaupt noch Menschenmögliche verlieren? Wisst Ihr denn NICHTS? Glaubt ihr denn, was der „Beobachter" faselt? [...] Ihr seid nicht „beiseitegestellt", meinst Du stolz. Richtig [...] Man läßt es sich gefallen, daß die Literatur Schalmeien bläst, während die Barbarei ein Land, oder gleich einen Erdteil, zu vernichten sich anschickt. Warum sollte man denn wohl eine so gefügige Literatur [...] beiseitestellen? Lieber bedient man sich ihrer; sie ist eine Prostituierte. – Ich möchte Dir so gern mit Einzelheiten kommen, aber meine Hand zittert buchstäblich, während ich schreibe. Und – wo fängt man denn da an, wo könnte man aufhören? Schauwecker meint, über den S.A.-Horden schwebe Bach-Musik, Mozart aber nehme die S.A. vorweg. So etwas druckst du. Du druckst auch, gleich in Deinem ersten Heft, das Sätzchen, in dem der Zauberer (Klaus Manns Vater Thomas Mann) als der Prototyp des Entarteten bezeichnet wird, hättest Du damit nicht ein bißchen warten können? [...] über die Bücherverbrennungen schreibst Du doch selbst, so schwer es mir fällt, daran zu glauben: ich lese doch, daß Du sie „im Grunde gut gemeint" findest, man hätte etwas sorgfältiger in der Auswahl sein können... Ich lese, daß Du für die neue Erziehung bist, diese bösartige Schwärmerei von den altgermanischen Tugenden, die Haßgebete und die bewußte Vorbereitung des nächsten Krieges... – Ich mag nicht mehr schreiben. Du findest doch nur, ich schimpfe; in Wirklichkeit bin ich so traurig, viel mehr traurig als ergrimmt – weil Du es bist, dem ich schreibe. O W.E.S! Welche Welt versinkt da!* Ein Dokument des Abschieds ist dieser Brief – ein Abschiedsbrief, wie er nur im Exil entstehen konnte. Denn was aus diesen Zeilen spricht, ist nicht nur die Trauer über den abtrünnig gewordenen Freund, sondern auch tiefe Bitterkeit über den Niedergang einer Welt, die sich selbst den eigenen Untergang bereitet und dessen noch rühmt.

Andere treibt es zur Abrechnung – auch dies eine Form des Abschieds – mit dem Brief als Medium, das dem ansonsten zur Ohnmacht verurteilten Emigranten hilft, die ihm verschlossene Grenze zu überschreiten. Oskar Maria Graf sei als Beispiel genannt. In seinem offenen Brief „Verbrennt mich", verfaßt als Reaktion auf die Bücherverbrennung, hatte der Schriftsteller mit einer Deutlichkeit ohnegleichen den „neuen deutschen Geist" gebrandmarkt, der für nichts anderes stehe als für Kerker, Folter und Mord. Er bestehe darauf, seine von der Verbrennung ausgenommenen Bücher ebenfalls auf dem Scheiterhaufen zu sehen, anstelle sie in die „blutigen Hände und die verdorbenen Hirne der braunen Mordbanden gelangen" zu lassen. Als ungeachtet dessen der inzwischen gleichgeschaltete deutsche PEN-Club über seinen Sekretär Hanns Martin Elster ihn wenig später auffordert, Mitgliedsbeiträge zu entrichten, ist dies für Graf noch einmal willkommener Anlaß für klare Worte: *Herr Sekretär? Wo leben Sie eigentlich, wenn ich fragen darf? Wissen Sie nicht, daß Sie einem Verein Dienst tun, der die Verfemung und Vertreibung aller deutschen Schriftsteller von Rang und Weltgeltung ruhig mit angesehen hat! Und wer eigentlich bestimmt Sie dazu, den Geldeintreiber zu machen für einen Club, der heute den Herren Goebbels, Rust und Goering zu*

*Gnaden sein muß, die alles, was ,deutscher und freier Geist' heißt, nur noch vom Unteroffiziers-Standpunkt aus kommandieren wollen!*

*Herr Sekretär! Sie [...] haben mitgeholfen, den deutschen PEN-Club gleichzuschalten. Und nun wenden Sie sich an mich, an [...] einen emigrierten und verfemten deutschen Schriftsteller, an einen seit Jahren bekannten Kämpfer gegen die stockreaktionäre, kulturfeindliche Hitlerei! Sie wenden sich an mich, dessen Bücher von der Polizei aus den Buchläden heraus beschlagnahmt werden [...]. Sie, Herr Sekretär, müssen so tun, als sei Ihnen das alles unbekannt und müssen um Geld betteln für den Komikerverein, der sich heute noch ,PEN-Club, deutsche Gruppe' nennt, um Geld betteln bei feindlich gesinnten Emigranten, bei Verjagten und Verfolgten! Wahrhaftig, ein bitteres Geschäft, armer Herr Sekretär! Wahrhaftig, etwas, das sich dem ,Deutschtum' Ihrer Herren gut anpaßt, bei denen es auch heißt: ,Geld stinkt nicht!' In diesem Sinne grüße ich alle Mitglieder der ,deutschen Gruppe'.*

Zu den Bemühungen, der Zersplitterung des Exils entgegenzuwirken und zu einer neuen Gemeinschaft außerhalb Deutschlands zu finden, gehören die Bestrebungen zur Gründung oder Wiedergründung wissenschaftlicher oder künstlerischer Organisationen wie etwa des deutschen „PEN-Club im Exil". Über die im Reich verbliebene deutsche Gruppe haben wir soeben die starken Worte Oskar Maria Grafs vernommen. Die dortige Entwicklung veranlaßt viele der emigrierten ehemaligen Mitglieder der deutschen Sektion, einer Initiative Lion Feuchtwangers, Max Herrmann-Neisses, Rudolf Oldens und Ernst Tollers zu folgen und eine eigene Gruppe im Ausland zu bilden. Bedingt durch die Zeitumstände entsteht so eine Organisation sui generis: weder kommt es jemals zu der im Einladungsschreiben angekündigten konstituierenden Versammlung noch zu regelmäßigen Zusammenkünften. Die Wahl Heinrich Manns zum Präsidenten und Rudolf Oldens zum Generalsekretär findet nie statt, dennoch amtieren beide in einer von den Mitgliedern anerkannten und geschätzten Weise, und die neue Gruppierung findet im Juni 1934 auf dem Internationalen PEN-Kongreß in Edinburgh auch ihre offizielle Anerkennung. Der organisatorische Zusammenhalt erfolgt ausschließlich auf postalischem Weg, und der Brief wird damit zum tragenden Element eines Zusammenschlusses, der trotz aller Improvisationen und situationsbedingten Mängel den Mitgliedern ein Gefühl des Zusammenhalts vermitteln und darüber hinaus in manchen Fällen aufgrund der internationalen Kontakte auch konkrete Hilfe leisten kann. Die zentrale Stelle, bei der die Korrespondenz zusammenläuft, ist Rudolf Olden. Als Lion Feuchtwanger 1937 bei ihm anregt, den Mitgliedsbeitrag (der entgegen Feuchtwangers Annahme bis dahin gar nicht existierte) soweit zu erhöhen, „daß man wenigstens ein ordentlich funktionierendes Sekretariat unterhalten kann", antwortet ihm Olden am 13. Juli 1937 auf diese unterschwellige Kritik an seiner Amtsführung mit einem langen Brief, der Einblick in die Schwierigkeiten gibt, angesichts der allgemeinen

Lebensbedingungen überhaupt eine solche Organisation zu erhalten. Darin heißt es: *In einer geschichtlichen Periode, in der die Welt so voll von Ungerechtigkeit ist, will ich weiter keine Klage darüber erheben, daß Sie vorwurfsvoll bemerken, das Sekretariat des PEN-Clubs, Deutsche Gruppe, funktioniere nicht ordentlich. Sie würden aber in meinem dickgeschwollenen Akt keinen Brief finden, der nicht bei mir seine ordnungsgemäße Erledigung gefunden hat, dagegen nicht wenige Durchschläge von Briefen, in denen ich ängstlich nach prominenten Kollegen gefahndet habe, ohne je eine Antwort zu erhalten. Ich finde also von meinem ganz subjektiven Standpunkt, daß das Sekretariat großartig funktioniert und nur die Mitglieder oder potentiellen Mitglieder nicht immer funktionieren, wofür die Zerstreuung der deutschen Literatur über die Welt manchmal eine natürliche Erklärung bietet. [...]*

*Sie stellen, lieber Feuchtwanger, weiter die bemerkenswerte Frage, ob es keine Möglichkeit gibt, ‚den Mitgliedsbeitrag auf eine solche Höhe festzulegen, daß...'. Über diese Frage ließe sich viel philosophieren. Zwei unserer Mitglieder haben diesmal bei mir angeregt, ihnen die Reisekosten von ihren fernen Wohnorten nach Paris (zum Internationalen PEN-Kongreß) zu zahlen, und ein drittes hat angekündigt, es würde in der Nähe des Kongreßsaales sein Zelt aufschlagen, weil die Hotelkosten ihm selbstverständlich unerschwinglich seien. Ich weiß nicht, ob es sein interessantes Vorhaben ausgeführt hat. Ich suche derzeit mit der Lupe nach einem guten Menschen, der geneigt wäre fünf Pfund herzugeben, um einen nicht wertlosen deutschen Schriftsteller vor der Emission zu retten, habe ihn aber noch nicht gefunden...*

*Der PEN-Club, deutsche Gruppe, hat [...] eigentlich keine Organe. ‚Bei uns' hatten wir so etwas wie einen Registerrichter, wenn so einer über unseren Verein käme, würde er nicht mehr lange leben, womit ich den Verein meine.*

Eine andere Organisation, die sich Zusammenhalt und Förderung der versprengten deutschen Kultur zum Ziel gesetzt hat, auch als Akt der Selbstbehauptung und des Widerstandes gegen die von Rassen- und Volkstumsideologie geprägte nationalsozialistische Kulturpolitik, ist die 1935 von Hubertus Prinz zu Löwenstein unter amerikanischem Patronat in New York ins Leben gerufene und u.a. von Thomas Mann geförderte „Deutsche Akademie der Künste und Wissenschaften im Exil", zusammen mit der zu ihrer Unterstützung gegründeten „American Guild for German Cultural Freedom". Es kann hier nicht näher auf diese Organisation und ihre weitgespannten Zielsetzungen eingegangen werden. Zu ihren wichtigsten und segensreichsten Aktivitäten aber gehört ein Programm zur Unterstützung deutschsprachiger Schriftsteller im Exil. Arbeitsstipendien in Form von monatlich gezahlten Raten sollen es diesen ermöglichen, statt all ihre Zeit und Energie auf das tägliche Überleben verwenden zu müssen, sich für eine begrenzte Zeit ausschließlich ihrem Werk widmen zu können. Gebunden war die Vergabe dieser Stipendien ursprünglich an den vom Empfänger zu erbringenden Nachweis über die Arbeit an einem solchen literarischen Vorhaben. Schon bald entspinnt sich eine nahezu alle Exilländer umfassende Korrespondenz zwischen dem von Prinz Löwenstein und seinem Stellvertreter Volkmar von Zühlsdorff geleiteten Sekretariat der American Guild und den Bewerbern für die Stipendien. Aus dem viele Aktenordner umfassenden Briefwechsel – heute im Besitz des Deutschen Exilarchivs in Frankfurt – geht hervor, daß eine Vielzahl von Projekten gefördert werden konnte. Er zeigt aber auch, wie

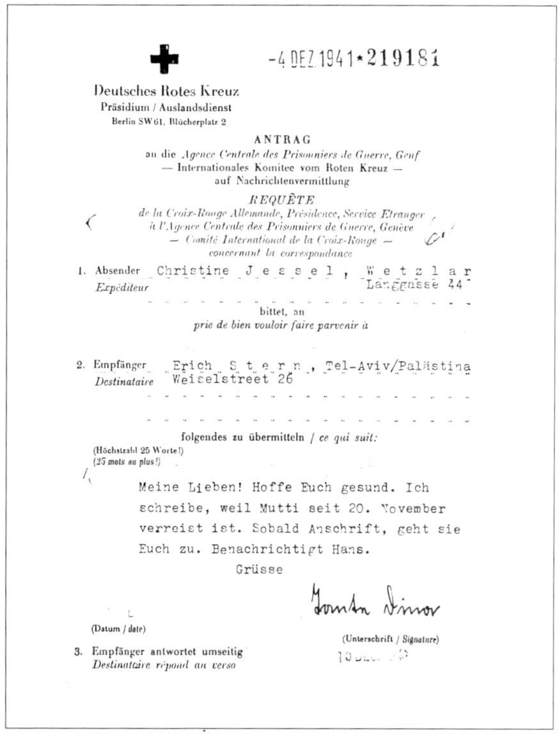
-4 DEZ 1941 * 219181

Deutsches Rotes Kreuz
Präsidium / Auslandsdienst
Berlin SW 61, Blücherplatz 2

ANTRAG
an die *Agence Centrale des Prisonniers de Guerre, Genf*
— Internationales Komitee vom Roten Kreuz —
auf Nachrichtenvermittlung

*REQUÊTE*
*de la Croix-Rouge Allemande, Présidence, Service Etranger*
*à l'Agence Centrale des Prisonniers de Guerre, Genève*
*— Comité International de la Croix-Rouge —*
*concernant la correspondance*

1. Absender *Expéditeur* Christine Jessel, Wetzlar Langgasse 44

bittet, an
*prie de bien vouloir faire parvenir à*

2. Empfänger *Destinataire* Erich Stern, Tel-Aviv/Palästina Weiselstreet 26

folgendes zu übermitteln / *ce qui suit:*
(Höchstzahl 25 Worte!)
*(25 mots au plus!)*

Meine Lieben! Hoffe Euch gesund. Ich schreibe, weil Mutti seit 20. November verreist ist. Sobald Anschrift, geht sie Euch zu. Benachrichtigt Hans.
Grüsse

(Datum / date)

(Unterschrift / Signature)

3. Empfänger antwortet umseitig
*Destinataire répond au verso*

Antrag von Christine Jessel auf Nachrichtenvermittlung an Erich Stern, Agence Centrale des Prisonniers de Guerre, Genf (Internationales Komitee vom Roten Kreuz)
4. Dezember 1941
Druckzettel mit maschinenschriftlichen Eintragungen

die American Guild zum Adressaten verzweifelter Hilferufe wird, denen man sich nicht verschließen kann, nur weil die erwähnten satzungsgemäßen Voraussetzungen nicht oder nicht mehr erfüllt sind. Die Statuten müssen zurücktreten hinter den Geboten der Humanität. Eindrucksvoll zeigt sich dies am Beispiel des Dichters Ernst Weiß.

Weiß war 1933 freiwillig in die Emigration gegangen, weil, wie er schrieb, „ich die faschistische Diktatur aus tiefstem Herzen hasse und verabscheue". In Paris, seinem Exilort, verschlechtert sich seine finanzielle Lage zusehends. Im Februar 1938 wendet er sich an die American Guild wegen einer Beihilfe, die ihm auf Empfehlung Thomas Manns dann auch in Form eines sechsmonatigen Stipendiums zugesprochen wird. In Briefen von 15. Mai und 29. Juli bedankt er sich für die Unterstützung. *Sie haben mich dadurch für die erste Zeit vor der größten Not bewahrt und mir die Möglichkeit gegeben, mich meiner Arbeit mit größerer Ruhe und mit der notwendigen Konzentration zu widmen." – „Sie werden gewiß die Situation eines Autors verstehen, der 21 Bücher veröffentlicht hat, von denen nur noch das letzte im Buchhandel zu haben ist und der also seine Lebensarbeit fast zur Gänze vernichtet sieht. In einer solchen Lage ist die moralische Hilfe und vor allem das Gefühl, nicht völlig verlassen und aufgegeben zu sein, ein gewaltiger Schutz gegen Verzweiflung, und in diesem Sinne eine moralische Stütze bei weiterer Arbeit.*

1939 verschlechtert sich Ernst Weiß' Situation erneut dramatisch. Wieder bittet er am 10. März um Unterstützung, damit er weiter an seinem Werk arbeiten kann: *Im letzten halben Jahr [...] habe ich versucht, mit eigener Kraft weiterzukommen, durch Artikelschreiben... Die Honorare übersteigen niemals 100 Francs. Ich bin in äußerster Not. [...] Ich bitte Sie, mir für das nächste halbe Jahr den Lebensunterhalt zu sichern. An Fleiß hat es mir nicht gefehlt. [...] Ich bin kränklich und nicht der Jüngste mehr. Lassen Sie mich etwas aufatmen. An meiner Dankbarkeit soll es nicht fehlen. Sollte ich zu größeren Einnahmen kommen, wird es mein erstes sein, das Erhaltene zurückzuzahlen.*

Weiß erhält erneut die erbetene Unterstützung, aber seine Hoffnung auf Besserung der Lage erfüllt sich nicht. Sein Brief vom 2. Februar 1940 ist nur noch ein Hilferuf aus nackter Existenznot heraus: *Ich wage gar nicht mehr zu fragen, ob Sie noch Geld zur Untertsützung von uns armen europäischen Autoren gesammelt haben. Ich habe mich in letzter Zeit nur dadurch vor dem Hungertod retten können, daß mir Thomas Mann durch meinen Verleger hier etwas zukommen ließ, aber das Geld geht zuende...* Daraufhin erhält Weiß noch einmal 30 Dollar, für die er sich noch am 9. März 1940 bedankt. Aber sein Lebenswille ist gebrochen. Als die deutschen Truppen im Juli in Paris einmarschieren, hat er nicht mehr die Kraft zu weiterer Flucht. Am 14. Juni 1940 nimmt er sich in seinem Hotelzimmer das Leben.

Ähnlich verlief das Schicksal der Journalistin Maria Leitner. An ihrem Fall zeigt sich auf beklemmende Weise, wie der Brief für einen Menschen in der Not und Isolation des Exils zum einzig verbliebenen Mitteilungsweg und Hoffnungsträger wird. Maria Leitner war, wie Ernst Weiß, nach Paris emigriert. Ihren Unterhalt bestritt sie aus Beiträgen für deutsche Exilzeitschriften. Diese Einnahmequelle versiegte aber zusehends, so daß sie sich im Juli 1938 um Unterstützung an die American Guild wendet. Sie erhält eine einmalige Hilfszahlung in Höhe von 30 Dollar, doch zieht sich die Entscheidung darüber bis Januar 1939 hin. Inzwischen wird ihre Lage immer verzweifelter, was sie zu immer neuen Briefen veranlaßt: *Ich bin krank und ganz ohne Einkommen, habe aber die Überzeugung, daß, wenn ich die Möglichkeit hätte, meine Arbeit zu beenden, sich meine Lage bessern würde.* (28.8.1938) *Ich mußte oft schwere physische Arbeiten verrichten, um nicht zu verhungern. Das Ende: ein psychischer Zusammenbruch [...] ich sehe wirklich keinen Ausweg für mich, wenn ich nicht bald Hilfe bekomme...* (22.10.1938) *Jeden Tag muß ich mich fragen, werde ich heute verhungern oder werde ich heute ausgewiesen. Jeden Tag hoffe ich, daß die versprochene Hilfe vielleicht doch kommt, aber nein, nichts.* (14.12.1938). Auch nach Eingang der Zahlung bittet sie weiter um Unterstützung. Angesichts der Vielzahl von Hilfsgesuchen, die bei der Guild einlaufen, und der sehr begrenzten Mittel, wird es jedoch März 1940, bis sie noch einmal 30 Dollar erhält. Maria Leitner bedankt sich, bittet Prinz Löwenstein jetzt um Vermittlung bei der Veröffentlichung ihrer Arbeiten in den USA. Kurz darauf wird sie von den französischen Behörden in dem Lager Gurs in den Pyrenäen interniert, kommt wieder frei und bittet erneut um Hilfe: *Nach allerlei abenteuerlichen Fahrten kreuz und quer durch Frankreich kam ich nach Toulouse. Ich habe ungeheuer viel Interessantes erlebt, das ich sicher literarisch verwerten kann, falls ich am Leben bleibe. Ohne Mittel, abgeschnitten, muß ich befürchten neu interniert zu werden [...]*

*Lieber, guter Prinz Löwenstein, ich bitte Sie sehr, schicken Sie mir telegrafisch Geld...* (6.7.1940). Sie erhält noch einmal 35 Dollar zugesprochen, die ihr im Oktober 1940 ausbezahlt werden. Keiner der Briefe der American Guild erreicht sie jedoch; einige werden als unzustellbar zurückgesandt, manche zuvor von der deutschen Wehrmacht abgefangen. Maria Leitner, die sich immer mehr an die Verbindung zur American Guild als dem einzigen ihr verbliebenen Kontakt zur Außenwelt klammert, bleibt also ohne Antwort auf ihre Briefe. Das ist für sie um so schrecklicher, als sie jetzt hofft, durch Vermittlung Löwensteins ein Besuchervisum für die USA zu erhalten und so aus Frankreich entkommen zu können. *Ich erwarte jetzt mit größter Spannung ihren Brief und über die Möglichkeiten zur Erlangung eines Besuchervisums.* Im Dezember entzieht sie sich erneuter Internierung durch die Flucht, taucht in Marseille unter. Von dort meldet sie sich noch einmal am 4. März 1941 mit einem vermutlich wegen der Kriegszensur englisch geschriebenen Brief: *I am yet without answer from you. I don't know how long I have to wait here starving and fearing the worst. My situation aggraves from every point of view. How endure this life? Please, could you send me some money by wire. And please, do excuse me that I bother you all the time. I thank you ever so much for ev.erything you have done for me.* Es ist dies der letzte erhaltene Brief. Die American Guild bestand zu diesem Zeitpunkt schon nicht mehr. Weitere Briefe Maria Leitners wurden an amerikanische Hilfsorganisationen weitergeleitet, ohne Erfolg. Maria Leitner ist in Frankreich verschollen.

Nicht nur – wie bei Maria Leitners verzweifelten Bemühungen in die USA zu gelangen – aus der extremen Situation akuter Lebensgefahr heraus drängt es viele Emigranten nach einem anderen Zufluchtsort – oftmals bewegt allein die materielle Notlage sie zu einem solchen Versuch. Auf der Suche nach erträglicheren Lebensbedingungen richten sie den Blick über die jeweiligen Grenzen, senden Briefe an Bekannte, von denen sie sich Auskünfte, Kontakte oder sonstige Hilfe dort erhoffen, in der zumeist irrigen Annahme, an anderem Ort werde es für sie leichter sein. So auch der Journalist Heinz Stroh. Stroh war wegen seiner jüdischen Abkunft 1933 in die Tschechoslowakei emigriert, von dort kurz vor dem deutschen Einmarsch nach London geflüchtet. In England sieht er für sich und seine Frau jedoch keinerlei Existenzgrundlage. So richtet er jetzt seine Hoffnung auf Palästina. Um dorthin zu gelangen, wendet er sich an den ihm befreundeten Arnold Zweig, der seit 1933 in Haifa lebt, mit der Bitte um nähere Auskünfte. Zweig aber muß ihn enttäuschen. In einem Brief vom 14. Februar 1939 schildert er dem Freund die Lebensumstände in Palästina: *Daß Sie in England nichts verdienen, ist natürlich schrecklich. In Palästina aber, ohne Sie entmutigen zu wollen, sehe ich für Sie keine größere Chance. Es gibt eine Menge deutsch schreibender Journalisten hier, besonders aus Wien, und fast keine Gelegenheit für sie, im*

*Lande etwas abzusetzen. Wenn Sie nicht über sichere, europäische Beziehungen verfügen, werden Sie von hier aus so gut wie keine anknüpfen können. Was für eine Arbeit Sie sonst übernehmen könnten, bei dem daniederliegenden Erwerbsleben des Landes, haben Sie sich wohl noch nicht deutlich gemacht. [...] Was für Elend ich unter Intellektuellen aus Deutschland hier gesehen habe und wie gering die öffentliche Initiative ist, ihnen zu helfen, brauche ich nicht breiter auszuführen. [...] Das Land ist [...] über die Maßen angestrengt durch das daniederliegende öffentliche und private Leben. Viel aussichtsreicher schiene mir, Ihre Frau suchte und fände die Beschäftigung in einem der neuen Mode- oder Konfektionsläden, die von wohlhabenden, österreichischen Emigranten eingerichtet werden. Ob diese noch wohlhabend sind und ob sie noch Hilfskräfte brauchen, entzieht sich natürlich meiner Kenntnis. Es scheint aber, daß nur tschechische oder Schweizer Juden noch Geldmittel aus der Hand der Räuber haben oder werden retten können. Palästina, lieber Stroh, ist das letzte, woran Sie denken dürfen.* Wieder einmal hatte sich eine Hoffnung als Illusion erwiesen, ein für das Exil typischer Vorgang. Heinz Stroh blieb in England.

Wir haben ein breites Spektrum von im Exil geschriebenen Briefen an uns vorüberziehen lassen, und doch handelt es sich dabei nur um einen kleinen Ausschnitt. Denn diese Briefe, so unterschiedlich sie ihrem Anlaß oder ihrer Diktion auch nach sind, haben doch alle etwas gemeinsam: ihre Verfasser, zumeist Schriftsteller, sind durch ihr Werk der Nachwelt bekannt geworden und ihre Briefe aus diesem Grund erhalten bzw. der Öffentlichkeit zugänglich gemacht worden. Der Großteil der im Exil geschriebenen Briefe aber stammt von Menschen, deren Namen uns nicht überliefert sind, die ihr privates Schicksal erlebten und durchlitten, ohne daß Spuren davon zurückblieben. Dies gilt vor allem für die vielen Deutschen, die emigrieren mußten, weil sie wegen ihrer jüdischen Abkunft sich in ihrer Heimat einer immer barbarischer werdenden Verfolgung ausgesetzt sahen. Ihre Auswanderung, angesichts der Lage in Deutschland eher eine Flucht, vollzog sich in mehreren Phasen: Die Machtübernahme Hitlers 1933, der Erlaß der Nürnberger Rassengesetze 1935 und schließlich, als vorläufiger Höhepunkt der Verfolgung, der Terror der „Reichskristallnacht" von 1938 wurden jeweils Auslöser für immer neue Fluchtwellen, während in der dazwischenliegenden Zeit eine mehr kontinuierliche, geplantere Auswanderung erfolgte. In jedem Fall aber bedeutete die Entscheidung zum Verlassen Deutschlands oft die Trennung von Familien – nur vorübergehend, wie man hoffte, in Wirklichkeit zumeist für immer. Nur selten sind die Briefe erhalten oder bekannt geworden, die aus dieser Trennung resultieren. Dort aber, wo sie vorliegen, erweisen sie sich oft, zu oft, als erschütternde Dokumente, aus denen die Not, der Schmerz und die Angst sprechen, die eine in brutalster Konsequenz der Gewalt und der Vernichtung verhaftete Politik über unschuldige Menschen brachte. Am Ende sollen daher zwei Briefe stehen, die davon Zeugnis ablegen. In beiden Fällen sind es Briefe nicht von Emigranten, sondern an Emigranten, von in Deutschland verbliebenen Juden an ihre emigrierten Angehörigen. Und in beiden Fällen ist ihr Gegenstand die Deportation.

Das Ehepaar Siegfried und Hedwig Rosenthal lebte bis 1943 in Berlin. Ihre Tochter Edith war nach Schweden emigriert. Dort in zweiter Ehe verheiratet, wohnte sie mit ihren zwei Töchtern aus erster Ehe in Stockholm. In ihren Briefen an sie berichten die Eltern, wie es ihnen geht, schreiben über Bekannte, fragen nach den Enkelkindern, danken für die Übersendung von Päckchen – es scheinen ganz normale Briefe zu sein, wie sie zwischen engen Verwandten immer und überall geschrieben werden – spräche nicht aus einem jeden, ausgesprochen oder unausgesprochen, der tiefe Wunsch nach einem Ende der Trennung und die Hoffnung auf ein Wiedersehen. Aber Ende Mai erhalten die Eltern die Nachricht von ihrer bevorstehenden Deportation. Am 25. Mai verabschieden sie sich von ihrer Tochter mit der folgenden Postkarte: *Meine gel. Kinder! Meinem gestrigen Brief lasse ich diese Karte folgen um Euch zu sagen, daß wir nun endgültig umziehen; wahrscheinlich Montag früh. Wir kommen geschlossen fort und sind alle sehr gefaßt und ruhig. Unser einziger Kummer ist, von Euch vorläufig nicht mehr zu hören und Euch auch nicht mehr zu schreiben; aber hoffentlich nicht für lange und deshalb hoffen wir, daß wir uns bald sehen werden. Haltet den Kopf hoch; wir halten auch durch. Es ist unser gemeinsames Schicksal und unser Los und deshalb müssen wir ruhig und vernünftig sein. Ich bitte Euch, Euch nicht aufzuregen. Vater ist sehr ruhig und wird mit Gottes Hilfe alles gut überstehen. Wer weiß, wozu es gut ist. Bleibt mir gesund und unverzagt; so bald es geht, bekommt ihr Nachricht. [...] Habt 1000 Dank für alles Gute und Eure Liebe; es war immer das Einzige was uns erhalten und froh gemacht hat. Edithchen! Lillilein und Stefferle! Denkt immer an uns und wenn es geht, werdet ihr von uns hören.... Ich schreibe noch so oft ich kann. Für heute alles Gute, viele innige Grüße und Küsse von Eurer Mutter und Omi." – „Liebe Edith, Lilli, Steffi! Bleibt mir stark, wie wir es sein werden. Alles Gute und Liebe, Euer Vater und Opi.* Siegfried Rosenthal, schon schwer krank vor der Deportation, starb in Theresienstadt kurz nach der Ankunft. Hedwig Rosenthal dagegen überlebte das Ghetto, konnte sich auch von Zeit zu Zeit bei ihrer Tochter melden. Zwischen beiden gab es ein Wiedersehen nach Kriegsende, eine der seltenen Ausnahmen im Schicksal der aus Deutschland deportierten Juden.

Den schrecklichen „Normalfall" aber zeigt unser letzter Brief. Er war nach Palästina gerichtet. Der aus Gießen stammende Kaufmann Erich Stern war dorthin emigriert, seine Mutter hatte er, trotz vielfältiger Bemühungen, nicht mehr aus Deutschland herausbringen können. Da Palästina britisches Mandatsgebiet war und damit einer feindlichen Macht unterstand, waren briefliche Mitteilungen nur noch über das Rote Kreuz möglich und auf 25 Worte begrenzt. Am 4. Dezember 1941 erhalten Erich Stern und seine Familie von seiner Schwägerin aus Wetzlar die folgende Nachricht: *Meine Lieben! Hoffe Euch gesund. Ich schreibe, weil Mutti seit 20. November verreist ist. Sobald Anschrift, geht sie Euch zu. Benachrichtigt* (den Bruder) *Hans.* Das „Reise"ziel von Clara Stern, der Mutter, war Riga. Eine Anschrift von ihr hat es nie gegeben und auch keine Nachricht mehr. Sie ist dort ein Opfer der nationalsozialistischen Vernichtungspolitik geworden.

Die Briefauszüge sind folgenden Veröffentlichungen entnommen: Klaus Mann: Briefe und Antworten. Bd.1. München 1975. Hermann Kesten: Deutsche Literatur im Exil. München, Wien, Basel 1964. Walter Benjamin: Briefe 2. Frankfurt am Main 1993. Franz Theodor Csokor: Auch heute noch nicht an Land. Wien 1993. Oskar Maria Graf in seinen Briefen. München 1984. Der deutsche PEN-Club im Exil 1933–1948. Eine Ausstellung der Deutschen Bibliothek. Frankfurt am Main 1980. Deutsche Intellektuelle im Exil. Ihre Akademie und die „American Guild for German Cultural Freedom". Eine Ausstellung des Deutschen Exilarchivs 1933–1945 der Deutschen Bibliothek Frankfurt am Main. München 1993.

Die jüdische Emigration aus Deutschland 1933–1941. Die Geschichte einer Austreibung. Eine Ausstellung der Deutschen Bibliothek. Frankfurt am Main 1985.

Die Briefe von Rudolf Olden, Ernst Weiß, Maria Leitner, Siegfried und Hedwig Rosenthal sowie Clara Stern befinden sich im Besitz des Deutschen Exilarchivs 1933–1945, Die Deutsche Bibliothek, Frankfurt am Main.

Briefkasten der
Deutschen Reichspost
Um 1900
Gußeisen, blau lackiert,
teilweise vergoldet

Württembergischer
Stadtbriefkasten
1877
Gußeisen, hellgrün lackliert,
teilweise vergoldet

Preuß. Stadtbriefkasten mit
Gebrauchsanweisung
Um 1850
Holz, Druckzettel

Landbriefkasten der
Deutschen Reichspost
1934
Stahlblech, rot lackiert

# Stoff, Motiv, Sujet

# Kunstvolle Briefschaften

Aspekte der Genremalerei in drei Jahrhunderten

Jutta Tschoeke

In einem versiegelten Paket hat Johann Wolfgang von Goethe das Gedicht, das später „Vermächtnis" genannt wird, zusammen mit den Briefen Marianne von Willemers, seiner letzten großen Liebe, an die einstige Absenderin zurückgeschickt – mit dem Zusatz „aufzubewahren".[1] Als sie kurze Zeit später von Goethes Tod erfährt, bricht Marianne das Siegel auf. Nun ist die Liebe über den Tod hinaus in einem einzigartigen Briefkompendium zusammengeführt, dem der Meister selbst noch die Präambel zugewiesen hat.

Ähnliche Szenen der Innerlichkeit finden vielfältig Niederschlag in der Bildenden Kunst des frühen 19. Jahrhunderts. Briefe symbolisieren hier Verflechtungen im Leben der dargestellten Personen, sie markieren Beziehungen oder decken Befindlichkeiten auf. Das taten sie auch schon in Zeiten zuvor, jedoch auf andere, der Geisteshaltung einer jeden Epoche entsprechenden Weise. Sie aufzuspüren, soll das Thema dieses kleinen Streifzugs durch drei Jahrhunderte der Genremalerei sein.

Vor die Augen meiner Lieben,
Zu den Fingern die's geschrieben, –
Einst, mit heißestem Verlangen
So erwartet,
wie empfangen –
Zu der Brust,
der sie entquollen,
Diese Blätter wandern sollen;
Immer liebevoll bereit,
Zeugen
allerschönster Zeit.

Weimar d. 3. März 1831
JWvGoethe

## Briefe werden geschrieben

Wohl am augenfälligsten spiegelt Georg Friedrich Kerstings (1783–1847) Gemälde „Mann am Sekretär" das Lebensbild der Goethezeit wider. Es entsteht 1811. Der in Rückenfigur gegebene Mann im braunen Anzug sitzt konzentriert und versunken in seine Schreibtätigkeit an der aufgeklappten Platte seines Schreibmöbels. Geöffnete Korrespondenzen geben ihn als Briefschreiber zu erkennen. Unklar ist, ob es sich um ein Selbstbildnis handelt oder vielleicht den Maler Gerhard von Kügelgen, mit dem jenen eine innige Freundschaft verbindet. Hier in Dresden hat der aus Güstrow in Ostpreußen stammende Kersting, ebenfalls ein Gesinnungsverwandter Caspar David Friedrichs, mit dem er durch das Riesengebirge wandert und den er in einigen Atelierbildern verewigt, in der fromm beobachtenden Malerei seiner kleinen, durchlichteten Zimmerbilder die geistig-beschauliche Atmosphäre von Räumen und Menschen der deutschen Biedermeierzeit mit sachlicher und feiner malerischer Kultur wiedergebildet. Die dargestellte Person erklärt sich durch das Interieur, das wie seine Kleidung schlicht, einfach und bürgerlich ist. Auf dem Sekretär stehen Bücher, Flaschen mit Farben und Gipsabdrücke, alles Objekte, die den Schreibenden als einen wissenschaftlich Interessierten oder Kunstliebhaber definieren. Ein Zeichen dafür, daß Bildung und Forscherdrang in der Folge der Aufklärung nun auch dem Einzelnen offenstehen. Die Welt zu erkennen, sie in der Natur zu finden, ist den geistigen Wanderungen des Individuums vorbehalten. Die bei Kersting agierenden Menschen lesen, schreiben, sticken oder nähen. Sie alle sind in ihrem Handeln auf der Suche nach einem Ideal, auf der Suche nach einer erhobenen Welt, die gleichwohl aus dem geordneten und bedeutsam komponierten Interieur spricht.

Etwas später, doch aus der gleichen Geisteshaltung, entsteht das Bildnis einer jungen Frau am Schreibtisch vor weit geöffnetem Fenster, die, während sie noch mit dem Briefschreiben beschäftigt ist, kurz aufblickt und – vom Betrachter abgewandt – nachdenklich-interessiert ihre Aufmerksamkeit in den Sommergarten lenkt. Sommerhut und Schultertuch liegen zum Ausgehen bereit. Die steinerne Büste eines Behelmten an der Balustrade draußen im Garten lädt zum Spaziergang ein, ziehen doch seine wie der Schreiberin Blickrichtung zu verheißungsvollen Orten. Bei dem Bildnis der fast selbstvergessen im lichtdurchfluteten Raum sitzenden Dame handelt es sich um eine Wienerin, die „Gattin des Künstlers, Juliane geb. Preisinger". Johann Peter Krafft (1780-1856) malt es zwischen 1829 und 1834. Ihre fast vornehm wirkende Haltung, das lichtweiße Kleid zeigen eine gewisse mondäne Lässigkeit, die wohl aus dem Bewußtsein um den besonderen Ort, an dem sie schreibt, entstanden ist: ein Zimmer des Kustodentrakts vom Oberen Belvedere in Wien. Der Maler, ein gebürtiger Hanauer, lernt ab 1799 an der Wiener Akademie, ist bekannt mit H.V. Schnorr von Carolsfeld, wird Schüler von Jacques Louis David in Paris; er reist viel, unter anderem nach Italien, aber ab 1929 bewohnt er als Schloßhauptmann und Direktor der Kaiserlichen Gemäldegalerie das Belvedere.

Interieurbilder wie die beiden zuvor genannten haben sich aus der bedeutenden Tradition der holländischen Genremalerei des 17. Jahrhunderts entwickelt. Hier sind es die stillen Innenraumbilder mit nur wenigen Personen, meist Einzelgestalten, die in kontemplativer Tätigkeit in sorgfältig gestalteten Räumen verharren.

Viele bedeutende Namen erscheinen: Johannes Vermeer, Gabriel Metsu, Caspar Netscher, Jan Steen oder Gerard Terborch. Wie konzentriert und im Einklang mit dem wohlkomponierten Interieur erscheint uns die etwa 1655 entstandene „Briefschreiberin" von Terborch (1617–1681). Es heißt, daß er als Erster ein solches Thema umgesetzt hat, und damit ähnliche Darstellungen von Malern wie Vermeer, Frans van Mieris d.Ä. oder Gabriel Metsu angeregt habe.[2] Die Welt ist hier eindeutig. Die auf vollendete Weise wiedergegebene Stofflichkeit des zurückgeschobenen Tischteppichs, des roten Sitzkissens und des lachsfarbenen Kleides umfangen die konzentriert Schreibende. Der Blick verfängt sich im Perlenschmuck, der an einem blauen Band in Haar befestigt ist. Alles Licht – aus unbestimmter Quelle – liegt auf der jungen Frau, die versunken einen Liebesbrief schreibt. Dies bestätigt die intime Atmosphäre und der im Hintergrund sich dunkel geheimnisvoll türmende, geschlossene Alkoven. Liebesbriefe zu schreiben und zu empfangen, war in dieser Zeit sehr populär und als Thema für Gemälde beliebt. Der Betrachter wird in diesen privaten Szenen zum Beobachter und Mitwisser.

1 Leben und Rollenspiel – Marianne von Willemer, geb. Jung. Katalog zur Ausstellung im Freien Deutschen Hochstift-Frankfurter Goethemuseum. Frankfurt 20.11.1984–31.1.1985, S. 93; hier auch das zitierte Gedicht.

2 Leselust – Niederländische Malerei von Rembrandt bis Vermeer. Katalog zur Ausstellung in der Schirn Kunsthalle. Frankfurt 24.9.1993–2.1.1994, S.144.

Terborch führt uns mit seinen Bildern auch in den Bereich der Öffentlichkeit. Eine Reihe von Szenen mit mehreren Personen erweitert die Darstellungen um anekdotische Komponenten: So versetzt er in seinem Gemälde „Briefschreibender Offizier" aus den 1650er Jahren die Militärperson und den Briefboten mit der Trompete in einen dunklen unbestimmten Raum. Erwartungsvoll und leicht amüsiert blickt der Bote auf den am Tische hockenden Offizier. Die Schreibarbeit scheint diesen sichtlich etwas anzustrengen, sie bleibt uns jedoch durch den abgelegten Hut verborgen. Immerhin dürfte es sich um dienstliche Angelegenheiten von allgemeinem Interesse handeln. Daß es sich um eher ruhige Zeiten handelt, versinnbildlicht der am Fuße des Tisches eingeschlafene Hund. Solche Bilder gaben den Zeitgenossen die Gewißheit, daß das Leben auch außerhalb der kleinen privaten Welt in geordneten Bahnen verläuft. Auf anderen Bildern erkennt man, daß der vom Boten überbrachte Brief auch angekommen ist: Hier treten diese ein, Offiziere erbrechen Siegel oder lesen Botschaften. Briefe werden zur Klammer nahezu aller Lebensäußerungen, sei es zu Hilfsmitteln bei militärischen Strategien oder beim beruflichen Wissensaustausch.

Doch auch hier ist das Phänomen nicht plötzlich aufgetaucht. Seit Gewährleistung halbwegs geordneter Transportmöglichkeiten, durch Botensysteme und frühe Postdienste, wird die Vermittlung geistesgeschichtlichen Gedankengutes ausgeschöpft. Sie stehen um 1500 nur wenigen Menschen zu Gebote, Menschen jedoch, die Kulturgeschichte schreiben werden. Sie nutzen das Briefschreiben zur Verbreitung ihrer Thesen und ihres Gedankenguts. Der Brief ist also, wenn er denn auf bildlichen Darstellungen zu finden ist, ein Attribut der Gelehrten, insbesondere der Humanisten.

Albrecht Dürer (1471–1528) hat sich 1526 auf sein Gedächtnis verlassen, als er den Humanisten Erasmus von Rotterdam in Kupfer sticht. Begegnet ist er ihm nur kurz während seiner Reise in die Niederlande 1520/21. Auch Dürer hält sich an die allgemeine Vorstellung oder das Bild, das man sich von dem Gelehrten macht: in Halbfigur stehend an seinem Schreibpult, damit beschäftigt, mit einem Federkiel seine Thesen zu Papier zu bringen, die ihn als scharfsinnigen Denker und Philosophen ausweisen. Hier wie zuvor schon Quinten Massys oder in dem berühmten Gemälde Hans Holbeins von 1523 tritt uns der schreibende Erasmus wie eine Ikone des Humanismus entgegen, bei Dürer einmal mehr durch die ihm zugestellten Folianten und die griechische Inschrift auf der Tafel, die besagt, daß er ihn nach dem Leben gezeichnet habe, jedoch das bessere Bild seine Schriften zeigen würden. Dürers Kupferstich verfolgt den Zweck, die humanistische Lehre, personifiziert in Erasmus, vielfältig zu verbreiten. Darüber hinaus steht die damalige Geisteswelt in regem Briefaustausch. Auch darauf weist das Erasmus-Bild hin. Wie sehr

Juliane Krafft, geb. Preisinger,
die Gattin des Malers am
Schreibtisch
Gemälde von
Johann Peter Krafft
Um 1830
Öl auf Leinwand

jede Zeile des Rotterdamers ersehnt wird, bezeugt die Klage eines Adressaten, des französischen Humanisten Guilaume Budé, von 1516: „Ihr Brief erreicht mich vor fünf oder sechs Tagen, und ich hätte ihn voll Ungeduld verschlungen, wenn mich nicht die Schwierigkeiten beim Lesen aufgehalten hätten; denn Sie haben ihn so nachlässig und schlampig verfaßt [...]. Bitte quälen Sie mich in Zukunft weniger, denn ich lese freudig alles, was Sie schreiben [...]. Sie müssen achtgeben: Denn wenn Sie weiter in dieser nachlässigen Art und Weise schreiben, können Sie sich in ernsthafte Schwierigkeiten bringen."[3]

277 Jahre später bringt sich ein anderer Mensch weniger durch seine Art des Schreibens, als durch den Empfang eines solchen in größte Schwierigkeiten: Der fanatische, ebenso bewunderte wie verhaßte Verfechter der Französischen Revolution, Arzt und Publizist Jean Paul Marat wird 1793 von der jungen Charlotte Corday, der Rächerin der von ihm verfolgten Girondisten, im Bade, wo er wegen eines schmerzhaften Ekzems zu arbeiten pflegt, erstochen. In seiner ermatteten Hand hält er nun im Austausch unerledigter Briefschaften das überdeutlich akzentuierte Bekennerschreiben der Mörderin. Diese Szene zeigt das wohl berühmteste Gemälde von Jacques-Louis David (1748–1825), dem später von Napoleon I. protegierten Bildnis- und Historienmaler. Er schildert den Mord an Marat auf einer Leinwand, die in der oberen Hälfte dunkel, leer ist, mit einem Denkmalsockel rechts im Vordergrund, der nichts als eine banale Holzkiste ist, versehen mit des Künstlers Widmung, und mit einem Badetuch, das sich zum Leichentuch verwandelt. Dem Maler ist es gelungen, einen bestimmten historisch-politischen Augenblick, knapp, drastisch, auf formelhafte Einprägsamkeit zu bringen, in der vereinfachten, pointierten Sehweise des Klassizismus eine Darstellung von aufwühlendem Realismus. Das Bild des toten Marat wird zu einer Ikone.

## Briefe werden gelesen

Wesentlich undramatischer geht es freilich noch im 17. Jahrhundert zu, da sich der Brief als Sujet die stillen Interieurs der Niederländer erobert hat. Die Freude beim Betrachten dieser wohlausgedachten Genrebilder rührt daher, daß die Situation brieflesender Menschen eine allseits bekannte ist. Doch vermögen die Maler solcher Szenen über das Vordergründige hinaus weit mehr zu erzählen. Betrachtet man das um 1660 entstandene „Brieflesende Mädchen am Fenster" von Jan Vermeer van Delft (1632-1675), so scheint uns nur ein kurzer Blick in die Szene gewährt zu sein: Der zur Seite gezogene Vorhang unterstreicht die Intimität des dahinterliegenden Raumes. Auch das Arrangement von Tischteppich und Obstschale im Vordergrund schafft Distanz zum Betrachter. Auf zwei Ebenen tritt die nicht sichtbare Außenwelt

3 Leselust (wie Anm. 2), S. 75.

Im Salon
Gemälde von Albert von Keller
München, um 1880
Öl auf Leinwand

Junge brieflesende Dame
Gemälde von Otto Scholderer
Um 1875/80
Öl auf Leinwand

in die Stube hinein: imaginär durch das weit geöffnete Fenster, in dessen Richtung sich die junge Frau wendet, und durch den Inhalt des Briefes, der freilich nur dem wunderbar hereinfallenden Licht und der vertieften Leserin offenbart wird. Die rosige Verfärbung der Wangen deutet einmal mehr auf einen Liebesbrief hin.

Obwohl der Raum bei Dirk Hals (1591–1656) noch schlichter und unprätentiöser gehalten ist, empfinden die Zeitgenossen bei dem 1631 geschaffenen Gemälde „Dame, einen Brief zerreißend" größeren Unterhaltungswert. Hier kommt Emotion ins Spiel. Die gespannte Haltung der jungen Frau in Schwarz wird durch die dramatische Linienführung der weißen Partien von Kragen und Schürze, die dem einfallenden Licht folgt, geprägt. Die vom Inhalt des Briefes Erregte wendet sich sehnsuchtsvoll Richtung Fenster, das jedoch geschlossen ist. Das Motiv ihrer Pein mag sich aus dem einzigen Zimmerschmuck, einem Seestück an der hinteren Wand des Raumes, erklären, das in unterschiedlichen Auslegungen auch bei anderen Malerkollegen erscheint. Es ist die Umsetzung eines damals populären Sprichwortes: „Die Liebe ist das Meer, ein Liebender das Schiff, ist die Liebe dir gesonnen, winkt der Hafen der Liebe, ihre Abkehr bedeuten die Klippen."[4] Die Metapher der stürmischen See und des wegfahrenden Segelschiffes verdeutlicht uns die Briefzerreißerin als eine unglücklich Liebende.

Eher hoffnungsvoll und erfüllt stellt sich hingegen die Beziehung zum unbekannten Schreiber eines Briefes dar, den die schöne „Mademoiselle Lavergne" aus Lyon mit gewissem Stolz präsentiert. Das Pastell aus dem Jahr 1746 ist eines der unzähligen Gesellschaftsportraits, für die der vielreisende, aus Genf stammende Jean Étienne Liotard (1702–1789) berühmt ist. Mitglieder der Höfe und des Adels in Wien, Paris, Rom und Neapel schätzen an seinen Bildnissen die klaren und einfachen Formen, auch das schon klassisch anmutende Arrangement des ruhigen Bildaufbaus, der so sehr im Gegensatz steht zu der modisch verfeinerten, unruhig bewegten höfischen Rokokomalerei. Jene Eigenschaften sind sicher von der protestantischen Herkunft des Künstlers abzuleiten. Auch Mademoiselle Lavergne ist vor hellbraunem, unbestimmten Grund gegeben, fast wie ein Bürgermädchen bescheiden im Gehabe, mit schlichter Frisur, ein Kreuz am Halsband. Doch leicht öffnet sich das rote, vielfältig verschlungene Miederband, blau-silberner Brokatstoff zeigt sich über der Brust und als kräftige Manschetten. Der Kopf ist zur Seite geneigt, der Blick gesenkt, das leichte Lächeln verweist auf die innige Beziehung zum bedeutsam erhobenen Brief in ihrer rechten Hand. Geschlossenheit und Konzentration sind auch die kompositorischen Merkmale beim berühmten „Schokoladenmädchen" Liotards in der Dresdner Galerie, das zum absoluten Publikumsliebling avanciert.

Im Zeichen der Aufklärung büßt in den katholischen Ländern neben der Gegenreformation als tragende und erhaltende Kraft auch die fürstliche

4 Zit. nach Leselust (wie Anm. 2), S. 204.

Repräsentation und mit ihr der Glaube an die Berufung zur Herrschaft von Gottes Gnaden ihre innere Rechtfertigung ein. An die Stelle der alten Geistesmächte tritt immer mehr eine das ganze Volk durchdringende freie und weltliche Bildung. Das höfische Rokoko hat sein Ende mit der französischen Revolution gefunden. „Die darauffolgende Romantik, in Verbindung mit klassizistischen Strömungen, wendet sich, von höfischen Formen befreit, einem neuen verinnerlichten Naturverständnis zu."[5]

Diese Haltung findet Ausdruck auch in der Hinwendung zur volkstümlichen Tradition. Auf der Suche nach den versteckten Wurzeln des Lebens nehmen bäuerliche Motive eine zentrale Bedeutung im Schaffen vieler Malerkreise ein. Menschliche Regungen und Gefühle werden klarer und unmißverständlicher in der einfachen, ja naiven Welt der kleinen Leute und Bauern. Doch muß das Alltägliche erhoben werden, wenn es denn Interesse wecken soll. Dabei ist der Brief ein wichtiges Hilfsmittel. „Erfreuliche Nachrichten" erreichen um 1870 eine Sennerin in ihrer Bergeinsamkeit, festgehalten in einem Gemälde von Friedrich Ortlieb (1839–1909). Sie werden überbracht von einem Boten, der – im Hintergrund sitzend – aus einer Schüssel Stärkung zu sich nimmt; die Kraxe ist an der offenen Tür abgestellt, die einen Blick auf gegenüberliegende Bergmassive freigibt. Die junge Frau lehnt sich, verzückt lächelnd der Brieflektüre hingegeben, an die gemauerte Feuerstelle. Die Genredarstellung erinnert entfernt an Dirk Hals' „Briefzerreißende Dame", doch steht in unserem Fall das einfache und unmißverständliche Leben im Vordergrund. Der Brief sagt uns alles, er muß als Bedeutungsträger nicht mehr interpretiert werden.

Ebenso wenig wie in dem zur gleichen Zeit entstandenen Portrait „Graf Moltke in seinem Arbeitszimmer in Versailles". Das Bildnis stammt von Anton von Werner (1843–1915),[6] der im offiziellen Auftrag den Feldzug 1870/71 gegen Frankreich begleitet und von den Schauplätzen erhebend-heroische Darstellungen geliefert hat. (Wem ist nicht seine „Proklamierung des Deutschen Kaiserreichs" von 1871 in Versailles gegenwärtig?) Die strategische Kriegsführung obliegt Generalfeldmarschall von Moltke, den der Maler nach etlichen Portraitstudien schließlich abbilden darf. Entstanden ist ein offizielles Bildnis, das der Künstler selbst beschreibt: „Klassische Züge, wie wir sie an den Büsten Cäsars und Scipios kennen, aber nicht hart und marmorn, sondern weich und zart, mit rosig weiblichem Teint, dazu die hellblonde Perücke und die preußische Generalsuniform zu der schlanken, damals noch ungebeugten Gestalt geben eine merkwürdige Gemeinschaft von klassischem Wesen und moderner Realität."[7] Aufmerksam studiert Moltke im Armlehnsessel eines reich ausgestatteten Salons einen Brief, der ihn als Strategen ausweisen soll, der mit niemals irrendem Blick seine Entschlüsse faßt und in die Tat umsetzt. Der Betrachter gewinnt den Eindruck, als würden die Schlachten vom

5 Heidi C. Ebertshäuser: Carl Spitzweg. München 1981, S. 24.
6 Siehe: Anton von Werner – Geschichte in Bildern. Katalog zur Ausstellung im Berlin Museum und Deutschen Historischen Museum. Berlin 7.5.–27.7.1993.
7 Zit. nach Adolf Rosenberg: A. von Werner. Bielefeld, Leipzig 1900, S.17.

Briefzerreißende Dame
Gemälde von Dirk Hals
1631
Öl auf Holz

Der Brief
Gemälde von
Friedrich Adolph Hornemann
1871
Öl auf Leinwand

Wohnzimmer aus geschlagen. Von der Kante des mit Schriftstücken beladenen Schreibtisches hängt als Zeichen des jüngsten Erfolges eine Landkarte von Paris und Umgebung herab – auch hier Anklänge an holländische Interieurszenen des 17. Jahrhunderts.

Ein wenig wie eine spätere, viktorianische Verwandte der schönen „Mademoiselle Lavergne" erscheint uns die „Junge Briefleserin" des Frankfurter Malers Otto Scholderer (1834–1902). Die Nähe des 1875/80 entstandenen Bild zur englischen Salon- oder Genremalerei erklärt sich aus dem langjährigen Aufenthalt des Malers in London, der als junger Student das Städelsche Institut zu Frankfurt besucht hatte. Während ihn die lichte, impressionistische Farbgebung bereits als einen Neuerer auszeichnet, so bleibt er als Mittler doch noch der Romantik verhaftet. Gründerzeitliches Flair spricht aus der anekdotisch-modischen Darstellung wie auch aus der unverblümten Umsetzung eines festgehaltenen Momentes. Man könnte meinen, Scholderer habe die junge Effi Briest portraitiert. „Im Frauenbildnis vermag er Beweglichkeit und Eleganz ungemein lebensvoll zur Anschauung zu bringen. Er verfügt über Mittel einer neuen Art von Frauengrazie, die sich ungezwungen gibt. Versunken liest die junge Dame in unserem Bild den Brief, Rosen liegen in ihrem Schoß, es herrscht eine Stille im Bildraum, die anmutsvoll den Betrachter bestimmt."[8] Das Gemälde zeichnet sich durch seine akademische Komposition ausgebildet aus Rauten und Dreiecken –, die augenfällig wird in der fächerartig ausgebreiteten, goldenen Haarpracht, in dem im Halbprofil gegebenen, rosig angehauchten Gesicht mit dessen Blickrichtung direkt auf den erhobenen Brief sowie in dem kecken, braunen Ausgehhütchen, das einen Teil der Augenpartie bedeckt. Die beiden achtlos abgelegten Rosen und der Ring am Finger deuten das Bildnis als ein Verlobungsbild.

## Briefe werden verheimlicht

Kaum etwas eignet sich besser zur spannungsgeladenen Anteilnahme oder zum gemeinhin erlaubten Voyeurismus als geheime Briefe oder Botschaften. Zwar mag der Brief in Graf Moltkes Hand wichtige Geheimnisse enthalten, Neugierde hat er uns in dem offiziellen Bildnis – auch wenn es im privaten Schreibgemach situiert ist – nicht entlockt. Spannender sind allemal die vielen Liebesbriefe der holländischen Genremaler. Hier tritt ein Offizier hinzu, als sich die Dame beim Lesen allein wähnt, dort weist eine alte Magd einer jungen Briefempfängerin einen Totenschädel als Vanitassymbol, ein anderes Mal hält die glücklich Lesende das Bildnismedaillon des Liebsten in der Hand, eifrig beobachtet vom Überbringer. Unvergleichlich wiederum Jan Vermeers „Liebesbrief". Die Szene enthält ihre heimliche Komponente durch den nach rechts hochgezogenen Vorhang. Man erhascht den schmalen Ausschnitt eines weiteren Raumes, wo die Lautenspielerin plötzlich ihr Spiel unterbricht als sie von der hinter ihr stehenden Magd den Brief überreicht bekommt. An der Wand wird einmal mehr ein Seestück mit Schiff erkennbar, dessen Zielrichtung nicht recht zu deuten ist. Die vornehme Spielerin ist ertappt; die Magd nutzt die Situation genüßlich aus: die Hand auf die Hüfte gestemmt und alle Hausarbeit ruhen lassend, wie es die vielen, herumliegenden Utensilien in dem ansonsten so wohlgeordneten Interieur bezeugen. Musik, Hausarbeit, Weltferne und aktuelle Neugier sind die kompositorischen Elemente dieses Gesellschaftsstückes.

8 Siegfried Wichmann: Realismus und Impressionismus in Deutschland. Bemerkungen zur Freilichtmalerei des 19. und beginnenden 20. Jahrhunderts. Stuttgart 1964, S. 90.

Wie anders geht es da zu in den sentimental und anekdotisch aufgefaßten Bauernstuben des 19. Jahrhunderts. Hier legen vorwurfsvolle Autoritäten, meist Eltern oder Tanten, geheimnisumwitterte Briefe vor, die verschämt blickenden Töchtern, Nichten oder Mägden gelten, und die oft auf abenteuerliche Weise entdeckt oder abgefangen wurden. Eine solche Szene schildert Friedrich Adolph Hornemann (1813–1890) 1871 in seinem Gemäde „Der Brief". Das Elternpaar sitzt am Kamintisch, die Blicke examinierend auf die Tochter gerichtet, die in Schrecken versunken gerade ihre Tätigkeit am Spinnrocken unterbrochen hat. Aus einem aufgeschlagenen Folianten hat der Vater einen Brief zutage gefördert. Wieso hat die errötende Tochter ein Buch zur Aufbewahrung ihres Geheimnisses gewählt? Hatte sie etwa darin gelesen? Beide Tatsachen wären in jedem Fall für ein heranwachsendes Mädchen unverzeihlich.

Halten wir Carl Spitzwegs Meisterleistung des „Abgefangenen Liebesbriefes" (um 1860) dagegen! Dort, wo der verliebte junge Mann von seiner Mansarde aus die heimliche Botschaft zum Fenster der Angebeteten hinabfädelt, die nichtsahnend in eine Handarbeit vertieft ist, während die Tante in Entrüstung erstarrt das Corpus delicti von oben auftauchen sieht. Eine kleine, spannungsreiche Erzählung im Kleinstadtdickicht. Hier sind Visionen erlaubt über das Bemühen des Menschen, die Schwierigkeiten des Lebens zu überwinden. Am Ende deutet das schnäbelnde Taubenpaar auf dem Dach nebenan darauf hin, daß der Brief doch noch die Adressatin erreichen könnte, und daß der vorerst noch ahnungslose Absender dereinst den moralischen Gesetzen seiner Zeit obsiegen wird.

## Briefe werden vorgelesen

Albert von Keller (1844–1920), ein Maler der Münchner Schule, widmet sich fast ausschließlich der „intimen, eleganten Salonmalerei". Mit seinem Gemälde „Chopin" hat er seinen ersten durchschlagenden Erfolg. Das Publikum der Gründerzeit goutiert pretiös gestaltete Innenräume. Fotografische Vorlagen dienen inzwischen vielen Künstlern als Hilfsmittel, die mit ihren malerischen Überarbeitungen noch Vorteile gegenüber dem neuen Medium zu erzielen wissen. So erwecken sie – wie auch von Keller – die großbürgerlichen Interieurs in effektvoller impressionistischer Pinselführung zu neuem Leben, versehen mit entsprechender Personenstaffage. Etwa 1885 entsteht das Gemälde „Im Salon", in dem zwei junge Frauen hingebungsvoll einen aufgeschlagenen Brief studieren. Der eher dunkle, fensterlose Raum, übervoll dekoriert mit Kunstgegenständen auf Tischen und Konsolen sowie prachtvollen Bildern an den Wänden ist dazu angetan, Versteck zu sein für vertrauliche Diskussionen.

Welcher Beliebtheit sich Offenbarungen aus Briefen anderer erfreuen, beweist auch eine „galante" Szene, die in einer abgeschiedenen Ecke eines Gasthauses spielt, wo sich zwei junge Herren in Rokokokostümen während ihres Mahles über einen Brief hermachen: Beide sitzen in lässig-aufmerksamer Pose weit über den Tisch aufeinander zugebeugt. „Höre! Und jetzt kommt es ...!" scheint der Vorleser rechts mit nachdrücklicher Handgebärde seinem aufmerksam lauschenden Gegenüber zu bedeuten. Mit solchen kleinformatigen Genrebildchen, die in technischem Raffinement ausgeführt sind, erfreut der Franzose Ernest Meissonier (1815–1891) über viele Jahre hinweg

Die letzte Nachricht
Gemälde von Ludolf de Jongh
1657
Öl auf Leinwand

Der Tod des Marat
Gemälde von
Jaques Louis David
(in einer Kopie von
J.M. Langlois)
1793
Öl auf Leinwand

die Zeitgenossen. Die Szene dürfte um 1855 entstanden sein. Bereits 1860 erscheint sie als Kupferstich bei Froex in Stuttgart, wodurch sie große Verbreitung erfährt. Für den damaligen Betrachter mag sie wie eine Filmszene im heutigen Sinne gewirkt haben: Die beiden Briefleser scheinen direkt einem der seinerzeit so beliebten Briefromane entsprungen zu sein.

In diesem Sinn hat der Brief in der Genremalerei des 19. Jahrhunderts oft die Aufgabe, Mittler zu sein in dramatischen Momenten. Unterschiedliche Personengruppen, sei es in der Bauernstube oder im Salon, erhalten Nachrichten ausgewanderter oder weltreisender Angehöriger. Solche Nachrichten avancieren zu gesellschaftlichen Ereignissen im Familienkreis. Da der Brief nicht mehr privat ist, muß er vorgelesen werden. Der Brief ist das Fremde; er symbolisiert Ferne, durch postalische Errungenschaften erfahrbar gemacht. Daher heißen die Titel dieser vielfältig in Szene gesetzten Darstellungen „Wichtige Nachricht", „Ein Brief aus dem Orient", „Brief aus Amerika" oder aber auch „Die letzte Nachricht".

Mit diesen Kompositionen berufen sich die Künstler erneut auf die frühe niederländische Genremalerei, beispielsweise auf Ludolf de Jongh's (1616–1679) „Die Botschaft" aus dem Jahr 1657. Die Szene spielt im eher einfachen Milieu, möglicherweise einer Wirtsstube, wo ein Kurier, kenntlich an der umgehängten Trompete, dem Adressaten, einem besorgt-ernst blickenden älteren Mann im Lehnstuhl, den Inhalt eines hell angeleuchteten Briefes vorliest. Eine Magd und ein weiterer Zuhörer sind Zeugen des Geschehens. Gespannt blicken alle auf den Vortragenden, denn keiner von ihnen ist wohl damals in der Lage, die Nachricht selbst lesen zu können. In der Schilderung unterschiedlicher Intensität des Zuhörens gelingt de Jongh eine individuelle Erfassung jeder einzelnen Person. Die Bedrohlichkeit der Nachricht erklärt sich aus der dramatischen Farbigkeit des blutroten Mieders der Magd, die sich, nicht wahrgenommen vom Empfänger des Briefes, von hinten über dessen Schulter beugt.

## Briefe zeigen sich von der besten Seite

Wenn Briefe nicht vorgelesen werden, Empfänger sie auch oft nicht lesen, oder wenn sie erst recht nicht geschrieben werden, welchen Zweck sollten sie dann erfüllen? Dazu gibt die Kunstgeschichte reichlich Antwort mit Beispielen von Gemälden, die dem Repräsentieren gelten. Potentaten wie Kaufleute halten seit dem Aufkommen individueller Bildnisse Attribute in Händen, die ihre Stellung interpretieren.

„Fürst Andreas Rasumofsky", der russische Gesandte am Wiener Hof, ist eines der bedeutendsten Bildnisse des österreichischen Genremalers Ferdinand Georg Waldmüller (1793–1865). Es entsteht 1835. Waldmüller sieht sich eher als Portraitmaler, denn in dieser Gattung kann er seine Maxime, alle Kunst müsse aus der Nachahmung der Natur kommen, am edelsten verwirklichen. Er entwirft mit dem Bildnis des Gesandten ein realistisches Gesellschaftsportrait, das bei jeder Repräsentation auch Privatheit aufspürt. Dies gelingt durch die momenthafte Haltung des Fürsten im Hausmantel, der kurz die Lektüre eines Briefes, den er in der linken Hand hält, unterbricht und wie zu einer eingetretenen Person – hier dem Bildbetrachter – aufblickt. Das Lorgnon hat er abgenommen, der Blick ist kritisch distanziert; er scheint leicht zu lächeln. Aus den braunen Flächen des

Bildgrundes und des Tisches leuchten messingfarben Uhr, Tabakdose und Schreibset auf, die auf den geordneten Alltag einer Standesperson verweisen. Der Brief in der Hand des Fürsten enthält eine Botschaft, die zwar an diesen gerichtet ist, nun aber leserlich auch dem Betrachter wie ein Credo begreifbar. Sie besagt: „Je reviens comptez y. Csee Leon. Rasoumoffsky." (Ich komme zurück, rechnen Sie damit. Leon. Rasumoffsky – vielleicht der Sohn des Adressaten?) Waldmüllers Portraits zeichnen sich aus durch die immer neu aus dem Augenblick, aus dem Wesen des Dargestellten geschöpfte charaktervolle Frische. Die schimmernde Wahrheit des Stofflichen unterstreicht die Lebenssphäre, die Seelenhaltung und das Geistige dieser bürgerlich-aristokratischen Männer und Frauen.

## Der Briefbote

Unser schlaglichtartiger Ausflug zu vielfältigen künstlerischen Briefschaften in drei Jahrhunderten sollte nicht abgeschlossen sein, ohne Carl Spitzweg (1808–1885) noch einmal anzuführen, der so unvergleichlich Postkutschen, Briefträger und heimliche Liebesbriefe in seinen Kleinstadtmilieus umzusetzen vermochte.

Mehr noch als die meisten gerade betrachteten Künstlerpersönlichkeiten stellt er den Brief ins Zentrum seiner Bildinhalte. Seine Erzählungen gehen jedoch weiter, sie sind sozusagen transitorisch. Spitzweg schildert uns keinen Ist-Zustand, wie er beispielsweise beim Briefschreiben, beim Lesen, beim Vorlesen oder Präsentieren gegeben ist, sondern den des Transportes, der Weitergabe. Daher soll der 1858 gefertigte „Briefbote im Rosenthal" den Schlußpunkt bilden. Hier zeigt er einmal mehr seine Vorliebe für enge, bildfüllende Kleinstadtwinkel. Der munter mit einem Brief winkende Briefbote führt uns als Rückenfigur in das Geschehen ein. Er lockt die verliebten Mädchen unterschiedlichen Alters an die Fenster ihrer verwinkelten Erker- und Turmstübchen. Dem Betrachter wird schnell klar, nur eine kann die glückliche Empfängerin des hoffnungsbeladenen Briefes sein; alle anderen müssen sich bald wieder ihrem Schmerz hingeben. Die heitere Gemütlichkeit erscheint brüchig und fragwürdig.

Spitzweg geht in seinen Bildern einen Schritt über das rein erzählerische Moment hinaus. Er blickt hinter die Kulissen und läßt den Betrachter menschliche Schwächen und unbeobachtete Momente erleben. „Der aufkeimende Realismus nähert sich wie im Falle Spitzwegs zum Teil parodistisch den Idealen der sterbenden Romantik. [...] Verherrlichte die Romantik die angestrebte Einheit des Menschen mit seinem Ideal, so offenbart gerade Spitzweg den Zwiespalt in dieser Beziehung, der nun für seine Zeit sichtbar geworden war. Erst dadurch war die Karikatur, die Pointe möglich. Das Hehre in der Verzerrung durch das Alltägliche, ja Banale erweckt eine Spannung, die uns zum Lachen reizt. Diese Spannung ‚nahe am Abgrund', durch den Humor ertragbar"[9] gemacht, das ist das Hauptelement vieler seiner Bilder. Spitzweg selbst notierte in seinem Skizzenbuch zum projektierten „Rosenthal"-Bild, dem Tal voller Rosen (sic!) 1858: „Einfahrt eines Postwagens in ein kleines Städtchen ... lauter Mädels, die nur aus den Fenstern schauen, oder anders ..."[10]

9 Ebertshäuser (wie Anm. 5), S. 25.

10 Zit. nach: Carl Spitzweg – Zeichnungen und Aquarelle und Ölbilder. Katalog zur 207. Ausstellung Graphische Sammlung Albertina. Wien 20.2.–20.3.1968, o. S.

Postbote im Rosenthal
Gemälde von Carl Spitzweg
Um 1858
Öl auf Leinwand

# Briefroman

## Exempla

Hermann Glaser

Nachdem er von einer Spazierfahrt mit seiner Geliebten, zu der sie nach vielem Drängen ihre Zustimmung gegeben hatte, zurückgekommen ist, schreibt Herr Robert Lovelace an Herrn John Belford, Freitag, den 26. Mai, einen Brief, in dem er berichtet, wie er der Geliebten – sie heißt Clarissa Harlowe – seine Leidenschaft für Korrespondenz nahegebracht habe: „Sie wissen, daß ich gern vertrauliche Briefe schreibe; sie kommen mir aus dem Herzen wie das Wort Kor-respondenz es verlangt. Ja, meine Seele fließt in meine Briefe. Da ist nichts von nackten Tatsachen zu finden, das Gemüt führt mir die Feder. Briefe sind Pfänder der Freundschaft, einer Freundschaft, die den Wechsel und die Zeit nicht fürchtet. Sonst würde ich nicht so bereitwillig Belege liefern, die bei einem Bruch oder einer Untreue gegen mich ausgenutzt werden könnten. Für mich sind sie obendrein noch die Hauptzerstreuung in Ihrer Abwesenheit. Hätte ich diese unschuldige Beschäftigung nicht, so könnte ich die Entfernung nicht ertragen, in der Sie mich halten." „Ich habe nie an Ihrer Begabung gezweifelt", antwortete Clarissa, „und zweifle nicht, daß Sie noch besser schreiben als sprechen. Auch flüchtig und arglos geschriebene Briefe haben immer noch den Vorteil, daß man sich erst hinsetzen und schreiben muß. Es würde mich recht entfremden, wenn Ihre Briefe ohne Gefühl geschrieben wären oder wenn Sie sich in ihnen gar mit Vorbedacht Freiheiten gestatteten, die schon beim unbedachten Reden häufig unentschuldbar sind."[1] Der Dialog findet sich in einem der einflußreichsten Briefromane, nämlich in dem siebenbändigen Werk von Samuel Richardson (1689–1761): „Clarissa oder Die Geschichte einer jungen Dame" (1748) – „Enthaltend die wichtigsten Belange des Privatlebens, und vor allem jene Bedrängnisse zeigend, die das falsche Verhalten von Eltern und Kindern in Fragen der Verehelichung mit sich bringen kann." Der Autor, von Beruf Drucker, wurde der Lieblingsautor eines bürgerlichen Publikums, weil er dessen Vorliebe für die Schilderung liebender und duldender Herzen in einer Reihe von Werken, darunter „Pamela oder Belohnte Tugend" und „Sir Charles Grandison", auf höchst erbauliche Weise erfüllte – in Gegenposition zu den realistischen Romanen etwa seines Zeitgenossen Henry Fielding. Die tugendhafte, schöne und intelligente Tochter aus wohlhabenden Kreisen liebt einen gewissenlosen jungen Aristokraten, der wegen seines üblen Leumunds von den Eltern abgewiesen wird; dieser Lovelace entführt sie; er ist bereit, sie zu heiraten, besteht jedoch darauf, daß sie sich ihm vorher hingibt; sie widersteht, doch wird sie von ihm mit Hilfe eines Betäubungsmittels mißbraucht. Die charakterfeste Clarissa verwindet die Schändung nicht und siecht langsam dahin. Nach ihrem Tod bekennen die Eltern, daß sie wegen ihrer rigorosen Erziehungsmaßnahmen der tugendhaften Tochter gegenüber schuldig geworden sind. Lovelace wird von einem Verwandten im Duell getötet.

Der Brief erweist sich als eine besonders geeignete Form für die Artikulation überschwenglicher Gefühle. Er kommt „aus dem Herzen":

1 Samuel Richardson: Clarissa oder die Geschichte einer jungen Dame. Frankfurt a. M., Berlin 1994, S. 244 f.

Suggeriert wird die Meinung, daß ein Gefühlsstrom, der wenig mit dem Denken und mit der Beobachtung von Faktizität zu tun hat, direkt in die Feder fließt; betont wird die Unmittelbarkeit des Briefeschreibens. „Korrespondieren" bedeutet zudem, in Übereinstimmung zu sein; als Neubildung zu dem lateinischen „respondere" meint das Wort „versichern", „versprechen", „entsprechen"; vom Briefpartner wird Seelenverwandtschaft angenommen. Man gibt und nimmt Einblick ins Innerste; die Veröffentlichung von Briefen bedeutet demnach Offenbarung von Intimität. Der Briefroman befriedigt voyeuristische Interessen: Innenwelt wird bloßgestellt, bei Richardson auf sehr empfindsame Weise.

Clarissa verweist auf ein weiteres Phänomen von Korrespondenz; es steht freilich im Widerspruch zu der Feststellung, daß der Herzenserguß unmittelbar sich artikuliert. Man muß sich üblicherweise erst hinsetzen, ehe man zu schreiben beginnt. Die Flüchtigkeit und Redundanz von Rede wird allein dadurch schon reduziert. Briefschreiben tendiert auf Kunstfertigkeit; der Gefühlsstrom wird also „kanalisiert". Der Briefroman mit seinem raffinierten Netzwerk einzelner, ineinandergreifender Schreiben camoufliert seine höchst artifizielle Konstruktion mit dem Schein von Natürlichkeit. Der Lesegenuß ist im Schillerschen Sinne „sentimentalisch": Nicht die unmittelbare Naivität wird angesprochen, sondern der Distanz haltende Sinn für das Naive. Geistesgeschichtlich gewinnt der Briefroman große Bedeutung in einer Zeit, da die Aufklärung eine Krise des Erzählens hervorruft. Denn der „Wissende" läßt sich nicht gerne etwas vormachen; die Lektüre von Briefen fokussiert jedoch nicht Wirklichkeit, in der man sich auszukennen glaubt, sondern entführt in Seelenlandschaften, die als etwas „ganz anderes", jenseits von Realität, Neugier hervorrufen.

Richardson gibt sich nicht als Autor zu erkennen, er mimt den Herausgeber (von Briefen der Heldin an ihre Freundin, des sie bedrängenden Verführers an seinen Freund). Der Wirklichkeitssinn geht also nicht leer aus: Die Emanationen sind gefunden, nicht erfunden worden. Die dadurch eintretende Distanz läßt die Briefpartner wie Dramenfiguren agieren. Die Psychoanalyse vollzieht sich spielerisch, doch liegt ihr ein didaktisches Ziel zugrunde: Ein Exempel soll statuiert werden. „Die Mimesis des Für-sich-Seins führt zum Verschwinden des Autors aus den immanenten Strukturen des Werkes. Das hat zunächst die negative Folge, daß es nicht den allwissenden Erzähler, der als die Erzählung tragend empfunden wird, gibt. Es besteht also vordergründig nicht die Möglichkeit einer unmittelbaren Sinnlenkung und immanenten Stellungnahme des Autors. Solches erzähltechnische Element ist aber natürlich nur eines unter mehreren, und man ist folglich im Briefroman umso mehr auf die Gesamtheit der anderen Strukturelemente angewiesen. Die epische Überlegenheit, die ein erzählender Autor zur Schau stellen kann, ist hier in andere Erzähltechniken eingegangen."[2]

Clarissa verkörpert das bürgerliche Tugendsystem, das aufgrund innerer Wahrhaftigkeit, im Gegensatz zur bigotten Oberflächenwelt der Eltern, obsiegt. Lovelace zeigt die aristokratische Unmoral; seine Intelligenz und sein Empfindungsreichtum fallen seinen niederen Leidenschaften zum Opfer. Noch deutlicher als der Untertitel des Romans „Clarissa" zeigt der Untertitel zu dem Roman „Pamela" die in nuancenreiche Seelenbilder verpackte didaktische Ausrichtung: „Eine Reihe von Familienbriefen, geschrieben von einer schönen jungen Person an ihre Angehörigen und zu Druck gebracht, um die

2 Hans Rudolf Picard: Die Illusion der Wirklichkeit im Briefroman des achtzehnten Jahrhunderts. Heidelberg 1971, S. 15.

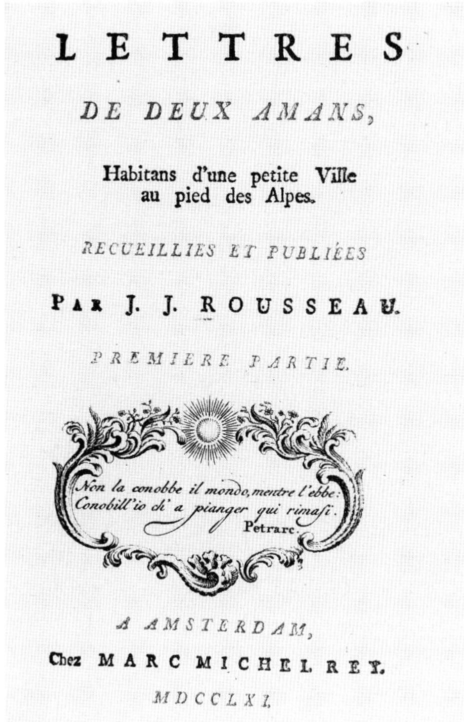
LETTRES

DE DEUX AMANS,

Habitans d'une petite Ville
au pied des Alpes.

RECUEILLIES ET PUBLIÉES

PAR J. J. ROUSSEAU.

PREMIERE PARTIE.

Non la conobbe il mondo, mentre l'ebbe:
Conobill'io ch'a pianger qui rimasi.
Petrarc.

A AMSTERDAM,
Chez MARC MICHEL REY.
MDCCLXI.

Jean Jaques Rousseau
„Julie ou la Nouvelle Héloïse"
Amsterdam, 1761
Buchdruck

Grundsätze der Tugend und Religion in den Geistern der Jugend beider Geschlechter zu fördern, ein Werk mit wahrem Hintergrund und zugleich voll angenehmer Unterhaltung des Geistes durch vielfältige, merkwürdige und ergreifende Zwischenfälle und durchaus gereinigt von allen Bildern, die in allzuvielen nur zur Ergötzung verfaßten Schriften das Herz entflammen, statt es zu bilden."

Inspiriert von Richardson schrieb Jean-Jacques Rousseau den Roman „Julie oder Die neue Héloïse". Er kommt damit dem Traumbedürfnis der neuen bürgerlichen Bildungsschicht entgegen; zugleich übernimmt er aus der Welt des höfisch-galanten Romans genügend Elemente, um so auch vor den Geschmacksnormen der Salonkultur zu bestehen. „Die Aufklärer mögen die Romanhandlung in ihrer Banalität und Sentimentalität verspotten: Sie finden doch auch ihre eigenen Diskussionen und Probleme in Rousseaus Roman wieder und nehmen deshalb diese Teile von ihrem negativen Gesamturteil aus. Die Damen der Aristokratie mögen in ihrem eigenen Verhalten ganz andere Tugendvorstellungen realisieren als Julie: So erlauben ihnen doch die vertrauten Zeichen einer petrarkistisch-galanten Tradition, wenigstens augenblicksweise in eine Art ‚Love-Story' -Traum zu versinken, ohne deshalb mit den Geschmacksgewohnheiten der aristokratischen Kultur fühlbar in Konflikt zu geraten. Darüber hinaus übt der exotische Traum vom ‚einfachen Leben', von bürgerlich-bäuerlicher Simplizität, von Naturgefühl und Naturgenuß längst seinen modischen Zauber aus auf die überfeinerte, überreflektierte Geschmackskultur und Verhaltensform dieser aristokratischen Gesellschaft: Für Frankreich bezeichnet, wie später Goethes ‚Werther' für Deutschland, die ‚Neue Héloïse' jenen historischen Augenblick, in dem die bis dahin als ‚trivial' empfundene, ‚bürgerliche' Gattung Roman Eingang findet in die Diskussionen der Salons, ‚hoffähig' wird auch gegenüber den Geschmacksnormen der aristokratischen Oberschicht."[3]

3 Reinhold Wolff: Rousseaus „Neue Héloïse". In: Jean-Jacques Rousseau: Julie oder Die neue Héloïse. Briefe zweier Liebenden aus einer kleinen Stadt am Fuße der Alpen. München 1988, S. 826.

Die Geschichte von Abaelard, dem französischen Philosophen (1079–1142), den ein leidenschaftliches Liebesverhältnis mit seiner Schülerin Héloïse verband (deren Onkel ließ ihn daraufhin entmannen, weshalb er ins Kloster ging) – dieses legendäre Vorkommnis aus dem Mittelalter, vor allem durch den Briefwechsel der beiden überliefert, wird von Rousseau fürs 18. Jahrhundert adaptiert. Julie d'Etanges liebt ihren Hauslehrer Saint-Preux; da gesellschaftliche Schranken eine Ehe ausschließen, heiratet sie Herrn de Wolmar, will aber ihrem Geliebten, der (dem Selbstmord nahe) eine Weltreise antritt, treu bleiben. Das Glück, das sie im Kreise ihres Mannes und ihrer beiden Kinder in Clarens am östlichen Ufer des Genfer Sees findet, bringt ihre leidenschaftlichen Gefühle zum Abklingen. Als jedoch ihr Mann den zurückgekehrten Saint-Preux einlädt, mit ihnen zusammenzuleben – „Ich begriff, daß zwischen Euch Bindungen herrschen, die man keineswegs zerbrechen darf..." – steigen diese wieder auf. „,Ach!' sagte ich leise zu ihr, ,ich sehe, unsre Herzen haben niemals aufgehört, sich zu verstehen!' ,Das ist wahr', sagte sie mit zitternder Stimme, ,das muß aber das letzte Mal sein, daß Sie in diesem Tone gesprochen haben.'" Und in der Tat bleibt Julie bis zu ihrem Tod standhaft (ihr Sohn fällt in den See; sie rettet ihn, zieht sich aber dabei eine schwere Krankheit zu): „Die Tugend, die uns auf der Erde trennte, wird uns in der Ewigkeit vereinigen. In dieser süßen Erwartung sterbe ich; allzuglücklich, daß ich mit meinem Leben das Recht erkaufe, Dich immer ohne Schuld zu lieben und es Dir noch einmal zu sagen."[4]

Für Rosseau ist Tugend kein innig-friedlicher Zustand, nicht Resultat (hierin liegt wohl der Hauptunterschied zu Richardsons präromantischer und zum Teil pietistischer Empfindsamkeit); „Tugend ist vielmehr die dauernde Anstrengung im Durchgang durch die Leidenschaft, die selbst wiederum im Verzicht ihre eigentliche Verklärung erfährt. In seiner Funktion als Vermittler und Erzieher könnte man den leidenschaftslosen de Wolmar als Verkörperung des Gesetzgebers im Contrat social auffassen. Im Kreis um Julie ist eine für Rousseau ideale Welt verwirklicht: soziale Gleichheit, gerechte Verteilung der Aufgaben, die allen Müßiggang ausschaltet und jedem Glück und Erfüllung durch nützliche Arbeit verschafft. Gesellschaft und Natur sind keine Gegensätze mehr. ,Die süße Gleichheit, die hier herrscht, stellt die Ordnung der Natur wieder her und alles atmet die Luft antiker Einfachheit.'"[5]

In der (zweiten) Vorrede zu seinem Briefroman – in Form eines Gesprächs zwischen N. und R. werden die Qualitäten und Mängel des Buchs diskutiert – kommt Rousseau auch auf das Wesen des (Liebes-)Briefes zu sprechen, wobei er zwei Arten von Korrespondenz unterscheidet: „Lesen Sie einen Liebesbrief, der von einem Schriftsteller, von einem Schöngeiste, der glänzen will, in seinem Zimmer aufgesetzt wurde. Er mag noch so wenig Feuer in seinem Kopfe haben, so wird sein Brief doch, wie man zu sagen pflegt, das Papier verbrennen; doch weiter wird die Hitze nicht reichen. Sie werden bezaubert, vielleicht sogar bewegt werden; allein, es wird eine vorübergehende und trockene Bewegung sein, die Ihnen nichts als Worte als einzige Erinnerung hinterlassen wird. Ein Brief hingegen, den die Liebe wirklich in die Feder diktiert hat, ein Brief eines wahrhaftig leidenschaftlich Liebenden wird nachlässig, weitschweifig, voller Unordnung und Wiederholungen sein. Sein von Gefühlen überströmendes Herz sagt immer wieder das gleiche und kann nie ein Ende finden; wie eine lebendige Quelle, die ohne Aufhören fließt und sich niemals erschöpft. Da ist nichts Hervorstechendes, nichts Bemerkens-

4 Rousseau (wie Anm. 3), S. 544, 780.
5 Gunter Karcher in: Kindlers Literatur Lexikon. Band IV. Zürich 1965, S. 1254.

wertes; man behält weder Worte noch Wendungen, noch Sätze; man bewundert nichts, man wird durch nichts erstaunt. Indessen fühlt man doch seine Seele gerührt; man fühlt sich bewegt, ohne zu wissen warum. Wenn die Stärke der Empfindungen uns auch nicht trifft, so rührt uns doch ihre Wahrheit; und auf solche Art kann das Herz zum Herzen reden. Diejenigen aber, welche nichts empfinden, diejenigen, welche nur das mit Leidenschaften geschmückte Geschwätz zur Verfügung haben, kennen dergleichen Schönheiten nicht und verachten sie."[6] Gemäß der Rousseauschen Devise, daß das Heil des Menschen in der Rückkehr zur Natur liege, wird „Stil" (Briefstil) als gekünstelte Artikulation abgelehnt, dafür aber „überströmende" Hingabe gepriesen: Die Hand, die die Feder führt, erweist sich als Medium für die Verständigung zweier Herzen.

Der Dialog der Vorrede will vor allem die Schwärmerei als höchsten Grad der Leidenschaft vor der aufklärerischen Ironie abschirmen und deutlich machen, daß das Heil nicht in der zivilisatorischen Raffinesse, sondern in einer neuen Kindlichkeit (Naivität) zu finden ist: „Die Kinder nehmen die nackte Vernunft ebenso ungern an als schlecht verborgene Arzneimittel."[7] Nicht Anmut und Leichtigkeit zeichneten „wirksame" Briefe aus, auch nicht Vernunft, Witz und Beredsamkeit; wohl aber „Empfindung": „Sie teilt sich dem Herzen allmählich mit, und sie allein ersetzt am Ende alles".[8] Der „eigentliche" Brief definiert sich als Gefäß für einen nicht mehr versiegenden, aufwallenden Gefühlsstrom. „Du hast gesiegt", schreibt Julie an ihren Freund, „ich bin gegen so viel Liebe nicht gefeit; mein Widerstand ist erschöpft. Ich habe all meine Kräfte angewandt; mein Gewissen gibt mir das tröstliche Zeugnis. Der Himmel fordere nicht Rechenschaft von mir über mehr, als er mir gegeben hat. Dieses traurige Herz, welches Du Dir so oft erworben hast und welches das Deinige so teuer zu stehen gekommen ist, gehört Dir ohne Vorbehalt. Es war Dein vom ersten Augenblick an, da meine Augen Dich sahen; es wird Dein bleiben bis zum letzten Atemzug. Du hast es allzu wohl verdient, als daß Du es verlieren solltest, und ich bin es müde, auf Kosten der Gerechtigkeit einer schimärischen Tugend zu dienen. Ja, zärtlicher und edelmütiger Freund, Deine Julie wird stets die Deine sein, sie wird Dich stets lieben: Ich muß es, und ich will es."[9] Auch wenn realistische Wahrnehmungen in den Briefromanen von Richardson und Rousseau durchaus vorhanden sind, ihr eigentlicher Kern ist Nostalgie: die Sehnsucht nach einer idealen traumhaften Welt vollkommener Geschöpfe, in der für die realiter erlittenen Wunden und Frustrationen kein Platz mehr ist. In Rousseaus „Bekenntnissen" heißt es: „Da ich nichts Wirkliches sah, das meines Rausches würdig gewesen war, so gab ich ihm Nahrung in einer idealen Welt, die meine schöpferische Vorstellungskraft bald mit Wesen nach meinem Herzen bevölkerte."[10]

In Goethes Briefroman „Die Leiden des jungen Werthers" wird die Tragik des Spannungszustandes zwischen Ideal und Wirklichkeit mit dem Motiv des Selbstmordes verknüpft; die Entleibung ist die tragische Konsequenz eines irdisch nicht herstellbaren (Liebes-) Glücks. „Was ich von der Geschichte des armen Werther nur habe auffinden können, habe ich mit Fleiß gesammelt und lege es euch hier vor, und weiß, daß ihr mir's danken werdet."[11] Es handelt sich um die Briefe, die Werther seinem Freund Wilhelm zwischen dem 4. Mai und 21. Dezember schreibt, wobei sich der „Herausgeber" ab dem 6. Dezember berichtend einschaltet: „Ich habe mir angelegen sein lassen,

6 Rousseau (wie Anm. 3), S. 12.
7 Rousseau (wie Anm. 3), S. 14.
8 Rousseau (wie Anm. 3), S. 15.
9 Rousseau (wie Anm. 3), S. 347.
10 Rousseau (wie Anm. 3) S. 809.
11 Goethes Werke. Zehnter Teil: Die Leiden des jungen Werther. (In der Erstausgabe: ...Werthers). Hrsg. von Karl Alt. Berlin, Leipzig, Wien, Stuttgart o.J., S. 2.

genaue Nachrichten aus dem Munde derer zu sammeln, die von seiner Geschichte wohl unterrichtet sein konnten; sie ist einfach, und es kommen alle Erzählungen davon bis auf wenige Kleinigkeiten miteinander überein [...]. Was bleibt uns übrig als dasjenige, was wir mit wiederholter Mühe erfahren können, gewissenhaft zu erzählen, die von den Abscheidenden hinterlaßnen Briefe einzuschalten und das kleinste aufgefundene Blättchen nicht gering zu achten; zumal da es so schwer ist, die eigensten, wahren Triebfedern auch nur einer einzelnen Handlung zu entdecken, wenn sie unter Menschen vorgeht, die nicht gemeiner Art sind."[12]

Ein solches kompilatorisches Vorgehen ermöglicht es, das eruptive Gefühlsleben Werthers, wie es durch die Liebe zu Lotte, die mit Albert verlobt ist, bewirkt wird, dramaturgisch-eindrucksvoll mit distanzierten Berichten über dessen Verzweiflung zu kontrastieren, wobei die Briefe durch äußerste Leidenschaft und Subjektivität geprägt sind. Höhepunkt ist das Stringendo des Selbstmordes: „Diese Schleife soll mit mir begraben werden. An meinem Geburtstage schenktest Du mir sie! Wie ich das alles verschlang! – Ach ich dachte nicht, daß mich der Weg hierher führen sollte! -- Sei ruhig! Ich bitte Dich, sei ruhig! – Sie sind geladen – Es schlägt zwölfe! So sei es denn! – Lotte! Lotte, lebe wohl! Lebe wohl!" – Kontrapunktorisch dazu der „Kriminalbericht": „Ein Nachbar sah den Blick vom Pulver und hörte den Schuß fallen; da aber alles stille blieb, achtete er nicht weiter drauf. Morgens um sechse tritt der Bediente herein mit dem Lichte. Er findet seinen Herrn an der Erde, die Pistole und Blut. Er ruft, er faßt ihn an; keine Antwort, er röchelt nur noch. Er läuft nach den Ärzten, nach Alberten. Lotte hört die Schelle ziehen, ein Zittern ergreift alle ihre Glieder. Sie weckt ihren Mann, sie stehen auf, der Bediente bringt heulend und stotternd die Nachricht. Lotte sinkt ohnmächtig vor Alberten nieder..."[13]

„Strukturell" gesehen, geht es in den Briefen des jungen Werthers um das Problem der Verständigung: sowohl das Verhältnis zur Natur als auch zum Mitmenschen betreffend. In beidem verbleibt Werther im Bann des „Unversöhnten", des „Nichtidentischen". „Eine wunderbare Heiterkeit hat meine ganze Seele eingenommen, gleich den süßen Frühlingsmorgen, die ich mit ganzem Herzen genieße [...] Wenn das liebe Tal um mich dampft und die hohe Sonne an der Oberfläche der undurchdringlichen Finsternis meines Waldes ruht, und nur einzelne Strahlen sich in das innere Heiligtum stehlen, ich dann im hohen Grase am fallenden Bach liege, und näher an der Erde tausend mannigfaltige Gräschen mir merkwürdig werden; wenn ich das Wimmeln der kleinen Welt zwischen Halmen, die unzähligen, unergründlichen Gestalten der Würmchen, der Mückchen näher an meinem Herzen fühle, und fühle diese Gegenwart des Allmächtigen, der uns nach seinem Bilde schuf, das Wehen des All-liebenden, der uns in ewiger Wonne schwebend trägt und erhält; mein Freund! wenn's dann um meine Augen dämmert und die Welt um mich her und der Himmel ganz in meiner Seele ruhn wie die Gestalt einer Geliebten; dann sehe ich mich oft und denke: ach könntest du das wieder ausdrücken, könntest du dem Papiere das einhauchen, was so voll, so warm in dir lebt, daß es würde der Spiegel deiner Seele, wie deine Seele ist der Spiegel des unendlichen Gottes! – Mein Freund – Aber ich gehe darüber zugrunde, ich erliege unter der Gewalt der Herrlichkeit dieser Erscheinungen."[14]

Die „Konstruktion" dieses die Situation Werthers im Verhältnis zur Natur

12 Goethe (wie Anm. 11), S. 76 f.
13 Goethe (wie Anm. 11), S. 103.
14 Goethe (wie Anm. 11), S. 4 f.

Szene aus
Johann Wolfgang von Goethe's
„Leiden des jungen Werther"
Buchillustration von
Daniel Chodowiecki
1775
Röthelzeichnung

deutlich machenden Briefes vom 10. Mai: „Wenn – dann" zeigt die „Kondition" des an seiner Beschränktheit leidenden Subjekts. Die Kraft und Mächtigkeit der aufblühenden Natur kann Werther nicht so in sich aufnehmen, daß sie wieder vom Herzen über die Feder in den Brief einfließt. Das Scheitern der Artikulationsfähigkeit angesichts „göttlicher Natur" steht für den „Weltriß", der Werther als Individuum vom Kosmos trennt. (Die gewollte Paradoxie besteht darin, daß das, was Werther nicht zu können glaubt, nämlich die ihn bewegende Naturschönheit in Worten zu „reflektieren", dem Autor durchaus gelingt. Goethes Naturbeschreibung stellt vor, was Werther sich vorstellt, aber – so seine Klage – nicht vorzustellen vermag.)

Die „Verständigung" mit der Geliebten scheitert nicht an der Artikulation, sondern an der bürgerlichen Konvention: Lotte ist einem anderen „versprochen". An einer zentralen Stelle des Romans gelingt jedoch in besonderer Weise Verständigung; dieser exorbitante Augenblick ereignet sich, weil der Versuch, die beglückende gemeinsame Naturerfahrung an- beziehungsweise auszusprechen, gar nicht gemacht wird, sondern diese lediglich „kürzelhaft" evoziert wird. „Wir traten ans Fenster. Es donnerte abseitswärts, und der herrliche Regen säuselte auf das Land, und der erquickendste Wohlgeruch stieg in aller Fülle einer warmen Luft zu uns auf. Sie stand auf ihren Ellenbogen gestützt, ihr Blick durchdrang die Gegend, sie sah gen Himmel und auf mich, ich sah ihr Auge tränenvoll, sie legte ihre Hand auf die meinige, und sagte: – Klopstock! – Ich erinnerte mich sogleich der herrlichen Ode, die ihr in Gedanken lag, und versank in dem Strome von Empfindungen, den sie in dieser Losung über mich ausgoß. Ich ertrug's nicht, neigte mich auf ihre Hand und küßte sie unter den wonnevollsten Tränen."[15] Die Evokationen eines anderen, der als Dichter mit seiner „Frühlingsfeier" die Naturstimmung des Gewitterregens zu artikulieren vermochte (zumindest sind die beiden Liebenden dieser Meinung), überbrückt deren Sprachlosigkeit und versetzt sie in

15 Goethe (wie Anm. 11), S. 20.

den Zustand kommunikativer Übereinstimmung. Mit den „Leiden des jungen Werthers“ ist ein Höhepunkt des Briefromans erreicht; das „Gefäß“ des Briefes ist bis zum Rande mit äußerster Gefühlsinnigkeit gefüllt. Daß es hält und nicht zerbricht, also nicht in sentimentaler Konturlosigkeit verfließt, ist im besonderen dem Realismus zu danken, mit dem Werther, trotz seiner „dunklen Ekstatik“, Umwelt konkret wahrnimmt, und der bereits erwähnten genauen Beobachtungsgabe des „Herausgebers“ als Erzählers.

Die im Gefolge beziehungsweise Umfeld von Richardson, Rousseau und Goethe anzutreffenden Briefromane sind in ihrem Handlungsgefüge und Mentalitätsmuster bald durch überfließende Sentimentalität, bald durch stärkeren Realitätsbezug geprägt. Sie erfreuten sich weiterhin besonderer Beliebtheit beim Bildungsbürgertum, und hier wiederum vor allem bei der weiblichen Leserschaft. „Sophiens Reise von Memel nach Sachsen“ von Johann Timotheus Hermes (erschienen in fünf Bänden 1770 und 1772) thematisiert den Zwiespalt von Gefühl und Verstand, Neigung und Reflexion.[16] Dem entspricht die doppelschichtige Struktur des Romans: Mit dem Predigtton des aufgeklärten Pastors, der Fülle ‚witziger‘ Zitate und Anspielungen, den die Handlung oft überwuchernden Exkursen verbindet sich eine einfühlsame psychologische Betrachtensweise, die sich der Briefform mit ihrer Gesprächsfiktion und der Darbietung dramatischer Kleinszenen geschickt bedient. In dieser Einheit epischer und reflexiver Momente hat auch der Erzähler eine doppelte Funktion: Einerseits greift er mit Anmerkungen und Verweisen in das Geschehen ein, andererseits geht er völlig in der relativierenden polyperspektivischen Erzählsituation des Briefromans auf.“ (Volker Hoffmann )[17] In Form einer verworren-abenteuerlichen Handlung wird von einer verarmten jungen Adeligen berichtet, die von Memel nach Sachsen reist. Das gibt genügend Anlässe für die Schilderung einer gefühlvollen Innenwelt wie einer detailreichen Außenwelt. Tränenströme fließen, doch „transportieren“ die Briefe auch realistische Alltagserfahrungen und nüchterne Mitteilungen. „Mit nächster Post wollte ich Ihnen den Tag meiner Abreise nach Elbing bestimmen: aber diesen Augenblick hat mir mein Bruder gesagt, daß wir den 1. September nach Sachsen abgehen werden. Melden Sie dies vorläufig unsrer Pflegemutter. Ich gehe mit schwerem Herzen aus Danzig, ohne das Schöne dieser Stadt recht genossen zu haben.“[18]

„Goethes Briefwechsel mit einem Kinde“, von Bettine von Arnim, lebt ganz aus der schwärmerischen Verehrung, mit der die Autorin sich dem „allgewaltigen“ Goethe nähert, Dichtung und Wahrheit mischend (ungefähr ein Drittel der Korrespondenz ist ganz oder in wesentlichen Teilen erdichtet; der Rest wurde mehr oder weniger stark umgeformt). „Seinem Denkmal“ sind die drei Teile des Werkes, das in ein Tagebuch übergeht, benannt; bei der geradezu hymnischen Verklärung spielt frühpubertäre Erotik mit herein; die Schreiberin gibt ihr Alter mit dreizehn Jahren an. „Hast Du mich lieb? – Ach! ein Herabneigen Deines Angesichts auf mich wie die wogenden Zweige der Birke, – wie schön wär' das! – oder auch, daß Du mich anhauchtest im Schlaf, wie der Nachtwind über die Fluren hinstreift; mehr nicht, mein Freund, verlang' ich von dir – daß der Atem des Geliebten Dich berührt, welche Seligkeit kannst du dieser gleichstellen? – so hell und deutlich hab' ich damals nicht gefühlt, wie ich heut' in der Erinnerung fühle, ich war so unmündig wie die junge Saat, aber ich wurde vom Lichte genährt und dem Selbstbewußtsein entgegengeführt, wie jene, wenn sie durch die Ähre ihrer selbst gewiß wird;

16 Johann Timotheus Hermes: Sophiens Reise von Memel nach Sachsen. Berlin 1991.
17 Volker Hoffmann in: Kindler Literatur Lexikon. Band VI. Zürich 1965, S. 1738.
18 Bettine von Arnim: Goethes Briefwechsel mit einem Kinde. Frankfurt a. M. 1984, S. 521.

und heute bin ich reif, und streue die goldnen Fruchtkörner der Liebe zu Deinen Füßen aus, mehr nicht besagt mein Leben."[19]

Ludwig Tiecks Briefroman „William Lovell" (1795/96) ist im ausgehenden Aufklärungszeitalter angesiedelt, die Wende zur Romantik kündigt sich an; der Roman führt die Empfindsamkeit zu ihren äußersten Konsequenzen und gibt zugleich Einblick in die Grundlagen des neuen romantischen Charakters. Der Titelheld, ein junger Engländer aus wohlhabender Familie, zeichnet sich durch Lebhaftigkeit der Phantasie und Reizbarkeit des Gemütes aus: Er befindet sich in einer labilen psychischen Gesamtverfassung. Geschildert wird die Geschichte seiner Entwicklung – voller kolportagehafter Elemente: Liebeshändel, Selbstmord, Geheimorden, Straßenräuber [...] Was sich als heroischer Titanismus ausgibt, ist in Wirklichkeit unglückliche Zerrissenheit. Der zerrüttete Lovell findet den Tod bei einem Pistolen-Duell, durch das die verstorbene Verlobte, die er verführt hatte, gerächt werden soll.

Markus Heilmann konstatiert in seiner Studie über Tiecks „William Lovell und der europäische Briefroman", daß die Titelfigur einen Schlußstrich unter ihre Identitätskrise dadurch zu ziehen versuche, daß sie eine entseelte Welt ihrem einsamen Ich zu unterwerfen trachtet. Verzweifelnd, aber unbekehrt, werde Lovell zu einem Desperado des „amour de soi". „Es kann zwischen dieser auf die Natur sich berufende Lebensgeschichte und dem zivilisatorisch-entfremdeten, ‚historischen Augenblick' zu keinem Ausgleich kommen."[20]

„Der letzte Sommer", eine Erzählung in Briefen von Ricarda Huch (1910), mit vielen autobiographischen Zügen, endet mit einem „J". Als der Gouverneur Jegor von Rasimkara – Funktionär des zaristischen Regimes, der die beginnende Revolution einzudämmen versucht (indem er Universitäten schließt und rebellische Studenten zum Tode verurteilt) – einen Brief an seine Kinder tippt, explodiert die Schreibmaschine: „Eben tritt eure Mutter hinter meinen Stuhl, legt den Arm um mich und tut die nicht mehr neue, aber immer wieder gern gehörte Frage: Warum bist Du so blaß J..."[21] Das Attentat hat der Student Lju vorbereitet; die Eltern kommen ums Leben. Der Typus des Gewissenlosen steht im Mittelpunkt des Briefromans; signifikant, daß eine explodierende Maschine das Romangeschehen beendet. Anstelle des Gefühlstroms, der vom Herzen in die Feder fließt, bestimmen psychologische Mechanismen das Geschehen. Die sich aufbauenden menschlichen Beziehungen zwischen dem Revolutionär und der Familie des Gouverneurs ändern nichts an der Konsequenz, mit der der Anschlag vorbereitet und durchgeführt wird. „Es bleibt also dabei, daß die Explosion durch Druck auf den Buchstaben „J" zur Entladung kommt. Da wir uns auf einen Buchstaben einigen müssen, soll es der sein, mit dem der Vorname des Gouverneurs beginnt; es ist ausgeschlossen, daß er einen Brief schreibt, ohne ihn zu benutzen."[22] Der Briefroman erweist sich als spannende politische Kriminalgeschichte, wobei die Katastrophe aus dem Parlando der Briefe sich herausentwickelt. Ein panisches Sommeridyll!

War der Briefroman seit Richardsons Zeiten vor allem oder ausschließlich ein Medium, den Gefühlsstrom, der „Quelle des Herzens" entspringend, in dem Mäander der Korrespondenz „aufzufangen", also – um im Bilde zu bleiben – den heranwallenden Stimmungen und Empfindungen das Ausufern zu verwehren, ohne sie zu kanalisieren –, so wird er in jüngerer Zeit auch dazu verwendet, mit Ironie und Sarkasmus Zeit- beziehungsweise Sittenbilder zu

19 Bettine von Arnim (wie Anm. 18), S. 521.
20 Markus Heilmann: Die Krise der Aufklärung als Krise des Erzählens. Tiecks „William Lovell" und der europäische Briefroman. Stuttgart 1992, S. 66.
21 Ricarda Huch: Der letzte Sommer. Eine Erzählung in Briefen. Wiesbaden 1990, S. 152.
22 Huch (wie Anm. 21), S. 133 f.

Illustration zu
Choderlos de Laclos'
„Gefährliche Liebschaften"
1796
Kupferstich

entwerfen. Die Gattungsbezeichnung „Roman" mag dafür fragwürdig sein; immerhin sollen drei Beispiele, kurzgefaßt, auf diese Variante des Genres hinweisen.

Ludwig Thoma hat in „Jozef Filsers Briefwexel" einen urbayerischen Landtagsabgeordneten über die Arbeit des „Barlahmends" und von seinen persönlichen Erfahrungen im Dschungel der Großstadt berichten lassen – eine beißende Satire auf die Klüngelwirtschaft und das Muckertum im weißblauen Paradies. So erfährt zum Beispiel der „gelibte Leser" in einem Brief Filsers an den „Bosthalder" in Mingharting, wie „aufreubend" der parlamentarische Beruf ist; aber man bringt eben große Opfer für den „Wallgreis". „In Goznamen, ich bring es und denk, fieleicht is es doch schöner als daheim, wo einem die Alde aufbasst. Sag es aber Niemand, liber Schbezi und kome bald, das wirs fieleichd auf eine Rehdutt gehen und fidöll eine flaschen Schambaninger drinken. Im deitschen Theeader hamms obn weniger an und aber im Kindlkeller is fon unt auf mehr zum sehgn. Was dir lieber is, da gehen wir hin."[23]

Während des Dritten Reiches hat der nach England emigrierte Österreicher Robert Ehrenzweig, der sich Robert Lucas nannte, mit den Briefen des Gefreiten Adolf Hirnschal an seine „teure Amalia, viel geliebtes Weib" – eine Sendefolge der BBC – die NS-Propaganda satirisch unterlaufen und die Verlogenheit des Regimes dekuvriert; nach britischen Schätzungen haben die Hirnschal-Briefe im letzten Kriegsjahr etwa zehn Millionen Deutsche regelmäßig gehört, obwohl auf den Empfang von „Feindsendern" die Todesstrafe stand. „Die BBC-Figur Hirnschal ist – wie Jaroslav Haseks Schwejk – ein kunstvolles Beispiel für die suggestive Kraft der menschlichen Einfalt. Adolf Hirnschal, ein fortwährendes Echo der offiziellen Parolen und Verlautbarungen, ist wie Josef Schwejk ein Mensch, der von den Ereignissen scheinbar hilflos und ohne Widerstand getrieben wird. Hirnschal und Schwejk nehmen

23 Ludwig Thoma: Josef Filsers Briefwexel. München o.J., S. 22.

die politische Entwicklung hin und richten sich in den vorgegebenen Verhältnissen ein. Indem sie die herrschenden Autoritäten konsequent beim Wort nehmen, werden sie jedoch zu Sandkörnern im Getriebe. Ihre Einfalt erweist sich als höchst wirksame Form des Widerstandes." (Uwe Naumann)[24] Am Ende ist Hirnschal noch einmal davongekommen; in einem städtischen Schauspielhaus, das eine Aufführung von Richard Wagners „Götterdämmerung" vorbereitet hat, hören der Gefreite und seine beiden Kameraden, daß Hitler tot ist. Während das Gebäude in einem Bombenangriff zusammenstürzt, können die drei Landser entkommen. „Und wie wir wieder auf der Straße sind, fragt der Jaschke: ‚Und was jetzt?' Und der Ziegenbart sagt: ‚Ich seh', daß ich nach Hause komme. Meine Frau wartet auf mich.' Und dann zieht er eine neue Flasche aus der Tasche und sagt: ‚Auf den Frieden!' Und tut einen Zug, und dann trinkt der Jaschke, und der letzte bin ich und ich sage: ‚Auf den Frieden!' Und dann schütteln wir uns die Hände und machen uns auf den Heimweg. Und mit einem kräftigen ‚Auf Wiedersehn!' grüßt und küßt Dich Dein Dich liebender Adolf, ehemaliger Gefreiter."[25]

Mit Hilfe eines „Zeit-Reise-Kompasses" konnte sich ein Mandarin aus dem China des 10. Jahrhunderts in die heutige Zeit, im Überspringen von tausend Jahren, versetzen; er „landet" in einem völlig anderen Kulturkreis, in einer europäischen modernen Großstadt, deren Name Minchen ist und die in Pa Yan liegt. In Herbert Rosendorfers Roman „Briefe in die chinesische Vergangenheit" erfahren wir aus der Korrespondenz des Zeitspringers Kao-tai mit seinem in der Vergangenheit gebliebenen Freund, den Mandarin Dji-gu, was es mit den „Großnasen", ihrer Kultur und Zivilisation für eine Bewandtnis hat. Der Gast aus der anderen Welt schildert mit amüsierter Neugier (was wiederum die Leserschaft amüsiert) die alltäglichen Details einer Gesellschaft, für die das Neue immer zwangsläufig besser ist als das Alte. „Fort-Schritt... sie schreiten fort, sie schreiten fort von allem. Sie schreiten fort von sich selber. Warum? frage ich mich. Wohl nur, weil es ihnen nicht gefällt, bei sich selber zu sein. Und warum gefällt ihnen das nicht? Wohl weil sie sich – und das nun wieder mit Recht – als widerwärtig empfinden. Aber was für ein Unsinn, von sich fortzuschreiten. Sie ändern ja nur ihre Umgebung, nicht sich selber. Und das scheint mir der Kernpunkt zu sein: die Großnasen sind weder in der Lage noch willens, sich selber zu vervollkommnen."[26]

Exempla des Briefromans: Das Genre ist an sich klar umrissen: Leserin und Leser müssen sich aus Bruchstücken, nämlich den einzelnen Briefen, das Ganze einer Konfession oder Narration zusammensetzen, also ihre kombinatorische Phantasie ins Spiel bringen. Vor allem dann, wenn die Schreiber und Adressaten wechseln, ermöglicht der Briefroman einen „Pluralismus" der Meinungen, Stimmungen, Ansichten; der Autor als allgewaltiger Erzähler, der alle Fäden in der Hand hält, nimmt sich zurück; er teilt sich im Rollenspiel in verschiedene Personen auf (weshalb er sich auch gerne nicht als Verfasser, sondern als Herausgeber deklariert). Die Lesenden mögen angeregt werden, sich in Schreibende zu verwandeln: sei es, daß sie anderen „des Herzens Meinung" gefühlvoll, oder Wirklichkeitseindrücke, in ihrer Fragwürdigkeit ironisiert, vermitteln. Um zum Ausgangspunkt zurückzukehren: „Briefe sind Pfänder der Freundschaft, einer Freundschaft, die den Wechsel und die Zeit nicht fürchtet."

24 Robert Lucas: Die Briefe des Gefreiten Hirnschal. BBC-Radio-Satiren 1914–1945. Hrsg. und mit einem Nachwort versehen von Uwe Naumann. Wien 1994, S. 265.
25 Lucas (wie Anm. 24), S. 206.
26 Herbert Rosendorfer: Briefe in die chinesische Vergangenheit. München 1996, S. 71.

# „Ich bin die Christel von der Post…"

## Der Brief in der Musik

Beatrix Borchard

Wenn es in der Musik um die Post gehen soll, haben es Komponisten einfach: Sie zitieren das Signal des Posthorns, und schon ist alles klar, auch heute noch, obgleich schon lange kein Postillion mehr ins Horn stößt, sondern es höchstens an unserer Haustür klingelt oder gongt. Wie ist das möglich? Bereits um 1830 wurde das kreisförmige Naturhorn von einer Trompete abgelöst, und trotzdem erkennt noch heute jedes Kind (oder vielleicht auch nicht mehr?) das Signal. „Tatü, Tata – die Post ist da", so der Anfang eines bekannten Kinderliedes. Ob in der Oper, Operette, im Lied, im Chanson, in Serenaden und Symphonien, auch in der Rock- und Popmusik – überall hat die Post ihre Spuren hinterlassen, und zwar bis heute. Titel wie ‚Die Post im Walde' für einen Marsch von Heinrich Schäffer aus dem Jahre 1905, ‚Brief eines Dienstmädchens mit Namen Amalie' für ein Lied von Stephan Wolpe von 1929, ‚Brief an die Daheimgebliebenen' von Bela Bartok aus dem Jahr 1935, ‚Großer Lobgesang auf die Post' von Werner Killmayer von 1962 und der Poptitel ‚Heute geht die Post ab' zeigen die ungebrochene Popularität des Sujets auch im 20. Jahrhundert, wobei langsam, aber sicher der gesungene Brief von der ‚Postkarte für Klavier solo' abgelöst wird (Joaquin Turina 1979).

### Singende Postbedienstete

Natürlicher Auftrittsort für die Post in der Musik ist die Oper. Unzählige Briefszenen sind von Komponisten aller Länder quer durch die Jahrhunderte bis zu Mauricio Kagel komponiert worden. Meist werden Briefe empfangen, ein schöner Anlaß für musikalische Gefühlsausbrüche, manchmal auch geschrieben. Darüber hinaus gibt es auch ganze Opern, die dem Berufsfeld Post gewidmet sind. Die bekannteste stammt von dem französischen Komponisten Adolphe Adam und trägt den Titel: ‚Der Postillon von Lonjumeau'. Uraufgeführt wurde sie 1838 in Paris und war gleich ein sensationeller Erfolg. Allerdings qualifiziert diesen Postbediensteten aus Lonjumeau weniger seine berufliche Tätigkeit zum Opernhelden als die Tatsache, daß er gut singen kann. Und so wird er dann auch gleich anläßlich seines Auftrittsliedes von einem Impresario entdeckt, der ihn nach Paris und zur Bühne bringt – ein rascher Berufswechsel. Dank dieser Tatsache verbindet sich bis heute mit dem Namen Lonjumeau nicht nur ein kleiner Ort in der Nähe von Paris, sondern eben dieser Postillion. Eigentlich kennen wir heute, zumindest in Deutschland, nur noch den Namen dieser Oper und ein einziges Musikstück, eben die Auftrittsnummer des Postillions. Es ist die stilecht von rhythmischem Peitschenknallen begleitete Romanze ‚Freunde höret die Geschichte / von einem jungen Postillon' – Glanzpartie vieler Tenöre. Vom Text versteht man eigentlich nur den vielfach wiederholten Refrain „Ho, ho, so schön und froh, Du Postillon von Lonjumeau" mit dem hohen ‚C' auf dem Wörtchen „froh". Dabei ist es durchaus nicht überflüssig, den ganzen Text zu verstehen, zeigt er doch deutlich, daß das Thema Post und Musik auch ein erotisches Thema ist:

*Freunde, vernehmet die Geschichte*
*von einem jungen Postillon!*
*Glaubt mir, daß ich hier nichts erdichte;*
*Jedermann hier weiß ja davon!*
*Hörte man nur sein Horn ertönen,*
*Freute sich jede Dirn im Ort;*
*selbst auch das Herz der sprödesten Schönen*
*Stürmt im Galoppe mit ihm fort*
*Ho ho, ho, ho! so schön und froh,*
*Du Postillon von Lonjumeau!*

*Damen von hohem Rang und Stande*
*Fiel es zuweilen plötzlich ein,*
*Reisen zu thun in ferne Lande,*
*Nur, um von ihm geführt zu sein,*
*Treu hat er sein Geschäft versehen,*
*Vorwurf traf den Geschickten nie:*
*Und sollt ein Unglück je geschehen,*
*Warf er stets auf den Rasen sie.*

*Ho ho, ho, ho...*

*Einstens ist er mit einem Wagen*
*Abends von hier hinweggeeilt;*
*Niemand vermag uns nun zu sagen,*
*Wo jetzt der muntere Bursche weilt.*
*Doch, daß die Angst der Freud weiche,*
*Hört daß er eine Köngin fand,*
*Die im verlassnen Inselreiche*
*Ihn hat zum Könige ernannt*

*Ho ho, ho, ho...*

Und mit diesem „Ho ho, ho, ho! so schön und froh, Du Postillon von Lonjumeau!" endet auch nach mancherlei, nicht postspezifischen, Verwicklungen die ganze Oper. Über solche Opernhöhepunkte erhalten sich offenkundig Bilder fern jeder heutigen Realität: ein singender Postillion auf einem Kutschbock, der mit Peitschenknall seine Pferde anfeuert – wo gibt es das noch. Da ist es nicht weit bis zu einem singenden Bundespräsidenten. Mit „Hoch auf dem gelben Wagen, sitz ich beim Schwager vorn" sang sich einst Walter Scheel in die bundesbürgerlichen Herzen, und sein Gesang wurde sogar auf Schallplatte verewigt.
Um die Jahrhundertwende lockte eine neue Verbindung zwischen den Elementen Post, Musik und Liebe die Zuschauer hinter ihren Öfen hervor – die Operette ‚Der Vogelhändler' von Carl Zeller (1891). Heldin des Stücks: eine Briefträgerin, die sogenannte Postchristl.

Die „Christel von der Post"
Aus dem „Vogelhändler" von Carl Zeller
Pfalztheater Kaiserslautern, 6. April 1996
Fotografie von Bettina Strauss

*Ich bin die Christel von der Post –*
*klein das Salär und schmal die Kost.*
*Aber das macht nichts, wenn man noch jung ist,*
*wenn man noch frisch, wenn man in Schwung ist*
*Mein Amt ist herrlich, wenn auch gefährlich*
*auf die Adresse kommt es an...*

reimten fünfzig Jahre nach Adolphe Adam die Librettisten Moritz West und Ludwig Held, und natürlich bewegt sich die Postchristl trällernd auf der Basis des alten Signals, das im Angesicht der herben Berufsrealität das Publikum des ausgehenden 19. Jahrhunderts auf die ‚gemütliche alte Zeit' verweist. Das Zitat ist hier keine Metapher für unwiederbringlich Verlorenes, sondern sentimentales Relikt, gewürzt mit der immer wieder zeitgemäßen Anspielung auf die Langsamkeit der Post. Denn der mehrmals wiederholte doppelbödige Refrain, am Schluß jeweils von einem koketten Triller gekrönt, lautet: „Nur nicht gleich, nicht auf der Stell, denn bei der Post gehts nicht so schnell." Immerhin ist sie eine berufstätige Frau, die Postchristl, auch wenn „das Salär klein und die Kost schmal ist", und das Porto in Küssen besteht.

Briefe

Leise oder laut tönt das Signal des Posthorns durch die Musikgeschichte, mal im Sinne der Nachahmung von Realität, mal als Symbol für Hoffnung, Hoffnung auf einen Brief. Selbst Franz Schuberts Reisender im Winter, ein Mann ohne Adresse, hofft mitten im Walde auf Post, wenn er im Klaviervorspiel das Signal hört:

*Von der Straße her ein Posthorn klingt.*
*Was hat es, daß es so hoch aufspringt,*
*Mein Herz?*

Ein Takt Pause. Die Tonart wendet sich nach Moll und der Blick nach innen:

*Die Post bringt keinen Brief für Dich:*
*Was drängst Du denn so wunderlich,*
*Mein Herz?*
Zweite Strophe, gleiche Melodie:

*Nun ja, die Post kommt aus der Stadt,*
*Wo ich ein liebes Liebchen hatt,*
*Mein Herz!*

Wieder ein Takt Pause

*Willst wohl einmal hinübersehen*
*Und fragen, wie es dort mag gehen,*
*Mein Herz?*

Offener Schluß. Die Hoffnung auf einen Brief als letzte Verbindungsmöglichkeit des vereinsamten Subjekts zu anderen Menschen – es ist das 13. unter 24 Liedern und eröffnet den zweiten Teil einer Reise, die im Tod endet. 1827 ist Schuberts ‚Winterreise' entstanden, den Text schrieb Wilhelm Müller 1820. Während Komponisten wie Johann Sebastian Bach in seinem ‚Capriccio auf die Abreise seines vielgeliebten Bruders' aus dem Jahre 1704 oder auch noch Mozart in seiner ‚Posthornserenade' ganz naiv im Sinne von Naturnachahmung mit dem Posthornsignal spielen können, so ist dieses Signal für Franz Schubert bereits ein Zitat, das unwiederbringlich Verlorenes beschwört – Versatzstück der Romantik, Teil einer Szenerie, die nicht mehr die Realität spiegelt. Was für Schubert schon im Jahre 1827 für Verlorenes stand, komponierte Gustav Mahler 50 Jahre später in seiner Dritten Symphonie als Zitat eben dieses Umgangs mit Verlust. Dabei erschien es ihm nicht ausreichend, einfach das Posthornsignal zu zitieren, sondern er forderte für die Aufführung des Scherzando seiner 3. Symphonie ein veritables Posthorn, ein Instrument, das man höchstens noch im Museum finden kann, nicht aber in einem Symphonieorchester. Vortragsbezeichnung: „frei vorgetragen wie die Weise eines Posthorns" und im Sinne der Nachahmung einer natürlichen Situation läßt er das Posthorn sich klanglich nähern und entfernen. Dieses Posthorn jedoch läßt das Herz des Wanderers nicht mehr höher schlagen, es kündigt keinen Brief mehr an.

Briefe ohne Worte

Auch Musiker schreiben nicht nur Symphonien, sondern auch Briefe. Daß sie dazu dienen sollen, sich die Adressatin vom Leibe zu halten, wie im Falle Peter Tschaikowskys, ist dabei eher selten. Tschaikowsky lebte nämlich eine der wichtigsten Beziehungen seines Lebens ausschließlich in Briefen, war er doch nur unter der Bedingung bereit gewesen, sich von seiner Mäzenatin

Nadeshda von Meck finanzieren zu lassen, daß er sie niemals sehen müsse, aber ihr regelmäßig schreiben könne – über seine Musik.
„Gestern hatte ich den ganzen Tag gelb vor den Augen – auf den Bäumen, an der Wand, überall sah ich Briefträger – und es kam wieder nichts!", so 1838 Robert Schumann an Clara Wieck, die er durchaus sehen und auch heiraten wollte. Aber solange das nicht möglich war, und fast dreieinhalb Jahre war dies der Fall, waren Briefe und Musik die einzige Möglichkeit, einander zu berühren (wie in der Notenskizze aus dem Brautbuch: „29. April 38, da kein Brief von Dir kam").

Musik wie Briefe – Briefe wie Musik – Thema mit Variationen

Von Felix Mendelssohn ist die Aussage überliefert, Musik sei viel zu bestimmt, als daß man sie in Worten ausdrücken könne. Das zweite Streichquartett von Leos Janacek mit dem Titel ‚Intime Briefe' (1928) ist das beste Beispiel. Gerichtet sind diese Briefe ohne Worte eines 74jährigen an seine junge Geliebte Kamilla Neumann-Stoessl. Musikalische Briefe, die nur von der Adressatin ‚gelesen', ‚entziffert' werden können. Für uns andere sind sie nichts als Musik, tönend bewegte Form. Janacek an seine Geliebte: „Du weißt, manchmal ist das Gefühl so stark und mächtig, daß Noten darunter verborgen bleiben und dann entfliehen. Große Liebe – schwache Komposition. Und ich hätte gern: Große Liebe – starke Komposition."

Verbrannte Briefe

In der Musik wie im Leben bringt die Post ersehnte Briefe und Briefe, die man lieber nicht bekommen hätte. Wie im Leben werden in der Musik Briefe geschrieben, gelesen und auch verbrannt, wie zum Beispiel in einem Lied von Mozart aus dem Jahre 1787. ‚Als Luise die Briefe ihres ungetreuen Liebhabers verbrannte', so der Titel. Schon die einleitenden Klavierakkorde lassen eine Szene entstehen: Wildentschlossen wirft Luise Briefe ihres Geliebten in das Feuer, die Musik spiegelt das Gewaltsame des Vorgangs:

*Erzeugt von heißer Phantasie,*
*In einer schwärmerischen Stunde*
*Zur Welt Gebrachte, geht zugrunde,*
*Ihr Kinder der Melancholie!*

*Ihr danket Flammen euer Sein,*
*Ich geb euch nun den Flammen wieder,*
*Und all die schwärmerischen Lieder,*
*Denn ach! er sang nicht mir allein!*

*Ihr brennt nun, und bald, ihr Lieben,*
*Ist keine Spur von euch mehr hier.*

Aber eine Befreiung bringt die Briefverbrennung nicht, denn:

*Doch ach! der Mann, der euch geschrieben,*
*Brennt lange noch vielleicht in mir.*

Der Titelheld in „Eugen Onegin"
von Peter I. Tschaikowsky
Mannheim, o.J.
Fotografie von Tillmann-Matter

## Briefe schreiben

Zu Mozarts Zeiten betätigten sich auch Dienstboten als Postboten, trugen Billetts und Briefe sogar zwischen den einzelnen Gemächern des Schloßes hin und her, dienten oft auch als ‚Postillion d'amour'. Selten aber schrieben sie gemeinsam mit ihrer Herrschaft ein Billett; zum einen waren sie in der Regel Analphabeten, zum anderen waren da die Standesunterschiede. Aber in Mozarts ‚Figaros Hochzeit' aus dem Jahre 1786 ist – zumindest für einen Moment – alles anders: In genüßlich auskomponierter Schwesterlichkeit schreiben Gräfin und Susanna ein Briefchen an den treulosen Gemahl der Gräfin, um ein vorgetäuschtes Stelldichein Susannas mit dem Grafen zu verabreden. ‚Canzonetta su l'aria – Ein Liedchen zu der Arie' – das berühmte Briefduett – ein Fest für Soprane. Die Gräfin diktiert, und Susanna schreibt. Ein Text voller Versatzstücke – eine Musik voller Ironie: „Che soave zeffiritto – Welch sanfter Abendwind wird an diesem Abend wehen unter den Pinien des Wäldchens." Das ist der ganze Brieftext. Entschlüsselbar ist er nur vom Empfänger: „Ei gia il resto capirà – den Rest versteht er schon." Gesprochen, auch geschrieben ist der Text in zehn Sekunden, die Musik aber braucht fast sieben Minuten. Wozu? Das Schreiben selber ist eigentlich ein unmusikalischer Vorgang, aber der dramaturgische Trick dieser Szene besteht darin, daß die Gräfin diktiert und Susanna den Text während des Schreibens laut wiederholt. Daß sie schreibt, wird nicht nur szenisch sichtbar, sondern auch hörbar durch die Einwürfe der Holzbläser. Dann lesen beide gemeinsam laut den Brief, erst abwechselnd, dann gleichzeitig, und die Stimmen der beiden Schreiberinnen verschmelzen in reinen Terzen – höchster Ausdruck von Harmonie. Zwei Frauen im schönsten Einverständnis, der Standesunterschied spielt keine Rolle mehr, bis die Musik sich plötzlich verlangsamt, die Stimmen auseinanderfallen und die ‚Normalität' wiederhergestellt ist.

## Briefe lesen

Gesungene Briefe – eigentlich ein Widerspruch in sich. Giuseppe Verdi wußte dies und ließ in seiner 1847 entstandenen Oper ‚Macbeth' Lady Macbeth, die mit einem Brief in der Hand auf die Bühne tritt, nach einem erregten Orchestervorspiel nicht singen, sondern laut vorlesen, damit auch wir Zuschauer wissen, was ihr Macbeth geschrieben hat. Dann – noch ohne Orchesterbegleitung – der Gefühlsausbruch: „Ambizioso spirito – Ein ehrgeiziger Geist bist du, Macbeth." Gesang als gesteigerter Ausdruck des Sprechens. Krönender Abschluß der Szene: eine leidenschaftliche Arie, in der die Lady beschließt, ihren Mann zum Mord anzustacheln. Anders in seiner Oper ‚La Traviata' (1853). Hier kombinierte Verdi zwei Momente musikalisch-dramatisch: Die Heldin Violetta Valéry schreibt weinend ihrem Geliebten einen Abschiedsbrief, den Inhalt des Briefes erfahren wir nicht. Aber da wir wissen, wie es dazu kommt, daß sie fort will, ist das auch nicht nötig. Alfredo, ihr Geliebter, überrascht sie beim Schreiben. Es gelingt ihr, die Situation herunterzuspielen. Als sie fort ist und ihm von einem Boten der Brief überbracht wird, liest er nur die Anrede laut, dann der Verzweiflungsschrei. Für eine Arie gibt es diesmal keine Zeit, weil der Vater hinzutritt und die Situation nutzt, um seinerseits eine Arie zu singen.

## Noch einmal: Briefe schreiben

Oper ist Drama. Briefe haben also in der Oper die gleiche dramaturgische Funktion wie im Schauspiel, aber das Schreiben eines Briefes als Prozeß bietet der Musik ganz andere Entfaltungsmöglichkeiten als dem Schauspiel, vermag sie doch die wechselnden Gefühle bei der Entstehung eines lebenswichtigen Briefes zu spiegeln. So ist es nicht erstaunlich, daß sogar der wohl bekannteste Briefroman des 18. Jahrhunderts, Goethes ‚Werther', am Ende des 19. Jahrhunderts zur Vorlage einer Oper wurde, gemeint ist ‚Werther' von Jules Massenet (1891). Die wohl berühmteste Briefszene der ganzen Operngeschichte jedoch stammt von Peter Tschaikowsky, die Szene der Tatjana. Seinen ganzen ‚Eugen Onegin' (1877) hat er musikalisch aus dieser einen Szene entwickelt, in der ein junges Mädchen einen Liebesbrief schreibt. Eingeleitet wird die Szene durch ein fieberhaft erregtes Orchestervorspiel. Dann beginnt Tatjana zu schreiben – eine Nacht im Zeitraffer: schreiben, innehalten, nachdenken, den angefangenen Brief zerreißen, neu anfangen, schließlich bekennen: Ich liebe Dich! „Und sei's mein Untergang" – mit diesen Worten beginnt der dramatische Monolog. Er ist nicht rezitativisch angelegt, sondern melodisch strukturiert. Musikalisch lebendig wird das Seelendrama eines Mädchens, das alle Konventionen beiseite schiebt und einem Mann schriftlich ihre Liebe erklärt, bereit ist, sich vorbehaltlos zu

Rudolf Franel (als Alfred Germont) und Ingrid Paller (als Violetta Valery) in „La Traviata" von Guiseppe Verdi
Duisburg, 1960
Deutsche Oper am Rhein, Fotografie

geben, sich nicht schützt: „Mein Schicksal geb ich nun in Deine Hand...". Daß sie zurückgewiesen werden wird, macht uns das Orchester mit dem leitmotivisch eingesetzten Schicksalsmotiv unmißverständlich deutlich. Den Vorgang des Schreibens selber spiegelt Tschaikowsky in den instrumentalen Zwischenspielen – Tatjana singt erst, um sich selber vorzulesen, was sie geschrieben hat, wobei das eigentliche Singen als Gefühlsausdruck den Momenten zugeordnet ist, in denen sie ihr Schreiben und Lesen unterbricht und nachdenkt, nachfühlt. Diese Szene enthält alles, was das Herz (und das Ohr) zum Thema Musik und Post – und Liebe begehrt. Tschaikowsky wußte, was er komponierte, hatte ihm doch auch seine Schülerin Antonia Iwanowa Miljukowa in einem Brief ihre Liebe erklärt, und er hatte sich so kalt abweisend wie sein Opernheld Eugen Onegin verhalten. Als er jedoch die ‚Tatjana'-Szene zu komponieren begann, veränderte sich seine Einstellung. Tschaikowsky in einem Brief an einen Freund: „Da ich mich völlig in die Komposition vertieft hatte, identifizierte ich mich so sehr mit Tatjana, daß sie für mich eine lebende Person wurde. Ich liebte Tatjana und war wütend und empört über Onegin. Nachdem ich einen zweiten Brief von Fräulein Miljukowa erhalten hatte, schämte ich mich wegen meiner Haltung ihr gegenüber. In meinem Geist verband sich alles mit dem Gedanken an Tatjana [...]. Ich bemühte mich im folgenden, Fräulein Miljukowa zu treffen, und so begann unsere Bekanntschaft."

Seine Identifizierung mit der Perspektive seiner Heldin ging so weit, daß er noch während der Komposition seiner Oper seine Schülerin heiratete, obwohl er sie nicht liebte und homosexuell war. Bereits nach der Hochzeitsreise war Tschaikowsky dem Selbstmord nahe. Erst nachdem er seiner Frau entflohen war, konnte er seine Oper vollenden.

# „Haben wir ihn gelesen oder haben wir ihn nicht gelesen?“

Zur Dramaturgie des Bühnenbriefes

Norbert Abels

Was ist doch die menschliche Sprache für eine jämmerliche Erfindung, die das eine sagt und das andere meint.

Sören Kierkegaard, Die Wiederholung

## Das teleologische Instrument

Boten ist nicht zu trauen. Schon Merkur war ein Dieb. Wahrscheinlich hat ihn dieser Zeitvertreib erst prädestiniert für das polytheistische Briefträgeramt. Meist waren es Rinder, die er stahl. Auch der erste Bote mit der jahwistischen Post an Hiob hat mit diesen Tieren zu schaffen und berichtet dem Gottesknecht: „Die Rinder pflügten, und die Eselinnen gingen neben ihnen auf der Weide, da fielen die aus Saba ein und nahmen sie weg und erschlugen die Knechte [...]." Solche nicht gerade schmeichelhafte Genealogie postalischer Kultur aus dem Geiste des Diebstahls mag herrühren von dem noch folgenreicheren Obstraub der Genesis, der den Zivilisationsprozeß in Bewegung gesetzt hat wie sonst nur das den Göttern entwendete Feuer des Prometheus. Auch in den folgenden Jahrtausenden erweisen sich Boten allzu häufig mal als zwielichtige Gestalten, mal als unsichere Kantonisten wie etwa Tristan mit Isolde, der zukünftigen Gemahlin seines Freundes Marke, auf der Rückkehr von der Brautfahrt: „Eins und einig wurden sie, die zuvor zwei und zweierlei waren." Octavian, Hofmannsthals Rosenkavalier, verliebt sich in Sophie und verletzt gar noch seinen bäurisch-aristokratischen Auftraggeber Ochs von Lerchenau mit dem Degen, der zu Recht flucht: „Sakramentsverfluchter Bub, nit trocken hintern Ohr und fuchtelt mitn Spadi! Wällischer Hundsbub das!" Thomas Mann hat, wohl nach dem Modell Lou von Salomés, Nietzsches und Paul Rées, das Motiv des verräterischen Boten zum Schlüsselmotiv seines „Doktor Faustus" gemacht. Weil Adrian Leverkühn, der komponierende Protagonist des Romans, den „postalischen Weg" scheut, schickt er seinen Freund Schwerdtfeger als „Freiwerber" zur Auserwählten: "Sie wird geneigter deinen Worten lauschen als einem Werber so steifen Angesichts." Hier geht es für den ironisch „Liebesboten" genannten tödlich aus. Don Carlos' Auftrag an den Pagen, seinen Briefboten – „Sei wie das tote Sprachrohr, das den Schall empfänget und wiedergibt und selbst nicht höret" – unterschätzt die Neugier und das Eigeninteresse des Überbringers, obwohl ihm da bereits etwas schwant und er sich vorsichtshalber erkundigt: „Was? – Wie? – Wer bist du denn?", ja sogar noch eine etwas zweifelhafte und forschende Miene aufsetzt. Auch Briefen, den Nachfolgern der mythischen Boten, ist nicht zu trauen. Der Brief auf der Bühne bringt die augenblickliche Handlungszeit ins Wanken. Der Brief kann auf die vergangenen Umstände seines Verfassers ebenso hinweisen wie auf die Konsequenzen, die sich durch seine Lektüre ergeben. Er ist immer, ob heiß ersehnt, angstvoll oder unvermutet empfangen, ein Einbruch der Außenwelt in den bereits vertraut gewordenen Bühnenraum. Er agiert als Ferment, beschleunigt Prozesse, bringt Prozesse zum Stillstand. Im dramatischen Kosmos spielt er die Rolle des teleologischen Instrumentes, festgelegt auf seine Funktion als unsichtbares, doch auslösendes Element.

Schier unbeschränkt erweist sich die Variationsbreite des sogenannten Bühnenbriefes. Typologische Erfassungen erscheinen unbefriedigend, überführen sie doch die Unaustauschbarkeit des einzelnen Kunstwerkes auf eine allgemeine Ebene. Dramatische Situationen aber glücken erst in der unausweichlichen Dichte des besonderen Falles. Im „wirklichen Leben" beginnt der Brief vor dem Hintergrund einer allmächtig werdenden elektronischen Telekommunikation und gewaltiger Informationsnetzwerke anachronistisch zu erscheinen. „Es gibt," so schrieb bereits Joseph Roth, „keine Entfernung mehr. Man ist den Dingen so nah, daß sie uns überhaupt nicht mehr betreffen." Telepräsenz zerstört virtuell sowohl Entfernungen als auch Zeitspannen. Diese waren für den Bühnenbrief geradezu conditio sine qua non. Hiervon wird zu sprechen sein. Das Telefon, inzwischen gebräuchlichstes Kommunikationsmittel, überwindet die zeitliche Grenze, an die der Brief noch gebunden war. Das kann, wenn man in dieser Epoche lebt und es deshalb immer eilig hat, als Vorteil erscheinen. Ein Dialog, ausgetragen an den unterschiedlichen Orten seiner Teilnehmer, gibt immer noch die bekannten Freiheiten. Man kann etwa während eines Dienstgespräches mit verschiedensten Grimassen seinen Gefühlen Ausdruck verleihen. Dem Zwang zur Unmittelbarkeit aber entgeht man nicht. Eine spontane Wendung in einem Brief, vielleicht gar eine wohlplacierte Interjektion kann dort Ergebnis stundenlanger Grübelei, mehrfachen Nachschlagens in Liebesgeschichten oder fiktiven Briefromanen sein – oder, wie beim „Werther", gleich beides zusammen. Im Gegensatz zum Telefon spielt die physikalische Zeit beim Verfassen eines Briefes nur eine untergeordnete Rolle.

Das 20. Jahrhundert hat nicht nur die Relativität dieser Zeit entdeckt, sondern auch die Möglichkeit, gleichzeitig von verschiedenen Orten miteinander zu sprechen. Vielleicht erklärt der Aufstieg des Telefons das spürbare Absinken des Briefmotivs auf dem modernen Theater. Mit Jean Cocteaus 1930 uraufgeführtem Einakter „La voix humaine" wird das Telefon selbst als zweite Figur neben einer im geschlossenen Raum hineinsprechenden Frau etabliert. Ins Leere scheint sie zu sprechen, obwohl sie vom anderen Ende der Leitung die Stimme des Geliebten hört, der gerade das Verhältnis beendet. Unmöglich, diese Entfremdung in einer Briefszene festzuhalten. Auch für den Freitod der Frau, die sich mit der Telefonschnur erdrosselt – „ich lege deine Stimme um meinen Hals" – gelingt es kaum, eine modellhafte Metaphorik aus der Briefsphäre zu erdenken.

Gern wird behauptet, daß Briefe raum-zeitliche Distanz schaffen. Genauso gut und richtig könnte das Gegenteil behauptet werden. Briefe überbrücken Entfernungen in absehbarer Zeit; sie sind allererst Kommunikationsmittel. Für den Bühnenbrief freilich scheint die erste Bestimmung konstitutiv geworden zu sein. Deshalb, unter diesem Aspekt betrachtet, eine kleine Aufzählung von Typen, die im Theater immer wieder ihre Besonderung erfahren haben: der gefälschte Brief, der unter Erpressung geschriebene Brief, der Erpresserbrief, der Intrigenbrief, der Verleumdungsbrief, der kompromittierende Brief, der Entschuldigungsbrief, der um Gnade bittende Brief, der das Schicksal besiegelnde Brief, das brieflich mitgeteilte Todesurteil. In leichteren Regionen schließen sich an: der Liebesbrief, der Bekenntnisbrief, der verzeihende Brief, der Erlösungsbrief, der Gnadenbrief, der Empfehlungsbrief, der Schutzbrief, der poetische Brief, der offene Brief, der politische Brief, der geheime Brief, der letzte Brief. Hinzu kommen gerade im Theater: der nicht eintreffende Brief, der ungelesen retournierte Brief, der abgefangene Brief, der verlorene Brief, der zerrissene Brief; zu schweigen von Abschweifungen wie Briefgeheimnis, verbrieftes Recht oder „Brief und Siegel".

Der Brief auf der Bühne verlockt, weil alles andere sich unmittelbar dem Auge des Publikums preisgibt. Vielleicht deswegen so oft die Scham, die diejenigen spielen, die ihn vorzulesen haben. Als kleines Mysterium in einer panoptischen Welt hat er indessen theatralische Aufgaben zu erfüllen. Retardierende und deshalb Spannung aufbauende Elemente ließen sich hier aufreihen, darunter bereits stereotyp gewordene, etwa der Akt der Briefzustellung: das ungeduldige Warten, daß der Überbringer verschwindet; der Ort, an dem man den womöglich kompromittierenden Brief liest, die Lage, die man körperlich zur Lektüre einnimmt. Die theatralischen Situationen der Empfänger von überraschenden oder gar schicksalhaften Briefen haben bereits bei Schiller eine toposhafte Ausdrucksform. Hastig werden da Siegel aufgerissen, man flüchtet an die äußersten Ränder der Bühne, fängt an, „wechselweise zu erblassen und zu erröten". Hernach steht man lange sprachlos, heftet starr das Auge auf den Brief, den man dann in äußerster Langsamkeit oder auch rasch resignierend herabsinken läßt. Hinzu kommen die Elemente des Requisitenfundus, das Elixier, das man vorsichtshalber bereitstellt, die Illumination durch eine Kerze oder das banale Suchen nach der Brille: Das sind wohlbekannte Arrangements, immer wieder heraufbeschworen und völlig resistent gegen Stilrichtungen. Man begegnet ihnen beim aufsässig bleibenden Lenz so gut wie beim brav gewordenen Schiller, im naturalistischen so gut wie im ästhetizistischen Interieur, in der moralischen Bühnenanstalt wie in der Zauberposse, im epischen wie im absurden Theater, bei Goethe und Kleist oder beim Personal von „Charley's Tante". Briefe können die Wahrheit bekennen, aber auch die Lüge zum Prinzip machen.

## Bekenntnisbriefe

Der Bekenntnisbrief will auf eine andere Unmittelbarkeit hinaus als die der wirklichen Begegnung. Geschrieben wird, was nicht gesagt werden kann. In der Imagination des Anderen wird dieser zum Teil des Selbst. Die Hereinnahme des Anderen in das Selbst aber ist nur möglich durch seine Abwesenheit als Für-Sich-Selbst-Seiender. Das Briefbekenntnis läßt die Autonomie des Anderen nie unangetastet. Es rechnet mit der Unmöglichkeit der augenblicklichen Antwort. Es konstituiert einen Zeitschaft, der dem Absender Möglichkeiten zur Differenzierung oder zur Intensivierung läßt; ein Nach-Denken des Briefes, vielleicht gar die Lösung des Unerträglichen durch seine neu bewerkstelligte Objektivation. Zeit verstreicht, und Raum muß durchmessen werden, bis der Brief seinen Adressaten erreicht. Dessen Antwort wird in der vielfältigen Ausführung vom Absender vorweggenommen. Das Wissen um diese Struktur der Vorerwartung aber wird integraler Bestandteil der Antwort. Niemals ist die Antwort so frei wie die Frage, die allererst das labyrinthische Determinationsfeld eröffnet, das irgendwann einmal, im regelmäßigen Briefwechsel etwa, eine auf die paritätischen Füße gestellte, regelmäßige Korrespondenz ermöglicht. Die steht auf einem ganz anderen Blatt, weiß nichts über die Dialektik von Selbstentblößung und Selbstfindung des ersten Bekenntnisbriefes.

Im Bekenntnisbrief wird dem Anderen etwas eingestanden, was das

Selbsteingeständnis nicht zu leisten vermag. Dennoch richtet sich dieses Eingeständnis an das Selbst. Das Selbst wird zum Ort des Anderen, der nur in effigie der Andere ist, in Wirklichkeit aber vereinnahmt wird. Für den Vereinnahmten wird die Anonymität der im Wesen des Schachts zwischen Absender und Adressaten begründeten Distanz zum Ärgernis. Für den Absender erstellt sie die Bedingung von Selbstentdeckung. In der fehlenden Unmittelbarkeit liegt die Bedienung für den potentiellen Mißbrauch des Briefes, für seine anonyme Instrumentalisierung als Macht- und Manipulationsmittel, für seine durch Zeit und Ort vom Verursacher getrennte, doch vorkalkulierte Durchschlagskraft, ja für seine absehbare Tödlichkeit. In Maria Fagyas „Der Leutnant und sein Richter", worin ein nicht avancierter österreichisch-ungarischer Oberleutnant den bevorzugten Absolventen der Kriegsschule, alles in den Generalstab beförderte Hauptleute, Potenzmittel mit tödlichem Gift zuschickt, wird der Briefinhalt selbst zum tödlichen Material. Gleiches gilt für die sogenannten Briefbomben. Virtuell aber kann schon das beschriebene Blatt solche unheilvollen Konsequenzen auslösen. Mißtrauen gegen Briefe wird deshalb auf der Bühne immer schon formuliert.

In Lenzens „Der Hofmeister oder Vorteile der Privaterziehung" warnt der geheime Rat Herr von Berg seinen Sohn Fritz vor den Gefahren von Liebesbriefen: „Narrheiten müßt ihr nicht machen [...] keine Romane spielen wollen, die nur in der ausschweifenden Einbildungskraft eines hungrigen Poeten ausgeheckt sind und von denen ihr in der heutigen Welt keinen Schatten der Wirklichkeit antrefft [...] und euch nie andere Briefe schreiben als offene." Bei Lessing wird das Mißtrauen gegen die Mittelbarkeit der Briefe in der Komödie formuliert. Just, der Bediente des Majors von Tellheim, kennt sich gut aus mit Korrespondenzen, die nicht enden wollen. Zu Beginn des dritten Aufzuges treffen wir ihn an mit einem „Briefchen von meinem Herrn an das gnädige Fräulein". Bereits routiniert im Umgang mit solchen Verbindungen fügt er hinzu: „Wenn sich nur da nichts anspinnt! – Sonst wird des Brieftragens kein Ende werden."

Längst hat sich zu diesem Zeitpunkt der Brief als das Instrument etabliert, das alles, was einfach sein könnte, unendlich kompliziert, dadurch freilich auch das Publikum, das die Inhalte der Briefe kennt, in die Spannung der sukzessiven, aber verwirklichten Aufklärung einbindet. Minna von Barnhelm ist eine „Intrigantin mit guter Absicht", die genau die verschleiernd-unverbindliche Gefahr kennt, die von Briefen ausgehen kann. Dies ist der Grund, aus dem sie diese Distanz schaffende Verkehrsform nicht akzeptiert. Im zehnten Auftritt des dritten Aufzuges schickt sie Franziska, ihre Zofe, zu Tellheim. Sie gibt ihm seinen Erklärungsbrief zurück, den sie angeblich nicht gelesen haben will. Auch hier kommt es zur Verbindung von Boten- und Briefmotivik. Scheinheilig gibt Franziska die Begründung: „Wir können Geschriebenes nicht gut lesen." Tellheim durchschaut diese Ironie nicht, hält sie für einen bloßen Witz. Als „Schäkerin" bezeichnet er aufgeräumt die Botin, die jetzt, apodiktisch werdend, den Originalwortlaut Minnas mitteilt, der dem Phänomen als Ganzem gilt, versteckt aber mit der Kenntnis des besonderen Briefinhaltes spielt. Wahrheit und Lüge werden hier, in durchaus moralischer Intention, unterscheidbar. Franziska meldet im offiziellen Pluralis majestatis: „Wir denken, daß das Briefeschreiben für die nicht erfunden ist, die sich mündlich miteinander unterhalten können, sobald sie wollen." Im wirklichen Blick auf das Fräulein, sagt Tellheim, empfände er erst „die ganze Größe meines Verlustes". Minna

Friedo Solter (als Just) und Gudrun Ritter (als Franziska) in „Minna von Barnhelm" von Gotthold Ephraim Lessing
Berlin, Deutsches Theater, 1960
Fotografie von Willy Saeger

durchschaut die Verdrängungsintention des Briefes, sie retourniert ihn und läßt, obwohl sie ihn gelesen hat, verkünden, daß dies nicht geschah. Später, im vierten Aufzug, quittiert sie im Gespräch mit Tellheim jene Intention mit Worten, die die Nichtigkeit des Briefinhaltes für die Adressatin ironisch chiffrieren: „Haben wir ihn gelesen oder haben wir ihn nicht gelesen?" Gegen Ende des Stückes, wenn, vom Feldjäger überbracht, des Königs rehabilitierendes Handschreiben eintrifft, wiederholt sich der Vorgang. Tellheim glaubt Glück und Ehre wiederhergestellt. Minna aber weiß, daß „Glück" und „Ehre" nicht vom Äußeren, sondern vom Inneren bestimmt werden und gesellschaftliche Reputation nicht einhergeht mit der Integration des Individuums. Es beginnt, buchstäblich verstanden, eine Zerreißprobe um den Brief, den Minna dem Publikum zuvor deutlich vorgelesen hat. „Fräulein, er ist unfehlbar zerrissen, wenn Sie nicht bald sich anders erklären." Am Ende wird vom Major die Scheinwelt durchschaut. Plötzlich gibt es keine Briefe mehr, wohl aber die Erkenntnis: „So erwacht man plötzlich aus einem schreckhaften Traume!"

## Das betrügerische Requisit

Immer wieder tauchen in der bürgerlichen Familiendramatik des späten 18. Jahrhundert, bei Iffland und Kotzebue nicht minder als in so zentralen Werken wie „Emilia Galotti" und „Kabale und Liebe" Briefe als Fermente des dramaturgischen Prozesses auf. Vater Wesener in Lenzes Komödie „Die Soldaten", entstanden 1774/75, beginnt mit einem Brief Maries, des späteren Subjekts „verlorener Ehre". An allen entscheidenden Punkten des Stückes tritt hinfort das Briefmotiv auf. Wir finden das Mädchen „mit untergestütztem Kopf einen Brief schreibend". Sie versucht sich – und das sagt schon alles über ihren bereits beginnenden Sturz – an der richtigen

Schreibweise. Die zwei Worte, die sie richtig zu schreiben versucht, sind signifikant: um „Madame" und um „arriviert" („ar ar, riew wiert?") geht es. Die Abfassung des Briefes wird selbst thematisch; hiervon lebt die gesamte erste Szene. Am Schluß des Stückes kommt es zum Fall des Mädchens, zur gänzlichen Umkehrung der beiden Schlüsselworte aus dem Anfangsbrief und zur Bewahrheitung des gesellschaftssezierenden Programms des Dichters, die Stände nämlich darzustellen, „wie sie sind; nicht wie sie Personen aus einer höheren Sphäre sich vorstellen". So schreibt Lenz im Juli 1775 an Sophie Laroche, die Verfasserin der damals berühmtesten Briefromane, darunter die „Geschichte des Fräuleins von Sternheim". Am Schluß der „Soldaten" tritt – eine ungeheure Fallhöhe – das Gegenteil von „Madame" und „arriviert" ein. Da spaziert der Vater Maries „in tiefen Gedanken" an der Lys. Er hat Grund zu diesen Gedanken. Er selbst, der bürgerliche Galanteriewarenhändler, zeigt sich geschmeichelt von dem galanten Briefgeschwätz des adligen Edelmanns in französischen Diensten, das seine Tochter im ersten Akt empfing: „Du höchster Gegenstand von meinen reinen Trieben...". Jetzt aber, in der vierten Szene des fünften Aktes, wird Licht auf Mariens Brief vom Beginn geworfen. Er war ein Menetekel. In der Dämmerung zupft ihn eine verhüllte Weibsperson, eine Hure, am Rock, die er zunächst nicht erkennt. Dann aber: „Ach meine Tochter", und: „Mein Vater". Schließlich, eine Antwort auf alle Versuche, die Sprache der höheren Stände zu erlernen, die schiere Sprachlosigkeit: „Beide wälzen sich halbtot auf der Erde." Vorher, im zweiten Akt, spielte sich zwischen Desportes, dem triebgeleiteten Edelmann, und Marie eine der umfangreichsten Briefszenen der Theaterliteratur ab. Vom Tuchhändler Stolzius, dem sie versprochen ist, hält Marie, „weinend auf einem Lehnstuhl", einen sorgenvollen Brief in der Hand, als der Verführer Desportes eintritt. Der Antwortbrief, den Marie gerade schreiben will, erfüllt die gesamte Szene. Als „Lumpenhund", „Esel" und „Flegel" bezeichnet Desportes seinen Rivalen und will Marie die gehörige Anwort selbst diktieren. Noch während sie den Brief mit der Versicherung ihrer andauernden Treue verfaßt, kommt es zum Treuebruch. Die Feder, mit der sie den Brief schreibt, wird im Verführungsspiel der beiden zur Waffe. Marie praktiziert damit „nach vielem Lachen" eine Schmarre über des Edelmanns Gesicht, „sie ringen zusammen; Marie kützelt ihn". Kaum größer könnte die Kluft zwischen Wirklichkeit und Schein sein. Der Brief wird zum betrügerischen Requisit schlechthin. Je stilisierter sein Inhalt, desto verkommener seine Absenderin. Im dritten Akt dann wird die Depravierung des Briefes zur letzten Stufe vorangetrieben. Nicht nur der Inhalt, auch die Absenderin ist gefälscht. Marie bittet ihre Schwester Charlotte, gegen Entgelt einen Brief an Stolzius zu schreiben. Charlotte beginnt zu dichten: „Daß mein Herz nicht so wankelmütig ist, als Sie es sich vorstellen... ist es so recht?"

## Falsche und gefälschte Briefe

Gefährlich sind vor allem falsche oder gefälschte Briefe. Das herausragende Beispiel dieser Gattung findet sich in Shakespeares „Hamlet". Hamlet reist, anscheinend in politischer Mission, mit dem Brief des dänischen Königs Claudius, worin sein Todesurteil enthalten ist, nach England. Das Öffnen des Briefes setzt ein Tabu außer Kraft, für dessen unangefochtene Geltung die

Peter Arnes (als Horatio) und Peter Lühr (als Hamlet) in „Hamlet" von William Shakespeare
Münchener Kammerspiele, 1954
Fotografie von Hildegard Steinmetz

königliche Souveränität einmal einstehen sollte. Der Bote macht sich in Hamlet selbst zum Subjekt der Botschaft, deren Objekt er für den König war. Dennoch liegt der Bruch des Tabus, das der unantastbaren Souveränität des Briefes nicht minder als das derjenigen des Königs, bei Hamlet. Dessen bürgerlich imprägnierte List besteht in der scheinbaren Restauration des Tabus durch die Fälschung, die nicht mehr ihn zum Objekt macht, sondern seine beiden früheren Schulfreunde, die ihn auf der Reise begleiten und längst zu Handlangern des Königs geworden sind: Guildenstern und Rosencrantz, der so beflissen wie verräterisch zuvor bereits dem König souffliert hat: „Schon das private Einzel-Leben muß / Mit aller Kraft der Waffen seines Geistes / Sich selbst vor Schaden schützen." Hamlets Verletzung des Briefgeheimnisses hebt ab von einer bereits zerstörten Privatsphäre, in der ein Höfling der Majestät ganz ohne weiteres etwa zuraunen darf: „Ich will mich hinter die Tapete stellen / Und mithören." Hamlet weiß, was ihm blüht und verrät es sarkastisch schon vorher seiner Mutter: „Verbrieft, versiegelt", sagt er, voller Hohn auf die letale Botschaft. „Oh", freut er sich, „das ist gar schön, / Wenn List und List sich stracks entgegengehn." Wenn der König kurz vor der Abreise Hamlets unbewußt dessen Worte variiert – „Alles ist versiegelt und erledigt" –, wird die Äquivalenz des universell gewordenen Mißtrauens auch sprachlich herausgestellt. In die Metaphorik des Briefes jedenfalls verlegt Shakespeare die Erfahrung einer zur Weltordnung gemachten Betrugstechnik. Hamlets skeptizistische Perspektive greift auf diese Metaphorik immer wieder zurück. Nur so erklärt sich auch die Friedhofszene, wenn er, während der philosophische Totengräber Schädel in die Luft wirft, über die Unzuverlässigkeit und die Unsicherheit verbriefter Abmachungen reflektiert: „Dieser Kerl war vielleicht zu seiner Zeit ein großer Aufkäufer von Grund und Boden; mit seinen Statuten, Hypotheken, mit seinem Reukauf, seinen doppelten Bürgschaften und Wiedererstattungen. Ist das nun der letzte Kauf seines Reukaufs und die Wiedererstattung seiner Wiedererstattungen, daß man ihm seinen stattlichen Hirnschädel mit dem Schmutz der Bestattung ausstattet?" So also steht es mit „Brief und Siegel" in Hamlets Welt.

Franz Moor, Schillers Kommentar nach „ein heuchlerischer und heimtückischer Schleicher", ist ein Brieffälscher, gewaschen mit allen demagogischen Wassern. Er fälscht die Berichte über seines Bruders Karl mutmaßlich begangene Verfehlungen, um zum Haupterben zu werden. Er geht noch weiter und erfindet die Nachricht vom Tode seines Bruders. Das bringt dem entsetzten Vater den Tod. Die dem Brief wesentliche Mittelbarkeit wird zum Pendant eines feigen Charakters. Schiller spricht von den „nächtlichen Labyrinthen" des Lasters in seiner nackten Abscheulichkeit. Der Fälscher wird zum Auslöser dieses Räderwerkes, der Brief zum entscheidenden Relais in der Ökonomie des Schauspiels. Wenn Franz am Anfang beim Eintreffen der Briefpost aus Leipzig zum Vater sagt: „Diese Zeitung ist nicht für einen zerbrechlichen Körper", nimmt er die Mechanik des Ganzen vorweg. Bis zum Monolog, den der ob des gefoppten Vaters noch hohnlachende Franz anstimmt und darin seine Daseinsformel verrät: „Das Recht wohnt beim Überwältiger", zentriert sich der gesamte Schauspielbeginn um den Brief. Korrespondierend mit dessen sich dramaturgisch geschickt steigernden gleisnerischem Duktus führt Schiller die Dramaturgie des seelischen Zusammenbruchs im Gestus des alten Moor, der erst sein Gesicht verbirgt, dann bitterlich zu weinen beginnt. Franz Moor fälscht Briefe und inszeniert damit eine demiurgische Gegenwelt. Er spielt, höchste Hybris, Weltenschöpfer und Herr über Leben und Tod. „Ich habe große Rechte, über die Natur ungehalten zu sein", verkündet er, nicht gewillt, seinen „hochfliegenden Geist an den Schneckengang der Materie" zu ketten. Es ist bezeichnend, daß er die Naturbeherrschungseuphorie der aufklärerischen Epoche als „Giftmischerei" beschimpft, „beinahe in den Rang einer ordentlichen Wissenschaft erhoben". Genau dies, die „Giftmischerei", ist die Entsprechung seiner Fälscherkunst. Er bewundert die Pariser Frau, die durch Giftpulverversuche den Todestag ihrer Opfer exakt vorausberechnen konnte. Auch hier – wie beim gefälschten Brief – die raum-zeitliche Differenz als Organon des unsichtbar bleibenden Verursachers, dem nichts angelastet werden kann. Hierin ist der Briefmörder dem Giftmischer gar noch überlegen. Es ist wesentlich, daß Schiller seine Gestalt, ihren individuellen Mordplan durch den tödlich wirkenden Brief erwägend, selbst den Vorteil der Post über das Gift aussprechen läßt: „Des Zergliederers Messer findet ja keine Spuren von Wunde oder korosivischem Gift." Schiller hat in seiner „Selbstbesprechung" der „Räuber" Franz Moors moderne Technik des anonymen Verbrechens als „Resultat eines aufgeklärten Denkens und liberalen Studiums" bezeichnet. Der anonym bleibende Demiurg schafft sich „ein eigenes Universum [...] jenseits der sublunarischen Welt".

## Unendliche Verwirrung

Briefe können, mit oder ohne Absicht, große Verwirrung schaffen. Deshalb sind sie den Komödien unentbehrlich. Dort, wo die Unordnung in eine genormte Welt einbricht, erweisen sie sich als auslösendes Element. Bei Shakespeare findet sich diese Variante am häufigsten. Große Verwirrung stiften die kaum zu zählenden Zettel, Briefumschläge und Briefe in „Verlorene Liebesmüh", zu welchen sich noch Manuskriptberge und Papierreservoire gesellen, denn die vier Männer in der Komödie schwören zu Beginn, drei Jahre die Frauen zu meiden. Als vergebliche Anstrengung erweist sich dieses Entzugsprogramm, als die Prinzessin von Frankreich nebst dreier Hofdamen dort erscheint und beweist, daß die wahre Philosophie das Leben und die wahre Schule die Liebe ist. Das Werkzeug dieser Entsublimierung ist der Brief, der das Chaos zunächst radikalisiert, an dessen Höhepunkt aber zum Mittel der Rückkehr ins Leben wird.

Sir John Falstaff, heruntergekommener und überfetteter Müßiggänger, ist das schlagende Beispiel eines von seiner eigenen List geschlagenen Brieftäters. Was für ein Fehler, in einem eher dörflichen Städtchen wie Windsor gleich zwei Frauen, Frau Page und Frau Fluth, deren Busenfreundin, den gleichen Brief zu schreiben. Eine ganze Flut von Übermittlungsvorgängen, darunter zunächst die Rendevouseinladungen beider Frauen, ist die Folge. Shakespeares beliebte Durchdringung unterschiedlicher Kommunikationsformen, sein sich bis hin zur Unlösbarkeit akkumulierender Hermetismus der Mißverständnisse erreicht in den „Lustigen Weibern von Windsor" ihren Höhepunkt. Die Briefszene wird später, in Verdis „Falstaff" zum Vorspiel einer der gewagtesten Ensembleszenen der Operngeschichte. In diesem Gartenbild tritt Falstaff, der Held, gar nicht auf. Neun Stimmen, zur gleichen Zeit Verschiedenstes singend, sind durch seine Briefe herbeigelockt worden. Damit ist sein Sturz besiegelt, der freilich eine neue Musik verursacht, eine Fuge, die alle Getrennten am Schluß im Lachen wieder zusammenbringt.

In der zeiträumlichen Distanz, die der Brief schafft, kann auch etwas Gutes liegen. In Gogols „Revisor" bringt ein Brief mit der Ankündigung der Ankunft eines inspizierenden hohen Petersburger Beamten ein ganzes russisches Provinzstädchen in Aufruhr. Jeder Beamte versucht, die Spuren von Korruption, Nepotismus und Veruntreuung zu tilgen. Keiner ahnt, daß der eintreffende Reisende Chestakow, selbst ein parasitärer kleiner Beamter, zudem Spieler, gar nicht der echte Revisor ist. Erst ein zweiter vom Postmeister abgefangener und gelesener Brief des falschen Revisors – auch das ist signifikant – offenbart den Irrtum der ehrenwerten Gesellschaft. Zweimal also weist Gogol dem Brief die klassische kathartische Aufgabe zu, jedesmal eine Chance zur Veränderung, jedesmal vergeblich. Jetzt erst, nachdem die Zeit- und Raumdistanz, die der Brief gnädig eröffnet hat, keine Sinneswandlung erzielt hat, tritt der leibhaftige Revisor auf.

## Belastende Briefe

Hat sich der Brief erst von seinem Absender entfernt, kann er zum belastenden Dokument werden. Da kann das von ihm geschaffene fait accompli zum Bumerang werden. Je größer die Öffentlichkeit, die er erreicht, desto verstrickender die dadurch geschaffene Situation. Wenn Instetten Effis Briefe vom Major Crampas findet und Rat bei seinem Freund Wüllersdorf sucht, wird allein dessen Zeugenschaft zum Katalysator des Satisfaktionsvorganges und nicht die Rücksicht auf das Ganze, die Gesellschaft, gegen die man nicht verstoßen darf. Die Ehre ist eine öffentliche Angelegenheit. Sie muß deshalb im Duell auf offener Ebene wieder eingefordert werden.

Briefe sind hartnäckige Zeugnisse vergangener Sünden. In die falschen Hände gelangt, werden sie zu Zeitbomben. Der kompromittierende Brief steht meist am Beginn einer Laufbahn und damit einer ewig sich fortsetzen-

Will Dohm (als Franz Moor)
und Fritz Reiff (als alter Moor)
in „Die Räuber" von
Friedrich von Schiller
Münchener Kammerspiele, 1934
Fotografie

den Lebenslüge. Irgendwann einmal taucht er auf, gerät in die Hände der falschen Person, wird zum Erpressungsmittel. Diese Variante des kompromittierenden Briefes fand ihren theatralischen Höhepunkt bei Oscar Wilde. Die vieraktige Komödie „Ein idealer Gatte" präsentiert sich als reines Briefstück. In den Schein-Diskursen der politischen Adelskreise im viktorianischen England, die ein privates Bekenntnis als Konventionsbruch betrachten, gelangt der Brief als gleichsam nochmals maskierte Gesichtslosigkeit zur literaturmotivischen Konjunktur. Der korrumpierende Brief wird zum Symbol einer parasitären Gesellschaft, und es ist nur konsequent, wenn in Wildes Komödie die adlernasige, aber bürgerliche Erpresserin Mrs. Cheverley selbst deren Daseinsgesetz auf die Formel bringt: „Heutzutage hat jeder seinen Preis." Erpreßt werden soll Sir Robert Chiltern, der den Grundstein seines Vermögens durch den Verkauf eines Kabinettgeheimnisses an einen Börsenspekulanten legte. Mrs. Cheverley besitzt einen Brief, der diese Tat belegt. Vorbei ist es nun mit der Lebenslüge. Die Erpresserin weiß auch das: „Früher oder später müssen wir alle das bezahlen, was wir getan haben." Aus dieser Konstellation ergibt sich in der Komödie eine ganze Reihe von Briefen. Sie allein scheinen zu den Krücken eines Stückes zu werden, das sich vorgenommen hat, daß nichts vergessen, sondern alles nur verdrängt wird. Der Brief als Mahnmal des Imperfekts, als unwiderleglicher Beweis der Schuld. Selbst die Lichtfigur in diesem Spiel, die verstehende und verzeihende Lady Chiltern, gerät in das Netzwerk der Briefe. Der für ihren Mann um Hilfe bittende Brief an Lord Doring wird von der Erpresserin ihres Mannes geraubt und diesem zum Zweck der Zerstörung der Ehe überreicht. Auf dem Höhepunkt dieses Stückes scheint jede einzelne Figur nur noch durch die Briefe, die sie kompromittieren oder mit welchen sie kompromittieren will, bestimmt. Die Briefe haben sich verselbständigt. Sie sind an die Stelle der Personen getreten.

## Eine lebenswichtige Botschaft

Nicht zugestellte Briefe wollen dem Fatalismus des Dramas entkommen, das längst schon entschieden hat über das Schicksal der Gestalten. Sie kommen nie oder zu spät an. Romeo und Julia hätten gerettet werden können. Das Stück verbindet tragisch die Gift- und die Briefmotorik. Der alte Franziskaner-Bruder Lorenzo will der verzweifelten Julia helfen, die gezwungen werden soll zur Hochzeit mit dem Grafen Paris. Er verschafft sich einen destillierten Trank, um seinen Schützling in todesähnlichen Schlaf zu versenken. Tatsächlich wird Julia in der Gruft beigesetzt. Romeo soll sie dann heimlich hinausbringen, beiden gelänge damit die Flucht. Allein: die Briefnachricht von diesem Plan erreicht Romeo nicht, er glaubt die Geliebte tot, kauft sich selbst Gift, tötet in der Capuletschen Gruft seinen Rivalen Paris und vergiftet sich neben der nun langsam erwachenden Julia. Julia, nachdem sie die noch warmen Lippen des toten Romeo geküßt hat, ruft aus: „O Dolch! mein Glück!". Sie fällt nieder auf Romeos Leiche und stirbt.

Ohne die Verzögerung des Briefes nach Mantua wäre das nicht geschehen. Lorenzo hat einen Bruder dorthin entsandt. Inzwischen spielt er perfekt den ob des Todes von Julia Überraschten, fragt etwa: „Ist die Braut bereit, zu geh'n?" Lorenzo wurde aus Mitleid hybrid. Er wollte gegen alle Macht das Schicksal des Paares in die Hand nehmen. Er hat aber, um das Besondere zu retten, die Wiederherstellung des Ganzen betrieben und damit das Besondere zerstört. Nur auf dem Opfer der Kinder beruht der Friedensschluß der streitenden Familien. Wie der Brief und das Gift, trägt auch der Klausner als vermittelnder Bote zur Erfüllung solcher tragischen Unausweichlichkeit bei. Auf offener Straße, in Mantua, hört Romeo vom Tode Julias. Er gibt Balthasar den Auftrag, Tinte und Papier zu bringen und schließlich ein gemietetes Postpferd, um sich am Grabe Julias zu vergiften. Das ereignet sich dicht vor einer Apotheke, deren Besitzer ihm – entgegen aller Vorschrift, denn in Mantua steht die Todesstrafe auf den Verkauf von Gift – sogleich ein Fläschchen verkauft. Was aber war der Grund, aus dem Pater Lorenzos Bote Romeo niemals erreichte? Bruder Johannes saß, von den Stadtbütteln festgenommen, fest, noch bevor er Verona verlassen konnte. Man glaubte, daß er die Post verbreitete. Lorenzo ist entsetzt: „Das war kein bloßer Schwatzbrief; seine Botschaft war lebenswichtig [...]." Nochmals schreibt Lorenzo an Romeo, der „von allem, was geschah, noch keine Post hat". Dieser zweite Brief kommt viel zu spät. Romeo betritt die Gruft, übergibt Balthasar den Abschiedsbrief an seinen Vater, dann geschieht das Unvermeidbare. Lorenzo, der Schicksal spielende Briefschreiber, erkennt es am Schluß: „Doch macht mich Zeit und Ort / verdächtig dies grauenhaften Mordes. / Hier steh ich nun als Kläger und als Anwalt, / Mich zu verdammen und mich zu entschuldigen."

# „Wenn der Postmann zweimal klingelt“

## Der Brief im Film

Ruprecht Skasa-Weiß

Wer ins Kino geht, sollte dort nicht seine Post lesen. Wohl wahr! Aber droben auf heller Leinwand ist das Verfassen, Entziffern, Befingern von Briefen üblich seit je: Filmhelden sind für kuvertierte Mitteilung empfänglich, fast wie die Leute im richtigen Leben. Sie überraschten einander damit bereits, als der Briefbogen noch nicht einmal hat knistern oder rascheln können, in der Frühzeit des Stummfilms. Zappelnde Briefträger, von Hunden verfolgt, zerfetzten Hosenbodens seitab in die Wiese gerissen, waren das erste Ergötzen eines Publikums, welches erst allmählich reifte – Heinz Rühmann als „Briefträger Müller", der Hunde hassend und Tierliebe heuchelnd sich ein Millionenvermögen erschwindelt (bis er's verplempert), hat 1953 entscheidend seine Talente als Volksheld bekräftigt. Kommt Zeit, kommt Rat – kommt Post, kommt oft Unrat. Doch den Wirbel von jähen Briefsensationen kann man im Kino allemal brauchen. Überhaupt: Film und Brief, das paßt zusammen – besser als Brief und Theater. Warum? Die Erklärung findet sich leicht.

Briefeschreiben ist eine fade, beschwerliche Sache – nein, nicht für den, der da schreibt (für den gelegentlich auch), sondern für den, der ihm zusieht, aus der elften, zwölften Parkettreihe, von hinteren Plätzen zu schweigen. Denn was sieht er da schon? Das Handikap des Theaters, daß es dem Zuschauer bloß die Guckkasten-Totale bieten kann (so daß der Schauspieler, um nicht zu langweilen, mit jagender Feder übers Papier fetzen muß, worauf im nächsten Akt die verliebte Empfängerin laut und mit ihrerseits jagender Zunge den Brieftext vom Blatt buchstabiert) – diese Beschwer braucht den Film nicht zu kümmern. Er ist an Realzeit ja nicht gebunden; er kann raffen, überblenden, jegliche elliptische, verknappend-abschweifende Darstellung nutzen; und: er gebietet über Close-Ups, Detail- und Nahaufnahmen, welche die Intimität des Vorgangs mit geradezu voyeuristischer Begier ausleuchten, sie erforschen und offenlegen mit allem Zittern und Zagen, gar mitsamt der Zähre, die dem briefelesenden Fräulein plötzlich ins Auge tritt – oder die dem Verfasser, verräterisch tintenverfleckend, auf das Papier tropft.

Besonders in der Anfangszeit des Films, als es noch expressionistisch und heftig gefühlsdramatisch zuging im Kino, waren geschriebene Botschaften gerne gesehn, notgedrungen. Denn im Gegensatz wiederum zum Theater war das Kino ja stumm; seiner tonlosen Exaltation kam der lettristische Fingerzeig – menetekelnd auf weißer Leinwand, getilgt in jähen Kreisblenden – daher wunderbar gelegen. Bereits die „inserts", die Zwischentitel, waren geschaffen aus dem Wunsch nach handlungstrukturierender Verständigung, sie mußten den Zuschauer „briefen". Im Bild gezeigter postalischer Text hatte dieselbe Funktion, nur fügte der sich zwangloser ins Geschehen. Obschon meist reichlich trivialisiert, zeigte der Film – unübersehbar – noch gewissen Konnex mit der Dichtkunst, mit dem geschriebenen Wort: Brief- und Kartennotizen, Plakattexte, Zeitungsschlagzeilen, Tagebuchzeilen sowie sonstige aufschlüsselungswürdige Botschaft, sie kamen den Cinemato-

Heinrich George in
„Der Postmeister"
Film von John Reinhardt
Österreich, 1934
Fotografie

graphen zupaß. Der Brief bot sich am trefflichsten an; er war quasi die ,,Schnittstelle" zwischen der Literatur und dem frisch erfundenen Visualisierungsdrama des Kintopps.

Und siehe da: erst der Film hat aus dem zerknüllten, glattgestrichenen Sendgut etwas gemacht; mehr, als die Literatur (einschließlich der Sonderform des Briefromans) daraus zu machen vermag – da diese notgedrungen im gleichen Medium verharrt, den Brieftext im Buchtext einfangend. Der Film vermag ganz anderes. Auch wenn er Buchstaben zeigt, kann er, davon sich lösend, sie jederzeit in Szenisches überführen, bewegte Bilder, ein Medium von faszinierender Augenfesselungskraft. So umkreist er das Phänomen, daß des Menschen privater Papierverkehr zur Träumerei ebenso taugt wie zur Aufrüttelung, zur elegischen Verschwärmtheit gradsogut wie zum perfiden Trickspiel, zum Tränenlachen nicht schlechter als zum Thrillgelüst, mit enormer Behendigkeit. Und die Kamera kreist immer mit, schaut dem Schreiber, dem Leser neugierig über die Schulter – bis sie urplötzlich, Schnitt, das Geschriebene riesig ins Bild bringt.

Wer länger draufstarrt auf Buchstabengeflechte fremder, trauter Zeilen, kommt ins Sinnieren – der Blick wird ihm verschwimmen. Genau dies macht die Filmdramaturgie sich zunutze: alsbald wird sie Rückblenden starten, Bilder, traumgleich die Realität überlagernd, und die blaßblau verschweifte Tintenspur wird hinüberfließen in ein sonnendurchglühtes Stromdelta, ein von Tränen genetztes Kindergesicht, eine Baumkrone, eine Straßenschlucht – all dies läßt sich imaginieren, in einem Kopf, in einem Film. Insofern sind Kinobriefe verläßliche Boten der Poesie: Sie lehren den Konjunktiv, die Möglichkeitsform. Sie signalisieren Vergangenes, Künftiges, jedenfalls Träume. Briefe im Film stimmen „weich".

Nicht doch – Briefe sind „hart"! Unheildräuend, erregend, verheißungsreich, niederschmetternd! Und steht nicht alles plötzlich auf dem Spiel?

Nicht nur der Empfänger zagt, auch den Zuschauer schaudert's. Weiß Gott – dramaturgisch gesehen, ist der Brief etwas vom Stärksten, was einer Filmhandlung zustoßen kann. Noch liegt er unbemerkt auf der Konsole, noch ist sein Umschlag unaufgerissen, noch sind die Krakelzeilen nicht entziffert – oder, tatenfroh andersherum: noch ist das Erpresserschreiben nicht fertiggeklotzt, sind die Abdankungszeilen, die Verstoßungsformeln, die Denunziations- und die erotischen Bekennertexte nicht dem Kurier anvertraut: ha, aber bald schon gibt's kein Halten mehr! Dann kommt der Umschwung, die Peripetie. Dann wird der Brief zum Schicksalsschlag. Gewitzte Drehbuchschreiber haben noch stets den Postmann klingeln lassen, wenn ein Film Surprise und neuen Schwung benötigte: Falls nicht der Postmann selber (dem schon vier Filmregisseure je zweimal das Klingeln beibrachten), sorgt doch mindestens der Briefinhalt für ungeahnte Wendungen.

Wer will schon sagen, in welchen cinéastischen Genres die meisten Briefe vorkommen? Ob im poetischen Melodram oder im Krimi? In der Klamotte oder im Dokumentarspiel? Im filmischen Experiment oder im Spionagethriller? In der Schnulze oder in der Untergangstragödie, deren erste mit Kutsche und schallendem Posthorn durch Auen fuhrwerkt, während die zweite Warnbriefe bunkert, der Nachwelt empfohlen zur späten Lektüre als Hiobsbotschaft, augenöffnend, desillusionierend, grausig.

Nur scheinbar sind Literaturverfilmungen näher, und öfter, mit Briefgut befaßt. Fontanes „Effi Briest", deren Ehe zerbricht, weil ihr normengestrenger Gemahl die Schmach von verjährten Liebesbriefen duellierend glaubt „sühnen" zu müssen – daraus hat Rainer Werner Fassbinder ein subtiles, hell-sichtiges und -lichtiges Leinwandkunstwerk geschaffen, 1974, ein Wunder von einem Film, mit Hanna Schygulla als briefbewahrende Effi. Inhaltlich nicht minder delikat-brisant (schon im Titel vernehmlich) sind die „Gefährlichen Liebschaften" des Choderlos de Laclos; Stephen Frears' puderstäubende Verfilmung trägt die Frivolität des Ancien régime gehörig dick auf, mehlweiß, mit Sinn für die Mechanik des teuflischen Spiels – als der Vicomte de Valmont weisungsgemäß die Braut eines andern verführt hat, meldet er seiner Geliebten diesen Triumph in einem Brief, welchen er auf dem nackten Popo der soeben Bezwungenen abfaßt ...

Wie anders Peter Handkes „Kurzer Brief zum langen Abschied", von Herbert Vesely spröd und stilistisch uneinheitlich auf die Leinwand gebracht (1977)! Da sehn wir den gestreßten ehemüden Literaten H. auf Kreuz-und-quer-Fahrt durch die USA, wohin die verhaßte Ehefrau ihm alsogleich nachreist. In einem Brief, den der Hotelportier ihm übergibt, teilt sie mit: „Bin in New York. Bitte, such mich nicht, es wäre nicht schön, mich zu finden." Das Unschöne passiert – dabei hätte eine Postkarte ihn warnen sollen, die ihm von vorn gestanzte Grüße entbot und auf der Rückseite, knallbumm, die phallische Nahsicht eines Revolvers ... Daß der Gattenmord unterbleibt, ist indes das Allerunschönste an diesem Film. So wie er gebaut war, hat man ihm herzlos ein rasches Verröcheln gegönnt.

Filme, in denen aufgedeckt, überführt, verleumdet oder bilanzsuizidal ein „Abgang" angezeigt werden muß, sind auf Briefliches besonders angewiesen – ja, das versteht sich. Insofern passen Post und Spannungsfilm glänzend zusammen. Wo ein Papier ist, ist auch eine Wendung: Nichts bringt zuverlässiger „neues Licht" in einen Fall als der hinterlassene Brief, dies Krikelkrakel, welches der Kommissar triumphierend und der Mörder erbleichend gewahrt.

Heinz Rühmann als
„Briefträger Müller"
Film von Gustav Ucicky
Deutschland, 1953
Fotografie

In Rolf Hansens Film „Teufel in Seide" (1955) bringt Lili Palmer als psychopathisch verbiesterte Gattin ihren Liebsten Curd Jürgens bös in Bedrängnis, indem sie Selbstmord begeht und einen Brief hinterläßt, des Inhalts, er sei's gewesen. Sieben Jahre zuvor hatte der Italiener Giorgio Bianchi, erheblich biederer, ähnlich zartem Papier den entgegengesetzten Effekt abgetrotzt: Sein Drogendealer-Melodram (eins der ersten der Nachkriegszeit) zeigt „Sklaven des Lasters" – mit einem Vater, der unwissend den eigenen koksenden Sohn in die Sucht treibt, dies aber gutmacht, indem er den Mordverdacht gegen den Sohn entkräftet durch „Una lettera all' alba"(so der originale Titel des Films), durch einen Brief, aufgefunden bei Tagesanbruch.

Na denn, als Beweismittel sind Briefe unübertrefflich. Und das Gute dabei: meist stellen sie sich jählings ein, wie vom Himmel gefallen. Selbst wenn sie gar nichts beweisen, weil sie erschwindelt, gefälscht, erzwungen, getürkt worden sind, treiben sie eine Filmhandlung unruhestiftend voran. In einem Nachkriegskrimi von Arthur Maria Rabenalt hetzen „Anonyme Briefe" (1949) eine Schauspielschülerin schier in den Tod, zumindest schon aufs Fenstersims – das Filmthema wirkt wie ein Reflex auf das briefeschreibende Denunziationswesen der NS-Zeit, bewußt ins Harmlos-Unpolitische gewendet. Drei Jahre später folgte, vor dem Hintergrund der erstarrten Ost-West-Szenerie, ein Film von G. T. Buchholz, der den Denunziationsstoff passend und aktuell überführte in eine „Komödie gegen die Angst", betitelt „Postlagernd Turteltaube": Fünf Parteien einer Hausgemeinschaft „im Osten" ergreifen, von anonymen Briefen kopfscheu gemacht, das Hasenpanier und setzen sich ab in den Westen – was unnötig war, weil nichts gegen sie vorlag; der Hausobmann wollte bloß ihr „politisches Gewissen" testen ... Bei den Berliner Filmfestspielen 1952 verfolgte das Ausland diesen frühen deutsch-deutsch thematisierten Streifen mit angelegentlichem Interesse.

Wo anonym geschrieben wird, dort läßt Erpressung nicht lang auf sich

Szene aus „Tati's Schützenfest" („Jour de Fête")
Film von und mit Jaques Tati
Frankreich, 1947
Fotografie

warten. Mithin, Erpresserschreiben gehören zu den Lieblings-Plots des Kinos, nichts heizt die Filmatmosphäre rascher und unerträglicher auf. Auch Max Ophüls hat 1949 in seinem Hollywood-Reißer „The Reckless Moment" den Plot genutzt, in einer schwarzseriellen Mischung aus Thriller und Melodram – dem Erpresser widerfährt dabei das Mißgeschick, sich in sein Opfer zu verlieben: und wo, um Himmelswillen, gibt es gemäß dem deutschen Titel „Schweigegeld für Liebesbriefe"? (Auch Ophüls' „Brief einer Unbekannten" setzt auf Klarstellung durch die Post, freilich bitter-entsagsam, erpressungsfern, in der poetischen Verfilmung einer Zweig-Novelle.) Erpressung, Blackmailing, wird immer passieren, in alle Zukunft – daß sie auch elektronisch leichterdings betrieben werden kann, lernt Michael Douglas in Barry Levinsons US-Reißer „Enthüllungen", worin die sexual correctness ziemlich verletzt wird. Selbst in Jane Campions weltabgeschiedenem Buschfilm „Das Piano" durchstört ein Blackmailer die heimliche Hüttenbeziehung.

Motive gibt's immer – es muß ja nicht Geldgier sein, Rachsucht und Sensationslust genügen. In Henri-George Clouzots spannendem Film „Le Corbeau" (1943) versetzt ein Anonymus die Bürger einer französischen Kleinstadt in Angst und Schrecken, rundum wissen die Leute sich angeschwärzt, geschmäht, verleumdet – wer steckt dahinter, wer ist „Der Rabe", dies schwarzgefiederte Wappentier des Denunzianten? Alle kämen in Frage, jeder beargwöhnt jeden – das eben ist die Meisterschaft von Clouzots psychologisch raffiniert verpuzzeltem Film. Auch ehetherapeutisches Interesse kann Schreibmotive stiften, nun keine verdeckten mehr, sondern mutwillig annoncierte: In Joseph L. Mankiewicz' Film „Ein Brief an drei Frauen" (1949) schreibt eine liebesfrohe Lady ihren Freundinnen, sie werde mit einem von deren Gatten demnächst auf- und davongehn – die ängstlichen Bemühungen der drei, ihr Eheleben zu überprüfen und sorglich ins reine zu bringen, sind

Hauptinhalt der lebensklugen Leinwandkomödie, für die Mankiewicz, der Autor und Regisseur, zwei Oscars erhielt.

Prinzipiell sind aber Briefe, als Dokument und Lebenszeugnis, auch für die „Therapeuten" aus politischer Kulisse von Belang: Wirksamer, als sie zu fälschen, ist das Erzwingen scheinbar authentischer Bekundungen, die in Wahrheit souffliert sind. Ebendavon handelt Lana Gogoberidzes georgischer Film „Der Walzer auf der Petchora" (1992): Als sie die Briefe der Mutter wahrheitsgetreu beantworten will, sieht eine Lagerinsassin im schneegrellen Sibirien sich zum Lügen genötigt – ein stalinistischer Offizier will sie zur Frohsinnsbeteuerung zwingen; daß Stalin ein weiser Mann sei, möge sie schreiben, und auch, wie glücklich sie sei. Sie weigert sich. Ihn aber, den Terroroffizier, welcher sich drohnenhaft breitmacht in ihrer Wohnung, wird sein Unrechtsbewußtsein ereilen. Denn zuletzt sieht er selber sich angeschwärzt durch einen Brief, anonym.

Russische Regisseure haben die Dramaturgie der Briefbotschaft, wie's scheint, häufiger genutzt als die Filmemacher anderer Nationen. Das hat nicht zuletzt wohl zu tun mit dem Umstand, daß schwere, anprangerungsträchtige Stoffe entsprechend schicksalsschwanger „überbracht" sein wollen – gut abgelagert entfalten sie die ergreifendste, die pathetischste Wirkung. Als Vermächtnis an die gesamte Menschheit gleichsam adressiert Konstantin Lopuschanskij seinen „Brief eines Toten" (1986), kündend von atomarer Massenvernichtung und Weltuntergang, wabernd in expressiven, symbolstarken Bildern. Kaum minder bildschön, im Inhalt eher unglaubwürdig, ist Michail Kalatosows Filmerzählung vom „Brief, der nie ankam" (1959): Unfrankiert verbrennt die Post im Flammenmeer, im selben, in dem ein Trupp sowjetischer Geologen das Leben aushaucht, vorwärtsgerissen von erkundungstollem Opfermut, verkohlend in lodernder Taiga.

Interessanterweise sind Briefe, die nie ankommen (oft weil sie gar nicht erst abgeschickt werden), im Kino trefflich verwendbar, einschränkungslos. Der deutsche Animationsfilmer Jochen Kuhn schildert im „Brief an die Produzentin" (1985), was einen Filmautor bewegen könnte: ein Star-War-Projekt, aufbereitet leider nicht nach Art der Traumfabrik, sondern nach dem Grundmuster der atomaren Wirklichkeit. „Ich fürchte", schreibt er der lieben Frau Doktor zuletzt, „die Geschichte ist doch nichts fürs Kino." So läßt er den Brief unabgeschickt. Doch der Zuschauer hat ihn „gelesen"...

Wie aber, wenn ein Brief total mysteriös bleibt, von keinem gesichtet, als sei er ein blankes Phantomdokument? Dann müssen wohl Agenten her, sowjetische hie, amerikanische da – denn wir sind hineingelockt in eine Spionagestory, pfiffig-kompliziert erzählt vom Regiestar John Huston unter dem Titel ,,The Kremlin Letter" („Brief an den Kreml", 1970). Andrerseits: existieren denn nicht auch Briefe, die nimmermehr ans Ziel gelangen, weil der Empfänger viel zu bedeutend ist und der Absender viel zu klein, ein Wicht aus weltgeschichtlicher Perspektive? Auch davon erzählt, bisweilen, das heutige Kino. In Chris Bernhards britischer Komödie „Brief an Breschnew" (1985) folgt ein Liverpooler Girl seinem russischen „Sealord", den es in einer Disco kennengelernt hat, bis nach Moskau – zwar kommt der Brief des Mädchens ans Ziel, doch dieses selber... Man ahnt: es wird wohl Schwierigkeiten geben.

Briefe, lehrt Bernhards Kultfilm aus jener Zeit, als der Eiserne Vorhang schon heftig zu rosten anfing, Briefe können wohl Türöffner sein – doch Herzensbrecher sind sie erst recht! So bewaffnen sich die Kinohelden (von

Massimo Troisi (als Postmann) und Philippe Noiret (als der chilenische Dichter Pablo Neruda) in „Der Postmann"
Film von Michael Radford
Italien, 1995
Fotografie

Polanskis „Dracula" bis zu Jarmuschs „Dead Man") nicht bloß mit Referenzpapieren, mit Empfehlungsschreiben, nein, sie hoffen überdies auch auf den großen Bluff: auf die Täuschungskunst der edlen gepachteten Briefstellerei, des erschlichenen Wohllauts, des erborgten Ghostwriterwitzes. Unzweifelhaft am weitesten in dieser literarischen Bravourkunst bringt es der Gascogner „Cyrano de Bergerac", jener großnasige Raufbold und Alexandriner-Poet, dessen Romanexistenz (gezeugt von Edmond Rostand) des öftern verfilmt worden ist, von Abel Gance wie, letztmals, von Jean-Paul Rappeneau (1990). Den superben Versedrechsler und -deklamierer gibt uns, wuchtig und gleichermaßen jokos wie herzergreifend, Gérard Depardieu. Ein Rhetor des feurigen Schmachtbriefs, wahrlich, von Gnaden.

Und noch so einen noblen Briefghostwriter kennt das moderne Kino, das ist der chilenische Dichter Pablo Neruda höchstselbst, gespielt von Philippe Noiret in Michael Radfords feinem, rührend-amüsanten Film „Der Postmann" (1995). Diesen Inselbriefträger, der ihm per Fahrrad die Fanpost zufährt, soll der Poet erotisch-wörterbastelnd unterstützen beim Werben um eine gewisse Dorftrulla, um Beatrice. Ach, und weil der Postmann niemand anders ist als Massimo Troisi (hier in seiner letzten grandiosen Rolle), wird draus ein Kabinettstück plump-einfühlsamer Kommunikationskultur: Dieser Dichter, gesteht der Postmann am End, habe ihn Großes gelehrt – vor allem: „die Zunge nicht nur zum Markenkleben zu benutzen". Jawohl, „man muß erhaben sein" – das wußte schon Kollege Cyrano ...

So drängt der Film hoch hinaus, geradenwegs in die Reiche der Literatur, denen auch Filmfeuilleton, Filmessay, poetische Filmerzählung sich zurechnen möchten. Briefe stehen da häufig im Zentrum. Die filmische Reflexion wird leichter, freier, übt sie die Attitüde des privaten Mitteilens – Chris Markers „Brief aus Sibirien" (1958) versammelt scheinbar zufällig, was dem Autor zwischen Ob und Lena widerfuhr, ein Bilderbrief, dokumentarisch, trotzdem höchst subjektiv. Und die Belgierin Chantal Akerman prüft ihre ureigene New York-Erfahrung absichtsvoll an Episteln, „News From Home" (1976), übern Großen Teich herüberdringend als elternhäusliche Post, als Off-Text einer besorgten, europabewußten Mama.

Muß es wundern, daß auch ein Filmemacher wie Jean-Luc Godard (dessen Zwischentitel-Manie noch heute dem Buchstaben huldigt, als sei Filmen nichts andres als Briefeschreiben mit cinéastischen Mitteln) sein Porträt der Stadt Lausanne als Kurz-„Brief" unter das Kinovolk brachte? Das Opus war gewidmet einem farb- und formberauschten Schweizer City-Künstler, Titel: „Lettre à Freddy Buache" (1981). Fünf Jahre später regte dies den Gleichfallskünstler Jean-Patrick Lebel zu einem Fernsehspiel an, einem Dokumentarfilm, Titel: „Offener Brief an Jean-Luc Godard". So offen könnte es noch lange weitergehn – aber strengere Filmästheten, etwa Jean-Marie Straub und Danièle Huillet, bäten denn doch, den Kanon geschlossen zu halten; ihr eigener Dokumentarfilm „Zu früh / zu spät" (1980) kombiniert Brieftext von Friedrich Engels mit Bildern einer kargen, winddurchpfiffenen Landschaft. Das hat Form, harsch, aber klar. Auch eine Kleistfreundin wie Helma Sanders-Brahms, die aus des Dichters Briefen und verstreuten Dokumenten ein „Heinrich"-Porträt (1977) zusammensetzte, um nicht zu sagen: imaginierte auf ihre wildbehutsame Art, mag's lieber rauher. Brief im Film, das sollte nicht Gefasel werden.

Gewiß, die Zeiten der Postillion-Schnulzen, der Stagecoach-Western, der Petersburger Postmeisterdramen sowie der Schwarzwälder Kutschierkomödien mit Zustellflegeln und busig uniformierten Christeln, die sind vorbei, auch im Kino – genau wie Sexklamotten vom Schlag „Wer einmal in das Posthorn stößt" (1973), genau wie, leider, leider, „Tatis Schützenfest" (1947, in kolorierter Fassung 1963). Immerhin sehen wir Tati, den Staks, im rasenden radelnden Wettstreit mit amerikanischer Briefzustell-Automation liebend gern strampeln – ein Klassiker der filmgewordnen Postgeschichte, skurril und betörend, man möge ihn wiederholen, egal auf welchem Kanal, wir werden folgen. „Mister Bean", sein angelsächsisches Pendant, liegt uns mit seiner Tour der plumpen Briefmarken-Erschleichung (Rumpf in der Brieftonne, Augen auf Höhe des Einwurfschlitzes) nicht halb so dringlich am Herzen.

Und die Zukunft – ? Die wird zwar nicht brieffrei sein, auch nicht im Film, aber weniger blätterraschelnd wird sie wohl werden: Dany Levis Berlinale-Beitrag 1996, die „Stille Nacht", war bei aller triolischen Mitteilungslust schon kein Brieffilm mehr, sondern ein Handyfilm, reines Telekomkino. Der Brief der Zukunft wird Voice Mail heißen oder auch e-Mail, was seine Verwendung im Film schwerlich verbessert. Zuletzt nutzen wir Filmisches selber als Briefkastenfracht, als digitalisierte Bilderpost – die Vorform, daß man einander Filme sendet für den intimen Recorder, ist längst auch im Kinospiel angelangt, bei Wim Wenders zum Beispiel, auch in Alain Tanners „Weißer Stadt". Kassette oder Kuvert, es kommt aufs gleiche. Und ob uns ein Brief geschrieben oder gefilmt wird, macht im Internet kaum einen Unterschied. Allenfalls wechseln die Bytes. Im Online-Orkus verschwinden sie beide.

So fallen Brief und Film zunehmend in eins. Was endlich übrigbleibt, Brief oder Film, wird eine Frage der Definition sein.

Schwierige Postzustellung
über Trümmer
Frankfurt, 1945
Fotografie

# Post-Moderne

# Aller Anfang ist sortieren

## Zur Geschichte der Briefverteilanlage

Rosemarie Wesp

*Die Moderne verbirgt sich in den Innenhöfen, in Gestalt der Straßenbahn- und Autodepots und noch spektakulärer, in der Sortierhalle.*
Wolfgang Pehnt (1990)[1]

*Mechanisierte Ämter, wie sie im Postdienst der Groß- und Weltstadtverkehr, wie auch der Umschlagverkehr [...] erfordert, bestehen aus einer riesigen fördertechnischen Apparatur.*
Walter Schmidt (1948)[2]

*Die Deutsche Bundespost verwendet schon seit Jahren Maschinen zur Beschleunigung von Arbeitsabläufen. Doch das lawinenartig wachsende Postaufkommen, insbesondere die stetig steigende Briefflut gestatten keine Atempause. Sie zwingen die Post zum Einsatz immer leistungsfähigerer, automatisch arbeitender Anlagen, die nicht nur mehr vereinzelte Routineaufgaben, sondern [...] ganz mehrgliedrige Arbeitsabläufe weitgehend ohne menschliches Zutun übernehmen können.*
Presseerklärung der Firma Standard Elektrik Lorenz AG (1966)[3]

### Rationelle Betriebsführung und Mechanisierung

Was die Begründer der „wissenschaftlichen Betriebsführung", Frederick Winslow Taylor und Frank B. Gilbreth, in den USA eingeführt hatten, nämlich die Zerlegung der Arbeitsvorgänge in sich ständig wiederholende Einzelphasen bei kontinuierlichem Ablauf, eroberte im zweiten und dritten Jahrzehnt des 20. Jahrhunderts auch die Industrieanlagen Europas, vor allem die Automobilfabriken wie Fiat oder Citroën. Entsprechend dem Beispiel der Fließbandherstellung in den Produktionsstätten war es nur konsequent, Verteilzentren wie die großen Zustellämter der Post als Einrichtung zur Beförderung von Sendungen in schneller Folge oder fließendem Strom zu definieren. So beginnt die Reichspost nicht nur damit, die Arbeitsabläufe zu vereinfachen, sondern auch, sich die ihr jeweils zugängliche Technik, mit dem Ziel menschliche Arbeit durch maschinelle Einrichtungen zu ersetzen, nutzbar zu machen. Beispiele dafür sind die Einführung von Registrierkassen an den Postschaltern großer Ämter im Jahre 1920 sowie die Ausstattung der Schalter mit Numerierstempeln im Jahre 1928. Bereits 1898 werden aus Amerika importierte Briefstempelmaschinen eingesetzt, die 1925 durch die Standard-Briefstempelmaschine der Firma Klüsendorf aus Berlin mit einer Leistungsfähigkeit von 600–800 Sendungen pro Minute abgelöst werden. Schon um 1900 werden größere Postämter mit Rohrpostanlagen ausgestattet. Parallel zum Einsatz von Maschinen werden Arbeitsabläufe mit dem Ziel der Beschleunigung vereinfacht. Die rasche Zunahme des Briefverkehrs noch vor

1 Wolfgang Pehnt: Ein Pantheon für Postpakete. In: Robert Vorhoelzer – ein Architektenleben. Katalog, hrsg. v. Florian Eicher u.a. München 1990, S. 188.
2 Walter Schmidt: Amtsbauten. Ravensburg 1948, S. 133.
3 Presseerklärung anläßlich des Probebetriebes der Briefverteilanlage der Firma SEL in Wiesbaden am 9. Dezember 1966 mit der Überschrift: Automat verteilt stündlich 21 600 Briefe.

Die erste vollautomatische, elektronisch gesteuerte Briefverteilanlage der Deutschen Bundespost wurde am 31. Mai 1965 in Pforzheim in Betrieb genommen
Pforzheim,1965
Fotografie

der Jahrhundertwende macht eine stärkere Zentralisierung notwendig. So werden im Jahre 1900 die zentralen Briefabgangsstellen und im Briefeingang das Verfahren der ABC-Verteilung in drei Verteilgängen eingeführt.

Ein zweiter Rationalisierungsschub setzt zu Beginn der zwanziger Jahre ein. Von 1922 bis 1925 werden daher Postversuchsabteilungen bei einigen großen Oberpostdirektionen eingerichtet. Sie haben die Aufgabe, die Arbeitsabläufe auf Mechanisierungsmöglichkeiten zu untersuchen. Mit Erfolg, denn neben den in der Zwischenzeit bewährten Briefmarkenautomaten, Briefstempelmaschinen und Freistemplern werden Förderanlagen verschiedener Art, wie Seilposten, Briefförderer, Aufzüge, Roll- und Kettenbahnen, Rutschen und Förderbänder eingeführt und die großen Paketumschlagstellen und Paketzustellämter mit weitläufigen Fördergurtanlagen ausgestattet. Neben der Mechanisierung des Postbetriebes wird auch der Transportbereich ständig modernisiert. Für den Ferntransport ist frühzeitig die Beförderung mit der Eisenbahn dominierend. Verladebahnhöfe mit Postgleisen und Postbahnsteigen werden gebaut. Posteigene Dampf- und Elektrolokomotiven werden im Verladebereich ebenso verwendet wie eigene Bahnpostwagen im Transportsektor. Die Reichspost bedient sich stets der modernstenVerkehrsmittel, seien es Schnelldampfer und Flugzeug für weite Entfernungen oder Kraftwagen für die Zustellung in der Stadt und für Landversorgung. Das heute aus Gründen des Umweltschutzes propagierte Elektrofahrzeug wird in Großstädten bereits während des Ersten Weltkrieges im Paketdienst benutzt.

Blick zurück

1865 unternahm Werner Siemens seine grundlegenden Versuche, „durch Röhren vermittelst pneumatischen Druckes Briefe und Depeschen in größerem Maßstab und mit Nutzen zu befördern".[4] Bald darauf eröffnete die deutsche Postverwaltung in Berlin ihre erste pneumatische ‚Depeschen-Beförderungslinie' (die sogenannte Rohrpost) und leitete damit die Mechanisierung des Postdienstes ein. Die ersten Anregungen für mechanisierte Briefverteilanlagen kamen aus den USA. Es handelte sich um Briefmaschinen, die nach Patenten von William Barry und Molyneaux in einigen nordamerikanischen städtischen Postämtern errichtet, aber nur kurze Zeit in Betrieb waren. Sie arbeiteten bereits mit Zubringern, Tastatur und Entladewagen.

1923 wurde im Postamt in Washington eine Briefverteilmaschine des Herstellers Mechanical Efficiency Company aus Akron (Ohio) eingeführt, bekannt unter dem Namen ‚Gehring-Maschine': „Sie besteht aus einem etwa 20 Fuß langen, 4 Fuß breiten und 4 Fuß hohen Kasten, der auf der einen Seite eine Tastenvorrichtung trägt, etwa wie eine Setzmaschine. Davor sitzt der Verteiler, in dessen Blickfeld die Briefe auf einer Gleitbahn nacheinander selbsttätig geschoben werden. Der Verteiler drückt auf eine bestimmte Taste, der Brief wird durch einen Greifer erfaßt, verschwindet in dem Kasten und landet in einem der 120 Fächer (sog. Taubenfluglöcher), die sich auf der Rückseite des Kastens befinden und mit dem Namen von Städten und Staaten bezeichnet sind. Ein besonderer Beamter wacht darüber, daß die Briefe in das richtige Fach gelangen."[5] Die Maschinen haben sich allerdings nicht bewährt und wurden nur kurze Zeit benutzt. Auch in Deutschland wurde das erste Briefverteilgestell der Firma Mix & Genest, Berlin, im Jahre 1926 in Berlin nur versuchsweise betrieben. Es arbeitete mit pultförmig angeordneten Fächern und periodisch beschickten Sammelbändern.

1926 besaß das Postamt Augsburg die erste Briefkasten-Leerungsanlage. Von den Briefeinwürfen an der Straßenfront und in der Schalterhalle führten schräge Fallschächte zu Flachförderbändern im Keller, die das Postgut unmittelbar zu den Verteilplätzen transportierten. 1929 stand im Postamt Berlin NW 7 das erste Briefverteilwerk mit Flach-Förderbändern. Es erstreckte sich über zwei Geschosse, die Briefe gelangten auf mehreren Verteilgängen bis zur Versackstelle. Ende 1927 wurde in den Niederlanden eine Maschine entwickelt, mit der man erstmals versuchte, Briefe zu bearbeiten. Die ‚Transorma' (Transportieren, Sortieren und die Anfangsbuchstaben der Erfinder Marchand und Andrissen) funktionierte in der Weise, daß den Codierkräften, den sogenannten Transormisten, in Wägelchen Briefe zur Verteilung zugeführt wurden. Während die rechte Hand nacheinander dem Wägelchen Briefe entnahm, tippte die linke Hand die auswendig gelernte Zielinformation ein, es war in der Regel eine mehrstellige Ziffernfolge. Der Brief wurde dann in einen Schlitz geworfen und, mechanisch gesteuert, in sein Bestimmungsfach gelenkt. Bei dieser Art des Codierens waren hohe Gedächtnisleistungen erforderlich. Die Transorma wurde von 1942 bis 1944 in Berlin Steglitz und Mönchengladbach verwendet. Die Maschine war mit

4 Die erste vollautomatische Briefverteilanlage in einem Postamt der deutschen Bundespost. Hrsg. v. Siemens und Halske AG. Pforzheim 1960, S. 7.
5 Handwörterbuch des Postwesens. Hrsg. v. Wilhelm Küssgen. Berlin 1927, S. 159.

Vollmechanisierte Briefabfertigung im Postamt Berlin N4
1936
Fotografie

fünf Personen besetzt und erreichte pro Codierkraft einen stündlichen Durchsatz von 3 000 Sendungen.

1934 entstand im Postamt Berlin SW 11 das größte Briefverteilwerk der damaligen Zeit mit Flach-Förderbändern. Für die Fernpost hatte das Verteilwerk 80 Arbeitsplätze und 40 Arbeitsplätze für Drucksachen; jeder Arbeitsplatz konnte nach 52 Richtungen verteilen. Für die Ortspost waren 36 Arbeitsplätze für 44 Richtungen eingerichtet. Für Langbriefe waren 20 Arbeitsplätze für 30 Richtungen mit umschwenkbarer Fachbezeichnung für wechselnden Sortierbetrieb vorhanden. 1939 bekam das Postamt Köln die erste Briefverteilanlage mit Hochkantförderung. Die Briefe wurden auf dem fördernden Band stehend von parallellaufenden Blechwangen geführt. Dieses Verteilwerk war richtungweisend für die in den fünfziger Jahren gebauten Hochkant-Briefverteilwerke.

In der Aufbauphase der fünfziger Jahre erhielt die technische Entwicklung der Post weitere entscheidende Impulse. Der allgemeine Wirtschaftsaufschwung führte zu einer ständigen Zunahme des Briefaufkommens. Dies und die Forderungen der Wirtschaft nach einer Beschleunigung des Informations- und Warenaustausches zwangen zu rationelleren, am Massenverkehr orientierten Betriebsverfahren. Anfang 1950 begannen einige große Postverwaltungen zusammen mit der Industrie automatische Briefverteilanlagen zu entwickeln. Es wurden von der Deutschen Bundespost die Firmen Siemens & Halske, Telefunken (später AEG-Telefunken) und Standard Elektrik Lorenz AG (SEL) an der Entwicklung beteiligt. Das Posttechnische Zentralamt (PTZ) in Darmstadt koordinierte die Entwicklung und unterstützte die Bemühungen der Unternehmen. In Laborversuchen wurden die Maschinen im PTZ und bei einigen Erprobungsämtern getestet. Ein Briefverteilwerk nach dem Hochkantförderprinzip wurde 1953 auf der Verkehrsausstellung in München vorgeführt. Das Postamt Dortmund erhielt als erstes Postamt der

Deutschen Bundespost im Herbst 1954 diese neuentwickelte Anlage. Mit ihr wurden durchschnittlich 575 000 Sendungen pro Tag in 100 Richtungen verteilt. Seit 1954 setzte die DBP halbmechanisierte Briefverteilanlagen in Dortmund, Freiburg und Frankfurt am Main ein.

Ebenfalls in den fünfziger Jahren kam es zum Bau von Sortier- beziehungsweise Verteilwerken, die eine Kopie der Verteilspinde darstellten. Die Maschine sollte das mehrstufige Verteilen durch wenige Verteilgänge ersetzen. Das mechanische Briefsortierwerk in Dortmund überbrückte im Prinzip Transportwege zwischen verschiedenen Arbeitsplätzen auf originelle Weise: „Beim Dortmunder Verteilwerk steckten die Verteilkräfte [...] die Briefe in die entsprechenden Schlitze. Hochkantrinnen nahmen die Sendungen auf, wobei eine Rinne gleichzeitig alle entsprechenden Einwurfschlitze der 18 Verteilplätze miteinander verband, und förderten die Briefe zu einer zweiten, tiefer gelegenen Arbeitsebene. Hier gelangten die Sendungen an eine von 50 Endstellen, an denen sie abgestempelt wurden. An herkömmlichen Spinden wurde, soweit noch erforderlich, eine nochmalige feinere Verteilung durchgeführt."[6]

1955 wurde die Arbeitsgruppe „Automatisierung des Briefdienstes" beim posttechnischen Zentralamt in Darmstadt eingerichtet, mit dem Auftrag, die Notwendigkeit einer vereinfachten Code-Adresse für maschinelles Lesen, die Normung der Kurzbriefformate sowie erste Entwürfe für die Entwicklung eines Postleitzahlensystems zu untersuchen. Ebenfalls 1955 wurde ein Entwicklungs- und Lieferungsvertrag mit der Firma AEG-Telefunken über eine Verteilmaschine mit Codierplatz und Zwischenstapler sowie eine Formattrenn- und Aufstellmaschine erteilt. 1958 wurde die erste Formattrenn- und Aufstellanlage der Firma SEL im Postamt Berlin 11 als Versuchsanlage in Betrieb genommen. Parallel zu diesen Entwicklungen wurden im Postbeförderungsdienst die Betriebsabläufe zur Verringerung der Zahl der Verteilgänge neu geordnet und gleichzeitig die Briefabgangsstellen entscheidend reduziert. 1958 besaß Frankfurt eine moderne Kastenförderanlage. Sie verband zwei Gebäudeteile und drei Geschosse und beförderte Kurzbriefe nach der Stadtsortierung von einem Sammelplatz zu den weiteren Sortierplätzen, ferner Grobsendungen, Langbriefe und Zeitungen vom ersten Sortiergang zur Weitersortierung sowie die Leerkästen über Speicherstrecken zurück zu den Absendestellen. Die Kästen suchten sich entsprechend dem eingestellten Ziel selbst ihren Weg.

In der ab 1960 beginnenden Konsolidierungsphase konnte die Infrastruktur des Postwesens zwar stabilisiert werden, aber die steigenden Personalkosten lösten im personalintensiven Postwesen einen starken Rationalisierungsdruck aus. Entschiedener als bisher waren die Bemühungen, Betriebsabläufe wirtschaftlicher zu gestalten und neue Rationalisierungsfelder zu erschließen. Die Ergebnisse für das gesamte Postwesen waren

6 Theodor Fritz: Maschinen lernen Briefe verteilen. In: AfdP 1/1989, S. 191.

Automatische Briefverteilanlage
beim Postamt Bochum
1967
Fotografie

beachtlich. 1961 begann die Automatisierung des Briefdienstes mit der Vorstellung der ersten Versuchsanlage einer Briefverteilmaschine im Posttechnischen Zentralamt in Darmstadt. Ab 1963 optimierte man die Automatisierung des Briefordnens (Format-Trennen und stempelgerechtes Aufstellen) durch die Einführung der fluoreszierenden Briefmarken, und am 31. Mai 1965 wurde die erste vollautomatische, von der Firma Siemens & Halske entwickelte, Briefverteilanlage in Pforzheim dem Betrieb übergeben.

Diese elektronisch gesteuerte Briefverteilanlage konnte 200 000 Briefsendungen auf die Zielorte und Zustellbezirke der Stadt verteilen. Die automatisierten Verteilvorgänge liefen in drei Phasen ab: Codieren, Vorverteilen, Feinverteilen. Die vollautomatisch gesteuerte Maschine stand am Beginn einer Reihe neuartiger Automaten zur Verteilung des Massenaufkommens von Briefpost. Ihr folgten weitere in Bochum, Wiesbaden, Braunschweig und Osnabrück. Im Juli 1966 erhielt Bochum als zweites Postamt der DBP eine Briefverteilanlage für das Matrix-System. Hier erfolgte an den Codierplätzen durch die Verschlüsselung der in den Adressen angegebenen Postleitzahlen eine Vorbereitung zur Verteilung. Die Verteilmaschinen dieser Anlage hatten Abtasteinrichtungen, die die codierten Sendungen in die dafür vorgesehen Fächer leiteten. Eine zweite Maschinengeneration gab es ab 1978, es kamen Anschriftenlese- und Videocodiermaschinen hinzu. Seit 1988 erprobte die DBP bei vier Briefverteilanlagen eine maschinelle Eingangsverteilung. Die nächste Neuerung war ein integriertes Lese- und Videocodiersystem, eine einzige Maschine für zwei Funktionen.

## PLZ, Fluoreszierung, Codierung

Die Briefpostautomation begann mit den Postleitzahlen, der Standardisierung der Formate und den ‚leuchtenden Briefmarken'. Eine wesentliche Voraus-

Modulare Briefaufstellmaschine
SEL Typ VI
Saarbrücken, 1969
Fotografie

setzung zum Einsatz von Maschinen für die Briefpostbearbeitung in den Postämtern war die Einführung eines Standardformates für Briefpost. Erste Standardformate wurden bereits 1923 in Deutschland eingeführt. Die Briefmarke, einst nur Zeichen für eine entrichtete Beförderungsgebühr, erlangte im Zeitalter der Rationalisierung und Mechanisierung des Briefpostdienstes eine neue Bedeutung und wurde zum Erkennungskriterium für die Briefaufstellmaschinen. Diese dienten dem lesegerechten Aufstellen der Standardbriefsendungen. Außerdem entwerteten sie automatisch die Briefmarken. Die einheitliche Anschriftenlage war für die daran anschließende automatische Bearbeitung die Voraussetzung. Die Briefaufstellmaschinen benutzten für die Lagebestimmung der Postsendungen ein besonders präpariertes Postwertzeichen als Erkennungskriterium. Die ersten Maschinen tasteten den Kontrast zwischen dem Briefumschlag und der Briefmarke ab. Diese Methode hatte wegen der häufigen briefmarkenähnlichen Werbeaufdrucke oder der Aufkleber (zum Beispiel Luftpost, Einschreiben) eine hohe Fehlerrate.

Seit 1961 gab es Versuche mit lumineszierenden (fluoreszierenden oder phosphoreszierenden) Postwertzeichen. Unter ultraviolettem Licht leuchten sie auf und sind dadurch vom Untergrund eindeutig zu unterscheiden. Schon im Frühjahr 1960 emittierte die DBP verschiedene Werte der Dauerserie ‚Heuss' versuchsweise auf fluoreszierendem Papier und verkaufte sie ab 1. August 1960 in einigen Postämtern im Raum Darmstadt, als ‚Heuss-Lumogen'. Sie sollten der Vorbereitung der maschinellen Bearbeitung dienen. Mittels UV-Bestrahlung wurden die so frankierten Sendungen durch die Abtastköpfe der Briefaufstell- und Stempelmaschine in die erforderliche Position zum Aufstellen und Stempeln gebracht.

Eine weitere Aufgabe, die beim automatischen Verteilen von Briefpost zu lösen war, stellte das Lesen der Briefanschrift dar, denn in einer automatisch arbeitenden Verteilanlage müssen die in der Anschrift enthaltenen Ordnungsmerkmale maschinell erfaßt werden können. Bereits 1941 hatte das Reichspostministerium eine Art Postleitzahl eingeführt, die sogenannte Postleitgebietszahl (PLGZ). 1945 wurde sie den Nachkriegsverhältnissen und den neugegliederten Oberpostdirektionen angepaßt. Die Postleitgebietszahl kann als Vorläuferin der heutigen Postleitzahl angesehen werden, entsprach aber nicht den späteren Erfordernissen der Automatisierung.

Am 14. Juli 1961 wurde das neue numerische, vierstellige Postleitzahlsystem der Öffentlichkeit vorgestellt und am 3. November 1961 offiziell eingeführt. Die Akzeptanz der Einführung der Postleitzahl war für die innerbetriebliche automatische Briefbearbeitung unbedingt notwendig; deshalb erfolgte eine intensive Werbekampagne auf Stempeln, Klebevignetten, Aufdrucken auf Zahlkarten, in Fernsprechbüchern und Kursbüchern sowie Plakatwerbung. Der Werbeslogan „Vergiß mein nicht, die Postleitzahl" war in aller Munde. Obwohl in der öffentlichen Diskussion umstritten, waren 1963 bereits 90% der Postsendungen mit Postleitzahlen versehen. Eine noch raschere Durchsetzung erreichte die Einführung der fünfstelligen Postleitzahl, die nach der Wiedervereinigung Deutschlands notwendig wurde. Die „Erfindung" der Postleitzahl und ihre erfolgreiche Einführung waren die wichtigsten Voraussetzungen dafür, daß ab Mitte der siebziger Jahre ein umfassendes Konzept für die Briefautomation erstellt wurde. Bis 1990 waren die Standorte flächendeckend eingerichtet, so daß die Grundidee eines netzartig aufgebauten Systems miteinander korrespondierender Briefverteilanlagen realisiert war.

## postscriptum

Die Einführung der neuen Postleitzahlen am 1. Juli 1963 hatte die logistische Basis für ein neues Konzept geschaffen. Mit dem Projekt „Brief 2000" stellte die Deutsche Post AG die Weichen für eine Neuorientierung bei der Verteilung der Briefpost. Im Mittelpunkt der organisatorischen Rationalisierung und der technischen Optimierung der betrieblichen Abläufe steht der Aufbau von 83 hochautomatisierten Briefzentren zwischen Elmshorn und Kempten, die zum Großteil auf dem Land oder in den Peripherien der Städte neu entstehen; diese Knotenpunkte sollen zukünftig den gesamten Briefverkehr in Deutschland steuern. Was in den Städten Ende des 19. Jahrhunderts begann – die Mechanisierung der Briefpost – , wird Ende des 20. Jahrhunderts auf dem Lande vollendet – das automatische Sortieren und Verteilen der Briefe.

# Die Post im „Spiegel" der 50er Jahre

Klaus Beyrer

„In einer Verfügung regelte das Bundesministerium für Post- und Fernmeldewesen die Anrede für weibliche Beamte. Eine Beamte der Besoldungsgruppe A 3b heißt nun: ‚Postamtmännin'. Abkürzung: Pamn."[1] Das Zitat entstammt nicht etwa einem der regelmäßig erscheinenden Amts- und Gesetzesblätter, in denen ministeriale Regelungen und Verfügungen gewöhnlich publiziert werden, – es ist dem ‚Spiegel' entnommen. In seiner Ausgabe vom 1. April 1953 rückte das Nachrichtenmagazin die Notiz an durchaus exponierter Stelle ein: auf Seite zwei, wo sich allwöchentlich unter der Rubrik „Hohlspiegel" Skurriles und Widersprüchliches die Hand geben. Solche Glossen bildeten den Auftakt des damals 36 Seiten umfassenden Magazins. Für kurz durfte geschmunzelt werden, bevor es zur Sache ging. (Daß der „Hohlspiegel" mittlerweile auf die letzte Seite gerückt ist, tut den einmal initiierten Lesegewohnheiten keinen Abbruch; bestenfalls verleitet es dazu, das Magazin heute von hinten aufzublättern.) In den frühen 50er Jahren fand der „Spiegel-Montag" noch mittwochs statt; der 1. April, an dem Journalisten heutzutage ganze Entenschwärme in Bewegung zu setzen pflegen, ist hingegen zufällig. Nichts läge einer Rubrik, die mit der Ernsthaftigkeit ihr Spiel treibt, ferner als Unernsthaftigkeit.

Der Post räumte der „Hohlspiegel" in den 50er Jahren gewissermaßen einen Stammplatz ein. Ungezählt waren die kleinen Ungereimtheiten des postalischen Gebührenalltags. Hatte der Postbenutzer seine Briefe nach Saarbrücken im Berliner Ostsektor anders zu frankieren als in den Ämtern der Westsektoren (1952), so war dies Kuriosum ebenso eine Notiz wert wie im Fall der Schwarzwald-Postomnibusverbindung zwischen St.Blasien und Urberg, wo die Gebühr für die Beförderung einer Person im Jahre 1960 weit unter den Gebühren für die Beförderung eines Zwei-Kilo-Brotes lag („Urberg hat keine eigene Bäckerei, so daß alles Brot von St.Blasien nach Urberg transportiert werden muß"). Für reichlich Stoff sorgten die besonders findigen Stadtverwaltungen, die ihre Amtspost mit den benachbarten Städten gebündelt dorthin trugen – wie im Falle Rheydts in die Briefkästen von Mönchengladbach warfen (1959) – und daher nur mit einem Ortsporto zu versehen hatten (Gepflogenheiten, die der Deutschen Bundespost natürlich ein Dorn im Auge waren). Erheiternd eine Anekdote in eigener Sache: Als ein Leser die neueste Ausgabe des Magazins auf dem Postweg erhielt, wurde die Zustellung mit einem Strafporto quittiert (1950). Die Rückseite des Blatts zierte eine Zigarettenreklame mit einem Notenblatt-Motiv. Weshalb der zuständige Briefträger zur Ordnung rief: Für den Versand von Notenblättern sah die Post damals eine ungleich höhere Gebühr vor als für den Vertrieb schlichter Druckschriften. Bedenklich stimmen mußte der sorglose Umgang mit der Vergangenheit: Wer ein Postsparbuch anlegen wolle, zitiert der ‚Spiegel' in einer Novemberausgabe des Jahres 1953 eine offizielle Werbebroschüre, habe sich zu legitimieren, und dafür genüge ein „Ausweis der

1 Erst im Jahre 1986 wurde die weibliche Form der Amtsbezeichnung „Amtmann" neu, und zwar fakultativ, geregelt („Amtmännin"/„Amtfrau").

Vier-Zonen-Karte mit Postleitgebieten und zweistelligen Postleitzahlen
1947
Farbdruck

NSDAP oder einer ihrer Gliederungen".

Postalischer Themen nahm sich der ‚Spiegel' seit seinem ersten Jahrgang (1947) an. Wer sich hiervon ein lebensnahes Dokument der Aufbaujahre erhofft, wird allerdings enttäuscht. Zumindest auf den ersten Blick. Weder die Nöte einer ‚Trümmerpost', die wiederaufgebaut sein wollte, noch die komplizierte Struktur der von seiten des alliierten Kontrollrats bestimmten zonalen Postverwaltungen fanden Eingang in die Berichterstattung des Magazins. Worauf sich seine Redakteure vorerst einschworen, war vielmehr das weite Feld der Philatelie. Die „erste große Briefmarkenausstellung nach dem Kriege im Seitenbau des Münchener Nationalmuseums" honoriert der ‚Spiegel' in seiner Ausgabe vom 6. September 1947 gleich mit zwei Seiten. Von unschätzbarem Wert, heißt es da, seien die einzelnen Exponate, über die der Ausstellungsleiter (zufällig heißt er „Michel") mit Argusaugen wacht. Der stellt sich hin und wieder zwischen die „beiden letzten Münchener Postillione", die „in ihrer weißblauen, altväterlichen Tracht" der Schau zum ihr gebührenden Rahmen verhelfen. Im Jahr darauf galt es, von einer spektakulären Auktion zu berichten, bei der in Hamburg Fehldrucke mit sechsstelligen Summen zugeschlagen wurden. Wenig später von einer Freiburger Briefmarkenschau aus rundem Anlaß: „Das hundertjährige Geburtstagskind war die ‚Bayern 1 Kreuzer, schwarz'." Oder, im März 1949, über den Nachlaß König Georgs V. von England – Stoff für eine schöne Zusammenfassung der Geschichte der Mauritius-Marke, dem anläßlich einer Einladung der Gouverneursgattin des Inselstaats im 19. Jahrhundert entstandenen Fehldruck. Und gern und häufig rückte der ‚Spiegel' „Mail-Art-Künstler" (nur hießen sie damals noch nicht so) ins Bild, die eigene Marken entwarfen, um sie neben die vorschriftsmäßige Frankatur zu kleben. Derlei gestempelte Sendungen, so der verstohlene Aufruf, müßten Philatelisten bald „zu ihren Raritäten" zählen können. Freilich – und hier richteten die Redakteure den

Blick nach vorn – erhebe sich auch die Frage, ob das Ganze nicht schon ein wenig „gesetzwidrig" sei. Daß die Hauptverwaltung für das Post- und Fernmeldewesen, wie die Vorläuferin des Bundesministeriums hieß (sie hatte ihren Sitz in Frankfurt am Main), an solchen Spekulationen keinen Anteil nahm, versteht sich. Und dem späteren Bundesministerium für das Post- und Fernmeldewesen sollte, zumindest in diesem Punkt, eine Stellungnahme erspart bleiben. Ob Zufall oder Absicht, sei dahingestellt, doch setzte das Gründungsjahr der Deutschen Bundespost (1950) auch der ‚Spiegel'-Berichterstattung eine gewisse Zäsur. Der Philatelie kehrten die Redakteure jetzt abrupt den Rücken.

Größte Aufmerksamkeit schenkte der ‚Spiegel' seit den frühen 50er Jahren dem Thema der Tariferhöhungen. „Investition über Portokasse" ist ein Artikel vom 9. Juli 1952 betitelt, der sich einer unter Postminister Hans Schuberth geplanten Gebührenerhöhung widmete – im Falle des Briefportos um durchschnittlich 20 Prozent, „so daß ein einfacher Ortsbrief 15 und ein Fernbrief, nach Wegfall der Notopfermarke, 25 Pfennig kosten soll". Während Schuberth die Maßnahme mit einem verminderten Einnahmen-Überschuß begründete, der nicht zuletzt ein für die kommenden Jahre vorgesehenes Investitionsprogramm in Frage stelle, bezog die Wirtschaftslobby gegen seinen Ansatz energisch Front: „Westdeutschlands Kaufleute gingen nach den ersten Ankündigungen Dr. Schuberths sofort in Kampfstellung. Die Notwendigkeit der Investitionsfinanzierung bei der besonders in den ersten DM-Jahren glänzend verdienenden Post über die Portokasse wird vielfach bestritten." So sei es kaum zu vertreten, daß der Monopolist seinen technischen Apparat „auf Kosten der Briefmarkenverbraucher" ausbaue, ohne seine sprunghaft ansteigenden Ausgaben auf dem Sachmittel- und Personalsektor zu hinterfragen. Es sei, zitiert der ‚Spiegel' ein Memorandum des Industrie- und Handelstags, auf Dauer „nicht tragbar, daß die Wirtschaft ihre Büroorganisation immer mehr rationalisiert, während die Post auf den alten Arbeitsmethoden verharrt. Während vor dem Kriege in Westdeutschland rund 200 000 Postbeamte tätig waren, sind heute über 300 000 bei ihr beschäftigt." Sanierung, und zwar auf dem Sektor des „Omnibus-, Linien- und Gelegenheitsverkehrs", lautete denn auch die Devise der Gutachter, deren Memorandum die bündige Empfehlung beschloß, die Post möge „auf die Personenbeförderung verzichten und dieses Feld den freien Transportunternehmern überlassen".

Postzustellung im Winter durch den Landzusteller
Um 1950
Fotografie von Naumann

Wurde die Diskussion um Rationalisierung und Personaleinsparung 1952 noch vor dem Hintergrund beträchtlicher Gewinnzonen geführt, verschlechterte sich die Haushaltslage des Staatsunternehmens binnen kurzem jedoch beträchtlich. 1952 hatte die Post bereits einen Verlust von 51 Millionen Mark und im darauffolgenden Jahr von 192 Millionen Mark zu verbuchen. Die negative Bilanz schreckte nicht nur die Finanzexperten auf, sie veranlaßte auch

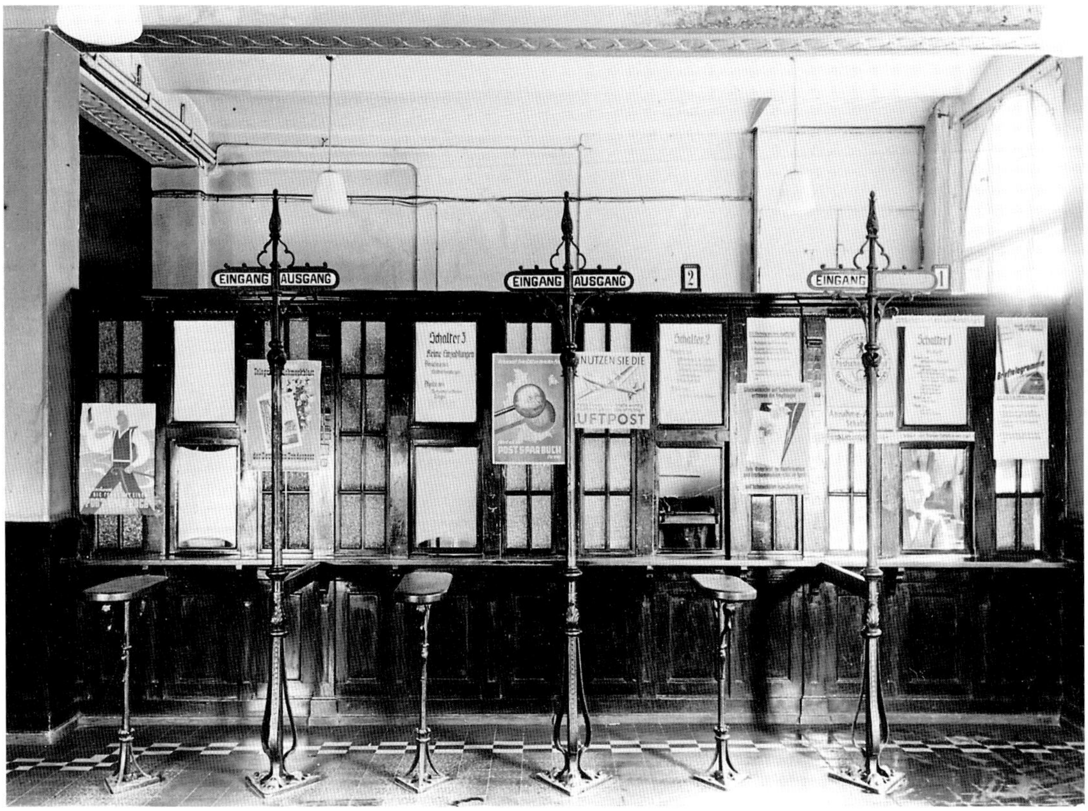


Zweigpostamt Berlin-
Lichterfelde II vor dem Umbau
1952
Fotografie

„Moderne" Schalterhalle des
Postamts Offenbach
1955
Fotografie

Briefträger auf dem Weg zur Zustellung
Frankfurt am Main, um 1950
Fotografie

den ‚Spiegel' mit seiner Ausgabe vom 16. Juni 1954 zu einem ersten Leitartikel. Das Heft schmückte ein dynamisches Portrait des photogenen Siegfried Balke, der Schuberth im Dezember 1953 als Postminister abgelöst hatte. „Verwalten oder wirtschaften?", so die bündige Schlagzeile auf dem Umschlag. Doch ging es gar nicht einmal so sehr darum, in alten Wunden zu stochern. Angesichts der Person des neuen Ministers war die Frageform nur mehr rhetorischer Natur.

Der 50jährige Balke, von Haus aus Chemiker, saß, bevor er nach Bonn wechselte, im Vorstand der Münchener Wacker-Chemie; mit ihm war ein Kaufmann auf das Amt des Bundespostministers berufen worden, das „bis dahin der langjährige Postbeamte Dr. Hans Schuberth bekleidet hatte". Hatte der Verwaltungsfachmann Schuberth die Post (seit der Stunde Null) reorganisiert, war mit der Ernennung Balkes jetzt ein spürbarer Kurswechsel verbunden. „Ich war mir vom ersten Tag an klar", zitiert der ‚Spiegel' den neuen Minister, „daß in zwei oder drei Jahren die Post bei dem Status der Bahn angelangt sein würde, wenn nicht sofort etwas getan wurde (die Post arbeitete nach der Währungsreform im Gegensatz zur Bahn immer mit Überschuß). Als Kaufmann entschloß ich mich zu folgendem Weg: mich mit meinen Kunden zusammenzusetzen und ihnen zu sagen, ihr seid in verschiedenen Sparten bisher zu billig bedient worden. Geld zusetzen kann die Post nicht, vor allem dann nicht, wenn sie nächst der Bundesbahn mit 660 Millionen Mark im Jahr der zweitgrößte Auftraggeber an die Wirtschaft bleiben soll."

Den alten Brauch einer stets pauschalen Gebührenerhöhung hat Balke deshalb vorerst zu den Akten gelegt. Ihm schwebt ein differenziertes Tarifkonzept vor, das nicht bei den Briefen ansetzt, sondern bei den gewöhnlichen Versandarten seiner Großkunden, etwa dem Drucksachenversand und dem Zeitungsvertrieb. Der protestierenden Wirtschaft nimmt Balke von vorn her-

Die langen Wege des Briefträgers
Aus dem Bundespostkalender 1958
Um 1957
Fotografie von Herbert List

ein den Wind aus den Segeln, indem er an seinen Maßnahmenkatalog die Zusage knüpft, Mehreinnahmen unmittelbar konjunkturfördernd zu reinvestieren, etwa durch einen gezielten Ausbau der Telefon-Infrastruktur. Und dem Widerstand jener Branchen, die sich wie die Lotterieeinnehmer hauptsächlich auf den Drucksachenversand verlegt haben, hält der Minister lapidar entgegen: „Als ich noch bei der Wacker-Chemie in München saß, hatte meine Sekretärin die strikte Anweisung, keine Drucksache auf meinen Schreibtisch kommen zu lassen. [...] Ich bin nicht der Ratgeber der Werbung. Aber Brief bleibt Brief."

Lediglich in einem Punkt wird der frische Optimismus des Ministers empfindlich gebremst. Und der betrifft das leidige Thema der Personaleinsparungen. Hierbei habe Balke „angesichts des Widerstandes der Gewerkschaften einiges von dem Schwung verloren", so die ‚Spiegel'-Redakteure, „mit dem er noch bei seinem Amtsantritt diesem Problem zu Leibe rücken wollte". Immerhin sah sein Plan einen „Leistungslohn" vor sowie die Einführung eines Punktsystems, „bei dem denjenigen Postleitern größere Beförderungschancen zugesichert werden sollten, die durch rationelle Arbeitsteilung mit möglichst wenig Personal auskommen".

Notgedrungen sieht der Minister das alles mittlerweile ein wenig anders. Die innerbetriebliche Rationalisierung, argumentiert er, stoße auf Grenzen, wo die „Automatisierung des Menschen" einsetze. Doch läßt sich der ‚Spiegel' mit dieser Erklärung nicht abfinden und setzt mit dem Kritikerspruch nach, „daß ‚niemand, der einen Schalterraum der Post betrete, den Eindruck habe, daß etwa die Automatisierung des Schalterdienstes bereits für die Beamten beängstigende Formen angenommen habe'". Zum Schluß nehmen die Journalisten jedoch selbst diesem Thema seine Schärfe. Den Vorwürfen gegen ihren Personalstand vermag die Post nämlich zu entgegnen, daß sich einer ihrer wichtigsten Vorschläge zur Rationalisierung ihrer Entscheidungs-

Zustellersaal beim Postamt 1
Hannover
1957
Fotografie von H. Wiesner

Postfachanlage beim Postamt 1
Hannover
Um 1960
Fotografie

gewalt entziehe: und damit ist die generelle Einführung von Hausbriefkästen gemeint, die nicht zuletzt dem lästigen Treppensteigen der Briefträger ein Ende setzen soll. Der unbefriedigende Zustand führe ja dazu, „daß fast jeder Brief wie Anno 1520 bei Thurn und Taxis von Hand zu Hand geht". Aber diese Reform, so Balke, könne er nicht allein erzwingen, sie sei zu einem Gutteil auch Sache der Architekten.

Ein Jahr später schienen die Vorschußlorbeeren, mit denen der Leitartikel den Minister bedacht hatte, schon zu einem Gutteil aufgezehrt, kehrte der ‚Spiegel' zu der ihm gewohnten Strenge im Umgang mit den Nachrichten aus dem Postministerium zurück, indem er Balke als „Portoerhöhungs-Minister" titulierte. Austragungsort war diesmal erneut die Rubrik des „Hohlspiegels". Dort heißt es: „Bundespostminister Balke dementierte, daß ein Brief an ‚Professor Theodor Heuss, Bad Godesberg', rückseitig mit dem Vermerk ‚Durch Ausruf im Briefträgersaal nicht zu ermitteln' versehen worden war. Die Anschrift habe vielmehr gelautet: ‚Dr. Theodor Heuss, Bad Godesberg.' Dies geharnischte Dementi stellte der Portoerhöhungs-Minister allen führenden deutschen Zeitungen und Korrespondenten in Telegrammen von über 200 Worten zu."

Rascher als erwartet setzten sich die Hausbriefkästen durch. Da dem Rationalisierungsvorschlag jegliche gesetzliche Handhabe fehlte, half die Post ein wenig nach. Im Mai 1956 startete die Direktion Braunschweig eine konzertierte Aktion, bei der allen Mitwirkenden ein respektabler Zuschuß in Höhe von 10 DM zugesagt wurde. „Der Erfolg", resümiert der ‚Spiegel' im Oktober 1957, „blieb nicht aus. Bis heute sind 90 Prozent der etwa 70 000 Abgabestellen in Braunschweig mit Hausbriefkästen ausgestattet, was die Post den ansehnlichen Betrag von rund 600 000 Mark an Zuschüssen kostete." Das Geld, so die Postverantwortlichen, sei aber gut angelegt. Während in naher Zukunft in den großen Postämtern die Elektronik Einzug halten werde, um die

Motorroller-Eskorte des FA 1 Berlin zur Fernsehveranstaltung des ZDF „Vergißmeinnicht - Aktion Sorgenkind"
Berlin, Mai 1965
Fotografie

Werbeprospekt, um 1956

Sortierung des mit „Postleitzahlen neuer Art" versehenen Briefguts zu steuern, ließen sich gerade im Zustelldienst die „Menschen nicht durch Automaten ersetzen". In der Tat verbleibe er als ein Relikt vergangener Tage.

Neben der Umstellung der manuellen Briefsortierung auf ein maschinenlesbares automatisches Verteilungssystem war es die Einführung der vierstelligen Postleitzahl, mit der die Bundespost Aufbau- und 50er Jahre hinter sich lassen sollte. Im Juli 1961 verriet der ‚Spiegel' seinen Lesern, was hier auf sie zukommen werde: „Schon Anfang nächsten Jahres soll ein Teil jener Arbeit, die gemeinhin in Postämtern anfällt, von den Briefschreibern selbst bewältigt werden: Sie sollen jedes Kuvert mit Postleitzahlen versehen." Verantwortlich für die „Aktion Paukenschlag" zeichneten Postminister Richard Stücklen und sein Staatssekretär Hans Steinmetz. Auf den gelernten Fernmeldetechniker Stücklen – er stand der Bundespost seit 1957 vor – ließ der ‚Spiegel' nichts kommen. Ihn, den Typus eines populären Ministers („Jeder Jungpostbote trägt den Präsidentenschlüssel in der Tasche"), der wie kein anderer zuvor die Werbetrommel rührte, um seine Reformideen unter die Leute zu bringen, setzte das Magazin, über die politische Berichterstattung hinaus, unter der Rubrik der „Personalien" auch als Mensch gern ins Bild.

# Schiedsrichter dürfen fehlbar sein, Briefträger niemals

Franz Josef Görtz

Ein einziges Mal waren wir stocksauer, ließen drei Tage lang die Post im Kasten und öffneten nicht einmal dem Paketboten die Tür, so heftig und so nachdrücklich er auch klingeln mochte. Das war 1966, nach dem Tor von Wembley.

Vielleicht erinnert man sich: „Hurst trat einen gewaltigen Schuß, und der Ball bohrte sich unter den Querbalken. Der Ansturm war außerordentlich rasch. Ich war so gegen dreißig Meter vom Tor entfernt, konnte aber auch von dort sehen, daß der Ball das Netz berührte, zurückschnellte und von den deutschen Spielern dann zur Ecke getreten wurde." Nein? Schiedsrichter ans Telefon? Er winkt leutselig mit der roten Karte: „Ich wollte noch weitere Beweise über mein Urteil erhalten. Deshalb ging ich zu Bachramow, der dem Tatort näher stand. Bachramow zeigte mit seiner Fahne entschieden auf die Mitte des Spielfeldes. Er hatte ebenfalls den Ball im Tor gesehen."

Was das bedeutete, entnehmen wir einer anno 1986 zum Druck beförderten Geschichte der deutschen Nationalelf: „In diesem Moment hatte die bundesdeutsche Fußballmannschaft das Endspiel der Weltmeisterschaft 1966 an England verloren, verloren durch den Fehler eines selbstherrlichen Paukers aus der Sowjetunion und die Mittäterschaft eines mutlosen Postlers aus der Schweiz." Eines selbstherrlichen Paukers namens Tofik Bachramow und eines mutlosen Postlers namens Gottfried Dienst. Doch reden wir nicht von Lehrern, reden wir von Postlern – von Briefträgern und Paketboten zumal, die wir seit frühester Kindheit zu unseren verläßlichsten Freunden zählen. Wembley hat uns drei Tage lang verstört und drei Wochen lang verunsichert. Schiedsrichter dürfen fehlbar sein, Briefträger nicht. Die Urlaubsgrüße für Kießlings im Briefkasten von Bergsteins? Der Steuerbescheid für Augustins unter der Tür von Zimmermanns? Und Zimmermanns noch zwei Wochen auf Sylt, zusammen mit Bergsteins womöglich? Undenkbar.

Denkbar, daß die Briefträgerin sich um eine Stunde verspätet, wenn Schnee gefallen ist, die Straße nicht geräumt und das Trottoir nicht gestreut. Denkbar auch, daß sie erst den Mühlweg, danach den Hasenpfad und am Ende erst die Bruchwiese bedient, in unserer Straße also zukünftig nicht vor Mittag zu erwarten sein wird, weil ihre Tour um drei Straßen erweitert worden ist. Völlig undenkbar aber, daß sie uns das verschwiegen hätte. Sie weiß, daß wir mit ihr rechnen. Und sie weiß auch, aus unseren Erzählungen, auf welche Art von Post wir warten. Utah, rief sie einen Sommer lang mindestens einmal in der Woche, wenn ein großer gelber Umschlag von den Freunden aus Salt Lake City eingetroffen war. Der Schriftsteller Peter Bichsel hat einen Postboten mit ähnlichen Qualitäten erlebt und ihm ein poetisches Denkmal gesetzt: „Gegen unseren Briefträger konnte man nichts machen," ist es betitelt. Während der Paketbote, der uns in gewissen Momenten täglich Büchersendungen ins Haus schleppt, gern fragt, wann wir das alles lesen. Einmal im Jahr, nach den großen Ferien, schaffen wir eine Wanne voll zurück aufs Postamt: zum Dank für die pflegliche Lagerung von Briefen und Karten, Päckchen und Paketen, Zeitungen und Zeitschriften.

Ein Buch über Haare? Die Briefträgerin schaut ungläubig auf unsere Tintenfinger. Einen Friseur hat sie sich anders vorgestellt. So ergibt ein Wort das andere. Schreiben Sie doch mal über Schuhe, schlägt sie vor. Oder übers Telefon. Obwohl das eigentlich nicht mehr zur Post gehört. Aber ist das ein Thema? Die Post? Nun lacht sie so laut, daß es fast schadenfroh klingt. Das fordert uns heraus. Wir greifen ein gelbes Buch aus dem Regal und versuchen, wie ein Schalterbeamter zu sprechen: „Der Wertsack ist ein Beutel, der aufgrund seiner besonderen Verwendung im Postbeförderungsdienst nicht Wertbeutel, sondern Wertsack genannt wird, da sein Inhalt aus mehreren Wertbeuteln besteht, die in den Wertsack nicht verbeutelt, sondern versackt werden. Das ändert aber nichts an der Tatsache, daß die zur Bezeichnung des Wertsacks verwendete Wertbeutelfahne auch bei einem Wertsack mit Wertbeutelfahne bezeichnet wird und nicht mit Wertsackfahne, Wertbeutelfahne oder Wertbeutelsackfahne." So der Wortlaut eines uralten Merkblatts für Dienstanfänger der Deutschen Bundespost, wie sie sich damals noch nannte, lange vor der Vereinigung der beiden deutschen Republiken einerseits und ebenso lange vor der Trennung der sogenannten gelben Post von der Telekom andererseits, aufgespießt und der Menschheit vor einem Vierteljahrhundert zur Kenntnis gebracht vom Dichter Wolf Wondratschek.

Unsere Briefträgerin nickt. Daß die Dichter über die Post und das Mißverhältnis zwischen deren Leistungen und deren Gebühren wettern, hat eine lange Tradition. „Wie leicht können Briefe auf der Post liegen bleiben, oder sonst verloren gehen; wer wollte da gleich sich ängstigen? Geschrieben habe ich gewiß, wenn Du auch durch Zufall nicht eben sogleich den Brief erhalten solltest. Damit wir aber immer beurteilen können, ob unsere Briefe ihr Ziel erreicht haben, so wollen wir beide uns in jedem Schreiben wechselseitig wiederholen, wie viele Briefe wir schon selbst geschrieben und empfangen haben." So Heinrich von Kleist an Wilhelmine von Zenge am 21. August 1800. Wer Manuskripte verschickt und irgendwann erfährt, daß sie nie angekommen sind; wer auf Druckfahnen, Belegexemplare und Schecks wartet von Tag zu Tag, von Woche zu Woche ungeduldiger wird; wer mit dem Verleger zu sprechen wünscht und dessen Rufnummer im Telefonbuch nicht zu finden vermag; wer ein Fax erhält und sich nicht in der Lage sieht, das Kleingedruckte zu entziffern; wer den Paketboten verpaßt hat und nun selbst zum Postamt laufen muß, um die Lieferung in Empfang zu nehmen – der schimpft auf die Post und macht sie öffentlich zur Schnecke, mit allem Grimm, zu dem die Poesie in der Lage ist. Unsere Briefträgerin nickt abermals. Als sie noch Jungbotin war, hat sie am liebsten Bücher gelesen, in deren Titeln von Briefen und Briefträgern, Postmeistern und Postillionen die Rede war: „Der kurze Brief zum langen Abschied" von Peter Handke beispielsweise und „Zu Lasten der Briefträger" von Alois Brandstetter, Kafkas „Brief an den Vater" natürlich ebenso wie Rilkes „Briefe an einen jungen Dichter" oder Goethes „Briefe aus der Schweiz". Von den Opern und Theaterstücken ganz zu schweigen, in denen immerfort bängliche Blicke gewechselt und verfängliche Briefe verschickt, vertauscht und verlesen werden, damit der Zuschauer geschwind erfährt, was ihm auf andere Weise nicht mitzuteilen wäre.

„Was auch die Gründe im einzelnen sind, die Post kommt immer zu spät, die Post kommt immer a posteriori, Postmeister. Ich habe schon Briefe von Toten bekommen," gibt Alois Brandstetter zu Protokoll. Völlig andere Erfahrungen dagegen hat Ingeborg Bachmann gemacht: „Jedenfalls habe ich das Wundersame des Briefzustellens und Päckchenaustragens schon sehr früh erkannt", schreibt sie. „Sogar eingeschriebene Briefe werden von einem vernünftigen Herrn Sedlacek oder dem jüngeren Herrn Fuchs eingeworfen, damit ich nicht auf das Postamt in der Rasumofskygasse laufen muß, und die Geldanweisungen, die mein Herz sinken oder steigen lassen, werden so früh am Morgen gebracht, daß ich, barfuß und im Schlafrock, für den Geldbriefträger immer zur Unterschrift parat bin." Also, mahnt der Lyriker Reiner Kunze und weiß offenbar Gründe genug: „Niemals beschwere dich über die Post."

So ist auch das Büchlein überschrieben, aus dem Maria, unsere Postbotin, rasch ein paar literarische Trouvaillen vorgetragen hat. Sie verweist auf Bettina von Arnim und Ludwig Börne, Joseph von Eichendorff und Gottfried August Bürger, Karl Kraus, Erich Kästner und Kurt Tucholsky – allesamt glücklich unzufriedene Kunden, eloquentest enttäuschte Liebhaber der gelben Post und deren Vorgänger. Und sagt zum Abschied noch ein Gedicht auf:

*Ein männlicher Briefmark erlebte*
*Was Schönes, bevor er klebte.*
*Er war von einer Prinzessin beleckt.*
*Da war die Liebe in ihm erweckt.*

*Er wollte sie wiederküssen,*
*Da hat er verreisen müssen.*
*So liebte er sie vergebes.*
*Das ist die Tragik des Lebens!*

Joachim Ringelnatz ist der Autor, sagt Maria und hat sich schon auf ihr Fahrrad geschwungen. Wir sind das letzte Haus in der Straße. Von uns aus geht es zurück ins Dorf, zwei Stündchen noch, dann ist die Arbeit der Zustellerin getan. Nachmittags hilft sie manchmal in der Buchhandlung ihrer jüngeren Schwester aus. Und nennt alle Kunden sofort beim Namen. Die

Adressen, falls einmal ein Lexikon bestellt werden muß, ein Kochbuch nicht vorrätig ist, weiß sie auswendig. Vom Kochen versteht sie eine Menge, auch vom Tennis übrigens und vom Bergsteigen. Die Fußballergebnisse dagegen sind ihr völlig gleichgültig, mit Wembley weiß sie nichts anzufangen, von Dienst und Bachramow hat sie nie gehört. Darum reden wir montags über das Wetter, übers Leben oder das Vermischte in der Zeitung vom Tage.

Im vergangenen Jahr, berichtete Maria neulich, sind von den fast 100 000 Postboten in Deutschland annähernd 3 000 von Hunden angegriffen und gebissen worden. Die Kosten für die ärztliche Behandlung und den Arbeitsausfall beliefen sich auf fünfzehn Millionen Mark. Maria zitiert wörtlich aus einem der amtlichen Sendschreiben: „Auch wenn die Hundehalter für den entstandenen Schaden selbst aufkommen müssen – dem gebissenen Briefträger können die Schmerzen und die Angst nicht erstattet werden." Diesmal nicken wir, durchaus verständnisvoll. Vor zwanzig Jahren waren es 700 Zusteller weniger, die mit Bißwunden den Arzt aufsuchen mußten und danach meist für Tage, wenn nicht für Wochen dem Dienst fernblieben, vielleicht sogar die Versetzung in einen anderen Zustellbezirk beantragen, auch dort freilich stets auf der Hut und deutlich schreckhafter als zuvor.

Trinkgelder, sagt Maria, trösten niemanden. Wer sich wie Freiwild verbellen lassen muß, fühlt sich abgrundtief ungeliebt und nirgendwo willkommen. Als es die Geldbriefträger noch gab, mag das anders gewesen sein. Das war die Zeit, wir wollen es nicht verschweigen, in der die Annahme von Trinkgeldern noch ausdrücklich verboten war. In einer Zeitung vom 10. Januar 1959 stand zu lesen, was der Präsident der Oberpostdirektion München der Öffentlichkeit aus gegebenem Anlaß dringlich mitzuteilen wünschte: „Bei uns gibt es keine Trinkgelder. Wenn Briefträger Geldzuwendungen bekommen, dann sehen wir das nicht gern." Gleichzeitig kündigte er ein „scharfes Warnrundschreiben an alle Postämter" an – unter Hinweis darauf, daß mit den hoheitlichen Aufgaben, die ein Postzusteller zu erfüllen habe, ein Bakschisch nie und nimmer zu vereinbaren sei.

Wir stecken Maria oft ein Buch in den Ranzen. Das entsorgt sie im modernen Antiquariat ihrer Schwester, wenn sie es nicht daheim ins Regal stellen will. So tun wir gemeinsam ein gutes Werk und versorgen das Dorf mit Lektüre. Und mit Geschichten. Daß Maria manchmal heftig mit uns plaudert, wenn die Zeit es gestattet, ist den Nachbarinnen nicht verborgen geblieben. Auch daß der Paketbote die Büchersendungen unter dem Briefkasten stapelt, falls wir nicht zu Hause sind, sie aber im Nachmittag wieder mitnimmt, wenn es aussieht, als seien wir verreist, haben wir am Stammtisch erklären müssen. Schwergefallen ist es uns nicht. Wer alle Tage Post bekommt, gilt fast soviel wie der Pfarrer, der Lehrer oder der Apotheker.

Alle Tage Post? In den vergangenen drei oder vier Jahren ist es merklich weniger geworden. Zwei oder drei Eilbriefe im Jahr und ebensoviele Einschreiben – so viele waren es früher in der Woche. Wenn es schnell gehen muß, telefonieren wir. Wenn wir nicht telefonieren, läuft entweder das Fax-Gerät oder der Anrufbeantworter. Und der PC, der uns elektronische Briefe auf den Bildschirm schreibt, Manuskripte übermittelt oder den Stand des Kontos. Mit der Post kommen Bescheide und Rechnungen, Zahlungsaufforderungen und Mahnungen, eine Zeitung am Tag und drei oder vier Zeitschriften in der Woche. Kießlings oder Zimmermanns schicken Postkartengrüße aus Sylt, zwei Versandhäuser lassen ihre Kataloge vom Briefträger austragen, der Kultur- und Sportverein lädt zur Mitgliederversammlung, Bergsteins beehren sich, die Verlobung ihrer Tochter Magdalene anzuzeigen, Püttmanns wollen die Schwiegermutter zu Grabe tragen, und Erna Wildenhoff hat endlich ein Brüderchen, das die Eltern Ernest nennen wollen.

Briefe bringt die Briefträgerin schon lange nicht mehr. Wessen Botin sie eigentlich sei, fragen wir Maria manchmal im Scherz, wenn sie die Drucksachen in den Kasten stopft: in unseren Kasten oder den von Bergsteins, es macht inzwischen wenig Unterschied. Die Aura, ohne Zweifel, droht sich zu verflüchtigen. Um sie günstig zu stimmen, haben wir Maria, solange wir ihren Namen nicht wußten, Hermine genannt – eine artige Verneinung vor der Götterbotin. Natürlich trägt sie Sandalen im Sommer, an den Hundstagen auch schon einmal einen Strohhut mit breiter Krempe wie die Wanderer im alten Griechenland. Die Sensation unaufgeregter Vormittage. Die Botin ist die Botschaft, rufen wir unserem Nachbarn zu, der sich die Gärtnerschürze umgebunden hat, um ein Apfelbäumchen zu pflanzen. Wir wenden uns wieder dem Schreibtisch zu. Für den Abend ziehen wir noch ein Buch aus dem Regal, dessen Titel uns seit einiger Zeit nicht mehr aus dem Kopf will: „Der General hat niemanden, der ihm schreibt." Eine Vorstellung, die uns immer wieder furchtbare Angst einflößt.

# Briefe an den Weihnachtsmann

Dorothea Friedrich

Dem Weihnachtsmann kann man alles anvertrauen. Männer hören sowieso nicht hin. Die größten Ungeheuerlichkeiten wälzt sich das Beichtkind von der Seele und muß nicht mal auch nur einen Rosenkranz zur Strafe beten. Weihnachten ist doch unerhört, denkt das Kind. Es wird gesülzt auf Teufel komm' raus, und wenn er dann da ist, sagen alle erstaunt: Teufel, es ist doch Weihnachten! Das Kind hat nur unverfälschte Bedürfnisse, und die macht es an Weihnachten unmißverständlich klar. Bevorzugt dem einen, den es für den einzig richtigen Adressaten hält. Briefe an den Weihnachtsmann! Kinder aller Nationen vereinen sich. Die deutschen Kinder schließen sich dem weltweiten Trend nur allzu gerne an und verlangen heutzutage ganz selbstverständlich in ihren Briefen, was weltweit längst Standard ist: Gameboys, Computer, Rollerblades, Barbies und Zubehör. Fassungslos sehen ihnen die Eltern, die in den fünfziger und sechziger Jahren eine harte Jugend ganz ohne Weihnachtsmann erleben mußten, über die Schultern, wie sie ihre Episteln verfassen. Das Christkind steht und schweiget. Aber es ist einfach zu oft entlarvt worden. Erwin Strittmatter erzählt von seiner ganz privaten interfamiliären Abschaffung des Christkinds durch die Mutter, nachdem der junge Bursche allzu laut über die frappierende Ähnlichkeit desselben mit der vierzehnjährigen Nachbarstochter hinter einer Gardine nachgedacht hatte.[1] Sic transit gloria ... in excelsis deo! Galt früher den weihnachtlichen Ahnenforschern noch Wotan als der Urvater vom Heiligen Nikolaus,[2] als nahtloser schöner Übergang vom Heidnischen zum Christlichen, so leben heute ganze Kostümverleihe davon, den guten alten Nikolaus in einer Turbo-Reinkarnation als Weihnachtsmann bis zum Fest im Rennen zu lassen. Kosmopolitisch religiös. Oder ist das schon multikulturell? Den Kindern ist das ganz egal. Die wollen ihre Ruhe, dafür aber umso größeres materielles Glück. Kinder, stellt der Historiker Philippe Ariès fest, sind eine der verschworensten konservativen Gesellschaften, die man sich überhaupt vorstellen kann.[3] Wer schon einmal erbitterte Kämpfe um den Erhalt des Weihnachtsbaumes in einer ansonsten eher gottverlassenen Familienzone miterlebt hat, kann nicht umhin, Ariès' analytische Schärfe einmal mehr zu bewundern.

„Die erste Wohltat, die erste Klarheit, die ein Brief vermittelt, wird dem Schreibenden zuteil; er erfährt als erster, was er sagen will."[4] Und so ist es für manches Kind eine echte Überraschung, sich am Ende des Briefes plötzlich gar nichts mehr zu wünschen. Macht auch nichts! Wenn es in diesem Jahr nicht geklappt hat, dann eben nächstes Jahr. Im vorigen Jahr wurde ja auch nichts draus. Das Prinzip Hoffnung. Das Prinzip Verständnis. Manchmal dreht es einem den Magen um bei der Lektüre der beiden Briefbände, die italienische Journalistinnen herausgegeben haben.[5] Soviel kindliches Zartgefühl für eine so abscheuliche Welt. Demütig fühlt sich Fabio in die elterlichen guten Wünsche ein, die er auf einen Zettel gekritzelt als einziges Geschenk unter immer demselben schiefen Baum findet. Ein paar passende Schuhe –

1 Erwin Strittmatter: Der Weihnachtsmann in der Lumpenkiste. In: Der leuchtende Baum. Weihnachtsgeschichten aus aller Welt. Wiesbaden 1982, S. 11–14.
2 Karl Knortz: Streifzüge auf dem Gebiet amerikanischer Volkskunde. Leipzig 1902, S. 175.
3 Philippe Ariès: Geschichte der Kindheit. München 1975 (frz. OA 1960), zitiert nach Taschenbuchausgabe 11. Auflage 1994, S. 133.
4 Pedro Salinas: Verteidigung des Briefes. Ein Essay. Stuttgart 1983 (span. OA 1954), S. 24.
5 Federica Lamberti Zanardi und Brunella Schisa (Hrsg.): Lieber Weihnachtsmann ... bitte nicht wie letztes Jahr! Hundert Briefe italienischer Kinder. Zürich 1991 (ital. OA 1991). Dieselben: Weihnachtsmann, mach du das mal! Neue Briefe italienischer Kinder. Zürich 1995 (ital. OA 1992).

und nicht die zwei Nummern zu kleinen vom Cousin – wären für ihn schon der Gipfel des Glücks. „Mandarinen sind Beschiß", stellt dagegen Antonio kategorisch fest. Ausgerechnet am Fest der Liebe ergibt sich für alle Bambini die verhaßte Notwendigkeit, über materielle Fragen nachzudenken. Nur arme Kinder kriegen was vom Weihnachtsmann, beklagt sich ein Sohn reicher Eltern, er bekomme wie immer alles nur von Mama und Papa. Wenn der Zauber fehlt! Die Gegenseite sieht das ganz anders: Marcello aus Rom beschwert sich über die großzügigen himmlischen Geschenke an Wohlhabende, während er „armes Kind" sich mit „Mistdingern" für zwei Lire habe begnügen müssen.

Was wünschte sich die Mutter zu Weihnachten, glaubte sie noch an jenes höhere Wesen, das wir verehren? Aber es gibt kein Zurück. Denn jede Mutter weiß: Sie ist der Weihnachtsmann. Sie darf sich nur nicht erwischen lassen. Doch alles muß wie von selbst eintreffen: Essen, Ordnung, Sauberkeit. An Weihnachten flinker denn je. Kinder sehen das nicht. Sie sehen das Wesentliche. „Für Mama einen Zauberstab, damit sie wieder lacht." Väter fallen erst dann richtig auf, wenn sie verschwunden sind. Filomenas Vater schlief immer vor dem Fernseher ein. „Mama hat den Fernseher ausgemacht, Papa rausgeschickt und gesagt, dies ist eine zerstörte Familie." Filomena will ihren Vater trotz seiner Schläfrigkeit wiederhaben, doch klug wendet sie sich nicht an den Weihnachtsmann, sondern an das Christkind. Von einer Vaterfigur wünscht man sich keinen Vater.

Wenn auch zur Weihnachtszeit alles Männliche höchst willkommen ist. Heinrich Böll erzählt vom Kellner, der auf Geheiß eines einsamen reichen Jungen in dessen Hotelzimmer mit Hammer und Meißel eine Kuhle klopft, zum Murmelspielen, in der sich die betrunkene Mutter des Knaben bei ihrer Rückkehr in später Nacht prompt den Fuß bricht. Der Kellner wird entlassen, ist aber trotzdem mit sich so hochzufrieden wie jeder harmoniesüchtige Leser mit dieser frühen Böllschen Geschichte.[6]

Die Heil(ig)e Familie! Sie beschäftigt die Briefschreiber. In Italien sind die Dinge noch komplizierter. Neben dem Weihnachtsmann und dem Christkind sind noch die heilige Lucia und die Befana für Wunscherfüllung zuständig. Wobei Lucia die Kinder eher abschreckt, dank ihrer gräßlichen Leidensgeschichte, in der sie ihre Augen verlor. Was zu offenen Fragen Anlaß gibt: „Hast du einen Blindenhund oder Radar?" Die Befana dagegen wird vor allem der peinlichen Folgen wegen gefürchtet: Sie ist die Hexe vom Dreikönigstag, kommt wie jeder ordentliche Geist des Winters durch den Kamin und bringt den bösen Kindern folgerichtig Kohle, mit der sie die ganze Küche einsaut. Nur die lieben Kinder erhalten Geschenke. Eine geschwärzte Küche – welche Schande! Mit einer solchen Furie, Madonna und Miststück in einem, kann nur der Weihnachtsmann fertig werden. So ist es ganz natürlich, daß viele italienische Kinder Befana und den Weihnachtsmann für ein altes

6 Heinrich Böll: Monolog eines Kellners. In: Das Weihnachtsbuch. Ausgewählt von Elisabeth Borchers. Frankfurt 1973, S. 64–67.

Ehepaar halten. Und das Christkind? Das gehört irgendwie doch ziemlich eindeutig zu Maria, und so ist die Dreikönigshexe vor der Mutterrolle gefeit.

Verflucht realistisch sind die Kinder von heute. Sie fragen nach den finanziellen Möglichkeiten ihrer überirdischen Briefpartner, kündigen ihrerseits baldige Überweisungen an, betonen die zuverlässige Zahlungsbereitschaft ihrer Eltern und wollen vom Christkind wissen, wie es das denn – bitteschön – schaffe, in Hunderttausenden von Krippen in aller Welt gleichzeitig am Weihnachtsabend geboren zu werden. Ja, wie! Und dann noch ganz ohne Kreditkarte.

Doch es sind nicht immer geldwerte Wünsche, die geäußert werden. Manchmal würde es schon genügen, beseitigte die weihnachtliche Autorität das eine oder andere kleine Baby. „Ein bißchen absichtlich" hat Brando seine kleine Schwester im Kinderwagen abgrundwärts sausen lassen. Wendet er sich nun an das Christkind mit seinen Sorgen und Nöten? Gott bewahre. Das wäre ja ausgesprochen unsensibel, einem Kind in der Krippe die Wut auf ein Kind im Buggy eingestehen zu müssen. „Schöner, schöner Weihnachtsmann!" schmeichelt Brando. „Kannst du als persönliches Geschenk mein Brüderchen Pietro wieder dahin zurückbringen, wo es hergekommen ist, und auch seinen Kackegestank, wir sind wieder normal wie früher und auch an Weihnachten ohne Störung?", versucht ihn auch Costanza zu überreden. Was antwortet das italienische Postministerium, das sich in Rom zentral dieser Aufgabe angenommen hat, wohl auf solche Briefe? Was die deutschen Postämter in Engelskirchen, Himmelpforten und Himmelsthür auch antworten: Ruhe bewahren und viel Spaß beim Geschenkeauspacken! Beim italienischen Postministerium bekommen die gläubigen Kleinen noch eine winzige Gabe mit in den Antwortbrief gepackt: einen Radiergummi, eine Haarschleife, einen Spitzer. „Beschiß!" wird Antonio sagen angesichts dieser doch äußerst nützlichen Dinge, deren penetrantes Wieder- und Wieder- und Wiedererscheinen unter dem Weihnachtsbaum auch das liebenswürdigste Kindergemüt aufs äußerste reizt. Was die Kosten des vorweihnachtlichen Rituals angeht: Das entsprechende Postamt in Japan fordert von den einsendenden Kindern rigoros einen Antwortschein für die Portokosten. Sonst tut sich gar nichts. Besser also, die japanischen Kids schreiben an den norwegischen Weihnachtsmann. „Julenisse" wird von der Post seines Landes bezahlt, doch schreiben darf ihm jeder. Deutsche Kinder, stöhnt der Skandinavier, wünschten sich unverschämt viel und stellten lange Listen auf. Da lobe er sich die japanischen Kinder, die nur ein bißchen Frieden, ein bißchen Freundschaft und allenfalls eine Tüte Blumensaat erbäten. Frage nicht, was der Weihnachtsmann für dich tun kann, frage dich, was du für den Weihnachtsmann tun kannst! 30 000 Briefe jährlich beantworten die freiwilligen Helfer, und Skandinavien dürfte die einzige Region der Welt sein, wo die Weihnachtsmänner ihre eigene Gewerkschaft haben. Gehört haben wir auch

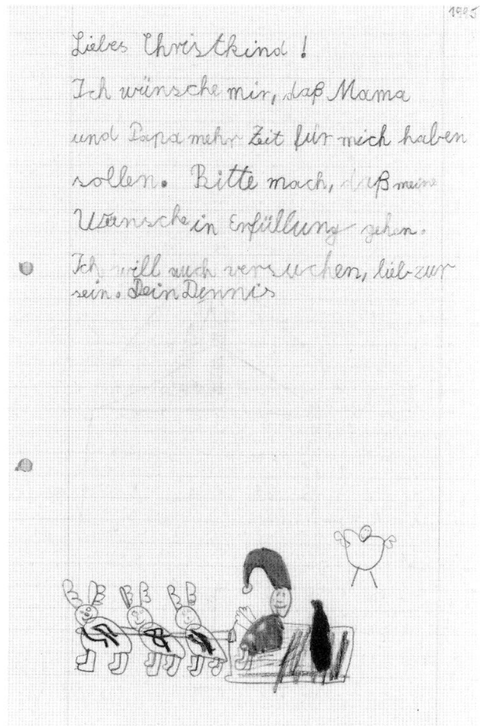
1995

Liebes Christkind!
Ich wünsche mir, daß Mama
und Papa mehr Zeit für mich haben
sollen. Bitte mach, daß meine
Wünsche in Erfüllung gehen.
Ich will auch versuchen, lieb zu
sein. Dein Dennis

Kinderbrief an den Weihnachtsmann
Postamt Himmelpforten, 1995
Handschrift

von einem englischen Pfarrer, der sich für die harte Verkündung von der Kanzel herab, es gebe gar keinen Weihnachtsmann, von seiner Gemeinde rüffeln lassen und angesichts weinender Kinder seine verwerfliche Behauptung zurücknehmen mußte. Nikolaus, Knecht Ruprecht, Weihnachtsmann: von der religiösen Lichtgestalt mit gleich zwei heiligen Nikolausmännern – Nikolaus von Myra und Abt Nikolaus von Sion – im Rücken zur erfolgreichsten Kommerzfigur moderner Folklore.

Der Streit um seine Existenz hält unvermindert an. Schreiben kann man nur an ihn, wenn man an ihn glaubt. Oder wenn man hofft, durch seine Reaktion den ultimativen Beweis in die Hände zu bekommen. Gern auch per Anrufbeantworter, Fax oder e-Mail. So sorgen Postämter in aller Welt kongenial für die Beibehaltung gesunden Kinderglaubens. Tragisch die Kurzgeschichte Graham Greenes vom traumatisierten Jungen, der Zeuge wurde, wie einer der Nikolausdarsteller von den Propellerblättern seines Hubschraubers enthauptet wurde.[7] Tod durch Technik. Das ist nur konsequent, denn der jetzt so geplagte Junge hatte seine Eltern schon früh mit bizarren Wünschen auf dem Wunschzettel um den Glauben an seine kindliche Harmlosigkeit gebracht: „Eine Weltraumkanone. Eine taktische Atomwaffe. Ein Geigerzähler." Den englischen Vater in Greenes Geschichte erschüttert die Zumutung an die Kinder am neuen kanadischen Domizil der Familie, sich damit abzufinden, daß die Weihnachtsmänner bei Festen und in Kaufhäusern nur Stellvertreter des richtigen Weihnachtsmanns seien. „Oder bringen sie sie mit den Heiligen durcheinander, die nach katholischer Lehre zu gleicher Zeit an verschiedenen Orten erscheinen können?" Doch so abgebrüht der Sohn war, seit ihm der abgemähte Weihnachtsmannkopf um die Ohren flog, versichert der junge Engländer allen, die es hören wollen oder nicht: „Natürlich gibt es ihn! Ich habe doch gesehen, wie er starb." Ein Glaube, der ihm von seinen zynischen Mitschülern pünktlich zu jeder Weihnachtszeit eine

7 Graham Greene: Lieber Dr. Falkenheim. In: Christian Strich (Hrsg.): Noch mehr Weihnachtsgeschichten. Zürich 1986, S. 214–222.

Hallo lieber Weihnachtsmann!

Ich heiße Patrick. Ich wollte Dich eigent-
lich mal fragen, ob es streßig ist, Geschenke
in ganz Europa bzw. auf der ganzen
Welt zu verteilen. Kommst Du auch
an meiner Heimatstadt Marburg vor-
bei? Wenn ja, dann sehen wir uns
ja eventuell. Hast Du auch Fotos
von Dir? Falls Du Fotos hast, könntest
Du mir eines davon bei Deinem
Antwortbrief beilegen?. Ich würde
mich riesig freuen. Was machst
Du eigentlich außerhalb der
Weihnachtszeit? So, nun muß
ich schließen. Erhole Dich
nach den streßigen Tagen.

Tschüß. Patrick

Kinderbrief an den
Weihnachtsmann
Postamt Himmelpforten, 1995
Handschrift

Burgstädt, den 30.11.95

Lieber Weihnachtmann,

wie kommst Du wenn es nicht schneit,
und wenn es schneit, mit was kommst Du dann?
Für mich gibt es im Dezember immer viele
Geschenke, da ich am 31.12. Geburtstag habe.
Falls Dein Sack mal kaputt gehen sollte, meine
Oma hat noch einen auf dem Boden. Du hast
ja viele Kinder zu beschenken, da könnte
Dein Sack schon mal ein Loch bekommen.
Schenkt Dir jemand etwas?

Viele Grüße
Deine Alexandra

Kinderbrief an den
Weihnachtsmann
Postamt Himmelpforten, 1995
Handschrift

Tracht Prügel einträgt und den Schulpsychologen bei Laune hält: Es gibt Arbeit. Der Vater des Jungen erinnert sich bei dieser Gelegenheit gleich an die herbe Enttäuschung in seiner eigenen Kindheit: Der Weihnachtsmann trug genau die gleichen braunen Schuhe wie sein Vater.

Wenigstens war der Vater da. Das innige Verhältnis von Mutter und Kind, Madonna und Jesus – „dieses berühmte Kind namens Jesus" –, und Joseph in seiner unglückseligen Onkelrolle – der Weihnachtsmann ist die Antwort. Ende des zwanzigsten Jahrhunderts übernimmt der Mann endlich wieder den wichtigsten Part im weihnachtlichen Rollenspiel, der ihm das Ausspielen sämtlicher Aspekte eines Männerlebens ermöglicht: Lieben und Strafen, Schenken und Versagen, gottgegebene Macht, und das am liebsten in sicherer Entfernung vom Familienleben. Denkt der Weihnachtsmanndarsteller dann noch daran, andere Schuhe als sonst zu tragen, ist das Glück auf beiden Seiten vollkommen. Väter sehnen sich nach Bedeutung, Kinder sehnen sich nach Vätern. Es gibt zu viele Frauen im frühen Leben des Kindes. Mütter, Krabbelgruppenleiterinnen, Tagesmütter, Kinderfrauen, Erzieherinnen, Krankengymnastinnen, Klavier- und Grundschullehrerinnen – es ist ein Kreuz lange vor Ostern. Wobei die italienischen Lehrerinnen, folgt man den Briefen der Kinder, die abscheulichsten der Welt sein müssen. Psychoterror und Schläge, bis sich Beulen bilden. Der unersättliche Hunger der Kinder danach, sich bei einem starken, ausgeruhten und hoffentlich gerechten Mann einmal so richtig über das Leben aussprechen zu können, hat auch im Frauenüberfluß seine Gründe.

Weihnachten ist das Fest der Besinnung. Also besinnen sich die Kinder auf alles, was sie jemals über die Liebe der Erwachsenen wissen wollten und bisher nur zu ahnen wagten. Er wünsche sich vom Weihnachtsmann einen Freund für seine Lehrerin, schreibt Pier Francesco. „Dann frisiert sie sich anständig, parfümiert sich ganz, und wir können in der Stunde Sammelbildchen tauschen." Den Wunsch kann doch der liebe Weihnachtsmann nicht abschlagen. Der liebe Weihnachtsmann. Der liebe Gott. Ein Begriff, der erst zu Beginn des siebzehnten Jahrhunderts auftaucht. Dem kleinen Ludwig XIII. zeigte man die Hostie: der liebe Gott! Die Feminisierung der Religion, weiß Philippe Ariès.[8] Die Weihnachtsgeschenke für den Dauphin waren identisch mit denen für die Königin. Einen strafenden Nikolaus oder Weihnachtsmann kannte Ludwig nicht. Sein Vater zeigte ihm eine Rute: „Für wen ist das wohl bestimmt, mein Sohn?" – „Für Sie." Der König lachte.

Kinder sind Egoisten. Doch solange es ihnen wirklich gut geht auf Erden, denken sie durchaus an die Bedürfnisse der anderen. Über ihre Geschenke brauche sich der Weihnachtsmann keine Gedanken zu machen, schreibt Valeria, unten in der Straße sei das Geschäft von Mario, der wisse genau, was sie wirklich wolle. Knecht Ruprecht weiß, was Frauen wünschen. Die Kinder haben jedenfalls vorbehaltlos das komplette phantasielose Repertoire

8 Ariès (wie Anm. 3), S. 128.

ihrer Väter übernommen: für die Mama Schmuck und Pelze. Und zur Verschönerung noch einen wattierten Büstenhalter. Wenn schon Frau, dann richtig Frau. Erwachsene ohne Kinder müssen für sich selber sorgen, und über all den Mißverständnissen zu materiellen Prioritäten trennt sich das Paar zuletzt. Patricia Highsmith hat in „Eine Uhr tickt zu Weihnachten" den Fall geschildert.[9] Die junge Frau kommt mit Paketen beladen vom Shopping nach Hause. „Der Weihnachtsmann!" ruft ihr Gatte. „Oder die Weihnachtsfrau?" Ja, wenn er nicht mal das weiß. „Lieber Weihnachtsmann, jetzt zu deinen Problemen. Was hältst du davon, daß dich so viele nachmachen?" fragt Rosaria. Gute Rosaria. Sie schreibt ja selbst nur an die Kopie.

Nicht jeder Nachahmer ist frohen Herzens als Wohltäter unterwegs. In Anton Tschechows „Weiberwirtschaft"[10] ist die junge Fabrikbesitzerin Anna Akimnova der Bettelbriefe müde, die sie vor allem an Weihnachten zu Dutzenden erreichen. Sie vermerkt jeweils den kleinen Betrag, der den armen Teufeln zugehen soll. „Morgen würde im Büro die Auszahlung der Unterstützungen oder, wie die Angestellten sagten, die Fütterung der Raubtiere stattfinden." Fünfzehnhundert Rubel hat einer ihrer Verwalter in einem Prozeß erkämpft, und plötzlich kommt ihr der Gedanke originell und spaßig vor, diese große Summe persönlich einem der Bittsteller zu überbringen. Ihr spontaner Besuch bei einer armen Familie wird peinlich über jedes erträgliche Maß hinaus, und Mann und Frau werden sich die ganze Nacht um das Geld prügeln, sagt man ihr. Auch die Philanthropie ist eine Kunst.

„Kinder sind verteufelte kleine Geschöpfe. Besonders wenn sie von kindlichem Schmerz überwältigt werden, stehen wir am Ende unserer Kunst."[11] Dann rufen die Kinder ihn auf den Plan: den Weihnachtsmann als Vollstrecker. Er möge ihre Schule dem Erdboden gleichmachen, fordern sie, den Drogensüchtigen in die Fresse schlagen, den Kindern aber ein Gewehr schicken, damit sie die Lehrerin erledigen können, und er möge bitte die Großmutter vor dem Großvater sterben lassen, da sie zur Trickfilmzeit stets ihre Seifenoper auf dem anderen Kanal anschauen wolle. Fromme Wünsche. In aller Unschuld. Aurelio muß regelmäßig den Tisch decken: „Ich bin das reinste Sklavenkind." Agostino aber hat den direktesten Draht zum Himmel, den man sich nur vorstellen kann. Er wünscht sich nur unnütze und lustige Sachen. Er findet, er hat sie verdient. „Ich bin", schreibt er, „ein Engel von einem Kind."

9 Patricia Highsmith: Eine Uhr tickt zu Weihnachten. In: Christian Strich (Hrsg.): Mehr Weihnachtsgeschichten. Zürich 1986, S. 214–236.
10 Anton Tschechow: Weiberwirtschaft. In: Noch mehr Weihnachtsgeschichten (wie Anm. 7), S. 152–205.
11 O'Henry: Die Weihnachtsansprache. In: Walter Jens (Hrsg.): Es begibt sich aber zu der Zeit. Texte zur Weihnachtsgeschichte. Stuttgart 1989, S. 176–185.

# Nachtluft-Postkreuz Frankfurt

Jochen Missfeldt

Heute, am 22. April 1996, hat jede einzelne Dunkelheit, die der Nacht zur Verfügung steht, schon Platz genommen und sitzt nun da. Von den Sternen ist jede einzelne Dunkelheit an einem Seil heruntergegeben worden, so daß der Blick auf dieselben frei geworden ist und für jedermann einsehbar, daß Tag und Nacht zwei völlig verschiedene Dinge sind. Man darf den natürlichen Abstand, der deswegen betrieben werden muß, nicht gering schätzen. Hierzu dreht sich die Erde nämlich immer weiter, darf nicht still stehen, muß um die Sonne herum und immer weiter. Das ganze Firmament ist in fleißiger Arbeit streng und unzertrennlich verbunden, und dabei springt zum Beispiel die Dunkelheit heraus, auch dieser späte, nachtfinstere, sternenklare, angenehm warme Aprilabend. Nur mal eine Frage: Ist es nicht gegen die Natur, jetzt, während ich mich in einem der hell von Neonlicht erleuchteten Aufenthalts- und Erholungsräume der Briefposthalle befinde, das Folgende zu behaupten: Da erwacht der vermeintlich schlafende Riese Flughafen zum Leben? Niemand hier, keiner da. Ich zähle sechs Stühle, zwei Tische, zwei volle Aschenbecher, eine leere Coladose, einen zerknüllten Becher, zwei türkische Bildzeitungen, eine deutsche Bildzeitung. Vom Firmament, vom Planetengetriebe, von deren ständiger Arbeit an Tag und Nacht, Helligkeit und Dunkelheit, kann hier keine Rede sein. Hier ist es künstlich heller Tag, und die richtige Nacht muß man suchen gehen, weit weg von hier. Ist hier, am Frankfurter Flughafen, die Nacht mit Hilfe verschiedener, von Menschengeist erdachter, erbauter, installierter Mittel und Methoden zum Tag gemacht worden? Keine Bange: Die Uhr läuft weiter wie gehabt, das Firmament bleibt unangetastet, und die darin geleistete astronomische Arbeit läßt man ungestört im Arbeitsprozeß. Wie ich nun die Coladose aufhebe und ihr Gewicht prüfe und feststelle, wieviel noch drin ist, wie ich die verschiedenen Zeitungen säuberlich übereinander lege und ihre Formate vergleiche, wie ich den einen vollen Aschenbecher in den anderen vollen kippe und Asche zu Asche fällt und der eine Aschenbecher überläuft und Asche auf den Tisch kommt, fangen die Förderbänder zu laufen an. Was der menschliche Geist ersinnt, das kann er auch verwirklichen. O Schreck laß nach. Der fährt mir richtig in die Knochen. Aber schnell haben sich die Knochen an den Schreck gewöhnt, und schon versuchen die Augen abzutasten, wie viele Kilometer Förderband sich der menschliche Geist in dieser Halle auf dem Frankfurter Flughafen geleistet hat. Ordnung muß sein. Erstmal die Asche mit einem feuchten Tuch vom Tisch abwischen. Desgleichen ist hier einzufügen, daß der Blick von diesem Aufenthaltsraum in die Halle, wo die Förderbänder nun laufen, gar nicht möglich ist, es gibt keine Fenster. Die Fenster sind an der Seite, wo die Rampe ist, wo die Leute gehen, wo die Wagen fahren. Man muß raus und ein paar Meter gehen, dann um die Ecke, dann ist da ein großes Tor, und da geht man durch, und nun sieht man erst hinein. Welche Farbe die Förderbänder haben? Ich glaube schwarz. Sonst kann von viel, viel Warnfarbenorange die Rede sein.

Plötzlich stehen die Bänder still, und es tritt die Stille ein, die eintritt, wenn Förderbänder plötzlich stillstehen. Ich hack dir deine Finger ab, wenn... – den Rest, der auch durch die Halle hallt, verstehe ich nicht. Dann laufen die Förderbänder wieder an, und alles geht seinen Gang. Welchen Gang? Dies darf ja wohl gefragt werden. Selbstverständlich. Sollte übrigens in dieser Geschichte der eine oder andere Fachmann, Mitarbeiter, Vorgesetzte, Untergebene, Postler oder Nichtpostler, Mann oder Frau spielt keine Rolle, kurreif oder kurgestärkt ebensowenig, auftauchen oder am Wegesrand stehen, es wird sich ja wohl ein Klaus, Rüdiger, Werner, Heinz, meinetwegen auch eine Heidi finden lassen, so werde ich mir höflich erlauben, um des Verständnisses und der Klarheit willen, mit dieser oder jener Frage anzuklopfen. So ein schöner Abend. Ist nun damit auf die Außentemperatur am Frankfurter Flughafen gezielt oder auf die Sterne, die wir von hier aus nicht sehen können? Auf beides. Lassen Sie uns nun an die Rampe gehen, wo angeliefert wird. Da stehen die gelben Lastautos im künstlichen Licht, einer neben dem anderen, mit der Heckklappe geöffnet. Im Laderaum die Rollwagen mit Postsäcken und Kästen, die Postsäcke und Kästen voll mit Briefen im Format Standard, Groß und Maxi. Die sieht man natürlich nicht. Trotzdem: raus damit, rein in die Halle und rauf auf das Förderband, wo die Männer am Förderband warten. Die nehmen am laufenden Band Säcke und Kästen und werfen sie in die bereitstehenden Wagen. Die Kästen fallen und knallen, wenn sie auf die anderen Kästen im Wagen fallen. Die Säcke fallen nur, sie knallen nicht. Die Kästen sind schwer, die Säcke leicht. Die Kästen sind praktisch, der Inhalt ist schon nach Postleitzahl vorsortiert, die Kästen müssen nicht geöffnet werden und gehen durch vom Absendepostamt bis zum Empfängerpostamt. Die Säcke sind nicht so praktisch, sie müssen geöffnet werden und heißen auch Postbeutel, und so wollen wir sie auch fortan nennen. Die Briefe müssen aus den Postbeuteln rausgenommen und sortiert werden. In den Beuteln kriegen die Briefe möglicherweise Eselsohren, während sie in den Kästen fein säuberlich aufeinander geschützt liegen. Den Kästen gehört die Zukunft. Sie sind schwerer als die Beutel, sie verbrauchen mehr Transportraum. Die Kästen machen die Post also teurer? Und deswegen auch das Porto? Darf ich mir mal so einen Kasten aus der Nähe betrachten? Ja bitte. Da haben wir es. Nur drei Briefe in einem Kasten, in dem viel mehr Platz hätten. Die Leute hätten eben mehr schreiben müssen, heißt hier die Lösung des Problemes. Dieser Mann am Förderband arbeitet für die Briefempfänger in Hamburg und Umgebung, jener für die aus Pforzheim. Oder was steht auf dem Schild? Ach so: Stuttgart. Frauen sehe ich hier nicht. Und warum nicht? Keine Ahnung. Ich höre das Förderband laufen, ich höre die Kästen knallen, ich sehe die Beutel fallen. Hat eigentlich schon der Kantinenwagen geöffnet? Schaun wir mal. Der Kantinenwagen macht um zweiundzwanzig Uhr seine Klappe auf. Längst ist es da schon später. Am

Kantinenwagen ist es auch ruhiger. Am Kantinenwagen fallen die Kästen nur noch wie von weit. Ich höre mich schlürfen. Der Kaffee kostet eine Mark. Der Renner sind hier Frankfurter Würstchen. Alkohol ist tabu. Alkohol ist wirklich tabu. Keine Ausnahmen.

Ich sehe die gelben Lastautos an die Rampe fahren und wieder wegfahren. Jede Nacht kommen und gehen achtundachtzig, manchmal mehr, manchmal weniger. Aus Frankfurt und aus Frankfurts näherer und weiterer Umgebung, aus Kassel oder Pforzheim zum Beispiel. Und alles, was die an Postfracht mitbringen, geht in die zwölf Flugzeuge, die hier jede Nacht einfliegen? Eine Art Nachtluftpostnetz? Das klingt ein bißchen zu phantastisch. Ganz einfach: Jeder Post-LKW nimmt das mit, was er für seinen Heimatstandort wieder mit nach Hause nehmen kann. Das Übrige wandert in die Flugzeuge. Und auch die Flugzeuge bringen was und nehmen wieder was mit, so daß unter den Autos, Flugzeugen, Flugzeugen und Autos ein eifriges Tauschen, ein Entladen und Beladen, ein Sortieren und Transportieren stattfindet. Alles an einem Ort, alles innerhalb sehr kurzer Zeit, alles möglichst ohne Panne. Die Post, die im Flugzeug aus München kommt und mit demselben Flugzeug wieder nach München zurückfliegt, wäre so ein Fall von Panne, den der Postkunde König nicht gerne sieht. Selbstverständlich sieht das die Post ebensowenig gern. Dann ist nämlich des Kunden König Brief nicht von heute auf morgen da, wo er sein soll. Und das Von-heute-auf-Morgen, also heute absenden und morgen empfangen, das die Post verständlicherweise „E plus Eins" nennt, hat in diesem Fall nicht funktioniert. Postkunde König zahlt sein gutes Geld für seinen Brief, den er nicht fehlgeleitet wünscht. Auch die Post will nicht falsche Post im falschen Auto oder falschen Flugzeug, also nicht verspätet, also keinen unzufriedenen Postkunden König. Darum hat man sich ja dieses hier alles ausgedacht und das ganze „Umschlag" genannt. Versprochen ist versprochen: allen Absendern solcher Briefe, die nach Ablauf einer Nacht, im Norden eingesteckt im Süden empfangen, Ost und West entsprechend, oder um ein Beispiel zu nennen: Briefe unterwegs vom kleinen, zierlichen, schönen Stadum an der dänischen Grenze zum größeren, ebenfalls zierlichen und schönen Radolfzell an der Schweizer Grenze zum Empfänger, der am nächsten Tag empfangen soll, also nur von einem Tag auf den anderen warten muß, also von heute auf morgen, also heute abschicken, morgen in die Hand nehmen, eine Zeitspanne nicht länger wie dieser Satz, wenn man ihn sorgfältig liest, solchen Empfängern ist der von der Post „E plus Eins" genannte Dienst am Kunden König, also abstempeln lassen und einen Tag warten, gegen Entrichtung einer Gebühr garantiert, verbrieft, sprich: in die Hand, die den Brief schreibt und in den Briefkasten steckt, versprochen worden. Und all dies heißt „Umschlag"? Welch komisches Wort für so eine mitternächtliche Geisterstunde. Würde ich nicht sagen. Denn wie man sieht und wie man auch anfassen und fühlen kann, handelt es sich bei den am Umschlag beteiligten Tätigen um tatsächliche Menschen: Diesem läuft der Schweiß von der Stirn über die Brille, und die Sicht wird schlecht. Jenem ist nach Naseputzen, anschließend nach Pause, Kantine und Würstchen. In „Umschlag" steckt die Zeitnot selbst. Da dreht sich was ganz schnell auf der Stelle. Auf einen Schlag dreht sich was, man sieht es an den fliegenden Postbeuteln und an den fallenden, knallenden Kästen. Schlag auf Schlag. Darf man füglich Drehscheibe sagen? Auch nicht verkehrt, andererseits wird nicht so sehr gedreht, sondern auf allerlei geraden und krummen Wegen gefördert, geworfen, gepackt, gefahren. Mit anderen Worten: Hier dreht sich gar nichts, keine drehende Scheibe, wo Menschen drauf stehen und sich drehen lassen wie auf Jahrmärkten. Wer also hier von Drehscheibe spricht, der ist auf dem verkehrten Dampfer. Aber wenn schon Drehscheibe, dann so eine wie diese hier. Ist nicht ganz zu Anfang vom Himmel und seinem astronomischen Getriebe die Rede gewesen? Unübersät, hell und klar leuchtend, Sternenhimmel, Aprilhimmel? Nicht auch vom Sauerstoffreichtum der Luft dieser Aprilnacht? Wenn nicht, dann sei das hiermit nachgeholt und ein Vorschlag auf den Tisch gelegt, der alles natürlich und künstlich herbeigeführte Geschehen dieser einen Nacht auf dem Frankfurter Flughafen ausnahmsweise bezeichnet mit Nachtluft-Postkreuz Frankfurt.

Wer so spricht, der muß Flugzeuge gern haben. Und da sind sie auch schon. Bevor wir sie auf dem Parkplatz besuchen und besichtigen, wollen wir sie erstmal kräftig heranfliegen sehen. Diesen Genuß muß man sich nicht entgehen lassen. Haben die Götter uns die Flugbilder gemacht und zur Erde gefunkt? Das weiß keiner; aber wer kennt eine Sache, was immer sie sei, schon so ganz genau. Mit ihren grünen und roten Lampen an den Flügeln und dem Antikollisionslicht, das weiter strahlt als alle anderen Lichter, kommen sie aus zwölf verschiedenen Himmelsrichtungen an. Müssen alle zwölf einzeln benannt werden? Das nicht, denn wichtiger erscheint mir die Frage, wie weit das Antikollisionslicht leuchtet. Wer sich in der Wetterkunde auskennt, der weiß auch hier eine Antwort. Im Nebel weniger weit, in der Nacht weiter als am Tag etcetera. Selbstverständlich fliegen nicht alle zu gleicher Zeit los; denn sie sollen nicht alle auf einmal ankommen. Sondern: Einer kommt nach dem anderen. Das ist auch schöner; denn so haben wir mehr Zeit in die Betrachtung der Flugzeuge, des Himmels und der Nacht zu investieren. Alle Flugzeuge beladen mit Post in der schon erwähnten Form. Post in Containern im Frachtraum, Post wie zahlende Passagiere festgeschnallt auf mit Schonbezügen geschonten Sitzen. Also doch Geisterstunde, denn außer Post ist niemand an Bord. Soviel Geisterstunde aber doch nicht; vorne im Cockpit arbeiten Kapitän und Copilot an ihrem Nachtflug. Darf man nun annehmen, daß hier schlicht und einfach von Luftpost die Rede ist? Diese Annahme ist von der Tatsache, daß es sich in dieser Geschichte um das

Nachtluft-Postkreuz Frankfurt dreht, nicht abziehbar. Also selbstverständlich bewahre keine Luftpost, sondern hier handelt es sich um die ganz normale Wald- und Wiesenpost, die Heute-eingesteckt-und-morgen-empfangen-Post. Meine Güte, ist das nicht schon mal umfänglich und deutlich gesagt worden? Um die Post innerhalb Deutschlands, möchte ich noch hinzufügen, die netterweise mit Flugzeugen durch den Nachthimmel der Bundesrepublik Deutschland geflogen, mithin befördert wird. Jede Nacht zwölf Flugzeuge vom kleinen Lufthansa-Airbus bis zum großen Lufthansa-Airbus im Einsatz. Zwölf Flugzeuge pro Nacht sind wieviel Flugzeuge im Jahr? Man muß rechnen. Und was kostet das? Man muß wieder rechnen und kommt nach einigem Überlegen mit folgendem Ergebnis: Sagen wir mal zweihundert Millionen Mark. So viel? Und alles zahlt der Kunde König mit seinen Briefmarken für Standard, Groß- und Maxipost? Nun mal nicht so lange auf diesem unangenehmen Teil der Geschichte herumtrampeln. Halten wir um der Ergänzung willen lieber nochmal an, bevor die Flugzeuge landen. Die Flugzeuge sind ja, wie schon gesagt, nicht alles.

Wir dürfen die vielen gelben Lastwagen nicht vergessen, nicht nur die aus dem größeren Umkreis von Frankfurt, sondern wir müssen auch diejenigen sehen, die abends nach Postschluß überall in Deutschland unterwegs sind, unterwegs für das „E plus Eins" der Bundespost zu den zwölf Flughäfen: Hamburg, Hannover, Rostock, Berlin, Leipzig, Dresden, Nürnberg, München, Stuttgart, Köln, Osnabrück, Bremen. Nun haben wir sie doch aufgezählt, und da wandert die Fracht in die Flugzeuge, und die Flugzeuge starten dann mit dieser Fracht Richtung Frankfurt. Da fliegen sie. Oder sind sie etwa schon gelandet? Bloß nicht so schnell; denn welche Schätze fliegen da durch den Himmel, der ja auch voller Schätze ist. Soll man die nicht liebevoll in aller Ruhe betrachten, zum Beispiel den Brief mit der Todesnachricht. Teile ich Ihnen hierdurch mit, daß mein lieber Mann nach langer, schwerer Krankheit. Ach, Sie wissen ja schon alles. Oder die Mahnung, die fast noch mehr erschreckt als die Todesanzeige. Sicherlich haben Sie übersehen, daß der obengenannte Betrag schon längst fällig war. Bitte haben Sie Verständnis für ab sofortige Ungeduld mit der Bitte um schnellstmögliche Überweisung zwecks Begleichung. Zu allerletzt der Liebesbrief. Schauen wir doch mal in den Kasten: Aha, da liegt er als einziges, kostbares Stück Post. Er kommt also ohne Eselsohren an? Sowieso. Liebste, so steht es da schwarz auf weiß in schönster hingeflogener Handschrift, ich habe so Sehnsucht nach Dir, und das Leben ist so schwer. Dieses und anderes millionenfach jede Nacht? Wenn in einer Nacht hier in Frankfurt zweihundertfünfundachtzig Tonnen Briefpost umgeschlagen werden, dann sind das hochgerechnet zehn Millionen Sendungen jede Nacht, meine Damen und Herren. Nun aber wirklich zu den Flugzeugen. Da stehen sie, sage ich mal wie der hochverehrte Journalismus, der in seiner Welt des Schreibens die gepflegten Absätze so zu beginnen weiß, wenn er sagen will, daß da Flugzeuge stehen. Die stehen da auch tatsächlich, alle zwölf zu später Stunde aus den schon aufgezählten Städten hergeflogen. Zuerst trifft die Maschine aus Bremen ein, um 23.50 Uhr. Die letzte kommt aus München und landet um 00.35 Uhr. Um 01.25 Uhr, also fünfzig Minuten nach der letzten Landung, sollen die ersten Maschinen wieder raus, richtig beladen mit Containern im Frachtraum, Postbeuteln und Kästen auf den Sitzen in der Kabine. Es ist ja schon von Umschlag gleich Drehscheibe gleich Zeitdruck die Rede gewesen. Muß man sich nun auch ein hohes Arbeitstempo vorstellen?

Sehen Sie doch selbst, wie es hier wuselt. Die Schlepper mit ein, zwei, drei, vier Anhängern fahren mir zu schnell, und zur Seite springen muß, wer nicht überfahren werden will. Das geht nicht anders. Nicht sein muß allerdings die richtige Hand am falschen Hebel: Du lieber Gott, da geht aus Versehen die Notrutsche los. Zugegangen wäre die Tür, wenn der Mann den richtigen Hebel erwischt hätte. Der ist seine Vorarbeiterlizenz los, schreit sein Vorarbeiter-Kollege in Solidarität und verbittet sich jegliches Gespött. Keine Zeit, weiter im Text. Rauf mit der Fracht aufs mobile Transportband. Rein ins Flugzeug damit. In den Flugzeugen fliegen die Kästen und Säcke von Hand zu Hand. Wie Wassereimer zum Feuerlöschen. Keineswegs Feuer; nur, wir wollen pünktlich sein, also sozusagen doch den Brand löschen. Schnell die Sachen auf die Sitze und jedes Stückgut festgeschnallt. Wo sind die Papiere? Der Flugkapitän zeichnet gegen und ist nun mit Fracht und Copilot allein. Ist dies alles nun auch in der Theorie so durcheinander, wie es in der Praxis aussieht? Wir sehen beides mit Ruhe und Übersicht, und der Umschlag sieht auf dem Papier genau so sauber und ordentlich aus wie im real Existierenden durchgeführt. Lassen wir doch noch mal die Theorie auf der Zunge zergehen und einen Ohrenschmaus draus machen. So steht es geschrieben: Die Ladepläne sehen die Entladung in der Reihenfolge der Abflüge und die Beladung in der Reihenfolge der Ankünfte vor. Wie bitte? Mit anderen Worten: Zuerst entladen werden muß derjenige, der auch zuerst abfliegt. Zuerst beladen wird derjenige, der zuerst ankommt. Noch anders: Das Flugzeug, welches zuerst abfliegt, wird auch zuerst beladen. Wäre es nämlich umgekehrt beziehungsweise würde man das Flugzeug, das zuerst ankommt zuletzt beladen, würde in Entsprechung das Flugzeug, das zuerst abfliegt zuletzt beladen, dann hätte man viel zu viel Zeit fürs Be- und Entladen, und die Maschine würde komischerweise ohne Ladung in die Nachtluft dieser wunderbaren Aprilnacht hineinfliegen, also ohne Liebes- und Mahnbriefe, auch ohne die Todesanzeigen im Brief für eine Mark, wie lange noch. Fassen wir zusammen: Zuerst landen und als letzter Ladung kriegen ist ebenso falsch wie als erster starten und als letzter entladen werden. Dies, meine Damen und Herren, nennen wir Betriebswirtschaft. Ist das nicht herrlich?

Verladen der Luftpost am
Flughafen Frankfurt
1991
Fotografie von Werner Krüger

Nachtluftpost am
Flughafen Frankfurt
1990
Fotografie von Werner Krüger

# Die Zentrale Briefermittlungsstelle in Marburg

Dorothea Friedrich

Mit welch klopfendem Herzen sind wir nach Marburg gefahren, um die Mitarbeiter der Zentralen Briefermittlungsstelle bei ihrer Arbeit zu beobachten! Wie aufregend würde das sein, Beamte zu studieren, deren einzige Aufgabe darin besteht, Briefe und Menschen zu suchen und zu finden und wiederzuvereinen! Wie wundervoll haben wir sie uns ausgemalt: in sich ruhende, gefestigte Persönlichkeiten, die standhaften Blicks durch menschliche Untiefen waten, jede Leidenschaft im Laufe ihres langen Berufslebens kennengelernt haben, Menschen, denen nichts Menschliches mehr fremd ist und die sich dennoch ihre Neugier auf die Welt und ihre Bewohner bewahrt haben! Such- und Findstelle! Tragödie und Happy-End in einem. Denn zunächst wird ein Alptraum wahr für den arglosen Postbenutzer, der eigentlich nur ein ganz einfacher Briefschreiber sein will. Es beginnt ja scheinbar so banal. Das Absenderetikett löst sich, der Angeschriebene ist umgezogen. Ein Brief wurde mit einem Schlag Vollwaise. Gänzlich vater- und mutterlos irrt er durch die Republik. Was wird mit ihnen geschehen, den Ergüssen zarter Seelen, den bösen Forderungen habgieriger Wucherer, den Beschwörungen von Liebe, Treue und der Bitte um die Rückgabe geliehener Bücher? Den Episteln der Mutter an die Tochter und vice versa? Wir haben es nicht gewußt, aber jetzt wissen wir es: Alles wird zentral nach Marburg geschickt. Marburg, die Stadt mit Geschichte, mit Postgeschichte zumal, als Dreingabe eine Universität und eine hübsche Altstadt, witzige Postkartenläden und unfreundliche Verkäuferinnen, ein Briefmarkenautomat und eine unübersehbare Begeisterung für Baustellen.

Auch unsere Begeisterung auf dem Weg nach Marburg wuchs. Nicht nur, weil die Autobahn inzwischen dankenswerterweise fast bis ins Zentrum der Stadt reicht, nein, wir stellten sie uns wieder und wieder vor, die detektivischen Spürnasen, die einem Brief nach langen Jahren des professionellen Schnüffelns sofort ansehen, ob er von einem Mädchen oder einem alten Lüstling geschrieben wurde, von einem Kind, einem Ausländer oder einer verliebten Hausfrau. Und wir hatten vor, die soliden Beamten in aller Bescheidenheit zu fragen, ob sie hochinteressante Publikationen wie „Die Frau im Dialog: Studien zu Theorie und Geschichte des Briefes" von 1991 oder „Intimität – Über die Veränderung des Privaten" bereits kannten oder wollten sie ihnen zur Lektüre wärmstens ans Herz legen. Wir wollten sie fragen, wieviele Verbrecher dank ihrer Hilfe schon dingfest gemacht werden konnten, wieviele Liebespaare, getrennte Familien und geflohene Schuldner mit ihren Gläubigern wieder zusammenfanden. Wir stellten uns die Marburger Mitarbeiter vor als eine Art Mischung aus Professor Sigmund Freud und Sherlock Holmes und das alles unter den wohlwollenden Blicken des Postministers Dr. Wolfgang Bötsch.

Wir träumten weiter. Vielleicht würde der eine oder andere Beamte uns auf den ersten Blick als seriöse, vertrauenserweckende Person mit einer klaren Leidenschaft zur Diskretion erkennen und uns einen Blick in den Hit des Tages werfen lassen, an dem sich alle schon die Zähne ausgebissen hatten? Zur Vorbereitung hatten wir alles gelesen, was wir an wissenschaftlicher Forschung zu den seelischen Folgen von Voyeurismus und anderen Perversionen hatten finden können. Wenigstens auch in der Theorie wollten wir auf jede menschliche Verworfenheit, aber auch auf jedes menschliche Wunder gefaßt sein.

Wir bogen ein in die Temmlerstraße und bewunderten den subtilen Witz der Deutschen Post AG, sich in einem Haus der Telekom einzumieten und dann am Gebäude auf die Nennung der Hausnummer – es ist die 3 – zu verzichten. Das war sicherlich als Feuerprobe für uns gedacht. Wer die Briefermittlungsstelle findet, hat die ersten Weihen der Spitzfindigkeit schon erworben. Wir klingelten. Ein strenger Mann an der Sprechanlage fragte nach unseren Wünschen. Ja, Barrieren muß man demjenigen in den Weg legen, der auszieht, das Gruseln zu lernen. Er soll sich klar darüber sein, daß ihn sein eigener Entschluß hierher geführt hat und sonst gar nichts. Denn ist man erst drin, gibt es kein Zurück mehr. Mit fester Stimme erklärten wir uns. Im dritten Stock wachte der nächste aufmerksam über die Geheimnisse der Menschen. Drei Schritte noch, und wir sitzen dem Leiter der Einrichtung, dem Betriebswirt Jürgen Gimbel, gegenüber. Und er sagt nur einen grausamen kleinen Satz, der doch all unsere großen Ideen auf der Stelle wie Seifenblasen platzen läßt: „Es ist den Mitarbeitern auf keinen Fall gestattet, sich in die Briefe einzulesen."

Wie das! Einen fremden Brief öffnen dürfen nach Paragraph 5 Absatz 2 des Postgesetzes und nicht mal ein klitzekleines Sätzchen lesen? Herr Gimbel bleibt unerbittlich. Seine dreiundsechzig Beamten haben eine strenge zeitliche Vorgabe und können es sich gar nicht erlauben, auch nur eine Minute lang in fremder Leute Briefe herumzuschmökern, sagt er. Nur der Briefkopf, die Anrede und die Unterschrift am Schluß werden geprüft. Denn jede und jeder muß am Tag dreihundertvierzig bis dreihundertfünfzig Briefe öffnen, bearbeiten, im Idealfall gleich weiterleiten, im ungünstigen Fall den restlichen zweieinhalb Millionen hinzufügen, die, nach Leitzahlen geordnet, ständig gelagert werden. Noch so eine furchterregende Zahl, doch die zierlichen Umschläge verlieren sich übersichtlich in Fächern und Schubladen, kleinen Stößchen auf einfachen Schreibtischen oder vor dem einen Arbeitsplatz mit jener CD-Rom, die alle so glücklich macht: Ein paar Sekunden genügen, und schon ist der einzige Dr. Murke in der ganzen deutschen Bundesrepubilik ermittelt. Seit der Installation der CD-Rom sind die ohnehin schon hohen Trefferquoten noch einmal in die Höhe geschnellt und liegen jetzt bei knapp sechzig Prozent für normale Briefe, bei achtzig Prozent für Einschreiben, bei neunzig Prozent für Wertbriefe. Betrüblich stimmt diese materialistische Neigung der Postbenutzer, die einem persönlichen Brief weniger konsequent nachforschen als dem schnöden Mammon. Sie haben nichts Besseres verdient als Postbeamte, die nicht lesen dürfen. Bilder anschauen übrigens auch nicht, denn unzustellbare Postkarten bleiben am Ort der Niederlassung, die das Problem hat, und werden dort nach drei Monaten vernichtet. Dieselbe Frist gilt für die Briefe in Marburg. Ein elend kurzer Zeitraum für jemanden, der Kino- und Busfahrkarten zwanzig, dreißig Jahre lang aufhebt, weil man ja nie wissen kann, doch angesichts der Massen von Korrespondenz, die jeden Tag in Deutschland befördert werden, eine lange Zeit. Sonst würden am Ende doch die Fächer gesprengt.

Die Vernichtung der Briefe! Vielleicht wenigstens hier der Reiz der rituellen Liquidation, eine Verbrennung zu schamanischem Gemurmel? Nein. Im Keller steht ein Schredder, und er schreddert einmal im Monat unter Zeugenaufsicht. Die Schnipsel werden mit dem Altpapier entsorgt. Wenn es über den schriftlichen Inhalt hinaus noch andere Inhalte gab, so werden sie versteigert. Wenn jemand etwas damit anfangen kann. Denn, so orakelt Jürgen Gimbel bewußt unbestimmt, es gibt nichts, was es nicht in Briefen gibt. Er will seinen Gast schonen. Doch wir wollen nicht geschont werden. Es kommt nicht mehr darauf an. Schlimmer kann es doch nicht kommen. Es kann! Menschliche und tierische Untersuchungsstoffe, gibt Jürgen Gimbel zu, seien wirklich Sendungen, an denen die Ekelschwelle seiner Beamten auf eine harte Probe gestellt werde. Um die Kollegen vor eventuell infektiösem Material zu schützen, werden die ungeliebten Briefchen sofort eingeschweißt. Von möglicher Geruchsbelästigung ganz zu schweigen. Die Gebisse und Zahnprothesen, die seine Besucherin nach ersten Andeutungen für den eigentlichen Renner in Sachen Ekel hielt, seien noch das Harmloseste. Also müssen die Mitarbeiter der Ermittlungsstelle doch starke Persönlichkeiten sein, die so leicht nichts umhaut. Ist ihre Verweildauer in diesem Job dann nicht kürzer als die anderer Postbeamter an ihrem Wirkungsbereich? Nein. Es hat noch keiner gekündigt. Und was ist schon irregeleitete Laborpost im Vergleich zu den ungeliebten Wochenenddiensten im Schalterbetrieb. Wahrlich ein Klacks.

Denn aus dem Annahmedienst kommen alle Angestellten der Marburger Zentrale. Vertrauenswürdige Personen, denen die Bedingungen, unter denen Post auf den Weg geschickt wird, von der Pike an vertraut sind. Deprimiert werden könnten sie allenfalls deshalb, weil sie tagein, tagaus Zeuge des bodenlosen Leichtsinns ihrer Kunden werden. Kleber ist löslich, wissen sie. Menschen ziehen manchmal schneller um, als man meint. Der Computer spuckt einen falschen Adressenaufkleber aus. Der zitternde Finger rutscht im Adreßbuch in die nächste Zeile. Ja, wenn dann doch wenigstens daran gedacht würde, die eigene Anschrift im Brief noch einmal zu vermerken! Müssen sie denn sein, diese manieriert eleganten Briefpapierbögen, auf denen nur der Name Müller steht und sonst nichts! Die Kunst des Minimalismus – sie hat am Briefbeginn und am Briefende gar nichts verloren. Ins Schwärmen gerät der Postbeamte über die großartige Angewohnheit von Hobby- und Berufsfotografen, das erste Bild des Films einer Aufnahme der eigenen Visitenkarte zu opfern! Weil es ihnen die Heerscharen tumber Knipser nicht gleichtun, haben fehlgeleitete Filme und Videokassetten die schlechteste Fundquote: ganze zwanzig bis vierzig Prozent. Sie werden dennoch geduldig gesichtet und unter Auflistung einiger Motive im Computer gespeichert. Urlaubsfotos weg? Die Lage ist keineswegs hoffnungslos. Je individueller das Reiseziel, desto größer die Chance auf ein Wiedersehen. Das Motiv „Strand auf Mallorca" dürfte zu den ernsteren Fällen gehören, so widersinnig das für den ungeübten Sachensucher klingen mag. Für streunende Frachtsendungen ist übrigens die Paketermittlungsstelle in Bamberg zuständig.

Dort ist die pflichtschuldig gemachte Beute der Postler natürlich erheblicher, doch auch in Marburg können sich die dreimal jährlich stattfindenden Versteigerungen mit ihrem Angebot durchaus sehen lassen. Listen werden nicht angelegt, das Versteigerungsgut wird ausgestellt und von dem Mund in die Hand angeboten. Meist zwei Tage lang, und wieder ist das Staunen groß: Am ersten Tag Bücher, Bettwäsche, Kinderwäsche, am zweiten Tag vor allem Schmuck. Auf den Erlös seines Guts hat der vielleicht erst nach sechs Monaten wiedergefundene Besitzer noch fünf Jahre lang Anspruch. Das Kleinod selbst allerdings ist unwiederbringlich verloren. Immerhin hundert bis hundertfünfzig Interessenten nehmen an jeder Auktion teil. Wird der Erlös von niemandem beansprucht, so fließt er in die Postunterstützungskasse, die eine Waisenkasse ist. Vor Rührung vergessen wir zu fragen, ob die falschen Zähne bei diesem Anlaß auch ihre Liebhaber finden.

Und das alles klingt nun doch so prickelnd, daß wir noch einmal wissen wollen, ob die Marburger Mitarbeiter ihren Job nicht für absolut aufregend halten? Aber nein. Nach außen, bestätigt Jürgen Gimbel seine alte Erfahrung, wirke das alles höchst abwechslungsreich. Tatsächlich entstehe eine Monotonie, denn wie in jedem anderen Beruf wiederhole sich jeder Handgriff irgendwann einmal. Freude kommt aber auf, wenn die Dankesschreiben glücklicher Postkunden eintreffen, die für die geleistete Arbeit Lob spenden. Das ist nicht einmal selten. Und die Anerkennung dieser Sisyphusarbeit läßt die legitimierten Brieföffner spüren, daß diese einzigartige Anstrengung der Deutschen Post AG von ihren Kunden honoriert wird. Qualität soll geboten werden – also wird sie geboten. Weshalb aber zentral für ganz Deutschland ausgerechnet in Marburg? Selbst das hat einen vernünftigen Grund: Anfang der achtziger Jahre wurde in Marburg die Rundfunkabrechnungsstelle aufgelöst, und ein großer Teil der dort Beschäftigten wurde von der Post übernommen. Die Zentralisierung der Nachforschungsaufträge war sinnvoll, um den Irrweg einer Sendung von einer Nachsendestelle zur anderen quer durchs Land zu vermeiden.

geschrieben" sagt man, will dem Brief nicht vorgreifen und tut es dann möglicherweise doch.

Die einstigen ‚klassischen' Liebespaare, das ist bekannt, sandten sich oft mehrmals am Tag kleine Zettelchen und Botschaften zu. Überhaupt war die Briefkorrespondenz ein Mittel, die Kontinuität von Verbindungen aufrecht zu erhalten und zu betonen; Briefe waren ein wichtiges, vielleicht das wichtigste Medium der Freundschaft und der Geselligkeit in der bürgerlichen Gesellschaft. Diese Funktion ist nicht völlig abhanden gekommen; aber sie ist nicht mehr prägend für die alltägliche Korrespondenz. Auch wenn man die vielen Geschäftsbriefe aller Art beiseite läßt, sind die meisten Briefe praktisch orientiert: Vorschläge für gemeinsame Unternehmungen, Hinweise auf lohnende Veranstaltungen, Einladungen zu irgendwelchen Treffen, Begleitzeilen zu interessanten Zeitungsausschnitten, Antworten auf sachliche Fragen. Diese praktische Orientierung schließt freilich den emotionalen Unterton nicht aus; Briefe gelten, anders als die weniger Aufwand erfordernden Telephonanrufe, fast automatisch als Zeichen der Zuwendung.

Deshalb werden Geburtstagskinder im allgemeinen nicht nur durch fortgesetzte Anrufe erfreut und genervt; sie finden im allgemeinen auch etliche Glückwünsche im Briefkasten. Wahrscheinlich bieten die Festtage in der Gegenwart die häufigsten Anlässe zur Korrespondenz, die ganz persönlichen wie der Geburtstag oder irgendein Jubiläum, aber auch die Jahresfeste, wobei Weihnachten und Neujahr die anderen Festtermine bei weitem übertreffen. Es ist bei uns zwar (noch?) keine verbreitete Sitte, die Briefe und Karten allesamt aus- und aufzustellen und damit den weitläufigen Freundes- und Bekanntenkreis zu demonstrieren, wie das beispielsweise in den Vereinigten Staaten und in England üblich ist. Aber es wird doch Wert darauf gelegt, daß die Bekannten ‚an einen denken'. Die Bekannten – das ist nicht eng aufzufassen; die traditionellen Festtage werden oft dazu genutzt, ausgedünnte Kontakte zu festigen. Eine umfangreiche empirische Untersuchung in den USA kam zu dem Ergebnis, daß dort Weihnachtsgeschenke auch an entferntere Verwandte gehen, obwohl mit diesen das Jahr über kein Kontakt besteht. Ähnliches läßt sich in Deutschland beobachten – und wenn es nicht Geschenke sind, dann wenigstens Briefe oder Postkarten.

Ähnlich wie die Festtagspost bilden auch Feriengrüße einen großen Teil der privaten Korrespondenz. Verschickt werden vor allem Postkarten – ein kleiner Anteil davon allerdings im Briefumschlag, weil dann etwas mehr Text auf die Karte paßt und weil Briefe im internationalen Postverkehr oft schneller befördert werden. Urlaubskarten schreiben (fast) alle, und (fast) alle machen sich über Urlaubskarten lustig. Der französische Essayist Georges Perec rückte in ein kleines Bändchen „Zweihundertdreiundvierzig Postkarten in Echtfarbendruck" ein – lauter Texte von Urlaubskarten, erfunden, aber gewiß nahe an der Realität:

mus – sie hat am Briefbeginn und am Briefende gar nichts verloren. Ins Schwärmen gerät der Postbeamte über die großartige Angewohnheit von Hobby- und Berufsfotografen, das erste Bild des Films einer Aufnahme der eigenen Visitenkarte zu opfern! Weil es ihnen die Heerscharen tumber Knipser nicht gleichtun, haben fehlgeleitete Filme und Videokassetten die schlechteste Fundquote: ganze zwanzig bis vierzig Prozent. Sie werden dennoch geduldig gesichtet und unter Auflistung einiger Motive im Computer gespeichert. Urlaubsfotos weg? Die Lage ist keineswegs hoffnungslos. Je individueller das Reiseziel, desto größer die Chance auf ein Wiedersehen. Das Motiv „Strand auf Mallorca" dürfte zu den ernsteren Fällen gehören, so widersinnig das für den ungeübten Sachensucher klingen mag. Für streunende Frachtsendungen ist übrigens die Paketermittlungsstelle in Bamberg zuständig.

Dort ist die pflichtschuldig gemachte Beute der Postler natürlich erheblicher, doch auch in Marburg können sich die dreimal jährlich stattfindenden Versteigerungen mit ihrem Angebot durchaus sehen lassen. Listen werden nicht angelegt, das Versteigerungsgut wird ausgestellt und von dem Mund in die Hand angeboten. Meist zwei Tage lang, und wieder ist das Staunen groß: Am ersten Tag Bücher, Bettwäsche, Kinderwäsche, am zweiten Tag vor allem Schmuck. Auf den Erlös seines Guts hat der vielleicht erst nach sechs Monaten wiedergefundene Besitzer noch fünf Jahre lang Anspruch. Das Kleinod selbst allerdings ist unwiederbringlich verloren. Immerhin hundert bis hundertfünfzig Interessenten nehmen an jeder Auktion teil. Wird der Erlös von niemandem beansprucht, so fließt er in die Postunterstützungskasse, die eine Waisenkasse ist. Vor Rührung vergessen wir zu fragen, ob die falschen Zähne bei diesem Anlaß auch ihre Liebhaber finden.

Und das alles klingt nun doch so prickelnd, daß wir noch einmal wissen wollen, ob die Marburger Mitarbeiter ihren Job nicht für absolut aufregend halten? Aber nein. Nach außen, bestätigt Jürgen Gimbel seine alte Erfahrung, wirke das alles höchst abwechslungsreich. Tatsächlich entstehe eine Monotonie, denn wie in jedem anderen Beruf wiederhole sich jeder Handgriff irgendwann einmal. Freude kommt aber auf, wenn die Dankesschreiben glücklicher Postkunden eintreffen, die für die geleistete Arbeit Lob spenden. Das ist nicht einmal selten. Und die Anerkennung dieser Sisyphusarbeit läßt die legitimierten Brieföffner spüren, daß diese einzigartige Anstrengung der Deutschen Post AG von ihren Kunden honoriert wird. Qualität soll geboten werden – also wird sie geboten. Weshalb aber zentral für ganz Deutschland ausgerechnet in Marburg? Selbst das hat einen vernünftigen Grund: Anfang der achtziger Jahre wurde in Marburg die Rundfunkabrechnungsstelle aufgelöst, und ein großer Teil der dort Beschäftigten wurde von der Post übernommen. Die Zentralisierung der Nachforschungsaufträge war sinnvoll, um den Irrweg einer Sendung von einer Nachsendestelle zur anderen quer durchs Land zu vermeiden.

Wie oft verhalten sich die Beamten wie ganz gewöhnliche Postkunden und fluchen, wenn sie vergeblich versuchen, den Poststempel zu entziffern? Herr Gimbel lacht. Die Deutlichkeit des Poststempels sei natürlich für sie von erheblichem Interesse, doch seit die Sendungen überwiegend von Maschinen abgestempelt würden, seien schlecht leserliche Stempel doch eher die Ausnahme. Und ein Poststempel von Marburg? Geraten dann die Prüfer nicht doch aus dem seelischen Gleichgewicht, entdecken vielleicht sogar eigene Briefe oder die von Freunden, Nachbarn, Bekannten? Herr Gimbel lacht wieder. Von einem solchen Fall hat er noch nie etwas gehört, eine derartige Interessenskollision hat ein gütiges Schicksal bisher allen Beteiligten erspart. Und wenn man anhand des Briefkopfes oder der Unterschrift den erwünschten Empfänger herausgefunden zu haben glaubt, er aber ein ganz anderer ist, nur mit dem gleichen Namen? Was dann? Da wäre der Teufel los in der Zentralen Briefermittlungsstelle. Dem wird vorgebeugt. Bei auch nur einem Fünkchen Ungewißheit wird auf die Weitersendung verzichtet und zunächst einmal dem Nachforschungsantrag des wartenden Kunden in aller Ruhe entgegengesehen. Denn das A und O der Briefermittlungsstelle ist das Brief- und Postgeheimnis. Es läßt die Augen anhalten, sobald sie über die Anrede hinaus neugierig in verbotene Textgefilde streifen wollen. Es versiegelt die Lippen, verbietet dem Hirn weiterzudenken als bis zum allerersten Komma. Eiserne Selbstbeherrschung, die mit großem Leistungsdruck einfach nicht erklärbar ist. Vielleicht, wenn einer doch die Mittagspause drangibt? Natürlich würde man nie wagen, einen der Postbeamten darauf anzusprechen. Ruhig gleiten die Finger über den Schreibtisch. Akkurat liegen die Briefe aufeinander. Im üblichen Viererzimmer nicht ein Laut. Man könnte eine Briefmarke zu Boden fallen hören. Freundliche, gedankenvolle Blicke, ganz an die Arbeit verloren. Belastet von dem Wissen, daß täglich zehntausend Briefe in Marburg ihren Herrn suchen. Entlastet von der Gewißheit, fünf Dutzend Kollegen zur Seite zu haben, die die Flut eindämmen helfen. „Sie müssen nach dem Willen des Gesetzgebers besonders zuverlässig sein."

Keine Ausnahme? Keine Ausnahme. Na gut, vielleicht eine kleine. Wenn zu erkennen ist, daß eine schwere Straftat unmittelbar bevorsteht – etwas Geringeres als Mord oder räuberische Erpressung darf es allerdings nicht sein –, dann, und nur dann, wird das heilige Briefgeheimnis gebrochen, der geöffnete Brief an die Kriminalpolizei oder die Staatsanwaltschaft weitergeleitet. Wir lehnen uns beruhigt zurück. Mag es auch im ersten Augenblick irritieren, daß der Typ, der am Schalter nebenan genauso ungeduldig auf seine Ration an Briefmarken wartete wie wir auf die unsere, ein Gauner und Verbrecher gewesen sein könnte. Wo es wirklich allen zugute kommt, springen die Beamten schon mal über ihren Schatten. Freundlich, fast heiter verabschieden wir uns von Herrn Gimbel. Treppabwärts trifft uns die Erkenntnis wie ein Blitz: Woher wissen die Beamten, daß ein Verbrechen geplant ist, wenn sie keine Texte lesen? Sind ihnen Skizzen vom Tatort entgegengefallen? Lag Falschgeld zwischen Kohlepapier? Ertasteten fleißige Hände verdächtige Strumpfmasken? Waren da Briefe, mit Blut geschrieben? Ein abgeschnittener Finger im wattierten Umschlag? Fragen über Fragen. Wir müssen bald wieder einmal nach Marburg fahren. Es gibt noch so viel zu bereden.

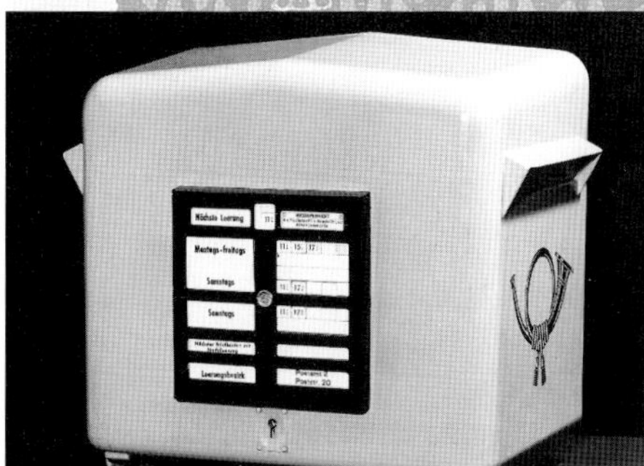

# Brief-Alltag

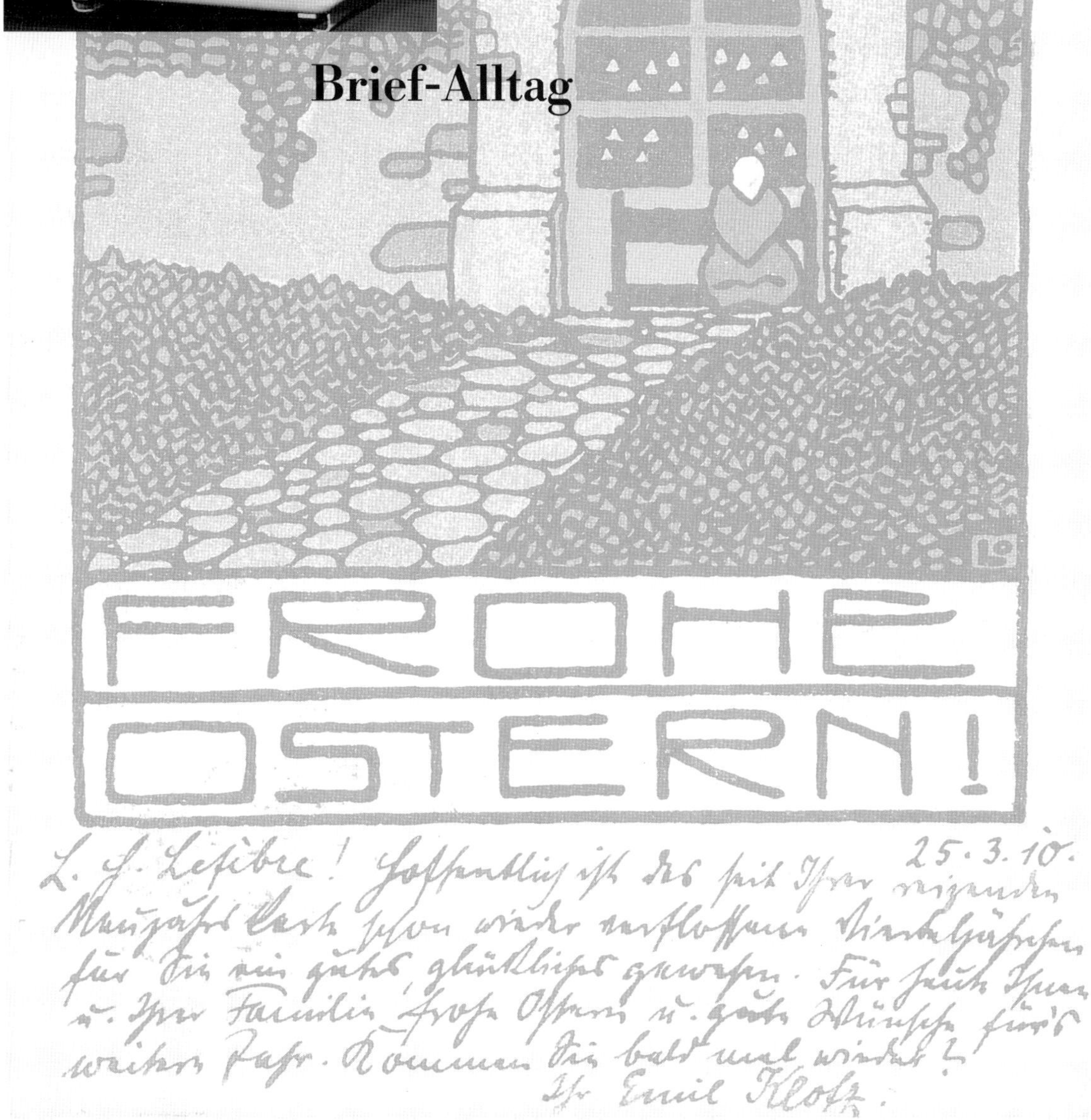

# Die alltägliche Korrespondenz

Hermann Bausinger

Der Brief? Heute? Am Ende eines großen Überblicks über die Historie des deutschen Briefes lese ich: „Seine eigentliche Geschichte liegt hinter uns, und es scheint, als ob es mit seiner weiteren Entwicklung überhaupt vorbei sei." In der Tat, das Stichwort Brief weist in die Vergangenheit. Natürlich gibt es immer noch Briefe – aber die eigentliche, die große Zeit des Briefeschreibens suchen wir in der Epoche unserer Großeltern.

Wenn alte Menschen sterben, finden sich in ihrem Nachlaß oft Bündel mit Briefen, gestapelt in Schuhschachteln oder zusammengeschnürt mit farbigen Bändern; die Schrift ist schwer zu entziffern, aber ihre sinnliche Qualität evoziert ebenso wie das spröde gewordene, vergilbte Papier Bilder einer fernen Zeit: Über den leicht gebeugten Rücken einer Person blicken wir auf den Tisch, auf den weißen Bogen Papier; die Schreibfeder, abgestreift am Rand des Tintenfasses, bewegt sich auf und ab und füllt die Zeilen; Pausen des Nachdenkens – und wieder das kratzende Geräusch der Feder viele Minuten lang, dann endlich die Grüße und das Verschließen des Briefs. Oder: der scheue Blick durch die Gardinen auf die Straße, das Warten auf den Briefträger, die Spannung, ob er vorbeigeht oder ob er etwas in den Kasten wirft, Nachrichten aus der Ferne, Lebenszeichen und Liebeszeichen. Eine ferne Zeit – die Zeit der Spaziergänge, der gemächlichen Bewegungsformen, die Zeit der Poesiealben, der romantischen Kommunikationsformen.

Aber – Spaziergänge gibt es ja doch auch heute noch. Die Freizeitforscher vergessen meistens, nach dieser altmodischen Art des Zeitvertreibs zu fragen; aber wenn sie das Stichwort in ihre Liste aufnehmen, dann ergeben sich dafür mit die höchsten Prozentzahlen. Und Poesiealben: Jede Lehrkraft in der Grundschule erlebt den in kaum berechenbaren Wellen aufbrandenden Ansturm kleiner Mädchen (und manchmal auch Jungen), die alle einen schönen oder lustigen Eintrag in ihr Album wollen. Das sind deutliche Warnsignale – nicht alles, was einen nostalgischen Anstrich hat, ist deshalb auch passé. Und es paßt dazu, daß unser Eingangszitat nicht etwa aus einer aktuellen Studie stammt, sondern genau aus der Zeit, die wir als die hohe Zeit des Briefverkehrs betrachten – es führt zurück, nicht einmal nur in die Epoche unserer Großeltern, sondern unserer Ur- oder Urgroßeltern: Georg Steinhausen veröffentlichte seine umfangreiche „Geschichte des deutschen Briefes" vor über hundert Jahren. Man schrieb das Jahr 1889, als er die Totenglocke für den ‚deutschen Brief' läutete. Seither sind viele Dutzende von Briefsammlungen publiziert worden, von Kafkas Briefen an Milena bis zur Korrespondenz Ingeborg Bachmanns, von Feldpostbriefen aus dem Ersten und Zweiten Weltkrieg bis zu Briefen aus dem Widerstand. All diese Sammlungen bezeugen, daß die Prognose von Steinhausen falsch war.

Aber vielleicht war sie nur verfrüht? Gewiß, es gab auch damals schon deutliche Anzeichen für Veränderungen der Kommunikationstechniken. Zur Zeit der Publikation von Steinhausens Briefgeschichte standen bereits viele telegraphische Verbindungen, und die drahtlose Telegraphie bahnte sich an. Auch die ersten Telephone waren in Deutschland eingeführt, und das Publikum wurde sogar schon mit Mehrfachschaltungen vertraut gemacht: In München konnten die Besucher einer Ausstellung verfolgen, wie eine Dame in Tutzing „Kommt ein Vogel geflogen" sang, ein Lehrer in Oberammergau die begleitende zweite Stimme und der vorführende Beamte den Baß. Der Ausbau stenographischer Systeme führte zu neuen Schreibgewohnheiten und Schreibmöglichkeiten, und vor allem: Schreibmaschinen, die viele Jahrzehnte lang nur eigenwillige Basteleien waren, wurden jetzt fabrikmäßig hergestellt und veränderten zusehends die Arbeit in den Büros.

Kein Zweifel: es war eine Zeit des Umbruchs. Aber verglichen mit der Revolution der Informationsvermittlung während der letzten Jahrzehnte und Jahre handelte es sich doch nur um kleine Akzentverschiebungen. Zur Charakterisierung der heutigen Situation genügen wenige Stichworte. Die Technisierung ist immer tiefer in die Privatsphäre vorgedrungen, und sie hat sich in unerhörtem Maße beschleunigt. Die Information, die früher in einem besonderen Prozeß Transportmitteln eingegeben oder aufgeladen wurde, hat sich gewissermaßen mit diesen vereinigt. Paul Virilio, der für diese jüngste Entwicklung einprägsame Formeln anbietet, spricht von einer Tendenz „zum Verschwinden der Apparatur, sogar des Apparates", und pointierend stellt er fest, daß der Unterschied zwischen Brieftaube und Brief durch die moderne Elektronik verwischt werde.

Konkreter gesprochen: Der Vorgang des Faxens drängt die Übermittlung von Informationen auf kürzeste Zeitstrecken zusammen; die Fähigkeit der Maschine, auch unregelmäßige Zeichen in Elemente aufzulösen und zu „lesen", erlaubt dabei sogar den schnellen Transport von Handschriften. In der e-Mail werden nur standardisierte Zeichen übermittelt; aber in dieser Form lassen sich lange Botschaften (ich könnte auch sagen: lange Briefe) in Sekundenschnelle übersenden. Die Computerisierung beeinflußt aber natürlich auch die Herstellung der Texte. Was man früher „Formbrief" nannte, ein Einheitsschreiben an verschiedene Adressaten, kann mit dem Computer nicht nur schneller und leichter hergestellt werden – da jedes mit dem Computer geschriebene ‚Original' nur als Ausdruck übermittelt werden kann, trägt auch jeder Ausdruck den Anschein des Originals. Diese technischen Modifikationen verändern das Schreibgebaren und die Wege der Kommunikation, und sie schränken die Funktionen und Möglichkeiten des traditionellen Briefs ein.

Außerdem ist dem Brief noch vor diesem elektronischen Schub eine sehr starke Konkurrenz erwachsen durch das Telephon. Im volkstümlichen Drama gehörten Briefe früher zu den beliebten Utensilien; wenn ungeschickte Dramatiker (manchmal sogar auch geschickte!) ohne großen Aufwand einen neuen Sachverhalt in ihre Stücke einbringen wollten, ließen sie irgendeinen

Boten auf der Bühne erscheinen, der einen Brief überbrachte, in dem alles Nötige stand. Auf der Leinwand und auf dem Bildschirm spielt der Brief eine sehr dürftige Rolle; dort klingelt im Zweifelsfall das Telephon, über das den Darstellern (und dem Publikum) die erforderlichen Informationen vermittelt werden. Dies ist gewiß kein dramaturgischer Trick, um die Filme moderner erscheinen zu lassen – es entspricht der Realität, in der auf ein gutes Dutzend Telephongespräche wohl höchstens ein Brief kommt. Die Aufforderung „Schreib mal wieder!" nimmt sich neben dem Werbespruch „Ruf doch mal an!" ziemlich antiquiert aus.

Also doch das Ende der langen Geschichte des Briefes? Es wäre nicht verwunderlich, weil die fortgeschrittene und fortschreitende Technik andere, schnellere Möglichkeiten der Kommunikationsvermittlung anbietet. Es wäre nicht verwunderlich – es widerspräche aber einem Prinzip, das sich bei der bisherigen Entwicklung neuer Medien und Kommunikationstechniken fast durchgängig beobachten ließ: Sie lösen die alten nicht ab, verdrängen sie jedenfalls nicht vollständig, sondern modifizieren höchstens ihre Form und ihre Funktionen. Im Blick darauf empfiehlt es sich, die Frage nach dem Brief am Ende des 20. Jahrhunderts nicht gleich an großflächige Untergangsszenarien zu koppeln, sondern dabei von den kleinen Erfahrungen und Beobachtungen des Alltags auszugehen.

Wenn die Briefträger streiken, ist mir das nicht gleichgültig. Das Versagen des Fernsehapparats kann zwar hinsichtlich des eben laufenden Films ärgerlich und frustrierend sein, aber versäumte Informationen kann ich nachholen über Radiosendungen und die Presse. Wenn mein Briefkasten leer bleibt, gibt es keine Möglichkeit der Kompensation oder Nachfrage: In der Regel weiß ich ja nicht, von wem Post kommt. Das tägliche Spiel, das sich daraus ergibt (Vom wem wohl? Was will wohl die? Endlich aus Berlin!), trägt zum Reiz des Postempfangs bei; wenn er nicht gar zu spärlich ist, ergibt sich jedesmal eine neue Mischung. Ein paar Sendungen landen an jedem Werktag in meinem Briefkasten. Ich gebe zu, daß ich bis jetzt auf das Streifband „Bitte keine Reklame einwerfen!" verzichtet habe. Das ist vielleicht ökologisch fragwürdig; aber es verhindert eine Barriere für die Postverteiler, und es kommt meiner Neugierde entgegen – ich bilde mir ein, daß ich so einen kleinen Einblick bekomme in Strategien der Vermarktung und auch in die Konjunktur von Bittschreiben. Außerdem ermögliche ich mir so das tägliche Ritual des Sichtens und des Siebens: Erst landet unnützes Zeug im Papierkorb, ehe ich die Umschläge öffne, die mehr als triviale Allerweltsinformationen versprechen.

Neulich, an einem Montag, fand ich nur nichtssagende Drucksachen im Kasten. Mit einer Ausnahme: da war ein gediegener Briefumschlag, mit präziser Adresse, ohne Absender. Aus dem Umschlag zog ich ein Blatt feinen Büttenpapiers – früher hätte man dabei vielleicht an eine schon durch die Aufmachung kenntlich gemachte, gewichtige persönliche Nachricht gedacht;

heute vermutet man eher eine etwas bombastische Einladung zu irgendeinem festlichen Ereignis. Tatsächlich aber war es der Brief eines Versicherungsrepräsentanten. Und weil es ein Brief über Briefe war, will ich die ersten Zeilen, die auf die höfliche Anrede folgten, zitieren: „Im privaten Bereich ist es ein Zeichen von Verbundenheit, wenn man sich Briefe schreibt. Das gilt für Sie und für uns noch nicht. [...] Nun, jede gute Beziehung beginnt mit dem ersten Kontakt, und wenn Sie es auch so sehen, vielleicht mit diesem Brief." Was danach folgte, war die Bitte um ein Gespräch, und – als Postskript – der Hinweis auf die Höhe des Betrags, der sich als Aufwendung für Sonderausgaben steuermindernd auswirken kann.

Wenn man zwischen einem „Brief" und einem „Schreiben" unterscheidet, handelte es sich hier um ein Schreiben. Aber ein Schreiben, das als Brief getarnt war und das sich in seinem Inhalt an Briefe anlehnte, an ‚richtige' Briefe. Warum? Die Antwort ist einfach: weil es nach wie vor ‚richtige' Briefe gibt, und weil diese in der Skala der Kommunikationsmittel einen oberen Rang einnehmen. Sie genießen im allgemeinen ein hohes Ansehen – trotz und wegen der technischen Neuerungen, die Briefe entbehrlich machen könnten. Der Brief strahlt Eigenschaften aus, die den moderneren Kommunikationsformen fehlen: Besonnenheit, Ausgewogenheit, Abrundung, Zuverlässigkeit. Dies gilt für die Form Brief – ungeachtet der Tatsache, daß die Inhalte manchmal durchaus unbesonnen, einseitig, fragmentarisch und auch hinterhältig sein können. Zum Teil hängen solche positiven Assoziationen am ehrwürdigen Alter dieser Gattung; in ihnen schwingt etwas mit von der sehr viel größeren Bedeutung und dem umfassenderen Funktionsgefüge des Briefverkehrs in der Vergangenheit.

Denn daran ist nicht zu zweifeln, daß Briefe heute nicht mehr in all den Bereichen und Funktionen vertreten sind, in denen sie früher ihren Platz hatten. Wenn die Zahl der Postsendungen nicht kleiner, sondern größer geworden ist, dann hängt dies einmal damit zusammen, daß sich mehr Leute schon aufgrund ihrer beruflichen Aufgaben ans Schreiben gewöhnt haben, aber natürlich auch mit dem bürokratisierten Geschäftsverkehr und den ständigen Werbeoffensiven. Es wäre töricht anzunehmen, daß keine Liebesbriefe mehr geschrieben werden – wahrscheinlich werden auch die Enkel der heute Jungen in einigen Jahrzehnten die gesammelten Werke ihrer Großeltern entdecken. Aber es ist andererseits sicher, daß das Hin und Her der Verabredungen, die Vereinbarung von Treffpunkten, die simple Frage nach dem aktuellen Befinden der oder des Anderen (und das war in den früheren Briefwechseln von Verliebten die reale Grundierung der Emotionen!) heute eher einem anderen Medium anvertraut wird: dem Telephon. Dies führt übrigens – nicht nur zwischen Liebesleuten, aber bei ihnen besonders deutlich – zu Verwerfungen in der Kommunikation, zu einer komplexen Spiralstruktur: Man telephoniert, und ein Brief ist noch unterwegs – „das habe ich Dir geschrieben" sagt man, will dem Brief nicht vorgreifen und tut es dann möglicherweise doch.

Die einstigen ,klassischen' Liebespaare, das ist bekannt, sandten sich oft mehrmals am Tag kleine Zettelchen und Botschaften zu. Überhaupt war die Briefkorrespondenz ein Mittel, die Kontinuität von Verbindungen aufrecht zu erhalten und zu betonen; Briefe waren ein wichtiges, vielleicht das wichtigste Medium der Freundschaft und der Geselligkeit in der bürgerlichen Gesellschaft. Diese Funktion ist nicht völlig abhanden gekommen; aber sie ist nicht mehr prägend für die alltägliche Korrespondenz. Auch wenn man die vielen Geschäftsbriefe aller Art beiseite läßt, sind die meisten Briefe praktisch orientiert: Vorschläge für gemeinsame Unternehmungen, Hinweise auf lohnende Veranstaltungen, Einladungen zu irgendwelchen Treffen, Begleitzeilen zu interessanten Zeitungsausschnitten, Antworten auf sachliche Fragen. Diese praktische Orientierung schließt freilich den emotionalen Unterton nicht aus; Briefe gelten, anders als die weniger Aufwand erfordernden Telephonanrufe, fast automatisch als Zeichen der Zuwendung.

Deshalb werden Geburtstagskinder im allgemeinen nicht nur durch fortgesetzte Anrufe erfreut und genervt; sie finden im allgemeinen auch etliche Glückwünsche im Briefkasten. Wahrscheinlich bieten die Festtage in der Gegenwart die häufigsten Anlässe zur Korrespondenz, die ganz persönlichen wie der Geburtstag oder irgendein Jubiläum, aber auch die Jahresfeste, wobei Weihnachten und Neujahr die anderen Festtermine bei weitem übertreffen. Es ist bei uns zwar (noch?) keine verbreitete Sitte, die Briefe und Karten allesamt aus- und aufzustellen und damit den weitläufigen Freundes- und Bekanntenkreis zu demonstrieren, wie das beispielsweise in den Vereinigten Staaten und in England üblich ist. Aber es wird doch Wert darauf gelegt, daß die Bekannten ,an einen denken'. Die Bekannten – das ist nicht eng aufzufassen; die traditionellen Festtage werden oft dazu genutzt, ausgedünnte Kontakte zu festigen. Eine umfangreiche empirische Untersuchung in den USA kam zu dem Ergebnis, daß dort Weihnachtsgeschenke auch an entferntere Verwandte gehen, obwohl mit diesen das Jahr über kein Kontakt besteht. Ähnliches läßt sich in Deutschland beobachten – und wenn es nicht Geschenke sind, dann wenigstens Briefe oder Postkarten.

Ähnlich wie die Festtagspost bilden auch Feriengrüße einen großen Teil der privaten Korrespondenz. Verschickt werden vor allem Postkarten – ein kleiner Anteil davon allerdings im Briefumschlag, weil dann etwas mehr Text auf die Karte paßt und weil Briefe im internationalen Postverkehr oft schneller befördert werden. Urlaubskarten schreiben (fast) alle, und (fast) alle machen sich über Urlaubskarten lustig. Der französische Essayist Georges Perec rückte in ein kleines Bändchen „Zweihundertdreiundvierzig Postkarten in Echtfarbendruck"ein – lauter Texte von Urlaubskarten, erfunden, aber gewiß nahe an der Realität:

„Wir sind im Hotel Alcazar. Wir sonnen uns. Wir fühlen uns rundum wohl! Ich habe eine Menge Kumpels gefunden. Am 7. kommen wir zurück."

„Wir haben gerade Dahomey abgegrast. Tolle Nächte. Sensationelle Badeplätze. Spazierritte auf Kamelrücken. Wir werden am 15. in Paris sein."

„Wir fahren kreuz und quer durch Java. Haut von der Sonne gegerbt, lange Ausflüge mit dem Land-Rover. Es ist einfach göttlich! Tausend Grüße und Küsse."

„Wir zelten bei Positano. Wir sind ein ganzer Haufen Kumpels. Das Wetter ist schön. Es ist einfach toll. Wir kommen am 20. zurück."

„Wir sind in der Pension Mimosa. Farniente, Heija, Heija und kleine Mahlzeiten. Ich habe mir einen Sonnenbrand geholt. Tausend herzliche Grüße," – und so fort, 243 Variationen zum selben Thema. Perec kommentiert die Texte nicht; er präsentiert sie nur in ihrer aufreizenden Gleichförmigkeit. Der ironisch anvisierte Sinn liegt auf der Hand: Touristen schwärmen in alle Weltgegenden aus und erleben doch überall das Gleiche, und dies spiegelt sich in der Monotonie ihrer Kartengrüße, obwohl diese ja doch die Einmaligkeit des Erlebten hervorheben wollen.

Diese Kritik ist nicht an den Haaren herbeigezogen – und doch verdient die Urlaubskarte eine gewisse Verteidigung. Sie steht im Verdacht, ein leicht verfügbares Prestigeobjekt zu sein – Demonstration, wie weit man es gebracht hat, meßbar in zurückgelegten Autokilometern oder Flugmeilen. Dieser Verdacht mag begründet gewesen sein zu einer Zeit, als man zwar bereits von ‚Massenreisen' sprach, aber nur ein sehr kleiner Prozentsatz der Bevölkerung tatsächlich verreisen konnte. Heute sind auch recht exotische Urlaubsreisen kein Mittel der Distinktion mehr. Das Prestige-Motiv spielt beim Versand der Karten nur eine untergeordnete Rolle. Es geht vielmehr um die Erneuerung oder Bestätigung von Kontakten – darin unterscheiden sich Urlaubsgrüße höchstens unwesentlich von Weihnachts- oder Neujahrsgrüßen.

Der zweite, in Perecs Parodie hervorgehobene, Vorwurf ist der weitgehender Eintönigkeit und Einfallslosigkeit – die Urlaubskarte als Sprachrevier, in dem nur nichtssagende Formeln gedeihen. Was dabei übersehen wird, ist der Sachverhalt, daß unsere Sprache zu einem sehr großen Teil aus Formeln, aus gängigen Sätzen und Bildern besteht und daß auch scheinbare Originalität und Spontaneität deshalb oft und oft bei standardisierten Formulierungen landen. Ich betone dies, weil es ein Aspekt ist, der nicht nur auf kurze Postkartentexte angewandt werden kann.

Briefe gelten als die Kommunikationsform, welche die persönlichsten und individuellsten Äußerungen erlaubt und ermöglicht. Sicher mit Recht. Verschiedentlich wurden Briefe und Briefwechsel als eine Form des Gesprächs interpretiert, bei dem „die Reaktionen des Angesprochenen nicht unmittelbar erfolgen", ihn also nicht unter den momentanen Kommunika-

Gruß aus Westerland, Sylt
Ansichtskarte
11. September 1904

tionszwang stellen, „dem man sich im direkten Gespräch nicht (oder nur schlecht) entziehen kann". Albrecht Goes hat daraus den Schluß gezogen, daß das direkte Gespräch höher zu bewerten ist: dem Brief fehle „das Lächeln in den Augen", der „herzliche Klang der Stimme", das „versöhnliche Zögern der Gebärde". Aber selbst diese Mängel lassen sich ins Positive wenden: Abgesehen davon, daß auch der Schreibstil Lächeln, Herzlichkeit und Zögern vermitteln kann, erlaubt der Brief die besonnene Stilisierung und zeigt so manchmal ein umfassenderes, vollständigeres Bild einer Person als das Gespräch. Aber diese persönlichen, ganz individuellen Möglichkeiten des Briefstils schließen Formelhaftigkeit nicht aus.

Die Formeln der Sprache können entlastend sein. Man kann sich hinter sie zurückziehen – etwa dann, wenn man jemand aus Anlaß eines Todesfalls sein Mitgefühl ausdrücken will, keinen originellen Ausdruck dafür findet und sich schließlich für die Formel „Herzliche Teilnahme" entscheidet, die ja vorgedruckt im Angebot ist. Die persönliche Einfärbung ist trotzdem nicht ausgeschlossen; sie ergibt sich aus dem Kontext. Jemand – ein Mann oder eine Frau – schreibt: „Ich liebe dich!" Was denn sonst? Wortreiche Variationen werden nicht erwartet, außerdem brächten sie die Gefahr mit sich, daß sich ein falscher Ton einschleicht. Eine Formel also, aber ‚unpersönlich' ist sie eigentlich nicht.

In zwei Teilbereichen des Briefs halten sich meist auch Schreiberinnen und Schreiber, die nicht um Einfälle verlegen sind, an vorgegebene Formeln: in der Anrede und beim abschließenden Gruß. „Lieber Herr X," schreibt man, und „Sehr geehrte Frau Y" – obwohl man vor ihr eigentlich keinen sehr großen Respekt hat und ihn bestenfalls akzeptabel findet, aber nicht liebt. „Akzeptabler Herr" ist nun einmal keine akzeptable Anrede. Die Wörter verändern in diesem formelhaften Zusammenhang ihre Bedeutung; bedeutungslos sind sie keineswegs. Dies wird deutlich durch die manchmal mühsamen Überlegungen, ob ein Briefpartner als lieb, sehr geehrt oder gar verehrt bezeichnet werden soll. Der goldene Mittelweg ist hier zugleich die Heerstraße der Trivialität: „sehr geehrt" sind im Zweifelsfall alle, selbst Schuldner, an die sich das Finanzamt wendet. Also sucht man auszuweichen – nur, es geht nicht immer: „sehr verehrt" in der Anrede ist erst von einem bestimmten Alter des Adressaten an angebracht, und „lieb" setzt voraus, daß die Distanz nicht zu groß ist, daß sie nicht erst durch den Brief überwunden wird.

Auch bei der Schlußwendung von Briefen können Skrupel auftauchen. „Mit freundlichen Grüßen" – das ist neutral, ja nichtssagend. Eben deshalb aber wird es von manchen verworfen: es klinge wie eine Distanzierung. Was aber dann? „Hochachtungsvoll" oder auch die gehobene Variante „Mit vorzüglicher Hochachtung" sind ja noch distanzierter. Also „Herzliche Grüße"? Aber täuscht das nicht zuviel Nähe vor? Nein, wird gesagt, das gelte als unverbindliches positives Signal, als freundlicher Gruß gewissermaßen. Wenn das richtig ist, dann sind auch die herzlichen Grüße auf dem besten Weg, neutral und nichtssagend zu werden. Ich kenne Leute, die ihre Briefe deshalb mit einem burschikosen „Servus!" oder einem modischen „Tschau!" oder „Ciao!" beenden – vermutlich nicht ahnend, welch devote Geste das ist, wenn die ursprüngliche Bedeutung mitschwingt: servus ist lateinisch der ergebene Diener, ciao die venezianische Form des italienischen schiavo, das ebenfalls den Diener bezeichnet.

Wahrscheinlich sollte man, weil es sich um Formeln handelt, die Varianten von Anrede und Gruß nicht auf die Goldwaage legen. In vielen Fällen gilt dies aber auch für das, was zwischen Anrede und Abschiedsgruß steht. Goethe hat dies in ein paar schönen Versen begründet: „Warum ich wieder zum Papier mich wende? / das mußt Du, Liebster, so bestimmt nicht fragen, / denn eigentlich hab ich Dir nichts zu sagen; / doch kommt's zuletzt in Deine lieben Hände."

In diesen Zeilen steckt auch Koketterie – wenn einer was zu sagen hatte in seinen Briefen, dann Goethe. Und natürlich ist es nicht gleichgültig, was in einem Brief steht. Aber die Verse lenken auf den wichtigen Sachverhalt hin, daß die Botschaft von Briefen nicht nur aus dem im Brieftext Ausgeführten besteht. Briefe sagen zunächst einmal aus, was in aller Regel explizit nicht in ihnen niedergeschrieben ist: Ich habe an dich gedacht; unsere Verbindung ist es mir wert, daß ich zum Schreibzeug greife.

Zur Erläuterung dieser These läßt sich eine von Paul Watzlawick getroffene Unterscheidung heranziehen. Danach gibt es in der menschlichen Kommunikation eine Inhalts- und eine Beziehungsebene. Wenn ich mich mit jemand unterhalte, teile ich ihm (und er mir) inhaltlich etwas mit; gleichzeitig aber arbeite ich an der Beziehung, die zwischen uns besteht. Dieser Beziehungsaspekt wird leicht unterschätzt; dabei gibt es viele Gesprächstypen, bei denen es auf den Inhalt so gut wie gar nicht ankommt, die vielmehr nur eine Beziehung zwischen den Sprechern herstellen oder aufrechterhalten. Dazu gehören die gängigen Kurzunterhaltungen über das Wetter, in denen man ja im allgemeinen keinerlei neue Informationen erhält, oder auch die informationsarmen Gespräche über den Gartenzaun. Es wäre sicher verfehlt, den Brief insgesamt dieser ‚sinnlosen' Kommunikation zuzuordnen, deren verborgener Sinn im Kontakt liegt. Aber es muß betont werden, daß auch in der Korrespondenz neben der inhaltlichen die Beziehungsebene eine wichtige Rolle spielt. Noch einmal die Urlaubsgrüße: wichtiger als die Information, daß die Nachbarn sich auf den Bahamas herumtreiben und daß es dort unwahrscheinlich heiß ist (eine Information von geringem Neuigkeitswert), dürfte im allgemeinen die bloße Tatsache sein, daß sie sich überhaupt von dort melden.

Diese Feststellung nimmt dem Brief nichts von seinem Wert. Das Briefeschreiben unterscheidet sich in diesem Punkt nur wenig vom

Austausch von Geschenken. Geschenke, das sind – nicht nur, aber auch – Bücher, die nie gelesen werden, Küchengeräte, die nie zum Einsatz kommen, Vasen, die in der Abstellkammer verschwinden, Pullover, die schnell im Kleiderschrank landen. Aber Geschenke sind wichtig, auch die unpraktischen – zur Stabilisierung und Verstärkung von Beziehungsnetzen. Eine Parallele ist auch darin gegeben, daß die Erwiderung eines Briefs zwar nicht zwingend vorgeschrieben ist, daß sie aber eigentlich erwartet wird, und daß man sich dabei um Gleichwertigkeit bemüht. Bei Geschenken ist das eine Frage der Kosten, beim Brief spielt die Länge und der Ton eine Rolle – vor allem aber, daß der gleiche Informationskanal gewählt wird: der telephonische Dank für einen langen Brief muß nicht, aber kann eine Entgleisung sein.

Die Parallele läßt sich noch verdichten: Briefe sind Geschenke (es muß kaum eigens gesagt werden, daß Rechnungen, Mahnbriefe u.ä. bei dieser Charakterisierung ignoriert werden). Sogar besonders wertvolle Geschenke, weil sie sicherer als gekaufte Gaben etwas von den Gedanken und Gefühlen des Absenders transportieren. Briefe sind authentisch. Zugegeben, das ist ein heute vielgebrauchtes Schlagwort, fast eine gehobene Variante zu tierisch, geil und ähnlichen Stimmungs- und Steigerungsvokabeln des Jugendslangs. Aber die Anwendung auf den persönlichen Brief hat ihren guten Sinn. Er ist – sieht man von der Tätigkeit der Ghostwriter ab – selbstgemacht. Er unterliegt nicht dem Beschleunigungsdruck, der den Gebrauch der moderneren Kommunikationsmittel charakterisiert. Er steht, abgesehen von der mehr oder weniger obligaten Anrede und dem Gruß am Ende, unter keinen strengeren Gattungsgesetzen; ein Brief kann kurz oder lang, ernst oder spielerisch, berichtend oder erzählend, nüchtern oder schwelgerisch, improvisiert oder reflektiert sein: Er ermöglicht es den Schreibenden, viel und vielerlei und auch sich selbst einzubringen.

Die ‚Zielgruppe' – eine in der Diskussion über Massenmedien oft benützte, aber vage Kategorie – ist hier präzise definiert: Es ist eine einzige Person, die der Briefschreiberin oder dem Briefschreiber bekannt, in vielen Fällen vertraut ist. Und diese Person erhält nicht nur eine Nachricht, sondern einen Gegenstand. Ein Brief ist ein sinnliches Objekt – man betrachtet ihn, öffnet ihn, liest ihn, legt ihn zur Seite, überliest ihn noch einmal, formuliert in Gedanken an der Antwort. Gewiß, auch im Computer lassen sich Archive „öffnen", gespeicherte Texte rekapitulieren; sogar einen Papierkorb hält er bereit. Aber da raschelt nichts, und da ist kein aus Ärger oder Gleichgültigkeit zerknittertes Papier, das man noch einmal herausholen, glätten und erneut lesen kann. Romantik? Vielleicht. Aber wahrscheinlich sind mehr Leute ‚romantisch', als man denkt. Aus diesem Grund wage ich die Prognose, daß der Brief nicht nur in seinen elektronischen Varianten eine Fortsetzung findet, sondern daß er auch in seiner bieder-habhaften Form noch nicht ausgedient hat.

Vanitas
Gemälde von Pieter Claesz
1625
Öl auf Holz

## Planung und Durchführung der Ausstellung

Konzeption und Ausstellungsleitung
Hans-Christian Täubrich
Assistenz
Heike Pauschardt
Aufbauteam
Hagen Hahn, Rainer Gierth, Birgit-Susann Mathis, Heike Pauschardt, Hans-Christian Täubrich
Mitarbeit am Aufbau
Erich Müller, Karlheinz Heck, Karl Scheurer, Christian Thürmer
Technik
Hagen Hahn
Ausstellungsarchitektur
Hans Dieter Schaal, Attenweiler
Bauten
Gg. Heinzelmann GmbH, Mühlacker
Bauausführung
Frank Brunner, Karl-Heinz Dorettke, Hagen Leucht
Archivalische Recherche
Jürgen Küster, Dieter Herwig, Gisela Krüger, Martina Stolz

Presse- und Öffentlichkeitsarbeit
Klaus Beyrer, Rosemarie Wesp in Zusammenarbeit mit Stefan Weirich, Medienhaus Bonn
Plakat, Grafik
Christa Winkler, Stuttgart
Museumspädagogik
Rosemarie Wesp, Barbara Brand, Wolfgang Wenzel
Verwaltung
Burkhard Frisch-Atzenroth
Sekretariat
Elke Münch, Edith Warmuth, Monika Wolff
Transporte
Internationale Kunstspedition Hasenkamp
Versicherungen
Gothaer Versicherungen, Köln

# Leihgeber

Berlin
- Deutsches Historisches Museum
- Museum für Post und Kommunikation Berlin
- Staatliche Museen zu Berlin, Kupferstichkabinett

Bern
- Schweizerisches PTT-Museum

Bremerhaven
- Deutsches Schiffahrtsmuseum

Duisburg
- Archiv schulisches Wandbild, Universität Duisburg

Frankfurt
- Historisches Museum

Hamburg
- Museum für Kunst und Gewerbe

Mainz
- Landesmuseum Mainz

Marbach am Neckar
- Schiller-Nationalmuseum/Deutsches Literaturarchiv

München
- Münchner Stadtmuseum

Nürnberg
- Germanisches Nationalmuseum
- Museen der Stadt Nürnberg, Graphische Sammlung
- Museum für Post und Kommunikation Nürnberg

Private Leihgeber

# Autoren

Norbert Abels
Dr. phil., Studium der Philosophie, Musik- und Literaturwissenschaften in Frankfurt am Main, Regisseur und Dramaturg.

Hermann Bausinger
Emeritierter Professor für Volkskunde/empirische Kulturwissenschaft. Von 1960 bis 1992 Leiter des Ludwig-Uhland-Instituts für empirische Kulturwissenschaft, Universität Tübingen.

Wolfgang Behringer
Dr. phil., Historiker an der Universität Bonn. Lebt in München.

Klaus Beyrer
Dr. rer. soc., Kulturwissenschaftler. Kommissarischer Leiter des Museums für Post und Kommunikation Frankfurt am Main.

Beatrix Borchard
Dr. phil., Studium der Musikwissenschaften, Germanistik und Geschichte in Bonn und Berlin. Lebt in Berlin.

Dorothea Friedrich
Dr. phil., Studium der Germanistik und Anglistik in Heidelberg, Freiburg, Durham und München. Promotion in München. Arbeitet als freie Autorin für Zeitschriften, Hörfunk und Fernsehen. Lebt in Wiesbaden.

Hermann Glaser
Dr. phil., Studium der Germanistik, Anglistik, Geschichte und Philosophie in Erlangen und Bristol, Honorarprofessor für Kulturvermittlung der TU Berlin; von 1964 bis 1990 Schul- und Kulturdezernent der Stadt Nürnberg.

Franz Josef Görtz
Dr. phil., Studium der Germanistik und Philosophie in Aachen und Köln, seit 1980 Redakteur der Frankfurter Allgemeinen Zeitung, seit 1989 des Frankfurter Allgemeine Magazins.

Ansgar Häfner
Dr. rer. soc., Philosoph und Sozialwissenschaftler. Hochschullehrer. Lebt in Karlsruhe.

Klaus Herrmann
Dr. oec., Studium der Volkswirtschaft in Köln. Akademischer Direktor und Leiter des Deutschen Landwirtschaftsmuseums in Hohenheim bei Stuttgart.

Inka K. Kording
Studium der Germanistik, Rhetorik und Philosophie in Tübingen und Frankfurt am Main. Derzeit Promotion zum Thema ‚Briefliteratur der Aufklärung'.

Gerd Kuhn
Dr. phil., Studium der Neueren Geschichte, Gesellschaftswissenschaften und Germanistik in Frankfurt am Main. Lehrbeauftragter an der Technischen Universität Berlin.

Jochen Missfeldt
Freier Schriftsteller. Lebt in Nordfriesland.

Cornelius Neutsch
Dr. phil., Studium der Geschichte, Germanistik und Erziehungswissenschaften in Siegen, Akademischer Rat am Fachbereich Geschichte der Universität/GH Siegen.

Gottfried North
Postdirektor a.D., von 1962 bis 1985 Leiter des Bundespostmuseums. Lebt in Gießen.

Heike Pauschardt
Studium der Geschichte und Anglistik in Marburg und Bristol. Wissenschaftliche Mitarbeiterin am Museum für Post und Kommunikation Frankfurt am Main.

Hannelore Schlaffer
Dr. phil., apl. Professorin für Neuere deutsche Literatur an der Universität Freiburg. Sie schreibt als Essayistin für Tageszeitungen und Rundfunkanstalten und lebt in Stuttgart

Bernhard Siegert
Dr. phil. Studium der Germanistik, Philosophie und Geschichte in Freiburg i.Br. Wissenschaftlicher Assistent am Fachbereich Kunst- und Kulturwissenschaften der Humboldt-Universität, Berlin.

Ruprecht Skasa-Weiß
Studium der Germanistik und Psychologie in Hamburg und Freiburg i. Br., seit 1963 Feuilleton-Redakteur der Stuttgarter Zeitung, arbeitet vor allem auf den Gebieten Film und Fotografie.

Hans-Christian Täubrich
Studium der Geschichte und Anglistik in Göttingen. Freier Kulturarbeiter und Autor. Lebt in Nürnberg.

Jutta Tschoeke
Dr. phil., Studium der Kunstgeschichte, Archäologie und Germanistik in München. Leiterin des Albrecht-Dürer-Hauses, museen der stadt nürnberg.

Frank Wende
Dr. phil., Studium der Geschichte und Literaturwissenschaft in Hamburg. Wissenschaftlicher Oberrat an der Deutschen Bibliothek Frankfurt am Main.

Rosemarie Wesp
Studium der Germanistik, Politikwissenschaften und Polytechnik in Frankfurt am Main. Leiterin der musum-spädagogischen Abteilung des Museums für Post und Kommunikation Frankfurt am Main.

Benjamin Ziemann
Dr. phil., Studium der Geschichte und Philosophie an der FU Berlin. Wissenschaftlicher Assistent am Institut zur Erforschung der europäischen Arbeiter-bewegung an der Ruhr-Universität Bochum.

Dank


Burkhard Asmuss, Berlin
Hermann Bardenhagen, Himmelspforten
Anita Beloubek-Hammer, Berlin
Dr. Martin Dallmeier, Regensburg
Peter Donhauser, Wien
Dr. Jürgen Döring, Hamburg
Ottmar Eberz, Frankfurt
Dr. Dorothea Eimert, Düren
Angelika Fischer, Hainichen
Ferdinand Frank, Nürnberg
Dr. Thomas Fusenig, Aachen
Ute Grallert, Berlin
Dr. Fritz Hackert, Tübingen
Anja Hellhammer, Köln
Anke Höwing, Berlin
Heinz Holzäpfel, Stuttgart
Erik Jensen, Kopenhagen
Christine E.E. Jones, London
Dr. Joachim Kallinich, Berlin
I. Kerbel, Frankfurt
Gabriele Kohler, Berlin
Rüdiger Koschnitzki, Frankfurt
Dr. Gode Krämer, Augsburg
Karl Kronig, Bern
Klaus Maier, Stuttgart
Dieter Mais, Frankfurt
Petra Memmer, Mannheim
Dr. Matthias Mende, Nürnberg
Ursula Neeb, Frankfurt
Dr. Uta Neidhardt, Dresden
Prof. Dieter Rebentisch, Frankfurt
Hans Günter Riechwald, Frankfurt
Michael Rothmann, Frankfurt
Rainer Ruppel, Frankfurt
Katharina Sackmann, Duisburg
Petra Scheufler, Frankfurt
Dr. Rainer Schoch, Nürnberg
Dr. Lars Uwe Scholl, Bremerhaven
Dr. Gerhard Stadelmaier, Frankfurt
Dr. Christine Stukenbrock, Mainz
Dr. Konrad Vanja, Berlin
Dr. Dieter Vorsteher, Berlin
Sabine Wegner-Ahlert, Frankfurt
Dr. Kurt Wettengl, Frankfurt

# Bildnachweis

Archiv für Kunst und Geschichte Berlin
Titelbild, 35, 39, 52, 108, 162, 203, 213, 216
Bayerische Staatsgemäldesammlungen, München
194
Bildarchiv Foto Marburg
206
Burgerbibliothek Bern
12 (Signatur: cod. 120.II f. 125r)
Deutsche Bibliothek, Exilarchiv, Frankfurt am Main
175, 179
Deutsches Filmmuseum, Frankfurt am Main
238, 240, 241, 243
Deutsches Historisches Museum, Berlin
37, 171
Frans Halsmuseum, Haarlem
304
Germanisches Nationalmuseum, Nürnberg
16
Herzog August Bibliothek, Wolfenbüttel
209 (Signatur Lm 315)
Historisches Museum, Frankfurt am Main
15, 25
Institut für Stadtgeschichte, Frankfurt am Main
10
Institut für Theater-, Film- und Fernsehwissenschaft der Universität Köln. Theaterwissenschaftliche Sammlung
223, 225, 230, 232, 235
Kunstsammlungen zu Weimar
43
Landesmuseum Mainz
198, 202
Lufthansa-Bildarchiv, Köln
139, 140, 142, 143, 282, 283, 286, 287
Museen der Stadt Nürnberg, Graphische Sammlung
5
Museum für Post und Kommunikation Berlin
154
Museum für Post und Kommunikation Frankfurt am Main
10 (Hintergrund), 14, 18, 24, 26, 28, 29, 30, 31, 41, 47, 51, 54, 57, 58, 59, 62, 64, 65, 66, 67, 69, 71, 74, 77, 79, 82, 83, 84, 89, 91, 92, 93, 94, 97, 99, 100, 102, 105, 107, 110, 113, 115, 117, 118, 121, 123, 124, 126, 127, 129, 130, 131, 133, 135, 136, 141, 146, 149, 150, 153, 155, 157, 158, 159, 160, 161, 166, 167, 184, 185, 186, 187, 188, 199, 245, 246, 248, 250, 252, 253, 256, 257, 258, 259, 260, 261, 262, 263, 264, 273, 274, 275, 293, 300
Museum für Post und Kommunikation Nürnberg
81
Österreichische Galerie Belvedere, Wien
192
Privatbesitz
195
Schweizerisches PTT-Museum Bern
32, 48, 61, 162 (Hintergrund)
Staatliche Museen zu Berlin Preussischer Kulturbesitz, Kupferstichkabinett
168
Bettina Strauss, Gustavsburg
220
Überseemuseum, Bremen
90

Abbildungen entnommen aus Büchern:
Braudel, Fernand: The Structure of Everyday Life, The Limits of The Possible. Bd. 1. New York 1981 (1. Ausgabe Armand Colin. Paris 1979)
22, 23